더심플

한국사능력검정시험 | 심화
1·2·3급

강의가
필요없다

이 책의 학습법

❯ 1주제 한 장 20분 완성

슬림한 1쪽	더 슬림한 1쪽
암기할 개념을 최소화한 주제 정리	확실하게 답을 떠올리기 위한 초간단 확인 학습

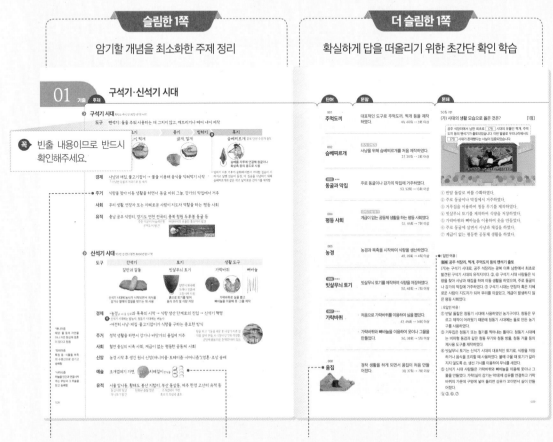

> 💬 빈출 내용이므로 반드시 확인해주세요.

기출 표현 그대로

시험에 최대한 익숙해지도록 기출 표현 그대로 개념을 정리하였습니다.

빈출 자료도 빠짐없이

시험에 자주 나오는 사료, 그림, 지도는 물론 출제 예상 자료까지 완벽하게 담았습니다.

기출 단어로 기출 문장 끝내기

학습의 단위를 단어와 문장으로 최소화하여 학습 부담을 확 줄였습니다.

원스톱 기출 풀이

단어와 문장을 곧바로 문제에 적용하여 배운 개념을 점검하고, 풀이 패턴을 익힐 수 있습니다.

❯ 8개 주제 특강

매 시험 1문제씩 꼭 나온다!
시대를 넘나들며 출제되는
통합형 문제 대비

❯ 강의가 필요 없는 3단계 학습

🕐 권장 학습 시간 8~10분

STEP 1   **기출 주제 85**

시대순 개념 정리
시험에 나올 내용만 압축하여 쉬운 용어로
깔끔하게 정리 했습니다.

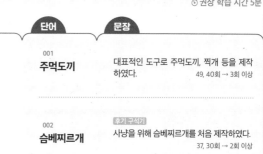

01 기출 | 주제 | **구석기·신석기 시대**

❯ **구석기 시대** 한반도에서 약 70만 년 전 시작
    도구   뗀석기 : 돌을 주워 사용하는 데 그치지 않고, 깨뜨리거나 떼어

초기	중기	빙ㅎ
주먹도끼, 찍개	긁개, 밀개	

🕐 권장 학습 시간 5분

STEP 2   **기출 단어 570, 기출 문장 1200**

핵심을 간파하는 기출 단어
흩어진 개념 조각들을 키워드로 결집시켜
집중적이고 선택적인 학습이 가능합니다.

이것만 알면 합격하는 기출 문장
시험에 출제된 표현 그대로 익혀 휘발성을
최소화합니다.

단어	문장
001 **주먹도끼**	대표적인 도구로 주먹도끼, 찍개 등을 제작 하였다. 49, 40회 ➝ 3회 이상
002 **슴베찌르개**	**후기 구석기** 사냥을 위해 슴베찌르개를 처음 제작하였다. 37, 30회 ➝ 2회 이상

🕐 권장 학습 시간 3~5분

STEP 3   **기출 문제 85**

최신 유형 완벽 대비
결국, 답을 고를 수 있어야 합격하는 시험
입니다.
헷갈리는 오답지, 출제 예상 정답지를 한 번
에 확인하여 2~3개의 기출 문제를 푸는 효
과를 얻을 수 있습니다.

문제

50회 1번
(가) 시대의 생활 모습으로 옳은 것은?

공주 석장리에서 남한 최초로 **(가)** 시대의 유물인 찍개, 주먹
도끼 등의 뗀석기가 출토되었습니다. 이번 발굴로 우리나라에도
(가) 시대가 존재했다는 사실이 입증되었습니다.

① 반달 돌칼로 벼를 수확하였다.
② 주로 동굴이나 막집에서 거주하였다.
③ 거푸집을 이용하여 청동 무기를 제작하였다.
④ 빗살무늬 토기를 제작하여 식량을 저장하였다.
⑤ 가락바퀴와 뼈바늘을 이용하여 옷을 만들었다.
⑥ 주로 동굴에 살면서 사냥과 채집을 하였다.
⑦ 계급이 없는 평등한 공동체 생활을 하였다.

| 답인 이유 |
답세 공주 석장리, 찍개, 주먹도끼 등의 뗀석기 출토
(가)는 구석기 시대로, 공주 석장리는 광복 이후 남한에서 최초

답이 보이는 **선지 정리북** (Feat. 오디오)

결정적 기출 문장
1200

- 시험장에 가지고 가야 할 단 하나의 책
- 단박에 답이 떠오르는 오디오 문장 학습

이 책의 차례

1 선사

● BEST 기출 단어 16~53회, 기출 DATA 분석

※ 동률인 경우 최근 2개년 시험의 출제 빈도를 고려하여 순위를 결정하였습니다.

1위 ***	2위 **	3위 *
가락바퀴 ⋯ 19회 이상 출제	**동굴과 막집** ⋯ 13회 이상	**빗살무늬 토기** ⋯ 7회 이상
비파형 동검 ⋯ 17회 이상	**고인돌** ⋯ 16회 이상	**반달 돌칼** ⋯ 11회 이상
8조법 ⋯ 11회 이상	**고조선의 발전** ⋯ 10회 이상	**한의 침략** ⋯ 7회 이상
삼한 ⋯ 46회 이상	**동예** ⋯ 38회 이상	**부여** ⋯ 35회 이상

구석기·신석기 시대

▶ 구석기 시대 한반도에서 약 70만 년 전 시작

도구 뗀석기 : 돌을 주워 사용하는 데 그치지 않고, 깨뜨리거나 떼어 내어 제작

초기	중기	빙하기 왜	후기
주먹도끼, 찍개	긁개, 밀개		슴베찌르개 충북 단양 수양개 출토

슴베를 자루에 연결해 창끝이나 화살촉 등의 용도로 사용

• 빙하기 이후 기후가 온화해지면서 거대한 짐승이 사라지고 날쌘 짐승이 등장, 이 짐승을 사냥하기 위해 슴베찌르개와 같은 작고 날카로운 잔석기를 제작함

경제 사냥과 채집, 물고기잡이 → 불을 이용해 음식을 익혀먹기 시작
└ 사냥한 동물의 가죽으로 옷 제작

주거 식량을 찾아 이동 생활을 하면서 동굴, 바위 그늘, 강가의 막집에서 거주

사회 무리 생활, 연장자 또는 지혜로운 사람이 지도자 역할을 하는 평등 사회

유적 충남 공주 석장리, 경기도 연천 전곡리, 충북 청원 두루봉 동굴 등
주한 미군이 아슐리안형   어린아이의 유골인 홍수아이 발견
주먹도끼 발견

홍수아이

▶ 신석기 시대 약 1만 년 전(기원전 8000년경) 시작

도구	간석기	토기	생활 도구	
	갈판과 갈돌	빗살무늬 토기	가락바퀴	뼈바늘

신석기 시대에 농사가 시작되면서 곡식을 갈거나 열매의 껍질을 벗기는 데 사용

밑면이 뾰족해 모래나 진흙에 고정시켜 사용
흙으로 토기를 빚어 음식 조리 및 식량 저장

가락바퀴로 실을 뽑고 뼈바늘을 이용해 옷·그물 제작

경제 • 농경조·피 등 잡곡과 목축의 시작 → 식량 생산 단계로의 진입 → 신석기 혁명
꼭 신석기 시대에는 밭농사, 청동기 시대에는 벼농사
• 여전히 사냥·채집·물고기잡이가 식량을 구하는 중요한 방식

주거 정착 생활을 하면서 강가나 바닷가의 움집에 거주

땅을 파고 기둥을 세운 후 나뭇가지와 갈대를 덮어 만듦, 4~5명이 살기에 적절함, 중앙에 불을 피운 흔적(화덕)이 있음

움집터

사회 혈연 중심의 씨족 사회, 계급이 없는 평등한 공동체 사회

신앙 농경 시작 후 생긴 원시 신앙(애니미즘·토테미즘·샤머니즘*), 영혼·조상 숭배

예술 조개껍데기 가면, 치레걸이 장식품

유적 서울 암사동, 황해도 봉산 지탑리, 부산 동삼동, 제주 한경 고산리 유적 등
움집 터와 빗살   탄화된 좁쌀 발견   조개껍데기 가면,
무늬 토기 발견   흑요석, 화살촉 출토

*애니미즘
태양·물 등의 자연물이나 자연 현상에 영혼이 있다고 믿음

*토테미즘
특정 동·식물을 부족의 수호신으로 섬기고 숭배함

*샤머니즘
하늘을 인간과 연결시켜 주는 무당과 그 주술을 믿고 숭배함

단어	문장	문제

001
주먹도끼

대표적인 도구로 주먹도끼, 찍개 등을 제작하였다.
49, 40회 … 3회 이상

002
슴베찌르개

후기 구석기
사냥을 위해 슴베찌르개를 처음 제작하였다.
37, 30회 … 2회 이상

003 ★★
동굴과 막집

주로 동굴이나 강가의 막집에 거주하였다.
53, 52회 … 13회 이상

004
평등 사회

구석기·신석기
계급이 없는 공동체 생활을 하는 평등 사회였다.
52, 45회 … 7회 이상

005
농경

농경과 목축을 시작하여 식량을 생산하였다.
49, 39회 … 4회 이상

006 ★
빗살무늬 토기

빗살무늬 토기를 제작하여 식량을 저장하였다.
50, 48회 … 7회 이상

007 ★★★
가락바퀴

· 처음으로 가락바퀴를 이용하여 실을 뽑았다.
47, 46회 … 14회 이상

· 가락바퀴와 뼈바늘을 이용하여 옷이나 그물을 만들었다.
50, 38회 … 5회 이상

008
움집

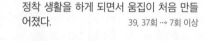

정착 생활을 하게 되면서 움집이 처음 만들어졌다.
39, 37회 … 7회 이상

50회 1번
(가) 시대의 생활 모습으로 옳은 것은? [1점]

> 공주 석장리에서 남한 최초로 [(가)] 시대의 유물인 찍개, 주먹도끼 등의 뗀석기가 출토되었습니다. 이번 발굴로 우리나라에서도 [(가)] 시대가 존재했다는 사실이 입증되었습니다.

① 반달 돌칼로 벼를 수확하였다.
② 주로 동굴이나 막집에서 거주하였다.
③ 거푸집을 이용하여 청동 무기를 제작하였다.
④ 빗살무늬 토기를 제작하여 식량을 저장하였다.
⑤ 가락바퀴와 뼈바늘을 이용하여 옷을 만들었다.
⑥ 주로 동굴에 살면서 사냥과 채집을 하였다.
⑦ 계급이 없는 평등한 공동체 생활을 하였다.

| 답인 이유 |

단서 **공주 석장리, 찍개, 주먹도끼 등의 뗀석기 출토**

(가)는 구석기 시대로, 공주 석장리는 광복 이후 남한에서 최초로 발견된 구석기 시대의 유적지이다. ②, ⑥ 구석기 시대 사람들은 식량을 찾아 사냥과 채집을 하며 이동 생활을 하였으며, 주로 동굴이나 강가의 막집에 거주하였다. ⑦ 구석기 시대는 연장자 혹은 지혜로운 사람이 지도자가 되어 무리를 이끌었고, 계급이 발생하지 않은 평등 사회였다.

| 오답인 이유 |

① 반달 돌칼은 청동기 시대에 사용하였던 농기구이다. 청동은 무르고 제작이 어렵기 때문에 청동기 시대에는 돌로 만든 농기구를 사용하였다.
③ 거푸집은 청동기 또는 철기를 찍어내는 틀이다. 청동기 시대에는 비파형 동검과 같은 청동 무기와 청동 방울, 청동 거울 등의 제사용 도구를 제작하였다.
④ 빗살무늬 토기는 신석기 시대의 대표적인 토기로, 식량을 저장하거나 음식을 조리할 때 사용하였다. 불에 구울 때 토기가 갈라지지 않도록 손, 생선 가시를 이용하여 무늬를 새겼다.
⑤ 신석기 시대 사람들은 가락바퀴와 뼈바늘을 이용해 옷이나 그물을 만들었다. 가락(실이 감기는 막대)에 섬유를 연결하고 가락바퀴의 가운데 구멍에 넣어 돌리면 섬유가 꼬이면서 실이 만들어졌다.

답 ②, ⑥ ,⑦

청동기·철기 시대

❯ 청동기 시대 기원전 2000년~기원전 1500년경

도구
- 청동은 귀하고 만들기 어려워 주로 지배층의 무기, 의례용 도구 등을 만드는 데 사용
- 거푸집을 이용하여 비파형 동검 등의 청동 무기 제작
- 돌로 만든 농기구인 반달 돌칼을 사용하여 곡물 수확
  곡식의 이삭을 자름
- 민무늬 토기, 미송리식 토기 등을 만들어 사용

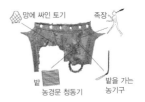
농경문 청동기

경제
- 일부 저습지에서 벼농사 시작
- '농경문 청동기'를 통해 청동기 시대 사람들이 농사를 지었음을 알 수 있음

주거
- 움집 거주 : 지상 가옥화, 중앙에 있던 화덕이 한쪽 벽으로 이동
- 구릉 지대에 취락을 이루며 생활 배산임수
- 목책·환호*를 설치해 외부 침입에 대비

사회
- 농업 생산력 발달에 따른 잉여 생산물 발생
  → 사유 재산과 빈부 격차 발생 → 계급 분화
- 권력을 가진 군장 족장 출현 : 제사와 정치 주관(제정일치)

청동기 시대의 모습(상상도)

무덤
- 고인돌* : 지배자의 무덤, 많은 인력을 동원해 축조
- 돌널무덤 : 돌널 돌로 만든 관을 만들고 그 위에 널판같은 돌을 덮은 무덤

유적
부여 송국리, 여주 흔암리 유적 등
탄화미 발견

*목책
마을을 지키기 위해 땅에 나무 기둥을 박아 설치한 울타리

*환호
마을 바깥에 도랑을 파서 두른 방어 시설

*고인돌 축조

❯ 철기 시대 기원전 5세기경

도구
- 쟁기, 쇠스랑 등의 철제 농기구 사용 → 농업 생산력 증가
- 철제 무기 사용 : 활발한 정복 전쟁 → 만주와 한반도에 여러 나라 출현
- 독자적인 청동기 문화 : 세형 동검, 잔무늬 거울 제작
  한국식 동검

경제
- 명도전·반량전·오수전·화천 등의 중국 화폐를 사용하여 중국과 교역
- 창원 다호리 붓 : 중국에서 전래된 한자 사용의 근거

무덤
- 널무덤 : 땅에 네모난 구덩이를 파고 나무관에 시체를 넣어 매장한 무덤
- 독무덤 : 두 개의 독(항아리)을 이어 만든 무덤

세형 동검

잔무늬 거울

명도전

창원 다호리 붓

널무덤

독무덤

단어	문장	문제

009 ★★★
비파형 동검

거푸집을 이용하여 비파형 동검을 제작하였다.
53, 51회 ⋯ 17회 이상

 평창군 평창읍 하리 유적에서 청동기 시대의 것으로 판단되는 비파형 동검과 인골이 출토되었다. 당시 시신 매장 방법과 장례 풍습 등의 연구에 중요한 자료로 활용될 것으로 보인다.
33회

010 ★
반달 돌칼

반달 돌칼을 사용하여 곡물을 수확하였다.
53, 50회 ⋯ 11회 이상

011
군장

권력을 가진 군장이 백성을 다스리고, 제사를 주관하였다.
29, 22회 ⋯ 3회 이상

012 ★★
고인돌

· 많은 인력을 동원하여 지배층의 무덤인 고인돌을 축조하였다.
53, 51회 ⋯ 13회 이상

· 대표적인 무덤으로 고인돌, 돌널무덤이 만들어졌다.
34회 ⋯ 3회 이상

013
철제 농기구

쟁기, 쇠스랑 등의 철제 농기구를 사용하여 농사를 지었다.
51, 49회 ⋯ 8회 이상

014
중국과의 교역

명도전·반량전·오수전·화천 등의 중국 화폐를 사용하였다.
52, 47회 ⋯ 10회 이상

015
철기 시대의 무덤

· 널무덤과 독무덤을 만들었다.
29, 22회 ⋯ 2회 이상

· 사람이 죽으면 독에 넣어 매장하였다.
21회 ⋯ 1회 이상

52회 1번

(가) 시대의 생활 모습으로 옳은 것은? [1점]

△△ 박물관
부여 송국리 유물 특별전

· ■ 기간 : 2021.○○.○○.~
　　　　　○○.○○.
· ■ 장소 : △△ 박물관
　　　　　기획 전시실

초대의 글

우리 박물관에서는 부여 송국리 유적에서 출토된 유물을 소개하는 특별전을 마련하였습니다. (가) 시대의 대표적 유물인 민무늬 토기와 비파형 동검 등을 통해 당시의 생활 모습을 살펴보시기 바랍니다.

① 주로 동굴이나 강가의 막집에서 살았다.
② 계급이 없는 평등한 공동체 생활을 하였다.
③ 오수전, 화천 등의 중국 화폐로 교역하였다.
④ 실을 뽑기 위해 가락바퀴를 처음 사용하였다.
⑤ 의례 도구로 청동 거울과 청동 방울 등을 제작하였다.
⑥ 반달 돌칼을 사용하여 곡물을 수확하였다.
⑦ 지배층의 무덤으로 고인돌을 축조하였다.

| 답인 이유 |
단서 부여 송국리 유적, 민무늬 토기, 비파형 동검
부여 송국리 유적에서는 '송국리식 토기'라고 불리는 민무늬 토기를 비롯하여 비파형 동검, 거푸집 등 다양한 유물이 출토되었다. 따라서 (가)는 청동기 시대이다. ⑤ 청동기 시대에는 청동기로 비파형 동검 등의 무기와 제사 의식에 사용되는 의례 도구인 청동 거울과 청동 방울 등을 제작하였다. ⑥ 청동은 무르고 제작이 어려워 청동기 시대에도 농기구는 돌로 만들어 사용하였는데, 반달 돌칼이 대표적이다. 청동기 시대에는 농업 생산력이 발달하여 잉여 생산물이 생겨났고, 이로 인해 빈부 격차와 계급이 발생해 정치적 지배자가 나타났다. ⑦ 청동기 시대에는 지배자가 죽은 후에 많은 인력을 동원하여 고인돌을 축조하였다.

| 오답인 이유 |
① 구석기 시대 사람들은 식량을 찾아 이동 생활을 하면서 주로 동굴이나 강가의 막집에 살았다.
② 구석기·신석기 시대에는 계급이 발생하지 않아 평등한 공동체 생활을 하였다.
③ 철기 시대에 명도전, 반량전, 오수전, 화천 등의 중국 화폐를 사용하여 중국과 교역하였다.
④ 가락바퀴는 실을 뽑는 바퀴 모양의 도구로, 신석기 시대에 처음 사용되었다.

답 ⑤, ⑥, ⑦

고조선의 성립과 발전

🌐 고조선의 건국

성립
기원전 2333
- 단군왕검이 아사달을 도읍으로 하여 우리나라 최초의 국가인 고조선 건국
- '홍익인간'을 건국 이념으로 삼고, 청동기 문화를 바탕으로 발전
- 건국 이야기 **꼭** ▶ 『삼국유사』, 『제왕운기』, 『동국통감』 등에 기록

『삼국유사』에 실린 내용	담긴 의미
옛날 환인의 아들 환웅이 천하에 자주 뜻을 두어, 인간 세상을 구하고자 하였다. 환인이 이를 알고 삼위태백을 내려다 보니 ❶ 인간 세계를 널리 이롭게 할 만하였다. … ❷ 환웅은 풍백(風伯), 우사(雨師), 운사(雲師)와 무리 삼천 명을 이끌고 하늘에서 내려왔다. 어느 날 ❸ 곰과 호랑이가 환웅을 찾아와 사람이 되게 해달라고 빌었다. 환웅은 쑥과 마늘을 주며 100일 동안 햇빛을 보지 말아야 한다고 하였다. … 곰은 잘 참아 여자로 변해 웅녀가 되었다. ❹ 웅녀는 환웅과 결혼해 자식을 낳았는데, 그가 바로 단군왕검이다.	❶ '홍익인간'의 건국 이념 ❷ 바람·비·구름을 의미 → 농사를 짓는 데 중요한 요소로, 환웅이 농사짓는 기술이 발달한 무리와 한반도에 왔음을 뜻함 ❸ 곰을 믿는 부족과 호랑이를 믿는 부족이 환웅 부족과 연합하려 했음을 뜻함 ❹ 곰을 믿는 부족이 환웅 부족과 연합하여 고조선이 건국되었음을 의미함

발전
- 세력 범위 : 탁자식 고인돌, 비파형 동검, 미송리식 토기의 분포 지역을 통해 <u>고조선의 문화 범위 짐작</u>
  한반도 북쪽과 만주 라오닝 지방

탁자식 고인돌	비파형 동검	미송리식 토기

- 중국의 연과 맞설 정도로 성장 → 연 장수 '진개'의 공격으로 땅을 빼앗기고, 수도를 왕검성으로 옮김
- 부왕·준왕과 같은 강력한 왕이 등장하여 왕위 세습
- 왕 아래 상·대부·장군 등의 관직 설치

사회
- 제정일치 사회 : 단군왕검=단군(제사장)+왕검(정치적 지배자)
- 법률 : 사회 질서 유지를 위한 8조법(범금 8조), 현재는 3가지 조항만 전해짐

살인죄	상해죄	절도죄
사람을 죽인 자는 사형에 처한다.	남에게 상처를 입힌 자는 곡식으로 갚는다.	도둑질을 한 자는 노비로 삼는다.
개인의 생명 중시	노동력 중시, 사유 재산 인정, 농경 사회	사유 재산 인정, 신분 구별

🌐 위만의 집권

성립
기원전 194
- 중국의 진·한 교체기에 위만이 고조선으로 망명, 이들에 의해 철기 문화가 유입됨
- 위만이 준왕을 몰아내고 왕위에 오름

발전
- 철제 무기를 바탕으로 정복 활동을 벌여 진번·임둔 등을 복속시켜 세력 확장
- 중국의 한과 한반도 남부의 진국 사이에서 중계 무역을 통해 성장

멸망
기원전 108
- 중계 무역에 불만을 품은 한 무제의 침략 ➡ 우거왕이 1년간 항전하였으나 지배층의 내분으로 수도 왕검성 함락 ➡ 고조선 멸망
  └ 조선상 역계경이 무리를 이끌고 진국으로 남하함
- 한 군현* 설치 - 사회가 혼란하여 법률이 60여 조로 늘어남

*한 군현
한이 고조선을 멸망시킨 뒤 고조선의 영역인 낙랑, 진번, 임둔, 현도에 설치한 4개의 군

016
단군왕검

- 단군왕검의 건국 이야기는 삼국유사, 제왕운기 등에 수록되어 있다.
  21회 ⋯ 1회 이상

- 단군왕검은 제사장이면서 정치적 지배자였다.
  21회 ⋯ 1회 이상

017 ★★
고조선의 발전

- 부왕 등 강력한 왕이 등장하여 왕위를 세습하였다.
  42회 ⋯ 3회 이상

- 왕 아래 상, 대부, 장군 등의 관직을 두었다.
  39, 19회 ⋯ 2회 이상

- 준왕이 부왕으로부터 왕위를 물려받았다.
  26회 ⋯ 1회 이상

- 연의 장수 진개의 공격을 받아 땅을 빼앗겼다.
  52, 41회 ⋯ 4회 이상

018 ★★★
8조법

- 사회 질서를 유지하기 위해 8조법을 만들었다.
  40, 34회 ⋯ 8회 이상

- 8조법을 통해 절도, 살인, 상해 등의 죄를 다스렸다.
  50회 ⋯ 3회 이상

019
위만 조선

- 위만이 준왕을 몰아내고 왕이 되었다.
  41회 ⋯ 1회 이상

- 진번과 임둔을 복속시켜 세력을 확장하였다.
  52회 ⋯ 3회 이상

- 한과 진국 사이에서 중계 무역을 하였다.
  42, 26회 ⋯ 2회 이상

020 ★
한의 침략

- 왕검성에서 우거왕이 한 무제가 파견한 군대에 맞서 싸웠다.
  52회 ⋯ 3회 이상

- 조선상 역계경이 무리를 이끌고 진국(辰國)으로 남하하였다.
  30, 26회 ⋯ 2회 이상

- 한의 침략을 받아 고조선이 멸망하였다.
  33, 19회 ⋯ 2회 이상

49회 2번

(가) 나라에 대한 설명으로 옳은 것은? [2점]

> 위만이 망명하여 호복을 하고 동쪽의 패수를 건너 준왕에게 투항하였다. 위만은 서쪽 변경에 거주하도록 해주면, 중국의 망명자를 거두어 (가) 의 번병*(藩屛)이 되겠다고 준왕을 설득하였다. 준왕은 그를 믿고 총애하여 박사로 삼고 … 백 리의 땅을 봉해 주어 서쪽 변경을 지키게 하였다.
> - 「삼국지」 동이전
>
> *번병: 변경의 울타리

① 국가 중대사를 정사암에서 논의하였다.
② 마립간이라는 왕의 칭호를 사용하였다.
③ 여러 가(加)들이 다스리는 사출도가 있었다.
④ 빈민을 구제하기 위해 진대법을 시행하였다.
⑤ 사회 질서를 유지하기 위해 범금 8조를 두었다.
⑥ 연의 장수 진개의 공격을 받아 땅을 빼앗겼다.
⑦ 부왕(否王) 등 강력한 왕이 등장하여 왕위를 세습하였다.

| 답인 이유 |

단서 위만이 망명, 준왕

(가) 나라는 고조선이다. 중국의 진·한 교체기에 혼란이 계속되자, 이를 피해 고조선으로 넘어오는 유이민이 늘어났다. 기원전 2세기에 위만이 무리 1,000여 명을 이끌고 고조선에 들어오자, 준왕은 위만에게 서쪽 변경 지역의 수비 임무를 맡겼다. 그러나 이주민 세력을 통솔하면서 세력을 키운 위만은 수도인 왕검성을 공격하여 준왕을 몰아내고 스스로 고조선의 왕이 되었다(기원전 194). ⑤ 고조선에는 사회 질서를 유지하기 위한 8조의 법이 있었는데, 현재는 이 중 살인, 상해, 절도에 해당하는 세 가지 조항만이 전해진다. ⑥ 고조선은 연과 대적할 만큼 성장하였으나 연의 장수 진개의 공격을 받아 땅을 빼앗기고, 랴오허강 유역에서 대동강 지역으로 중심지가 이동하였다. ⑦ 이후 점차 왕권이 안정되어 기원전 3세기에는 부왕에서 준왕으로 왕위가 세습되었다.

| 오답인 이유 |

① 백제에서는 정사암 회의라는 귀족 회의에서 국가 중대사를 논의하였다.
② 마립간은 대군장이라는 의미로, 신라의 왕호이다. 신라 내물왕 때부터 마립간이라는 칭호를 사용하였다.
③ 부여에서는 왕 아래에 마가·우가·저가·구가의 관리가 독자적으로 사출도라 불리는 행정 구역을 다스렸다.
④ 고구려 고국천왕은 봄에 곡식을 빌려 주었다가 가을에 갚도록 하는 진대법을 실시하여 빈민을 구제하였다.

답 ⑤, ⑥, ⑦

여러 나라의 성장

▶ 부여 만주 쑹화강 유역의 평야 지대

정치 • 왕권이 미약한 연맹 왕국*
　　　　흉년이 들면 왕에게 책임을 묻기도 함
　　• 사출도 : 왕이 다스리는 중앙을 제외한 지역을 마가·우가·저가·구가가 나누어 별도로 다스림
　　　　　　　　　　　　　　　　　　　　　　　　　　　　　　5부족 연맹체

경제 농경과 목축 중심

풍속 • 1책 12법 : 도둑질한 자는 12배로 배상하게 하는 형벌 제도
　　• 형사취수제 : 형이 죽으면 동생이 형수와 결혼하여 함께 사는 혼인 풍속
　　• 순장 : 지배층이 죽었을 때 신하·노비·부인 등을 껴묻거리와 함께 매장하는 장례 풍속
　　• 우제점법 : 소를 죽여 그 발굽으로 길흉을 점치는 방법
　　• 제천 행사 : 영고 12월

▶ 고구려 만주 졸본 지방

정치 • 주몽 건국 난생 설화 : 부여에서 내려온 일부 세력에 의해 건국
　　• 5부가 연합한 연맹 왕국
　　• 왕 아래 상가·고추가 등의 대가들이 사자·조의·선인 등의 관리를 거느림

경제 약탈 경제 : 활발한 정복 활동 → 집집마다 양식을 보관하는 작은 창고인 '부경' 존재

풍속 • 1책 12법, 형사취수제
　　• 서옥제 : 혼인한 뒤에 사위가 신부 집에 들어가 사는 혼인 풍습
　　• 제천 행사 : 동맹 10월

▶ 옥저 함경도 동해안 지방

정치 군장 국가 : 읍군·삼로 등의 군장이 다스림 · 동예도 동일함

경제 해산물 풍부 → 고구려에 소금·어물 등을 공납으로 바침

풍속 • 민며느리제 : 여자아이를 신랑 집에서 데려다 키우다가 며느리로 삼는 혼인 풍속
　　• 골장제 : 사람이 죽으면 가매장했다가 나중에 그 뼈를 추려 가족 공동의 목곽에 안치하는 장례 풍습

▶ 동예 강원도 북부 동해안 지방

경제 특산물 : 단궁·과하마·반어피*

풍속 • 책화 : 다른 부족의 경계를 침범하면 노비·소·말로 변상하는 풍습
　　• 제천 행사 : 무천 10월

▶ 삼한

정치 • 마한·진한·변한으로 구성
　　• 제정 분리 : 정치는 신지·읍차 군장, 제사는 천군 제사장이 담당
　　• 소도 : 천군이 주관하는 신성 구역으로 군장의 세력이 미치지 못함

경제 변한에서 철이 많이 생산되어 화폐로 사용하고, 낙랑·왜 등에 수출
　　　　김해 지역으로, 이후 가야로 발전

풍속 • 문신 : 남녀가 몸에 문신을 새기는 풍속이 있었음
　　• 제천 행사 : 수릿날 5월, 계절제 10월

*연맹 왕국
고대 국가 이전 단계로, 유력한 몇몇 부족이 연합해 왕국을 결성한 형태

*단궁
박달나무로 만든 활

*과하마
몸집이 작은 말

*반어피
바다표범의 가죽

021 ★ 부여

- 여러 가(마가·우가·저가·구가)들이 별도로 사출도를 주관하였다. 52, 50,회 ⋯ 21회 이상

- 12월에 영고라는 제천 행사를 열었다. 52, 51회 ⋯ 14회 이상

022 1책 12법

부여·고구려

남의 물건을 훔친 자는 12배로 배상하게 하였다. 50, 49회 ⋯ 11회 이상

023 고구려

- 왕 아래 상가·고추가 등의 대가들이 있었다. 33, 23회 ⋯ 2회 이상

- 대가들이 사자·조의·선인 등의 관리를 거느렸다. 51, 49회 ⋯ 9회 이상

- 집집마다 부경이라는 창고가 있었다. 52, 49회 ⋯ 6회 이상

- 10월에 동맹이라는 제천 행사를 열었다. 44, 30회 ⋯ 4회 이상

- 혼인 풍습으로 서옥제가 있었다. 52, 28회 ⋯ 5회 이상

024 옥저

혼인 풍습으로 민며느리제가 있었다. 49, 48, 47회 ⋯ 13회 이상

025 ★★ 동예

- 단궁·과하마·반어피의 특산물이 있었다. 49, 44회 ⋯ 11회 이상

- 읍락(부족) 간의 경계를 침범하면 가축(소, 말)이나 노비로 변상하는 책화가 있었다. 51, 49회 ⋯ 21회 이상

- 10월에 무천이라는 제천 행사를 열었다. 45, 38회 ⋯ 6회 이상

026 ★★★ 삼한

- 신지·읍차라고 불린 지배자가 있었다. 52, 51회 ⋯ 8회 이상

- 제사장인 천군과 신성 지역인 소도가 존재하였다. 51, 50회 ⋯ 26회 이상

- 철이 많이 생산되어 낙랑과 왜 등에 수출하였다. 52, 50회 ⋯ 12회 이상

50회 3번

(가) 나라에 대한 설명으로 옳은 것은? [2점]

> (가) 의 사회와 경제
>
> **풍습**
> 산천을 중시하며, 산과 내마다 읍락의 경계가 있어 함부로 들어가지 않는다. 다른 읍락을 침범하면 소, 말 등으로 변상하게 하는 책화가 있다.
>
> **특산물**
> 낙랑의 단궁이 그 땅에서 나고, 바다에서는 반어피가 산출된다. 무늬 있는 표범과 과하마 등이 유명하다.

① 신성 지역인 소도가 존재하였다.
② 정사암에 모여 재상을 선출하였다.
③ 읍군이나 삼로라는 지배자가 있었다.
④ 12월에 영고라는 제천 행사를 열었다.
⑤ 도둑질한 자에게 12배로 배상하게 하였다.
⑥ 여러 가(加)들이 별도로 사출도를 주관하였다.
⑦ 혼인 풍속으로 민며느리제가 있었다.

| 답인 이유 |

단서 책화, 단궁, 반어피, 과하마

(가) 나라인 동예는 부족 간 경계를 중요시했기 때문에 다른 부족의 경계를 침범하면 노비나 소, 말로 변상하게 하는 책화의 풍습이 있었다. 특산물로는 단궁, 과하마, 반어피 등이 있었다. ③ 동예는 부여, 고구려와 달리 왕이 없고, 읍군이나 삼로라는 군장이 자기 부족을 다스렸지만 큰 정치 세력을 형성하지 못하였다. 결국 동예는 연맹 왕국으로 성장하지 못한 채 옥저와 함께 고구려에 흡수되었다.

| 오답인 이유 |

① 삼한에는 천군이 다스리는 신성 지역인 소도가 있었다.
② 백제는 정사암 회의라 불린 귀족 회의에서 재상 선출 등의 국가 중대사를 결정하였다.
④ 수렵 사회의 전통이 남아 있던 부여에서는 12월에 영고라는 제천 행사를 열었다.
⑤ 부여와 고구려에는 1책 12법의 풍속이 있었다.
⑥ 부여에서는 왕이 중앙을 다스리고 마가·우가·저가·구가가 별도로 사출도를 다스렸다.
⑦ 옥저에서는 장래에 혼인할 여자아이를 남자 집에 데려다 키우다가 그 아이가 성장하면 남자가 여자 집에 예물을 주고 신부로 맞는 일종의 매매혼인 민며느리제가 실시되었다.

답 ③

2 고대

● BEST 기출 단어   16~53회, 기출 DATA 분석

1위 ***	2위 **	3위 *
장수왕 ···→ 15회 이상	고국천왕 ···→ 12회 이상	미천왕 ···→ 12회 이상
당의 침입과 격퇴 ···→ 22회 이상	수의 침입과 격퇴 ···→ 12회 이상	고구려 부흥 운동 ···→ 10회 이상
무령왕 ···→ 33회 이상	성왕 ···→ 21회 이상	근초고왕 ···→ 19회 이상
법흥왕 ···→ 33회 이상	진흥왕 ···→ 33회 이상	지증왕 ···→ 32회 이상
신문왕 ···→ 44회 이상	외사정 ···→ 15회 이상	상수리 제도 ···→ 12회 이상
문왕 ···→ 20회 이상	선왕 ···→ 18회 이상	무왕 ···→ 14회 이상
삼국의 경제 ···→ 28회 이상	화백 회의 ···→ 13회 이상	장보고 ···→ 11회 이상
독서삼품과 ···→ 22회 이상	고구려의 학문 ···→ 15회 이상	국학 ···→ 9회 이상
황룡사 9층 목탑 ···→ 18회 이상	원효 ···→ 17회 이상	의상 ···→ 14회 이상
백제 무령왕릉 ···→ 14회 이상	신라 돌무지 덧널무덤 ···→ 9회 이상	부여 능산리 고분군 ···→ 8회 이상
무구정광대다라니경 ···→ 8회 이상	삼국 문화의 일본 전파 ···→ 6회 이상	익산 미륵사 ···→ 4회 이상
후백제의 견훤 ···→ 24회 이상	후고구려의 궁예 ···→ 24회 이상	후백제 멸망 ···→ 8회 이상

고구려의 성립과 발전

고구려의 성장

건국
기원전. 37
- 부여에서 내려온 주몽(동명왕)이 졸본 지역에 건국
- 동명왕이 뒤를 이어 즉위한 유리왕이 졸본에서 국내성으로 천도

태조왕
1세기 후반
- 옥저를 정복하여 동해안으로 진출
- **5부 체제 성립** : 계루부 등 5부 출신 귀족이 지배층을 형성

고국천왕
- 왕위 부자 상속 확립, 5부 개편(부족적 성격 → 행정적 성격)
- **진대법 실시** : 을파소의 건의, 빈민 구제를 위해 백성들에게 곡식을 빌려줌

동천왕
관구검이 이끄는 위 군대의 침략

미천왕
- 서안평을 공격하여 영토 확장
- 한 군현의 낙랑군·대방군 축출

고국원왕
- 중국 전연의 침략으로 수도 국내성 함락
- 백제 근초고왕의 공격으로 평양성 함락, 고국원왕 전사 → 국가적 위기

소수림왕
- **율령 반포** : 국가 체제 정비
- **태학 설립** : 우리나라 최초의 국립 대학, 인재를 양성하고 유학을 보급함
- 전진의 순도를 통해 불교 수용 372

> 진나라 왕 부견이 사신과 승려인 순도를 파견하여 불상과 경문을 보내왔다. … 처음으로 초문사를 창건하여 순도에게 절을 맡겼다. 또한 이불란사를 창건하여 아도에게 절을 맡기니, 이것이 해동 불법(佛法)의 시초가 되었다. - 『삼국사기』, 31회

고구려의 전성기

광개토 대왕
4세기 말~ 5세기 초
┌ 중국의 라오허강(요하를 기준으로 동쪽 지역을 말함
- **영토 확장** : 백제 공격, 후연 격파, 요동 지역과 만주까지 정벌
- **신라 구원** : 내물 마립간의 요청으로 신라에 침입한 왜 격퇴 → 신라에 대한 영향력 확대(호우명 그릇*), 이때 가야를 공격해 가야의 중심지 이동(금관가야 → 대가야)
- **'영락'이라는 독자적 연호 사용**

> ┌ 광개토 대왕
> 18세에 왕위에 올라 영락 대왕이라 하였다. … 영락 10년(400)에 왕이 보병과 기병 도합 5만 명을 보내어 신라를 구원하게 하였다. 남거성을 거쳐 신라성에 이르니, 그곳에 왜적이 가득하였다. 고구려군이 도착하자 왜적이 퇴각하였다. → 신라에 침입한 왜 격퇴. - 46회
> 가야까지 진출

장수왕
5세기 중·후반
- **평양 천도**427 : 남진 정책 추진 → 나제 동맹을 결성하여 고구려에 저항 → 백제를 공격하여 한성 함락(개로왕 전사 → 백제가 웅진(공주)으로 천도475)
- **광개토 대왕릉비** : 아버지 광개토 대왕의 업적을 기리고자 건립
- **충주 고구려비** : 남한강 유역까지 진출 후 건립
한반도에서 발견된 유일한 고구려 비석

> ┌ 장수왕   ┌ 개로왕
> 고구려왕 거련이 몸소 군사를 거느리고 백제를 공격하였다. 백제왕 경이 아들 문주를 (신라에) 보내 구원을 요청하였다. 왕이 군사를 내어 구해 주려 했으나 미처 도착하기도 전에 백제가 이미 무너졌다. 경 또한 피살되었다. - 『삼국사기』

*호우명 그릇

경주 호우총에서 발견된 고구려 청동 그릇. '을묘년국강상광개토지호태왕'이란 글씨가 새겨져 있어, 5세기경 신라가 고구려의 영향력 아래에 있었음을 알 수 있음

고구려의 전성기(5세기)

광개토 대왕릉비
(중국 지린성 지안)

충주 고구려비
(충북 충주)

단어	문장

027
태조왕

옥저를 정복하고 동해안으로 진출하였다.
44, 40회 ⋯ 5회 이상

028 ★★
고국천왕

을파소의 건의로 빈민 구제를 위해 백성들에게 곡식을 빌려주는 진대법을 실시하였다.
52, 50회 ⋯ 12회 이상

029
동천왕

관구검이 이끄는 위의 군대가 고구려를 침략하였다.
50, 44회 ⋯ 6회 이상

030 ★
미천왕

• 서안평을 공격하여 영토를 넓혔다.
49, 44회 ⋯ 6회 이상

• 낙랑군·대방군을 축출하고 영토를 확장하였다.
43, 41회 ⋯ 6회 이상

031
소수림왕

• 전진의 순도를 통해 불교를 수용하였다.
36, 34회 ⋯ 5회 이상

• 태학을 설립하여 인재를 양성하였다.
46, 38회 ⋯ 4회 이상

• 율령을 반포하여 국가 체제를 정비하였다.
38, 24회 ⋯ 2회 이상

032
광개토 대왕

• 영락이라는 독자적인 연호를 사용하였다.
31회 ⋯ 3회 이상

• 5만의 군대를 파견해 신라에 침입한 왜를 물리쳤다.
50, 38회 ⋯ 5회 이상

033 ★★★
장수왕

• 국내성에서 평양으로 수도를 옮겼다.
40, 34회 ⋯ 5회 이상

• 남진 정책을 본격화하여 한강 유역까지 세력을 넓혔다.
44, 37회 ⋯ 5회 이상

• 백제의 한성을 공격하여 개로왕을 전사시켰다.
53, 49회 ⋯ 5회 이상

45회 4번

(가), (나) 사이의 시기에 있었던 사실로 옳은 것은?　　[3점]

> (가) 왕이 태자와 함께 정예군 3만 명을 거느리고 고구려를 침범하여 평양성을 공격하였다. 고구려왕 사유(斯由)가 필사적으로 항전하다가 날아오는 화살에 맞아 죽었다. 왕이 병사를 이끌고 물러났다. － 『삼국사기』
>
> (나) 고구려왕 거련(巨璉)이 병사 3만 명을 거느리고 와서 한성을 포위하였다. … 왕은 상황이 어렵게 되자 어찌할 바를 모르다가 기병 수십 명을 거느리고 성문을 나가 서쪽으로 달아났는데, 고구려 병사가 추격하여 왕을 살해하였다. － 『삼국사기』

① 신라의 법흥왕이 불교를 공인하였다.
② 백제의 문주왕이 웅진으로 천도하였다.
③ 고구려의 태조왕이 옥저를 복속시켰다.
④ 고구려의 광개토 대왕이 백제를 공격하였다.
⑤ 백제와 고구려가 동맹을 맺고 신라에 대항하였다.
⑥ 고국천왕이 빈민을 구제하기 위해 진대법을 실시하였다.
⑦ 소수림왕이 전진을 통해 불교를 수용하였다.

| 답인 이유 |

단서 고구려 침범, 평양성 공격, 한성 포위, 백제 왕 살해

(가)는 고구려 고국원왕(사유)이 백제 근초고왕의 공격을 받아 전사하는 내용이고, (나)는 고구려 장수왕(거련)이 백제를 공격하여 백제의 수도인 한성을 함락시키고 개로왕을 전사시키는 내용이다. ⑦ 고구려는 고국원왕의 죽음으로 국가적 위기에 직면했지만, 그 뒤를 이어 즉위한 소수림왕의 불교 수용, 태학 설립, 율령 반포를 통해 새로운 발전의 토대를 마련하였다(4세기 후반). ④ 국가적 위기를 극복한 고구려는 5세기 광개토 대왕 대에 이르러 전성기를 맞이하였다. 광개토 대왕은 후연을 격파하고, 백제를 공격하여 한강 이북 지역을 차지하는 등 고구려의 영토를 넓혔다. 또 신라에 침입한 왜를 격퇴함으로써 신라에 대한 영향력을 행사하였다.

| 오답인 이유 |

① 신라는 6세기 법흥왕 때 이차돈의 순교를 계기로 불교를 공인하였다.
② 장수왕의 공격으로 전사한 개로왕의 뒤를 이어 즉위한 문주왕이 백제의 도읍을 한성에서 웅진(공주)으로 옮겼다.
③ 고구려 태조왕은 1세기 후반에 옥저를 복속하여 영토를 확장하였다.
⑤ 신라가 7세기에 당과 나당 연합군을 결성하자 백제와 고구려가 동맹을 맺어 신라에 대항하였다.
⑥ 고구려에서는 2세기 고국천왕 때 을파소의 건의로 진대법을 실시하여 백성들에게 곡식을 빌려주어 빈민을 구제하였다.

답 ④, ⑦

고구려의 멸망과 가야

고구려의 위기

수의 침입과 격퇴	당의 침입과 격퇴
수의 중국 통일	당의 침략에 대비해 천리장성 축조
▼	▼
수 양제의 요동성 침략, 우중문의 30만 별동대가 평양성 공격	연개소문이 정변을 일으켜 권력 장악, 이를 구실삼아 당 태종이 침략
	└ 연개소문이 당에 대한 강경한 외교 정책 추진
▼	▼
꼭 **살수 대첩**612 : 을지문덕이 살수에서 수의 군대를 물리침	안시성 싸움645에서 당의 대군 격파
을지문덕이 여수장우중문시*를 보냄	

*을지문덕이 수의 장수 우중문에게 보낸 시

신통한 계책은 천문을
헤아리고 묘한 꾀는
지리를 꿰뚫는구나.
싸움마다 이겨
공이 이미 높으니
족한 줄 알아서
그만둠이 어떠하리.

고구려의 멸망

분열
- 수·당과의 계속된 전쟁으로 국력 약화
- 연개소문 사후 권력 다툼 발생

멸망 나당 연합군의 공격으로 평양성 함락, 고구려 멸망668

부흥 운동 검모잠이 왕족인 안승을 왕으로 추대
→ 신라의 지원으로 보덕국을 세우고, 안승을 보덕국왕으로 임명
   └ 당이 한반도 지배 야욕을 보이자 당과 맞서기 위해 고구려 부흥 운동을 지원
→ 지배층의 내분으로 고구려 부흥 운동 실패

가야의 성립과 멸망

전기 가야 연맹	후기 가야 연맹
• 김해의 금관가야시조 김수로왕이 건국를 중심으로 발전	• 고령 지역의 대가야시조 아진아시왕를 중심으로 발전
• 철이 많이 생산되어 낙랑과 왜 등에 수출	• 국제적인 고립에서 벗어나기 위해 신라와 결혼 동맹 체결
→ 철을 이용한 중계 무역	• **멸망** : 신라 진흥왕 때 신라에 병합562
• 신라를 지원하는 고구려 광개토 대왕의 공격	→ 가야 연맹 해체
→ 금관가야 쇠퇴	
• **멸망** : 신라 법흥왕 때532	
• 김구해를 비롯한 금관가야의 왕족이 신라의 귀족으로 편입	

금관가야의 마지막 왕

김해 대성동 고분군

출토 유물

철제 판갑옷   청동솥

가야의 발전

고령 지산동 고분군

출토 유물

철제 갑옷과 투구   금동관

| 단어 | 문장 | 문제 |

034 ★★
수의 침입과 격퇴

• 수 양제는 대군을 보내 고구려의 요동성을 침략하였다.
28, 23회 ⟶ 3회 이상

• 을지문덕이 살수에서 퇴각하는 수의 군대를 물리쳤다.
52, 50회 ⟶ 9회 이상

035 ★★★
당의 침입과 격퇴

• 고구려가 당의 침입에 대비하여 천리장성을 쌓았다.
51, 43회 ⟶ 10회 이상

• 연개소문이 정변을 일으켜 권력을 장악하였다.
49, 44회 ⟶ 8회 이상

• 안시성의 군사와 백성들이 당 태종의 대군을 격파하였다.
29, 23회 ⟶ 4회 이상

036 ★
고구려 부흥 운동

• 안승이 신라에 의해 보덕국왕으로 임명되었다.
52, 49회 ⟶ 8회 이상

• 검모잠이 고구려를 다시 세우고자 하였다.
37, 23회 ⟶ 2회 이상

037
금관가야

• 시조 김수로왕의 설화가 삼국유사에 전해진다.
44, 18회 ⟶ 2회 이상

김수로의 건국 설화

거북아, 거북아, 머리를 내놓아라,
만약에 내놓지 않으면 구워 먹으리.

북쪽 구지에서 이상한 소리가 들렸다. … 마을 사람들이 다시 모여서 상자를 열어 보니 알 여섯이 모두 어린애가 되어 있었다. … 그 달 보름에 왕위에 올랐는데, 세상에 처음 나타났다고 하여 이름을 수로라 하였다.

• 철이 많이 생산되어 낙랑과 왜를 연결하는 중계 무역으로 번성하였다.
50, 42회 ⟶ 6회 이상

038
대가야

• 가야 연맹이 대가야를 중심으로 재편되었다.
43, 39회 ⟶ 4회 이상

50회 5번

(가), (나) 사이의 시기에 있었던 사실로 옳은 것은? [3점]

(가) 고구려 왕 거련(巨璉)이 군사 3만 명을 이끌고 와서 왕도인 한성을 포위하였다. 왕이 성문을 닫고서 나가 싸우지 못하였다. 고구려 군사가 네 길로 나누어 협공하고, 바람을 타고 불을 놓아 성문을 불태웠다. 사람들이 매우 두려워하여 나가서 항복하려는 자들도 있었다. 왕이 어찌할 바를 몰라 수십 명의 기병을 거느리고 성문을 나가 서쪽으로 달아나니, 고구려 군사가 추격하여 왕을 해쳤다.

(나) 여러 장수가 안시성을 공격하였다. … 60일 동안 50만 명의 인력을 동원하여 밤낮으로 쉬지 않고 토산을 쌓았다. 토산의 정상은 성에서 몇 길 떨어져 있고 성 안을 내려다 볼 수 있었다. 도중에 토산이 허물어지면서 성을 덮치는 바람에 성벽의 일부가 무너졌다. … 황제가 여러 장수에게 명하여 안시성을 공격하였으나, 3일이 지나도록 이길 수 없었다.

① 미천왕이 서안평을 점령하였다.
② 을지문덕이 살수에서 수의 군대를 물리쳤다.
③ 고국원왕이 백제의 평양성 공격으로 전사하였다.
④ 관구검이 이끄는 위의 군대가 고구려를 침략하였다.
⑤ 광개토 대왕이 군대를 보내 신라에 침입한 왜를 격퇴하였다.
⑥ 장수왕이 평양으로 천도하고 남진 정책을 본격화하였다.
⑦ 연개소문이 정변을 일으켜 권력을 장악하였다.

| 답인 이유 |
단서 고구려 왕 거련, 왕도인 한성 포위, 안시성 공격
(가)는 5세기 고구려 장수왕(거련)이 백제의 수도 한성을 공격하여 백제 개로왕을 전사시킨 내용이다. (나)는 7세기 당이 고구려 안시성을 공격한 내용이다. 고구려는 5세기 광개토 대왕, 장수왕 때의 전성기를 지나 수의 침입으로 위기를 맞았다. ② 이때 을지문덕이 살수에서 수의 군대를 크게 격파하였고(살수 대첩, 612), 이후 수가 멸망하고 당이 들어섰다. ⑦ 고구려의 연개소문은 정변을 일으켜 스스로 대막리지가 되어 권력을 장악한 후 당에 강경하게 대응하였다. 그러자 당은 연개소문의 정변을 구실로 삼아 고구려를 침략하였다.

| 오답인 이유 |
① 미천왕은 4세기에 서안평을 점령해 영토를 확장하였다.
③ 4세기 백제 근초고왕의 공격으로 평양성에서 고국원왕이 전사하였고, 고구려는 위기를 맞았다.
④ 3세기 동천왕 때 관구검이 이끄는 위의 군대가 고구려를 침략하였다.
⑤ 5세기 광개토 대왕 때 한강 이북 지역을 장악하고, 신라에 침입한 왜를 격퇴하였으며 만주 지역을 정복하였다.
⑥ 장수왕은 국내성에서 평양으로 천도(427)한 후 남진 정책을 본격화하였고, 475년 백제의 한성을 공격하였다.

답 ②, ⑦

백제의 발전과 멸망

백제의 성립과 발전 기원전 1세기~5세기 초

건국
기원전 18
- 고구려에서 남하한 온조가 한성하남 위례성에서 건국
- **지배층 : 왕족인 부여씨와 8성의 귀족**

고이왕
- 율령 반포 ─ 삼국 중 제일 먼저 반포
- 내신좌평·위사좌평 등 6좌평의 관제와 16관등 마련
- **공복제 : 관리의 복색 제정**

근초고왕
4세기
- 마한 정벌
- 고구려 평양성 공격 → 고구려 고국원왕 전사

> ─근초고왕 ─ 왕이 태자와 함께 정예군 3만 명을 거느리고 고구려를 ─고국원왕 침범하여 평양성을 공격하였다. 고구려왕 사유(斯由)가 필사적으로 항전하다가 날아오는 화살에 맞아 죽었다. 왕이 병사를 이끌고 물러났다. ─「삼국사기」

- 고흥에게 명하여 역사서인 『서기』 편찬

침류왕 중국 동진에서 온 마라난타를 통해 불교 수용

백제의 전성기(4세기)

백제와 왜의 활발한 교류 관계를 보여 주는 칠지도

백제의 중흥과 멸망

비유왕 나제 동맹 체결 : 장수왕의 남진 정책에 맞서 신라 눌지왕과 맺은 동맹433

개로왕 장수왕의 공격을 받아 한강 유역을 빼앗김 → 개로왕 전사
- 한성 함락 직전에 중국의 북위에 국서를 보내 구원 요청

> ─장수왕 고구려가 침입해 와 한성을 포위하였다. 개로왕이 성문을 굳게 닫고 직접 방어하며, 태자 문주를 보내어 구원을 요청하였다. … 고구려 군사는 비록 물러갔으나 한성이 파괴되고 개로왕이 사망하여 마침내 문주왕이 즉위하였다. … 10월에 웅진으로 도읍을 옮겼다. ─나제 동맹을 맺은 신라 ─「삼국사기」 39·33회

문주왕 웅진공주 천도475

동성왕 신라와 결혼 동맹을 체결하여 나제 동맹 강화

무령왕
6세기 초
- 지방 통제를 위해 지방에 22담로를 설치하고 왕족 파견
- **중국 남조의 양과 교류 : 무령왕릉벽돌무덤, 양직공도***

성왕
6세기 중반
- 사비부여 천도, 국호를 '남부여'로 고치고 중흥을 꾀함
- 수도 5부·지방 5방으로 정비, 중앙 관청을 22부로 확대
- 신라 진흥왕과 연합해 한강 유역 수복 → 신라 진흥왕의 배신으로 한강 유역 상실
  → 관산성 전투에서 패배하여 성왕 전사

> ─성왕
> - 왕 16년 봄, 사비(일명 소부리라고 한다)로 도읍을 옮기고 국호를 남부여라고 하였다.
> - 왕 32년, 신라를 습격하기 위해 왕이 직접 보병과 기병 50명을 거느리고 구천에 이르렀는데, 신라 복병을 만나 그들과 싸우다가 신라군에게 살해되었다. ─「삼국사기」

무왕 익산에 미륵사 창건

의자왕 신라의 40여 성 공격 → 대야성 함락, 김춘추의 딸·사위 사망 → 나당 연합군 공격
→ 계백이 황산벌 전투에서 결사 항전 → 사비성 함락, 백제 멸망660

부흥 운동 복신과 도침주류성, 흑치상지임존성는 왕자 부여풍을 왕으로 추대
→ 왜의 군사적인 지원을 받았으나 백강 전투에서 당군에게 패배하며 진압됨

*양직공도

6세기 전반 중국 남조의 양에 온 외국 사신의 모습을 그린 그림

백제의 수도 변천

039
고이왕

내신좌평, 위사좌평 등 6좌평의 관제와 관등제의 기본 골격을 마련하였다.

52, 51회 ⋯ 3회 이상

040 *
근초고왕

· 평양성을 공격하여 고구려 고국원왕을 전사시켰다.

53, 50회 ⋯ 12회 이상

· 고흥으로 하여금 서기를 편찬하게 하였다.

53, 46회 ⋯ 7회 이상

041
침류왕

중국 동진에서 온 마라난타를 통해 불교를 수용하였다.

53, 46회 ⋯ 6회 이상

042 ***
무령왕

· 지방을 통제하기 위해 22담로를 설치해 왕족을 파견하였다.

52, 50회 ⋯ 21회 이상

· 중국 남조의 영향을 받아 무령왕릉(벽돌무덤)을 축조하였다.

51, 44회 ⋯ 12회 이상

043 **
성왕

· 사비로 천도하고 국호를 남부여로 고친다.

53, 52회 ⋯ 11회 이상

· 중앙 관청을 22부로 확대하고, 지방을 5방으로 정비하였다.

35, 29회 ⋯ 3회 이상

· 신라 진흥왕과 연합하여 한강 하류 유역을 수복하였다.

50, 48회 ⋯ 5회 이상

· 관산성 전투에서 전사하였다.

31, 24회 ⋯ 2회 이상

044
무왕

익산(금마저)에 미륵사를 창건하였다.

53, 50회 ⋯ 5회 이상

045
의자왕

윤충을 보내 신라를 공격하여 대야성을 함락하였다.

50, 46회 ⋯ 6회 이상

046
백제 부흥 운동

· 복신과 도침 등이 주류성에서 군사를 일으켜 부여풍을 왕으로 추대하였다.

52, 49회 ⋯ 10회 이상

· 부여풍이 백강에서 왜군과 함께 당군에 맞서 싸웠다.

53회 ⋯ 1회 이상

· 흑치상지가 임존성에서 소정방이 지휘하는 당군을 격퇴하였다.

52, 41회 ⋯ 4회 이상

45회 6번

밑줄 그은 '왕'의 업적으로 옳은 것은?   [2점]

> ○ 왕의 이름은 명농이니 무령왕의 아들이다. 지혜와 식견이 뛰어나고 일을 처리함에 결단성이 있었다. 무령왕이 죽고 왕위에 올랐다.   - 「삼국사기」
>
> ○ 왕이 신라군을 습격하고자 몸소 보병과 기병 모두 50명을 거느리고 밤에 구천(狗川)에 이르렀다. 신라의 복병이 나타나 그들과 싸우다가 혼전 중에 왕이 신라군에게 살해되었다.   - 「삼국사기」

① 익산에 미륵사를 창건하였다.
② 동진으로부터 불교를 수용하였다.
③ 신라를 공격하여 대야성을 점령하였다.
④ 사비로 천도하고 국호를 남부여로 고쳤다.
⑤ 고흥으로 하여금 서기를 편찬하게 하였다.
⑥ 지방에 22담로를 두고 왕족을 파견하였다.
⑦ 중앙 관청을 22부로 확대하고 지방을 5방으로 정비하였다.

| 답인 이유 |

단서 무령왕의 아들, 신라군에게 살해

무령왕의 아들, 신라와의 전투(관산성 전투, 554)에서 살해되었다는 내용을 통해 백제 성왕과 관련 있음을 알 수 있다. 고구려 장수왕에게 수도 한성이 함락되면서 백제는 문주왕 때 웅진(공주)으로 천도하였다. ④ 이후 왕위에 오른 성왕은 백제 중흥을 위해 다시 사비(부여)로 천도하고, 국호를 남부여로 고쳤다. ⑦ 또 체제 정비를 위해 수도를 5부, 지방을 5방으로 정비하였으며, 중앙 관청을 22부로 확대하였다. 백제는 고구려에게 빼앗겼던 한강 유역을 되찾기 위해 신라 진흥왕과 연합하여 일시적으로 한강 유역을 되찾는 데에 성공했지만 진흥왕의 배신으로 한강 유역을 빼앗겼다. 이에 성왕은 관산성에서 신라와 전투를 벌였으나 패배하였고, 나제 동맹은 결렬되었다.

| 오답인 이유 |

① 7세기 백제 무왕은 익산에 미륵사를 창건하였다.
② 백제는 4세기 침류왕 때 중국 동진으로부터 불교를 수용하여 중앙 집권 체제를 사상적으로 뒷받침하였다.
③ 의자왕은 백제와 신라 국경의 요충지인 신라의 대야성을 비롯한 40여 성을 공격하여 빼앗았다.
⑤ 4세기 근초고왕은 박사 고흥에게 명하여 역사서인 『서기』를 편찬하게 하였다.
⑥ 무령왕은 지방의 22담로에 왕족을 파견하여 지방 통제를 강화하였다. 대외적으로는 중국 남조의 양과 교류하여 문물을 수용하고, 친선 관계를 유지하였다.

답 ④, ⑦

신라의 발전과 삼국 통일

신라의 성립과 발전

신라 초기
- 박혁거세가 건국 기원전 57
- 박·석·김의 3성이 교대로 이사금 지배자 칭호에 선출

내물왕
4세기 후반
- 김씨에 의한 왕위 계승권 확립
- 마립간 칭호 사용 – 내물 마립간
- 고구려 광개토 대왕의 도움으로 신라에 침입한 왜 격퇴 400

눌지왕
백제 비유왕과 나제 동맹 체결 433

지증왕
6세기 초
- 국호를 '신라', 지배자 칭호를 '왕'으로 고침
- 우경이 시작되어 깊이갈이가 가능해짐
- 수도 경주에 동시전 시장 감독 관청 설치
- 순장 금지
- 이사부를 보내 우산국 울릉도 복속

법흥왕
6세기 전반
- 병부*와 상대등 설치, 율령 반포
- 이차돈의 순교를 계기로 불교 공인→ 왕권 강화
- '건원' 연호 사용
- 금관가야를 병합하여 영토 확대

진흥왕
6세기 중반
- 화랑도를 국가적 조직으로 개편
- 거칠부에게 명하여 『국사』 편찬
- 백제 성왕과 연합하여 고구려 공격 → 한강 상류 지역 차지 → 관산성 전투에서 승리(성왕 전사) → 한강 유역 모두 차지
- 대가야 병합 562 → 낙동강 서쪽까지 영토 확장
- 영토 확장 기념 : 단양 적성비, 4개의 순수*비를 세움
  창녕비·북한산비·황초령비·마운령비

진평왕
7세기
원광에게 걸사표를 짓게 함
고구려를 치기 위해 수에 군사를 청하는 글

*병부
군사에 관한 일을 맡음
→ 왕의 군사력 강화

*순수
임금이 나라 안을 두루
살피며 돌아다니던 일

신라의 전성기(6세기)

당항성을 통해
중국과 직접 교역

북한산 순수비

단양 적성비

신라의 삼국 통일

나당 연합

선덕 여왕 때 백제 의자왕이 신라를 공격해 옴
▼
신라 김춘추가 고구려에 도움을 요청했으나 거절당함
▼
진덕 여왕 때 김춘추를 당에 보내 동맹 제의
→ 나당 연합군 결성
▼
나당 연합군의 공격으로 고구려, 백제 멸망

진골 출신으로
처음으로 왕위에
오른 태종 무열왕

나당 전쟁
- 당의 한반도 지배 야욕 : 웅진 도독부·계림 도독부·안동 도호부* 설치
- 매소성·기벌포 전투에서 당 격퇴
- 한반도에서 당군 축출 → 안동 도호부가 요동 지역으로 이동

*웅진 도독부·계림 도
독부·안동 도호부
각각 백제, 신라, 고구
려의 옛 땅에 설치한
당의 통치 기구

삼국 통일
676
문무왕 때 삼국 통일 완성

삼국 통일 과정

단어	문장	문제

047
신라 초기

박·석·김의 3성이 교대로 왕위를 계승하였다.
50, 45회 ··▸ 6회 이상

048
내물왕

마립간이라는 왕의 칭호를 사용하였다.
51, 50회 ··▸ 7회 이상

049 ★
지증왕

· 국호를 신라로 정하고 왕의 칭호를 사용하였다.
37, 31회 ··▸ 5회 이상

· 이사부를 보내 우산국을 복속시켰다.
51, 50회 ··▸ 14회 이상

· 시장을 감독하는 관청인 동시전이 수도에 설치되었다.
53, 52회 ··▸ 13회 이상

050 ★★★
법흥왕

· 병부와 상대등을 설치하였다.
51, 50회 ··▸ 11회 이상

· 율령을 반포하여 통치 체제를 정비하였다.
52, 27회 ··▸ 4회 이상

· 이차돈의 순교를 계기로 불교를 공인하였다.
51, 48회 ··▸ 9회 이상

· 건원이라는 독자적인 연호를 사용하였다.
52, 49회 ··▸ 9회 이상

051 ★★
진흥왕

· 화랑도를 국가적인 조직으로 개편하였다.
48, 44회 ··▸ 9회 이상

· 거칠부가 왕명을 받들어 국사를 편찬하였다.
51, 49회 ··▸ 6회 이상

· 신라가 한강 유역을 차지하였다. → 북한산에 순수비를 세웠다.
36, 20회 ··▸ 3회 이상

· 신라가 함경도 지역까지 진출하였다. → 마운령, 황초령 등에 순수비를 세웠다.
52, 28회 ··▸ 3회 이상

· 대가야를 병합하여 영토를 확장하였다.
51, 40회 ··▸ 12회 이상

052
신라의 삼국 통일

· 신라의 김춘추가 당과 군사 동맹을 체결하였다.
53, 52회 ··▸ 4회 이상

· 나당 연합군이 평양성을 공격하였다.
33, 28회 ··▸ 4회 이상

나당 전쟁

· (고구려 멸망 후) 당이 안동 도호부를 요동 지역으로 옮겼다.
42, 29회 ··▸ 4회 이상

· 신라군이 당의 군대에 맞서 매소성·기벌포 전투에서 승리하였다.
52, 50회 ··▸ 11회 이상

51회 3번

밑줄 그은 '왕'의 업적으로 옳은 것은? [2점]

여러 신하들이 아뢰기를 "… 신(新)은 '덕업이 날로 새로워진다'는 뜻이고, 라(羅)는 '사방(四方)을 망라한다'는 뜻이므로 이를 나라 이름으로 삼는 것이 마땅하다고 여겨집니다. 또 살펴보건대 옛날부터 국가를 가진 이는 모두 제(帝)나 왕(王)을 칭하였는데, 우리 시조께서 나라를 세운 지 지금 22대에 이르기까지 방언으로만 부르고 높이는 호칭을 정하지 못하였으니, 이제 여러 신하들이 한 마음으로 삼가 신라국왕(新羅國王)이라는 칭호를 올립니다."라고 하였다. 왕이 이를 따랐다.
- 『삼국사기』

① 병부를 설치하고 율령을 반포하였다.
② 이사부를 보내 우산국을 복속시켰다.
③ 대가야를 병합하여 영토를 확장하였다..
④ 국학을 설립하여 유학 교육을 진흥시켰다.
⑤ 자장의 건의로 황룡사 구층 목탑을 건립하였다.
⑥ 시장을 감독하는 관청인 동시전을 설치하였다.
⑦ 금관가야를 복속하여 영토를 확대하였다.

| 답인 이유 |

단서 신라를 나라 이름으로 삼는 것, 신라국왕이라는 칭호

밑줄 그은 '왕'은 신라의 지증왕이다. 지증왕은 나라 이름을 '신라'로, 지배자의 칭호를 '왕'으로 고쳤다. 지증왕 이전의 신라에서는 지배자의 칭호로 이사금, 마립간 등을 사용하였다. ② 지증왕은 이사부를 보내 지금의 울릉도인 우산국을 복속시켰다. ⑥ 지증왕 때 소를 이용해 농사를 짓는 우경이 시작되어 농업 생산력이 높아졌고, 수도인 경주에 시장 감독 기관인 동시전을 설치하였다.

| 오답인 이유 |

①, ⑦ 법흥왕은 율령을 반포하고, 병부와 상대등을 설치하였으며 이차돈의 순교를 계기로 불교를 공인하여 국왕 중심의 통치 체제를 확립하였다. 그리고 금관가야를 복속하여 영토를 확장하고, '건원'이라는 독자적 연호를 사용하였다.

③ 진흥왕 때 백제 성왕과 연합하여 한강 상류 지역을 차지하고, 이후 나제 동맹을 깨고 한강 유역을 전부 차지하였다. 남쪽으로는 대가야를 병합하였고, 북쪽으로는 함흥 평야까지 진출해 전성기를 누렸다.

④ 통일 신라의 신문왕은 김흠돌의 난을 진압하면서 진골 귀족 세력을 숙청하여 왕권 전제화를 확립하였다. 또 국학을 설치하여 유학 교육을 시행하였다.

⑤ 신라 선덕 여왕 때 자장의 건의로 신라를 위협하는 주변 아홉 세력을 부처님의 힘을 빌어 물리치고자 하는 소망을 담아 황룡사 9층 목탑을 세웠다. 이후 고려에 몽골이 침입했을 때 불에 타 현재는 남아 있지 않다.

답 ②, ⑥

통일 신라의 발전과 혼란

통일 신라의 발전 신라 중대 - 『삼국사기』의 시대 구분에 의하면 무열왕~혜공왕 때를 말함

무열왕 최초의 진골 출신 왕 김춘추 → 이후 무열왕의 직계 자손이 왕위 세습

문무왕
- 매소성·기벌포 전투에서 승리 → 당군 축출, 삼국 통일 완성 676
- 대동강부터 원산만 이남의 땅 차지
- 체제 정비 : 지방관을 감찰하기 위해 외사정 파견

신문왕
- 김흠돌 신문왕의 장인의 난 진압 → 진골 귀족 숙청 → 왕권 강화
- 지방 행정 제도로 9주 5소경 마련, 군사 조직인 9서당 10정 정비
- 국학 설립 : 유학 교육 시행
- 관료전* 지급 687, 녹읍* 폐지 689 → 귀족의 경제적 기반 약화
- 아버지 문무왕을 위해 감은사 건립

성덕왕 백성에게 정전 지급 : 국가의 토지 지배력 강화 목적

경덕왕
- 진골 귀족 세력의 반발로 녹읍 부활 757
- 9주의 명칭을 중국식으로 바꿈, 국학을 태학감으로 변경하여 유교 교육을 강화함

*관료전
문무 관리에게 지급한 토지로(수조권만 인정), 노동력 징발은 불가능하였음

*녹읍
중앙과 지방의 관리들에게 매달 지급하던 녹봉을 없애고 줌, 해당 지역의 조세 수취뿐 아니라 노동력을 징발할 수 있는 권리 부여

*시중
집사부의 장관으로 중시라고도 함

*시중vs상대등

통치 체제의 정비

중앙 행정
- 집사부를 비롯한 14부를 두고 행정 업무 분담
- 집사부·시중* 권한 강화, 상대등 권한 약화*

지방 행정
- 9주 : 전국을 9주로 나눔
- 5소경 : 군사·행정상 중요 구역에 설치, 수도의 위치가 동남쪽에 치우친 것을 보완
- 상수리 제도 : 지방 세력가나 그 자제를 일정 기간 수도에 거주하게 함 → 지방 세력 견제
- 외사정 파견 : 지방관 감찰, 문무왕 때 설치

군사 조직 9서당(중앙군) 10정(지방군)
└ 9주에 1정씩 배치하고, 국경 지대인 한주에만 2개의 정 배치

9주 5소경

신라 말 전제 왕권의 동요 신라 하대

귀족의 왕위 다툼 혜공왕 피살 이후 150여 년간 20여 명의 왕 교체 → 왕권 약화, 지방에 대한 통제력 약화

지방 세력의 반란
- 김헌창의 난 : 아버지 김주원이 왕위 다툼에서 밀려나자 웅천주 공주에서 반란을 일으킴
- 장보고의 난 : 청해진을 중심으로 세력을 키운 장보고가 딸을 왕비로 세우려 함
→ 진골 귀족들이 반대하자 반란을 일으킴

지방 통제력 약화 ★

지방민의 봉기
- 거듭된 자연재해와 지배층의 수탈로 몰락한 농민들이 유랑하거나 초적이 됨
- 중앙 정부의 가혹한 조세 수탈에 대한 저항 : 원종과 애노의 난 889, 적고적의 난 896 등
└ 붉은색 바지를 입은 도적

새로운 세력과 사상의 등장

호족	스스로 성주·장군이라 칭하며 반독립적인 세력으로 성장 예 견훤, 궁예
6두품	골품제 비판, 호족과 연계해 새로운 정치 이념 제시 예 최치원
선종	• 참선과 수행을 강조, 깨달음을 얻으면 누구나 부처가 될 수 있다고 주장 • 호족과 농민들의 호응 • 호족의 지원으로 선종의 9개 종파인 9산 선문 성립 예 실상산문
풍수지리설	도선에 의해 널리 보급, 경주 중심의 지리 개념에서 탈피 - 호족의 사상적 기반

*원종과 애노의 난 ★
진성 여왕 3년(889)에 신라 사벌주(상주)에서 일어난 봉기, 중앙 정부조차 진입하기 어려울 정도로 규모가 컸음

단어	문장

053
무열왕

김춘추가 진골 출신 최초로 왕위에 올랐다.
43, 25회 ⟶ 2회 이상

무열왕의 직계 자손이 왕위를 세습하였다.
53, 31회 ⟶ 4회 이상

054 ★★★
신문왕

김흠돌의 난을 진압하고 진골 세력을 숙청하였다.
50, 45회 ⟶ 7회 이상

9주 5소경의 지방 행정 제도를 두었다.
51, 49회 ⟶ 5회 이상

군사 조직을 9서당 10정으로 편성하였다.
51, 50회 ⟶ 10회 이상

관리에게 관료전을 지급하고 녹읍을 폐지하였다.
51, 49회 ⟶ 15회 이상

유학 교육 기관으로 국학을 설립하였다.
51, 44회 ⟶ 7회 이상

055
정전

왕권 강화 정책의 일환으로 백성에게 지급하였다.
44, 43회 ⟶ 7회 이상

056
집사부

집사부를 비롯한 14부를 두고 행정 업무를 분담하였다.
52, 50회 ⟶ 6회 이상

057 ★
상수리 제도

지방 세력 통제를 목적으로 실시되었다.
51, 48회 ⟶ 12회 이상

058 ★★
외사정

문무왕 때 지방관 감찰을 위하여 파견되었다.
53, 52회 ⟶ 15회 이상

059
신라 말 지방 통제력 약화

웅천주 도독 김헌창이 반란을 일으켰다.
52, 48회 ⟶ 7회 이상

원종과 애노가 사벌주(상주)에서 봉기하였다.
51, 43회 ⟶ 5회 이상

060
호족

지방에서 스스로 성주·장군이라 칭하며, 반독립적인 세력으로 성장하였다.
31, 22회 ⟶ 3회 이상

061
6두품

(호족과 연계하여) 골품제를 비판하며 새로운 정치 이념을 제시하였다.
46, 29회 ⟶ 5회 이상

문제

46회 8회
(가)에 들어갈 내용으로 옳은 것은? [2점]

오늘은 감은사를 완성한 왕에 대해 이야기해 볼게요. 그는 동해의 용이 되어 나라를 지키겠다는 유언을 남긴 선왕에 감사하는 마음을 담아 감은사라는 이름을 붙였다고 해요. 또한 김흠돌의 난을 진압하고 진골 귀족을 숙청하여 왕권을 강화했어요. 이 왕이 추진한 다른 정책에 대해 말해 볼까요?

대화 창
유학 교육을 위해 국학을 설립하였어요.
(가)

① 백성에게 정전을 지급하였어요.
② 건원이라는 독자적인 연호를 사용하였어요.
③ 독서삼품과를 실시하여 관리를 채용하였어요.
④ 지방 행정 제도를 9주 5소경으로 정비하였어요.
⑤ 시장을 감독하는 관청인 동시전을 설치하였어요.
⑥ 화랑도를 국가 조직으로 개편하였어요.
⑦ 관료전을 지급하고 녹읍을 폐지하였어요.

| 답인 이유 |

단서 감은사, 김흠돌의 난 진압, 진골 귀족 숙청, 국학 설립

감은사는 신문왕이 아버지인 문무왕을 위해 세운 사찰이다. 문무왕은 나당 전쟁에서 승리하여 삼국 통일을 완수하였고, 신문왕은 이때 강화된 왕권을 바탕으로 여러 개혁을 추진하였다. 우선 신문왕의 장인이자 대표적 진골 귀족이던 김흠돌이 반란을 일으키자 이를 계기로 자신에게 반대하는 진골 귀족 세력에 대한 대대적인 숙청을 단행하였다. ⑦ 이어서 관료전을 지급하고 녹읍을 폐지하여 진골 귀족의 경제적 기반을 약화시켰다. ④ 또 지방 행정 제도를 9주 5소경으로, 군사 조직을 9서당 10정으로 정비하여 통치 체제를 정비하였고, 국학을 설치하여 유학 교육을 시행하였다.

| 오답인 이유 |

① 성덕왕은 국가의 토지 지배력을 강화하기 위해 백성에게 정전을 지급하였다.
② 법흥왕은 자주 국가로서의 위상을 높이기 위해 '건원'이라는 독자적인 연호를 사용하였다.
③ 원성왕은 유교 경전의 이해 수준을 시험해 관리를 등용하고자 독서삼품과를 시행하였다.
⑤ 지증왕은 시장을 감독·관리하는 관청인 동시전을 설치하였다.
⑥ 진흥왕은 화랑도를 국가적인 조직으로 개편하여 인재를 양성하였다. 이후 화랑도는 삼국 통일 과정에서 중요한 역할을 하였다.

답 ④, ⑦

발해의 발전과 통치 체제

◉ 건국과 발전*

*발해의 발전 과정

대조영 건국
문왕
무왕
해동성국
선왕
거란 침략
고려에 흡수
동모산

8세기　　9세기　　10세기

대조영 고구려 유민과 말갈 집단을 이끌고 동모산에서 건국696 · 꼭 · 지배층 다수가 옛 고구려계

무왕
• '인안' 연호 사용
• 당·신라와 적대 관계 유지
• 대문예로 하여금 당과 연결을 시도한 흑수말갈을 정벌하게 함
• 장문휴를 보내 당의 등주(산둥반도) 공격

문왕
• '대흥' 연호 사용
• 3성 6부의 중앙 관제 정비
• **수도 천도** : 중경 현덕부 → 상경 용천부 ┌ 고구려(부여)의 후예임을 내세움
• 일본에 보낸 국서에 '고려' 또는 '고려 국왕<u>고구려왕</u>'이라는 호칭 사용
• 당과 친선 관계 유지
• 신라로 이어지는 교통로인 '신라도'를 개설해 신라와 교역함

> 공주는 우리 대흥보력효감금륜성법대왕(문왕)의 넷째 딸이다. … 아아,
> 공주는 대흥(大興) 56년 여름 6월 9일 임진일에 궁 밖에서 사망하니,
> 나이는 35세였다. 이에 시호를 정효 공주라 하였다.　- 정효 공주 묘지명

선왕
• '건흥' 연호 사용, 5경 15부 62주의 지방 행정 제도 정비
• 요동 지방에 진출해 최대 영토 확보 → 전성기에 '해동성국'이라 불림
　└ 바다 동쪽의 융성한 나라

멸망 거란의 침입으로 멸망926

발해의 영역

◉ 통치 체제

┌ 6부의 명칭을 유교식으로 정함

중앙 행정
• 3성 6부 : 당의 제도를 수용했으나 <u>독자적으로 운영</u>
• 정당성 : 장관인 대내상이 국정 총괄
• 중정대 : 관리들의 비리 감찰
• 주자감 : 최고 교육 기관, 유학 교육

왕
정당성[상서성] ─ 좌사정 ─ 충부[이부] 인부[호부] 의부[예부]
선조성[문하성]
중대성[중서성] ─ 우사정 ─ 지부[병부] 예부[형부] 신부[공부]
중정대[어사대]
문적원[비서성]
주자감[국자감]
*[ ]: 당의 관제

발해의 중앙 정치 기구

지방 행정 5경 15부 62주 : 주·현에 지방관 파견, 촌락은 토착 세력이 운영

군사 조직 중앙군 : 10위

교육 기구 주자감 : 최고 교육 기관, 유학 교육

◉ 고구려 계승 의식

*치미
지붕 끝머리에 얹는 장식

*온돌
아궁이에 불을 때서 바닥을 데우는 전통 난방 시설, 특히 고구려에서 발달함

*모줄임 천장 구조
한 벽의 중간 지점에서 옆에 닿은 벽의 중간점을 기다란 돌로 덮어 모서리를 줄여 나가면서 천장을 막는 구조

수막새기와

고구려　　발해

치미*

고구려　　발해

온돌* 유적

발해 석등

상경성 터에서 발견

이불병좌상

고구려 양식을 계승하여 광배의 연꽃무늬를 표현

돌사자상

정혜 공주 묘에서 출토

모줄임 천장 구조*

단어	문장	문제

062
대조영

고구려 유민을 이끌고 동모산에서 나라를 세웠다.
38, 37회 ⋯ 6회 이상

063 *
무왕

· 인안이라는 독자적인 연호를 사용하였다.
47, 38회 ⋯ 5회 이상

· 대문예로 하여금 흑수말갈을 정벌하게 하였다.
38, 37회 ⋯ 2회 이상

· 장문휴로 하여금 당의 등주(산둥반도)를 공격하게 하였다.
43, 41회 ⋯ 7회 이상

064 ***
문왕

· 대흥이라는 독자적 연호를 사용하였다.
41, 17회 ⋯ 2회 이상

· 3성 6부의 중앙 관제를 정비하였다.
47, 43회 ⋯ 4회 이상

· 수도를 중경 현덕부에서 상경 용천부로 옮겨 체제를 정비하였다.
38, 37회 ⋯ 5회 이상

· 일본에 보낸 국서에 고려국왕이라는 명칭을 사용하였다.
29, 25회 ⋯ 3회 이상

· 고려국왕을 표방하고 일본과 교류하였다.
26, 17회 ⋯ 2회 이상

· 발해에서 신라로 이어지는 교통로(신라도)를 통해 신라와 교역하였다.
36, 30회 ⋯ 4회 이상

065 **
선왕

· 5경 15부 62주의 지방 행정 제도를 갖추었다.
51, 46회 ⋯ 11회 이상

· 전성기에 해동성국이라고도 불렸다.
46, 34회 ⋯ 7회 이상

066
통치 체제

· 정당성의 장관인 대내상이 국정을 총괄하였다.
50, 26회 ⋯ 3회 이상

· 중정대를 두어 관리를 감찰하였다.
51, 48회 ⋯ 3회 이상

· 주자감을 두어 유학 교육을 실시하였다.
52, 49회 ⋯ 6회 이상

45회 7번

(가) 국가에 대한 설명으로 옳은 것은? [2점]

┌─────── 답사 보고서 ───────┐

· 주제 : [(가)]의 유적을 찾아서
· 기간 : 2019년 ○○월 ○○일~○○월 ○○일
· 답사지 : 러시아 연해주 콕샤로프카성 일대

1. 콕샤로프카 평지성 내부의 온돌 유적

이 유적은 전체 둘레가 1,645m에 이르는 대규모 성곽으로, 내부 건물지에서 고구려 계통의 온돌 시설과 토기 등이 발굴되었다. 이러한 유적과 유물은 해동성국으로 불린 [(가)]이/가 고구려의 문화를 계승하였음을 보여 준다.

2. 콕샤로프카 성벽

① 지방관 감찰을 위해 외사정을 파견하였다.
② 지방을 통제하기 위해 22담로를 설치하였다.
③ 5경 15부 62주의 지방 행정 제도를 갖추었다.
④ 집사부 외 13부를 두고 행정 업무를 분담하였다.
⑤ 상수리 제도를 시행하여 지방 세력을 견제하였다.
⑥ 내신좌평, 위사좌평 등 6좌평의 관제를 마련하였다.
⑦ 인안, 대흥 등의 독자적인 연호를 사용하였다.

| 답인 이유 |

단서 온돌, 동모산, 해동성국, 고구려의 문화를 계승

(가) 국가는 발해로, 대조영이 고구려 유민을 이끌고 동모산에서 건국하였다. ⑦ 무왕 때 '인안', 문왕 때 '대흥'이라는 독자적인 연호를 사용하여 왕권의 강대함을 과시하고, 중국과 대등하다는 의식을 표현하였다. ③ 9세기 전반 선왕 때 지방 행정 제도를 5경 15부 62주로 정비하고, 전성기를 맞이해 중국으로부터 '해동성국'이라 불렸다.

| 오답인 이유 |

① 신라에서는 지방 세력을 견제하기 위하여 외사정을 파견하였다.
② 6세기 초 백제의 무령왕은 지방의 22담로에 왕족을 파견하여 지방에 대한 통제를 강화하였다.
④ 통일 신라 시대에 집사부(시중)의 기능을 강화하고, 그 아래 위화부를 비롯한 13부를 두어 행정 업무를 분담하였다.
⑤ 통일 신라 시대에 지방 세력가나 그 자제를 일정 기간 수도에 머무르게 하는 상수리 제도를 통해 지방 세력을 견제하였다.
⑥ 백제에는 왕 밑에 6좌평을 비롯한 16등급의 관리가 있었다.

답 ③, ⑦

고대의 사회와 경제

삼국의 통치 체제

		고구려	백제	신라
	정치 주도 세력 귀족	왕족 고씨계루부 + 5부 출신	왕족 부여씨 + 8성의 귀족	–
	관등제	10여 관등	16관등	17관등, 골품제와 결합해 운영
	수상	대대로가 국정 총괄	상좌평이 국정 총괄	상대등이 귀족 회의 주관
	귀족 회의체	제가 회의* 대대로 선출	정사암 회의* 천정대에서 재상 선출	화백 회의* 만장일치제
	중앙 관제	–	6좌평 → 22부	집사부, 위화부, 병부
행정	수도	5부	5부	6부
	지방(장관)	5부(욕살), 성(처려근지)	5방(방령), 군(군장)	5주(군주), 촌(촌주) 토착 세력, 지방관 보좌. 촌락 내의 행정·군사 실무 처리

*제가 회의
귀족들이 나라의 중요한 일을 결정

*정사암 회의
귀족들이 정사암에 모여 국가의 중대사 결정

*화백 회의
국가의 중요한 일을 만장일치로 결정

삼국의 경제와 사회

*골품제

관등					복색
등급	관등명	진골	6두품	5두품	4두품
1	이벌찬					자색
2	이 찬					
3	잡 찬					
4	파진찬					
5	대아찬					
6	아 찬					비색
7	일길찬					
8	사 찬					
9	급벌찬					
10	대나마					청색
11	나 마					
12	대 사					황색
13	사 지					
14	길 사					
15	대 오					
16	소 오					
17	조 위					

경제
- 우경이 시작되어 깊이갈이가 가능해짐
- 고구려 고국천왕 : 빈민 구제를 위해 진대법 실시
- 신라 지증왕 : 수도에 동시시장 개설, 동시전 시장 감독 관청 설치
- 신라 진흥왕 : 한강 유역을 확보한 이후 당항성에서 중국과 교역

골품제*
- 신라의 엄격한 신분 제도, 성골 왕족, 진골 최고 귀족, 6두품 이하 귀족으로 구성
- 골품에 따라 관등 승진에 제한, 집과 수레의 크기 등 일상생활까지 규제

화랑도
=국선도
풍월도
- 원시 사회의 청소년 집단에서 기원 → 진흥왕 때 국가 조직으로 확대
- 원광이 제시한 세속 5계를 행동 규범으로 삼음

원광 법사가 말하기를 "지금 세속 5계가 있으니, 첫째는 임금을 충성으로 섬기는 것이요, 둘째는 부모를 효성으로 섬기는 것이요, 셋째는 벗을 신의로 사귀는 것이요, 넷째는 전쟁에 임하여 물러서지 않는 것이요, 다섯째는 살아 있는 것을 죽일 때는 가려서 죽여야 한다는 것이니, 그대들은 이를 실행함에 소홀하지 말라."라고 하였다.
— 『삼국사기』 24회

통일 신라의 경제

토지 제도

관료전 지급 신문왕	교서를 내려 문무 관료전을 지급하되 차등을 두었다.
녹읍 폐지 신문왕	내외(內外) 관료의 녹읍을 폐지하고, 해마다 조(租)를 차등 있게 하사하고 이를 항식(恒式)으로 삼았다.
정전 지급 성덕왕	처음으로 백성에게 정전을 나누어 주었다.
녹읍 부활 경덕왕	내외(內外) 관료에게 매달 지급하던 녹봉을 없애고 다시 녹읍을 주었다. - 38회

*민정 문서

1933년 일본 도다이 사 쇼소인 창고에서 발견되었으며 당시 촌락의 경제 상황과 국가 세무 행정을 알려 주는 중요한 자료임

민정 문서*
- 서원경청주 부근 4개 촌락의 변동 사항에 대한 기록 문서
- 남녀별·연령별 호구 조사, 가축 및 유실수 현황 기록
- 조세 징수 목적, 3년마다 촌주가 작성

대외 무역
- 당에 신라방신라인 거주지을 설치해 활발히 교역
- 국제 무역항인 울산항을 통해 아라비아 상인 왕래
- 장보고 : 청해진완도을 설치해 해적 소탕, 해상 무역 전개
신라-당-일본을 잇는 국제 무역의 거점

발해의 경제

목축 발달 솔빈부의 말이 특산물로 유명

대외 무역
- 담비 가죽, 인삼, 자기 등 수출
- 당 : 산동반도등주에 발해관발해 사신의 숙소 설치
- 신라 : '신라도'라는 상설 교통로를 두어 서로 왕래

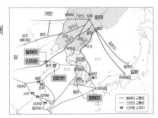

발해의 대외 교류

067 **제가 회의**	제가 회의에서 나라의 중요한 일을 결정하였다. 42, 37회 ⋯ 5회 이상	

049
49회 6번
(가) 국가의 경제 상황으로 옳은 것은?　　　　[2점]

국립 박물관 DB
유물 소개

상세 정보

서원경 부근 4개 촌락의 인구 수, 토지 종류와 면적, 소와 말의 수 등을 기록한 문서로, 일본 도다이 사 쇼소인에서 발견되었다. 문서의 내용을 통해 [(가)]이/가 촌락의 경제 상황 등을 세밀하게 파악하였음을 알 수 있다.

이미지 다운로드 | 관심 유물에 등록

① 은병이 화폐로 제작되었다.
② 집집마다 부경이라는 창고가 있었다.
③ 목화, 담배 등이 상품 작물로 재배되었다.
④ 울산항, 당항성이 무역항으로 번성하였다.
⑤ 현직 관리를 대상으로 직전법이 실시되었다.
⑥ 낙랑과 왜에 철을 수출하였다.
⑦ 청해진을 설치하여 해상 무역을 전개하였다.

068 **정사암 회의**	국가 중대사를 정사암에서 논의하고, 정사암에 모여 재상을 선출하였다. 50, 49회 ⋯ 4회 이상	
069 ★★ **화백 회의**	만장일치제인 화백 회의를 통해 국정을 운영 하였다. 50, 44회 ⋯ 13회 이상	
070 ★★★ **삼국의 경제**	・ 우경이 시작되어 깊이갈이가 가능해졌다. 34, 29회 ⋯ 3회 이상	
	・ 빈민을 구제하기 위한 진대법을 시행하였다. 52, 50회 ⋯ 12회 이상	
	・ 시장을 감독하는 관청인 동시전이 있었다. 53, 52회 ⋯ 13회 이상	
071 **골품제**	골품에 따라 관등 승진에 제한이 있었다. 50, 48회 ⋯ 5회 이상	
072 **화랑도**	원광이 화랑도의 규범으로 세속 5계를 제시 하였다. 51, 40회 ⋯ 4회 이상	
073 **녹읍**	・ 중앙과 지방의 관리들에게 매달 지급하던 녹 봉을 없애고 다시 녹읍을 주었다. 32, 28회 ⋯ 2회 이상	
	・ 조세 수취와 노동력 징발의 권리가 주어졌다. 17회 ⋯ 1회 이상	
074 **민정 문서**	호구를 남녀별·연령별로 구분하여 파악하고, 가축 및 유실수의 현황도 기재하였다. 26, 23회 ⋯ 3회 이상	
075 ★ **장보고**	청해진을 설치하여 해상 무역을 전개하였다. 53, 52회 ⋯ 11회 이상	
076 **발해의 경제**	・ 담비 가죽과 인삼, 자기, 말, 모피 등을 수출 하였다. 30, 24회 ⋯ 2회 이상	
	・ 특산품으로 솔빈부의 말이 유명하였다. 53, 48회 ⋯ 5회 이상	

| 답인 이유 |

단서 서원경 부근 4개의 촌락, 인구 수, 토지 종류 등을 기록한 문서
제시된 문서는 '민정 문서'로 (가) 국가는 신라이다. 민정 문서는 일본 도다이 사 쇼소인에서 발견되었다. 민정 문서에는 서원경(청주) 부근 4개 촌락의 인구 수, 토지 종류와 면적, 소와 말의 수, 과실나무의 숫자 등이 상세하게 기록되어 있다. 민정 문서는 조세를 징수하기 위해 촌주가 3년마다 작성하였다. ④ 신라는 고구려와 백제를 통해 중국과 교류하다가 한강 유역을 차지한 이후에는 당항성에서 중국과 직접 교류하였다. 또 통일 신라 때는 울산항이 국제 무역항으로 번성하여 아라비아 상인도 왕래하였다. ⑦ 신라 말 장보고는 지금의 완도에 청해진을 설치하고 해적을 소탕하여 해상 무역을 장악하였다.

| 오답인 이유 |

① 은병은 고려 시대에 발행된 고가의 화폐이다. 입구가 넓은 모양이어서 '활구'라고도 불렸다.
② 고구려에는 집집마다 부경이라는 작은 양식 창고가 있었다.
③ 조선 후기에는 상품 화폐 경제가 발달하여 목화, 담배, 고추 등의 상품 작물을 재배하였다.
⑤ 직전법은 조선 세조 때 실시된 토지 제도로, 현직 관료들에게만 관직 복무의 대가로 토지의 수조권을 지급하였다.
⑥ 변한에서는 철이 많이 생산되어 화폐처럼 사용하였고, 낙랑과 왜 등에 철을 수출하였다.

답 ④, ⑦

고대의 학문과 사상

역사서 편찬

고구려	영양왕 때 이문진이 『유기』를 간추린 『신집』을 편찬함
백제	근초고왕 때 고흥이 『서기』를 편찬함
신라	진흥왕 때 거칠부가 『국사』를 편찬함

유학의 발달

고구려
- **태학**중앙 : 소수림왕 때 설치, 귀족 자제에게 유교 경전 교육
- **경당**지방 : 장수왕 때 설치, 글과 활쏘기 교육

백제 부여 사택지적비* : 뛰어난 한문학 수준을 보여 줌, 불교와 도교적 측면에 관한 내용도 담고 있음

신라 임신서기석 : 화랑으로 보이는 두 청년이 유학 경전 공부에 힘쓸 것을 맹세하는 내용이 새겨짐

통일 신라
- **국학** : 신문왕 때 유교 경전 교육을 위해 설치, 박사와 조교를 둠
  → 경덕왕 때 태학감으로 명칭을 변경하여 유교 교육 강화
- **독서삼품과** : 원성왕 때 유교 경전의 이해 수준에 따라 관리를 선발한 제도

> 『춘추좌씨전』과 『예기』, 『문선』을 읽어서 그 뜻에 능통하고, 겸하여 『논어』와 『효경』에 밝은 자를 상품으로 하고, 『곡례』와 『논어』, 『효경』을 읽은 자를 중품으로 하고, 『곡례』와 『효경』을 읽은 자를 하품으로 하였다. - 19회

최치원	설총	강수	김대문
• 당에 유학하여 빈공과* 합격 • 진성 여왕에게 시무책 10여 조 건의 • 『계원필경』, '토황소격문'* 저술	• 한자의 음과 훈을 차용한 이두 정리 • 국왕에게 조언하는 내용의 '화왕계' 저술	외교 문서 작성에 능하여 '청방인문표' 집필	• 진골 귀족 출신 • 『화랑세기』, 『고승전』 저술

발해 주자감 : 유학 교육 기관 → 인재양성

*사택지적비
백제 말기의 대좌평인 사택지적이 늙어감을 한탄하며 불교에 귀의하여 불교 사찰과 탑을 세운다는 내용을 기록한 비문

*빈공과
당에서 외국 유학생을 대상으로 한 과거 시험

*토황소격문
최치원이 당에 벼슬하던 중 반란을 일으킨 '황소'를 치기 위해 지은 격문

도교와 풍수지리설의 발달

도교
- 불로장생과 현세의 구복 추구, 산천 숭배나 신선 사상과 결합
- 고구려 연개소문이 반대 세력을 견제하고자 장려함 - 귀족 세력 중심으로 발달

고구려 강서대묘의 현무도　　백제 산수무늬 벽돌　　백제 금동 대향로　　백제 사택지적비

- 천존상과 도사들을 고구려에 보내어 『도덕경』을 강론하니 왕과 도사와 일반 사람들로서 참관한 자가 수천 명이었다. 노자가 쓴 도교의 경전
- 백제 장군 막고해는 고구려군을 쫓아가는 태자에게, "일찍이 들건대 무릇 만족할 줄 알면 욕되지 않고 멈출 줄 알면 위태롭지 않습니다."라고 하였다. - 20회

풍수지리설
- 신라 말 도선 등의 승려에 의해 중국에서 전래됨
- 산세와 수세를 살펴 도읍, 주택 등을 선정하는 학설

| 단어 | 문장 | 문제 |

077 ★★
고구려의 학문

- 이문진이 유기를 간추린 신집을 편찬하였다.
  40, 37회 ⋯→ 2회 이상
- 소수림왕이 태학을 세우고 자제를 교육시켰다.
  46, 28회 ⋯→ 4회 이상
- 장수왕이 경당을 설치하여 청소년에게 글과 활쏘기를 가르쳤다. 48, 43회 ⋯→ 9회 이상

078 ★
국학

신문왕 때 설립된 유학 교육 기관으로, 유교 경전을 가르치기 위해 박사와 조교를 두었다.
51, 37회 ⋯→ 9회 이상

079 ★★★
독서삼품과

원성왕 때 실시하여 유교적 소양을 갖춘 인재를 채용하였다. 53, 51회 ⋯→ 22회 이상

080
최치원

진성 여왕에게 시무책 10여 조를 올렸다.
52, 49회 ⋯→ 4회 이상

신은 나이 12세에 중국으로 건너갔는데, … 신이 부친의 엄한 가르침을 가슴에 새겨 노력을 경주한 끝에 6년 만에 빈공과에 합격하였습니다. … 이제 귀국하여 그동안 중국에서 지은 글을 모아 계원필경집 1부 20권을 비롯한 시·부·표·장 등의 28권을 소장(疏狀)과 함께 올리게 되었습니다.　43회

081
설총

- 국왕에게 조언하는 내용의 화왕계를 저술하였다. 51, 31회 ⋯→ 3회 이상
- 한자의 음과 훈을 차용한 이두를 체계적으로 정리하였다. 52, 34회 ⋯→ 2회 이상

082
강수

외교 문서 작성에 능하여 청방인문표를 집필하였다. 52, 34회 ⋯→ 3회 이상

083
김대문

진골 귀족 출신으로 화랑세기, 고승전 등을 저술하였다. 52, 34회 ⋯→ 2회 이상

084
주자감

유교 경전을 교육하여 인재를 양성하였다.
52, 49회 ⋯→ 6회 이상

085
도교

고구려 강서대묘 벽에 그려진 사신도(현무도)는 도교의 영향을 받았다. 33, 22회 ⋯→ 3회 이상

086
풍수지리설

신라 말 도선에 의해 확산되었다.
40, 19회 ⋯→ 2회 이상

52회 8번

밑줄 그은 '이 인물'에 대한 설명으로 옳은 것은? [2점]

이곳은 중국 양저우에 있는 이 인물의 기념관입니다. 그는 당에 유학하여 빈공과에 급제하였고, 황소의 난이 일어나자 '격황소서(檄黃巢書)'를 지어 이름을 떨쳤습니다. 또한 당에서 쓴 글을 모은 계원필경을 남겼습니다.

① 당으로 건너가 군사 동맹을 체결하였다.
② 진성 여왕에게 시무책 10여 조를 올렸다.
③ 외교 문서 작성에 능하여 청방인문표를 지었다.
④ 진골 귀족 출신으로 화랑세기, 고승전 등을 저술하였다.
⑤ 한자의 음훈을 빌려 우리말을 표기한 이두를 정리하였다.
⑥ 국호를 마진으로 바꾸고 철원으로 천도하였다.
⑦ 독서삼품과를 실시하여 관리를 채용하였다.

| 답인 이유 |

단서 당에 유학, 빈공과 급제, 격황소서, 계원필경

최치원은 6두품이라는 신분의 한계에 부딪혀 당으로 유학을 떠나 빈공과에 급제하였다. 황소의 난이 일어나자 격황소서(=토황소격문)를 지어 문장가로 이름을 떨쳤다. ② 귀국 후에는 진성 여왕에게 시무책 10여 조를 올렸으나 진골 귀족의 반대로 받아들여지지 않았다. 최치원의 저서로는 『계원필경』 등이 있다.

| 오답인 이유 |

① 김춘추가 당에 건너가 도움을 요청하여 군사 동맹인 나당 연합이 결성되었다. 김춘추는 훗날 진골 출신 최초로 왕위에 오른 태종 무열왕이다.
③ 6두품 출신인 강수는 외교 문서 작성에 능하여 당에 억류되어 있던 무열왕의 아들인 김인문을 보내줄 것을 요청하는 '청방인문표'를 지었다.
④ 진골 귀족 출신인 김대문은 화랑에 관한 전기인 『화랑세기』와 승려에 관한 전기인 『고승전』 등을 저술하였다.
⑤ 원효의 아들이자 6두품 출신인 설총은 한자의 음훈을 빌린 이두를 정리하였고, '화왕계'를 지었다.
⑥ 후고구려를 세운 궁예는 이후 국호를 '마진'으로 바꾸고 철원으로 수도를 옮겼다.
⑦ 통일 신라의 원성왕은 유교 경전의 이해 수준에 따라 상품, 중품, 하품으로 나누어 관리를 등용하는 독서삼품과를 실시하였다.

답 ②

*일심 사상
모든 것이 마음에서 우러나옴

*화쟁 사상
다툼을 극복하여 조화를 이룬다는 뜻

*관음 신앙
자비로 중생의 괴로움을 구제한다는 불교의 관음보살을 믿는 신앙

*9산 선문
신라 말 호족의 지원을 받아 확산된 선종의 대표적인 9개의 사원

*화순 쌍봉사 철감선사 승탑

승려의 사리를 안치한 탑으로, 신라 말 선종이 널리 퍼지면서 팔각 원당형의 승탑과 승려의 일대기를 비에 새겨 세운 탑비가 유행

불교의 발달

고구려	소수림왕 때 전진의 순도에 의해 수용 372
백제	침류왕 때 동진의 마라난타에 의해 수용 384
신라	이차돈의 순교로 법흥왕 때 공인 527

통일 신라

원효	• 일심 사상*과 화쟁 사상* 주장 : 종파 간 조화 추구 • 무애가를 지어 부르며 불교의 대중화에 노력 → 아미타 신앙 _나무아미타불만 외우면 누구나 극락에 갈 수 있다_ • 『대승기신론소』, 『금강삼매경론』, 『십문화쟁론』 저술
의상	• 화엄 사상을 바탕으로 교단 형성, 부석사 창건 • 『화엄일승법계도』를 저술하여 화엄 사상 정리 • 현세에서 고난을 구제받고자 하는 관음 신앙* 전파
혜초	인도와 중앙아시아 등을 순례하고 돌아와 『왕오천축국전』 저술

• 삼국 통일 후 교종 경전 연구 중심 유행 → 신라 말 선종 개인의 깨달음 중시 유행
• 선종 : 지방 호족의 사상적 배경이 됨, 9산 선문* 성립, 승탑* 유행

불상

고구려	백제	신라	통일 신라		발해
금동 연가 7년명 여래 입상	서산 용현리 마애 여래 삼존상	경주 배동 석조여래 삼존입상	석굴암 본존불상	남산 칠불암 마애불상군	이불병좌상

| 광배 뒷면에 '연가 7년명' 이라고 새겨져 있음 | 백제의 미소 | | | | 고구려의 영향을 받음 |

불탑

백제	신라	통일 신라		발해
익산 미륵사지 석탑	황룡사 9층 목탑 복원	경주 감은사지 3층 석탑	불국사 3층 석탑(석가탑)	석등

| 목탑 양식을 계승한 석탑, 현존하는 석탑 중 가장 오래됨, 금제 사리 봉안기와 사리 장엄구 출토 | 선덕 여왕 때 승려 자장의 건의로 건립 | 전형적인 통일 신라 양식의 석탑 | 내부에서 무구정광대다라니경 발견 | 고구려 양식과 유사 |

부여 정림사지 5층 석탑	분황사 모전 석탑	양양 진전사지 3층 석탑	경주 불국사 다보탑	영광탑

| 당 장수 소정방이 백제를 평정한 사실을 탑에 새겨 놓았음 | 돌을 벽돌 모양으로 다듬어 쌓은 모전 석탑, 현존하는 신라 석탑 중 가장 오래됨 | 기단과 탑신에 돌을 새김으로 불상 조각 | | 현존하는 유일한 발해의 전탑
흙으로 구워 만든 벽돌로 쌓아 올린 탑 |

087 ★★

원효

- 무애가를 지어 불교 대중화에 힘썼다.
  53, 51회 ⋯ 10회 이상

- 대승기신론소, 금강삼매경론, 십문화쟁론을 저술하였다.
  47, 46회 ⋯ 6회 이상

- 일심 사상과 화쟁 사상을 주장하였다.
  26회 ⋯ 1회 이상

088 ★

의상

- 현세에서 고난을 구제받고자 하는 관음 신앙을 강조하였다.
  41, 31회 ⋯ 2회 이상

- 화엄 사상을 바탕으로 교단을 형성하였다.
  34, 22회 ⋯ 2회 이상

- 부석사를 창건하고 화엄 사상을 전파하였다.
  47, 40회 ⋯ 5회 이상

- 화엄일승법계도를 지어 화엄 사상을 정리하였다.
  51, 43회 ⋯ 5회 이상

089

혜초

- 인도와 중앙아시아를 다녀와서 왕오천축국전을 남겼다.
  51, 47회 ⋯ 10회 이상

090

선종

- 9산 선문 중 하나인 실상산문이 개창되었다.
  33, 20회 ⋯ 2회 이상

- 선종의 영향을 받아 승탑이 만들어졌다.
  36, 32회 ⋯ 6회 이상

전라남도 화순군 쌍봉사에 있는 국보 제57호 철감선사 승탑이다. 승려의 사리를 봉안하는 승탑은 선종이 수용된 이후 9세기부터 유행하였다. 선종은 도의선사가 가지산문을 개창한 이래 9산 선문을 형성하였다. 45회

091 ★★★

황룡사 9층 목탑

- 신라 선덕 여왕 때 자장의 건의로 건립하였다.
  53, 51회 ⋯ 18회 이상

092

불국사 3층 석탑

- 내부에서 무구정광대다라니경이 발견되었다.
  48, 36회 ⋯ 8회 이상

43회 10번

(가)에 들어갈 문화유산으로 옳은 것은? [3점]

> 사진으로 보는 우리나라의 탑 ◆ 신라 편
>
> (가)
>
> 이 탑은 신문왕 2년에 세워진 것으로, 국보 제112호로 지정된 쌍탑 중 동탑이다. 이 탑은 삼국 통일 이후 조성된 석탑 양식의 전형을 보여 주는 것으로 지붕돌, 몸돌 등 각 부분이 여러 개의 석재로 조립되었다는 점이 특징이다. 이 탑이 있는 절은 삼국을 통일한 문무왕의 유업을 이어받아 아들인 신문왕이 완공하였다.

①   ②   ③

④   ⑤   ⑥

⑦   ⑧   ⑨

| 답인 이유 |

단서 삼국 통일 이후 조성된 석탑 양식의 전형, 신문왕이 완공한 절

삼국 통일을 완성한 문무왕이 감은사 창건을 시작하였고, 문무왕의 아들인 신문왕이 이를 이어받아 절을 완공하고 선왕의 은혜에 감사한다는 뜻으로 감은사라 이름 지었다. ① 감은사에 있는 감은사지 3층 석탑으로 전형적인 통일 신라 양식의 석탑이다.

| 오답인 이유 |

② 경주 불국사에 있는 다보탑이다. 석가탑과 나란히 세워져 있으며 아름다운 조형미가 느껴지는 탑이다.

③ 신라 선덕 여왕 때 세워진 경주 분황사 모전 석탑이다. 현존하는 신라의 석탑 중 가장 오래되었으며, 돌을 벽돌 모양으로 다듬어 쌓았다.

④ 고려 시대의 다각 다층탑인 평창 월정사 8각 9층 석탑이다.

⑤ 백제 무왕 때 건립된 익산 미륵사지 석탑이다. 목탑 양식을 계승한 석탑으로 9층의 탑 형태이었을 것으로 추정되나 현재는 6층까지만 남아 있다.

⑥ 백제의 마지막 수도인 부여에 있는 정림사지 5층 석탑이다.

⑦ 통일 신라의 석탑인 안동 법흥사지 7층 전탑이다.

⑧ 삼국 통일 직후에 만들어진 경주 불국사 3층 석탑이다. 불국사의 대웅전 앞에 다보탑과 함께 위치하고 있다.

⑨ 중국의 지린성에 남아 있는 발해의 전탑인 영광탑이다.

답 ①

14 고대의 고분

고구려

돌무지무덤 초기
- 계단식 무덤
- 입구X, 벽화X
- 도굴 어려움

무덤의 입구가 밖으로 드러나 있지 않아 껴묻거리가 남아 있음

호석이 둘러져 있고, 무덤 뒤에 딸린 무덤인 배총이 있음, 이는 무덤의 주인을 보호하는 의미

장군총

굴식 돌방무덤 후기
시체를 넣는 관이나 곽 따위를 이르는 말
- 돌로 널길과 널방을 만들고 그 위에 흙을 덮어 봉분을 만듦
- 입구O, 벽화O

꼭 강서대묘 현무도

무용총 수렵도

각저총 씨름도

▸ 모줄임 천장 구조

백제

*진묘수

무덤을 수호하는 목적으로 만들어진 석수

*묘지석

'영동대장군 백제 사마왕'이라고 새겨져 있어 무덤의 주인을 알 수 있음

돌무지무덤 한성
서울 석촌동 고분군

고구려 돌무지무덤과 유사, 백제 건국 세력이 고구려와 같은 계통임을 뒷받침함

굴식 돌방무덤 웅진
송산리 고분군

송산리 6호분의 배수로 공사 중 무령왕릉 발견

벽돌무덤 웅진
꼭 당시 중국은 돌보다는 사방에 널려있는 진흙으로 벽돌을 만들어 무덤을 축조
- 널길과 널방을 벽돌로 쌓음
- 중국 남조의 영향을 받음
- 진묘수, 묘지석* 등 출토

무령왕릉

널길 | 널방

굴식 돌방무덤 사비

부여 능산리 고분군

근처 절터에서 금동 대향로 출토

신라

돌무지 덧널무덤
- 나무로 덧널을 만들고, 그 위에 돌을 쌓은 후 흙으로 덮음
- 입구X, 벽화X → 도굴 어려움

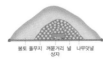

봉토 돌무지 껴묻거리 널 나무덧널
상자

나무덧널

꺼묻거리 상자 널

황남대총

유리잔, 유리병 등 서역의 껴묻거리 출토

천마도
벽화가 아닌 말 장신구인 장니에 그려진 그림

통일 신라

굴식 돌방무덤
무덤 주위에 둘레돌(호석)을 두르고 12지 신상을 조각

김유신묘

화장 유행

문무왕릉

발해

정혜 공주 묘
고구려 양식 계승 : 모줄임 천장 구조의 굴식 돌방무덤

모줄임 천장 구조

돌사자상 출토

정효 공주 묘
- 당의 영향 : 벽돌무덤
- 고구려의 영향 : 돌로 공간을 줄여 나가는 천장 구조

정효 공주묘 내부 벽화

묘지석

무덤 내부에 공주를 모시는 인물을 그린 벽화가 있었으며, 묘지석이 출토됨

093

고구려 돌무지무덤

석촌동에 있는 백제의 돌무지무덤과 양식이 유사하다.　　　35, 23회 ⟶ 2회 이상

094

고구려 굴식 돌방무덤

- 돌로 널길과 널방을 만들고 흙으로 봉분을 만들었다.　　　27, 23회 ⟶ 3회 이상
- 널방의 벽과 천장에 벽화를 그리기도 하였다.　　　38, 31회 ⟶ 2회 이상

---

095 ★★★

백제 무령왕릉

- 널길과 널방을 벽돌로 쌓은 벽돌무덤으로, 중국 남조의 영향을 받아 만들어졌다.　　　51, 44회 ⟶ 8회 이상
- 무덤을 지키는 석수(진묘수)와 무덤 주인(무령왕 부부)을 알 수 있는 묘지석이 출토되었다.　　　48, 47회 ⟶ 6회 이상

---

096 ★

부여 능산리 고분군

부여 능산리 절터에서 국보로 지정된 금동 대향로가 발견되었다.　　　51, 41회 ⟶ 8회 이상

---

097 ★★

신라 돌무지 덧널무덤

- 나무로 곽을 짜고 그 위에 돌을 쌓았다.　　　51, 23회 ⟶ 2회 이상
- 대표적인 무덤으로 황남대총이 있다.　　　38, 21회 ⟶ 2회 이상
- 도굴이 어려워 금관, 유리잔 등 많은 껴묻거리가 출토되었다.　　　31, 29회 ⟶ 5회 이상

> 돌무지 덧널무덤 양식은 삼국 가운데 신라, 특히 경주 지역을 중심으로 주로 나타났다. 나무 널과 덧널을 만든 다음, 돌과 모래, 자갈, 점토 등을 다져 봉토를 만들었기 때문에 도굴이 용이하지 않았다. 무덤의 형태는 대부분 원형으로 다른 지역의 무덤에 비해 봉토가 크다.　　　21회

098

김유신묘

무덤의 둘레돌에 12지 신상을 조각하였다.　　　51, 38회 ⟶ 7회 이상

099

모줄임 천장 구조

고구려 굴식 돌방무덤과 발해의 정효·정혜 공주 묘에서 볼 수 있다.　　　38, 35회 ⟶ 4회 이상

51회 4번

(가) 문화유산에 대한 설명으로 옳은 것은?　　　[3점]

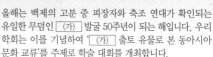

🌀 **학술 대회 안내** 🌀

올해는 백제의 고분 중 피장자와 축조 연대가 확인되는 유일한 무덤인 (가) 발굴 50주년이 되는 해입니다. 우리 학회는 이를 기념하여 '(가) 출토 유물로 본 동아시아 문화 교류'를 주제로 학술 대회를 개최합니다.

◆ 발표 주제 ◆

- 진묘수를 통해 본 도교 사상
- 금동제 신발의 제작 기법 분석
- 금송으로 만든 관을 통해 본 일본과의 교류

- 일시 : 2021년 ○○월 ○○일 13:00~17:00
- 장소 : □□ 박물관 강당
- 주최 : △△ 학회

① 서울 석촌동 고분군에 위치하고 있다.
② 나무로 곽을 짜고 그 위에 돌을 쌓았다.
③ 국보로 지정된 금동 대향로가 출토되었다.
④ 무덤의 둘레돌에 12지 신상을 조각하였다.
⑤ 중국 남조의 영향을 받아 벽돌로 축조하였다.
⑥ 무덤의 주인을 알 수 있는 묘지석이 출토되었다.
⑦ 도굴이 어려운 구조로 많은 껴묻거리가 출토되었다.

| 답인 이유 |

단서 백제의 고분 중 축조 연대가 확인되는 유일한 무덤, 진묘수

(가)는 백제의 무령왕릉이다. ⑤ 무령왕릉은 중국에서 많이 발견되는 벽돌무덤의 형태를 띠고 있어, 당시 백제와 중국 남조의 교류가 활발했음을 알 수 있다. 또 무덤을 지키는 진묘수(석수), 묘지석 등 많은 유물이 출토되었다. ⑥ 묘지석에 새겨진 '백제 사마왕이 62세가 되던 계묘년에 돌아가셨다'라는 내용을 통해 이 무덤의 주인이 무령왕임을 알 수 있다.

| 오답인 이유 |

① 무령왕릉은 충청남도 공주에 위치하고 있다. 서울 석촌동 고분군에는 백제 초기의 무덤 형태인 돌무지무덤이 있다.
②, ⑦ 돌무지 덧널무덤은 지하에 나무관을 매장하고 그 주위와 위를 돌로 덮은 후에 다시 흙으로 덮은 무덤이다. 도굴이 어려워 금관, 유리잔 등 많은 껴묻거리가 출토되었다.
③ 금동 대향로가 출토된 곳은 부여 능산리 고분군이다. 능산리 고분군은 굴식 돌방무덤 구조로, 규모가 작고 벽화가 발견되었다.
④ 통일 신라 시대의 굴식 돌방무덤에 대한 설명이다. 대표적인 무덤으로 신라의 장군 김유신묘가 있다. 무덤 주변에 둘레돌(호석)을 두르고 12지 신상을 새겼다.

답 ⑤, ⑥

고대의 과학 기술·건축·문화 교류

➤ 과학 기술

천문 현상이 농경과 관련이 있고, 왕의 권위를 하늘과 연결시켜 왕권을 강화하고자 함

고구려	천문도와 고분 벽화 별자리 그림

'천상열차분야지도' 조선 태종 제작에 영향

백제	칠지도

근초고왕이 왜에 보냄 → 백제와 왜의 교류

금동 대향로

도교의 영향, 능산리 근처 절터에서 출토

신라	첨성대	금관총 금관

선덕 여왕 때 제작한 천문대

우수한 금 세공 기술

통일 신라	성덕 대왕 신종

경덕왕 때 주조하기 시작해 혜공왕 때 완성하여 봉덕사에 안치

꼭 무구정광대다라니경

불국사 3층 석탑(석가탑)에서 발견

현존하는 세계 최고(最古)의 목판 인쇄물

➤ 건축

꼭 익산 미륵사지 석탑은 1999년에 해체한 이후 20년 만에 보수 완료

꼭 황룡사 9층 목탑은 선덕 여왕 때 제작

고구려	평양 안학궁	백제	익산 미륵사·왕궁리 유적	신라	경주 황룡사

 장수왕

 무왕

 진흥왕

신라	불국사	석굴암	동궁과 월지 안압지	발해	상경성

경덕왕 때 김대성이 창건, 유네스코 세계 문화유산

 안압지

신라의 별궁인 동궁과 연못인 월지에서 귀족들의 놀이 도구인 14면체 나무 주사위 주령구가 출토됨

계획 도시로 남북으로 넓은 주작대로'를 냄, 당의 장안성 모방

➤ 일본으로의 문화 전파

삼국

 →

금동 미륵보살반가 사유상*

고류사 목조 미륵보살 반가 사유상

고구려

여성의 복식이 서로 유사함

 수산리 고분 벽화 → 다카마쓰 고분 벽화

- 혜자 : 쇼토쿠 태자의 스승
- 담징 : 종이와 먹 제조법 전수

백제	가야	신라

백제
- 오경박사*, 의박사 등 파견
- 아직기(한자), 왕인(논어)
- 노리사치계(불경과 불상)

가야
토기 제작 기술 전파
→ 일본 토기인 스에키에 영향

신라
조선술, 축제술 전수
→ 한인의 연못

영향 7세기 일본의 아스카, 하쿠호 문화* 형성 및 발달에 영향

*주작대로로
궁궐의 남문과 외성의 남문을 직선으로 연결하는 큰 대로, 당의 장안성 도로를 본뜬 것으로 오늘날 광화문 앞 세종로도 유사한 형태

*금동 미륵보살 반가 사유상
대좌에 걸터앉아 오른손을 뺨에 대고 반가의 자세로 깊은 생각에 잠긴 모습을 형상화한 불상으로, 일본 고류사에 있는 불상과 모습이 비슷하여 일본에 전파된 우리 고대 문화의 흔적을 보여 줌

*오경박사
『역경』, 『시경』, 『서경』, 『예기』, 『춘추』의 다섯 경서에 능통한 사람

*아스카, 하쿠호 문화
아스카 문화는 7세기 전반 삼국의 영향으로 발달하였고, 하쿠호 문화는 7세기 후반 통일 신라와 당의 영향을 받아 발전함

단어	문장	문제

100
칠지도

칠지도 명문의 해석으로 백제와 일본과의 관계를 알 수 있다.　　34, 32회 ⋯ 2회 이상

101
첨성대

신라 선덕 여왕 때 세워 천체를 관측하였다.
52, 42회 ⋯ 4회 이상

102
**성덕 대왕
신종**

성덕 대왕 신종을 완성하여 봉덕사에 안치하였다.　　36, 26회 ⋯ 3회 이상

103 ***
**무구정광
대다라니경**

불국사 3층 석탑(석가탑) 내부에서 발견되었다.
48, 36회 ⋯ 8회 이상

104 *
익산 미륵사

백제 무왕 때 익산(금마저)에 대규모 사찰인 미륵사를 창건하였다.　　50, 46회 ⋯ 4회 이상

> 어느 날 무왕이 부인과 함께 사자사(師子寺)에 가려고 용화산 밑의 큰 못가에 이르렀는데, 미륵 삼존이 연못 가운데서 나타나므로 수레를 멈추고 절을 올렸다. 부인이 왕에게 말하기를, "모름지기 이곳에 큰 절을 지어 주십시오. 왕이 이를 허락하여 … 미륵이 세 번 법화를 연 것을 본 따 법당과 탑과 낭무(廊廡)를 각각 세 곳에 세우고, 절 이름을 미륵사라고 하였다.　37회

105
월지

귀족들의 놀이 도구인 14면체 나무 주사위가 출토되었다.　　48, 41회 ⋯ 2회 이상

106 **
**삼국 문화의
일본 전파**

> **고구려**
> 혜자는 쇼토쿠 태자의 스승이 되었다.
> 21회 ⋯ 1회 이상

> **백제**
> · 노리사치계는 불경과 불상을 전해 주었다.
> 23, 21회 ⋯ 2회 이상

> · 오경박사·의박사·역박사 등을 일본에 파견하였다.　　44, 35회 ⋯ 2회 이상

> · 왕인은 천자문과 논어를 가르쳤다.
> 21회 ⋯ 1회 이상

48회 9번

(가)~(마) 문화유산에 대한 설명으로 옳지 않은 것은? [2점]

① (가) – 내부에서 천마도가 수습되었다.
② (나) – 자장의 건의로 건립되었다.
③ (다) – 나무로 만든 14면체 주사위가 출토되었다.
④ (라) – 돌을 벽돌 모양으로 다듬어 쌓아 올린 탑이 남아 있다.
⑤ (마) – 경내의 삼층 석탑에서 무구정광대다라니경이 발견되었다.
⑥ (마) – 성덕 대왕 신종을 완성하여 안치하였다.

| 답인 이유 |

② 신라의 선덕 여왕은 주변국의 기를 눌러 신라를 안정시켜야 한다는 승려 자장의 건의에 따라 황룡사 9층 목탑을 건립하였다. ⑥ 성덕 대왕 신종은 우리나라에서 가장 큰 종으로 혜공왕 대에 완성되어 봉덕사에 안치되었다.

| 오답인 이유 |

① 천마도는 경주에 있는 천마총에서 출토된 유물이다. 천마도는 벽화가 아니라, 말다래에 그려진 그림이다.
③ 경주 동궁과 월지에서 14면체의 나무 주사위가 출토되었는데, 이는 신라 귀족들이 놀이에 활용한 것으로 추측된다.
④ 경주 분황사 모전 석탑에 대한 설명이다. 선덕 여왕 때 건립된 것으로 추측되며, 현재 남아 있는 신라의 석탑 중 가장 오래된 것이다. 현재는 3층까지만 남아 있다.
⑤ 경주 불국사의 대웅전 앞에는 불국사 3층 석탑(석가탑)과 다보탑이 위치하고 있다. 그 중 불국사 3층 석탑 내부에서 무구정광대다라니경이 발견되었다. 무구정광대다라니경은 현존하는 세계 최고(最古)의 목판 인쇄물이다.

답 ②, ⑥

후삼국의 성립과 통일

❯ 후삼국의 성립

후백제 900		후고구려 901
견훤 상주 군인 출신	건국	궁예 신라 왕족 출신
완산주 전주	수도	송악 개성
• 전라도와 충청도의 우세한 경제력을 바탕으로 군사적 우위 확보 • 후당·오월에 사신 파견★ • 금성을 습격하여 경애왕을 죽이고 경순왕을 즉위시킴	발전	• 양길의 휘하에서 세력을 키움 • 국호를 마진·태봉으로 바꿈 • 철원으로 천도 • 국정 총괄 기구인 광평성을 비롯한 여러 관서를 설치, 9관등제 실시
• 신라에 적대적 정책 추진 • 과도한 조세 수취 • 호족 세력 포섭 실패	한계	• 지나친 조세 수취 • 미륵 신앙을 이용한 전제 정치 • 호족 탄압

❯ 후삼국의 통일 과정

고려 건국 918
- 왕건의 성장 : 송악 개성 호족 출신, 궁예의 신하로 영토 확장에 공을 세움
- 궁예가 스스로 미륵불이라 칭하며 폭정을 거듭 → 왕건이 궁예를 축출함
- 신하들의 추대로 왕위에 올라 고려 건국(연호-천수, 수도-송악)

공산 전투 927
- 후백제가 신라를 침입하여 경애왕을 죽임
- 신라를 지원한 고려군이 공산 대구 팔공산에서 후백제에게 패배함
  - → 신숭겸·김락이 전사함

고창 전투 930
고려군이 후백제군을 고창 안동에서 크게 물리침

견훤 귀순 935
견훤이 아들과의 권력 다툼으로, 신검*에 의해 금산사에 유폐되었다가 나주로 도망쳐 왕건에게 투항함

신라의 항복 935
- 신라 경순왕 김부이 고려에 스스로 항복함
- 왕건은 견훤·궁예와 달리 신라에 우호적인 정책을 펼쳤음

후백제 멸망 936
- 고려군이 일리천 구미 전투에서 신검의 후백제군을 물리침
- 후백제의 신검이 황산 전투에서 고려군에게 패함
- 고려의 공격으로 후백제 멸망 → 고려가 후삼국을 통일함

*신검
견훤의 큰 아들로, 견훤이 넷째 아들 금강에게 왕위를 물려주려 하자 견훤을 금산사에 감금함

단어	문장	문제

107 ★★★
후백제의 견훤

- 완산주를 도읍으로 후백제를 건국하였다.
  50, 36회 ⟶ 6회 이상

- 후백제는 후당, 오월에 사신을 파견하였다.
  50, 49회 ⟶ 10회 이상

- 오월에 사신을 보내고 검교태의 직을 받았다.
  52회 ⟶ 1회 이상

- 신라의 경주(금성)를 습격하여 경애왕을 죽게 하였다.
  50, 45회 ⟶ 7회 이상

108 ★★
후고구려의 궁예

- 양길의 휘하에서 세력을 키웠다.
  42, 34회 ⟶ 3회 이상

- 송악을 도읍으로 정하고 후고구려를 건국하였다.
  36회 ⟶ 1회 이상

- 국호를 마진·태봉으로 바꾸고, 송악에서 철원으로 천도하였다.
  53, 48회 ⟶ 12회 이상

- 광평성 등 여러 관서를 설치하였다.
  52, 50회 ⟶ 8회 이상

109
공산 전투

- 신숭겸이 공산 전투에서 전사하였다.
  51, 44회 ⟶ 2회 이상

- 공산 전투에서 고려군에 대승을 거두었다.
  47회 ⟶ 1회 이상

110
고창 전투

왕건이 이끄는 고려군이 고창 전투에서 후백제군을 상대로 승리를 거두었다.
45, 44회 ⟶ 2회 이상

111 ★
후백제 멸망

- 견훤은 금산사에 유폐된 후 고려에 귀부하였다.
  49, 45회 ⟶ 2회 이상

- 신검이 이끄는 일리천 전투에서 후백제군이 왕건의 고려군에게 패배하였다.
  52, 51회 ⟶ 5회 이상

- 황산 전투에서 왕건의 고려군에게 패배하였다.
  36회 ⟶ 1회 이상

43회 12번

(가) 인물에 대한 설명으로 옳은 것은?　　　[2점]

〈역사 다큐멘터리 기획안〉

　　　(가) , 새로운 세상을 꿈꾸다

■ 기획 의도
신라 왕족 출신으로 세력을 키워 나라를 세운 (가) 의 생애를 다큐멘터리로 제작하여 당시 상황을 살펴본다.

■ 회차별 방송 내용
• 1회 : 양길의 휘하에서 세력을 키우다
• 2회 : 송악을 도읍으로 나라를 세우다
• 3회 : 국호를 마진으로 바꾸고 철원으로 천도하다

① 후당, 오월에 사신을 파견하였다.
② 광평성 등 각종 정치 기구를 마련하였다.
③ 청해진을 설치하여 해상 무역을 전개하였다.
④ 일리천 전투에서 신검의 군대를 격퇴하였다.
⑤ 신라의 금성을 습격하여 경애왕을 죽게 하였다.
⑥ 당으로 건너가 군사 동맹을 체결하였다.
⑦ 지방관을 감찰하고자 외사정을 파견하였다.

| 답인 이유 |

단서 신라 왕족 출신, 양길의 휘하, 송악을 도읍, 국호 마진, 철원으로 천도

신라 왕족 출신인 궁예는 양길의 휘하에서 세력을 키워 강원도와 경기도 일대를 장악하였다. 그리고 송악을 도읍으로 하여 후고구려를 세웠다. 이후 철원으로 도읍을 옮기고 국호도 마진·태봉으로 바꾸었다. ② 궁예는 국정 총괄 기구인 광평성을 비롯한 여러 정치 기구를 설치하기도 하였다.

| 오답인 이유 |

①, ⑤ 후백제를 세운 견훤은 후당과 오월에 사신을 파견하는 등의 외교 활동을 펼쳤다. 또 신라의 수도인 금성을 습격해 신라 경애왕을 죽게 하였다.

③ 장보고는 완도에 신라, 당, 일본을 잇는 국제 무역의 거점인 청해진을 설치하여 해상 무역을 전개하였다.

④ 왕건은 일리천 전투에서 신검의 군대를 격퇴하였고, 이로 인해 후백제가 멸망하였다.

⑥ 고구려와 왜에게 도움을 요청했다 거절당한 김춘추는 당으로 건너가 군사 동맹을 제의했고, 나당 연합군이 결성되었다.

⑦ 신라 문무왕 때 지방관을 감찰하기 위해 외사정을 파견하였다.

답 ②

3 고려

● BEST 기출 단어 16~53회, 기출 DATA 분석

1위 ★★★	2위 ★★	3위 ★
광종 ⋯→ 41회 이상	**태조 왕건** ⋯→ 39회 이상	**성종** ⋯→ 27회 이상
대간 ⋯ 13회 이상	**도병마사** ⋯ 12회 이상	**지방군** ⋯ 11회 이상
묘청의 서경 천도 운동 ⋯→ 21회 이상	**이자겸의 난** ⋯ 10회 이상	**문벌 귀족** ⋯ 9회 이상
만적의 봉기 ⋯ 12회 이상	**최충헌** ⋯ 11회 이상	**망이·망소이의 봉기** ⋯ 10회 이상
거란의 침입과 격퇴 ⋯→ 30회 이상	**여진 정벌** ⋯→ 20회 이상	**몽골의 침입과 격퇴** ⋯→ 18회 이상
원 간섭기 ⋯ 30회 이상	**공민왕의 왕권 강화 정책** ⋯→ 20회 이상	**공민왕의 반원 자주 정책** ⋯→ 18회 이상
화폐 ⋯ 26회 이상	**시정 전시과** ⋯→ 12회 이상	**벽란도** ⋯→ 10회 이상
제위보 ⋯ 6회 이상	**의창** ⋯ 5회 이상	**혜민국** ⋯ 4회 이상
관학 진흥책 ⋯ 23회 이상	**삼국유사** ⋯ 21회 이상	**삼국사기** ⋯ 17회 이상
의천 ⋯ 24회 이상	**지눌** ⋯ 20회 이상	**요세** ⋯ 11회 이상
고려의 과학 기술 ⋯ 14회 이상	**직지심체요절** ⋯→ 8회 이상	**팔만대장경** ⋯→ 7회 이상

고려의 발전

태조 왕건

발해 유민 포용   발해 멸망 후 발해의 왕자 대광현을 비롯한 고구려계 유민을 받아들이고,
대광현에게 왕씨 성을 내림

민생 안정   <u>흑창 설치</u> : 빈민 구제   └ 성종 때 의창으로 개칭

호족 회유 정책   • 혼인 정책, 사성 정책(왕씨 성 하사 ^에 김순식 → 왕순식)
     • 공로와 인품에 따라 역분전 차등 지급

호족 견제 정책   • 사심관 제도* : 중앙 관리를 출신 지역의 사심관으로 임명 ^꼭 신라 마지막 왕 경순왕이 사심관직을 받음
     • 기인 제도* : 호족의 자제를 수도에 머무르게 한 제도

북진 정책   • 국호 '고려'_{고구려 계승}, 평양을 서경으로 삼아 북진 정책의 전진 기지로 삼음
     → 청천강~영흥만까지 영토 확장
     • 거란 배척 : 만부교 사건 _{거란이 국교를 맺을 것을 요구하며 보낸 낙타를 태조가 만부교 밑에서 굶겨 죽인 사건}
       ^왜 거란은 발해를 멸망시킨 나라이기 때문

편찬 사업   • 『정계』, 『계백료서』를 지어 관리가 지켜야 할 규범 제시
     • 훈요 10조를 제시하여 후대 왕들이 지켜야 할 정책 방향 제시 → 불교 숭상 강조

제1조   불교의 힘으로 나라를 세웠으니 사찰을 세우고 주지를 파견하여 불도를 닦도록 할 것
제2조   모든 절을 도선의 풍수 사상에 따라서 세우고 함부로 짓지 말 것
제4조   거란은 짐승과 같은 나라이니 그들의 의관 제도를 따르지 말 것
제5조   서경은 우리나라 지맥의 근본이 되니 1년에 100일 이상 머물러 왕실의 안녕을 이룰 것
제6조   연등회와 팔관회를 소홀히 하지 말고 임금과 신하가 함께 즐길 수 있도록 할 것
제7조   때를 가려 백성을 부리고, 요역과 부세를 가볍게 하여 민심을 얻을 것   - 『고려사』

왕건의 동상

*사심관 제도
태조는 신라 경순왕이 나라를 넘기자 경순왕을 경주의 사심관으로 임명하여 부호장 이하의 향리를 임명할 수 있는 권한을 줌

*기인 제도
지방 호족의 자제 중 일부를 서울에 있게 한 일종의 인질 제도로, 통일 신라의 상수리 제도에서 비롯됨

고려 초기의 정치 발전

정종   광군을 조직하여 거란의 침입에 대비

광종   • **노비안검법 실시** : 본래 평민이었던 노비 해방 → 호족 견제, 국가 재정 확충
     • **과거제 실시** : 쌍기_{후주 출신}의 건의 수용, 유학을 익힌 새로운 인재 등용
     • 후주와 사신을 교환하여 대외 관계의 안정을 꾀함
     • **백관의 공복 제정** : 관리의 복색을 관등에 따라 4등급으로 구분
     • **칭제 건원** : 스스로 황제라 칭하고, '광덕·준풍' 등의 독자적 연호 사용
     • **제위보 설치** : 기금을 모아 그 이자로 빈민을 구제함

경종   태조 때 시행한 역분전을 대신하여 전시과 제도 마련 → 관리에게 토지 지급

성종   • **최승로의 시무 28조**를 받아들여 유교에 바탕을 둔 통치 체제 정비
     • **당의 제도를 수용**하여 2성 6부의 중앙 관제 마련
     • 전국 주요 지역에 12목을 설치하고 지방관 파견 ─ 12목에 경학박사 1명과 의학박사 1명을 보냄
     • **호장***·부호장을 상층부로 하는 향리 제도 마련 ─ 지방의 중소 호족을 향리로 편입시켜 지방 세력 견제
     • **국자감 설립** : 개경에 설치된 최고 교육 기관, 유학 교육 실시

• 제7조   국왕이 백성을 다스림은 집집마다 가서 돌보고 날마다 이를 보는 것은 아닙니다. 그런 까닭으로 수령을 보내어 가서 백성의 이익되는 일과 손해되는 일을 살피게 하는 것입니다. 청컨대 외관(外官)을 두십시오.   - 『고려사절요』 최승로의 시무 28조, 38회
• 주·부·군·현의 이직(吏職)을 개정하여 … 당대등을 호장으로, 대등을 부호장으로, 낭중을 호정으로, 원외랑을 부호정으로 하였다.   - 『고려사』

*호장
신라 말 호족 출신, 향리의 우두머리로 실무 행정을 총괄하는 지방의 실질적인 지배자

현종   5도_{일반 행정 구역} 양계_{군사 행정 구역}의 지방 제도 확립

| 단어 | 문장 | 문제 |

112 ★★
태조 왕건

- 민생 안정(빈민 구제)을 위해 흑창을 처음 설치하였다.
49, 43회 ⟶ 8회 이상

- 공로와 인품에 따라 역분전을 차등 지급하였다.
50, 45회 ⟶ 3회 이상

- 기인 제도와 사심관 제도를 시행하였다.
33, 22회 ⟶ 3회 이상

- 경순왕 김부가 경주의 사심관이 되었다.
48, 42회 ⟶ 5회 이상

- 평양을 서경으로 삼아 북진 정책의 전진 기지로 삼았다.
52, 42회 ⟶ 6회 이상

- 발해를 멸망시킨 거란을 배척하여 만부교 사건이 일어났다.
52, 39회 ⟶ 3회 이상

- 정계와 계백료서를 지어 관리가 지켜야 할 규범을 제시하였다.
53, 50회 ⟶ 10회 이상

- 훈요 10조에서 불교 숭상을 강조하였다.
32회 ⟶ 1회 이상

113
정종

광군을 설치하여 거란의 침입에 대비하였다.
53, 50회 ⟶ 11회 이상

114 ★★★
광종

- 노비안검법을 실시하여 왕권을 강화하였다.
53, 50회 ⟶ 18회 이상

- 쌍기의 건의를 받아들여 과거제를 실시하였다.
53, 52회 ⟶ 18회 이상

- 광덕·준풍 등의 독자적인 연호를 사용하였다.
43, 40회 ⟶ 4회 이상

- 백관의 공복을 제정하여 복색을 4등급으로 구분하였다.
33회 ⟶ 1회 이상

115 ★
성종

- 최승로의 시무 28조를 받아들여 통치 체제를 정비하였다.
53, 50회 ⟶ 7회 이상

- 전국의 주요 지역에 12목을 설치하고 지방관을 파견하였다.
53, 49회 ⟶ 17회 이상

- 국자감을 설립하여 유학 교육을 실시하였다.
36, 24회 ⟶ 3회 이상

49회 11번

다음 가상 인터뷰의 왕이 추진한 정책으로 옳은 것은? [2점]

김부를 경주의 사심관으로 임명하신 의도는 무엇인가요?

투항한 김부의 공을 치하하고, 부호장 이하의 관직 등에 대한 일을 맡게 하여 지방 세력을 견제하고자 한 것입니다.

① 흑창을 설치하여 빈민을 구제하였다.
② 양현고를 두어 장학 기금을 마련하였다.
③ 노비안검법을 시행하여 재정을 확충하였다.
④ 전국에 12목을 설치하고 지방관을 파견하였다.
⑤ 전시과 제도를 마련하여 관리에게 토지를 지급하였다.
⑥ 서경을 북진 정책의 전진 기지로 삼았다.
⑦ 쌍기의 건의를 받아들여 과거제를 실시하였다.

| 답인 이유 |

단서 김부, 사심관, 지방 세력 견제

김부는 신라의 마지막 왕인 경순왕이다. 태조 왕건은 김부와 같은 지방 세력과 호족을 포섭하기 위해 호족의 딸과 결혼하거나 호족에게 토지와 왕씨 성을 하사하기도 하였다. 그러나 한편으로는 지방 세력을 견제하기 위해 사심관 제도와 기인 제도를 실시하였다. ① 태조 왕건은 새로운 나라를 건국한 후 민생을 챙기기 위해 흑창을 설치하여 빈민을 구제하였다. 흑창을 통해 봄에 곡식을 빌려주었다가 추수기인 가을에 갚게 하였다. ⑥ 고구려의 수도였던 서경(평양)을 중요시하여 고구려의 옛 영토를 되찾기 위한 북진 정책의 전진 기지로 삼았다.

| 오답인 이유 |

② 예종은 관학을 진흥시키기 위해 장학 재단인 양현고를 설치하고, 국자감에 전문 강좌인 7재를 두었다.
③ 광종은 원래 양인이었으나 호족에 의해 불법으로 노비가 된 자를 양인으로 되돌리는 노비안검법을 실시하였다. 이를 통해 호족의 경제적·군사적 기반을 약화시키고 국가 재정을 확충하였다.
④ 성종은 최승로의 시무 28조를 받아들여 유교를 정치의 근본 이념으로 삼고, 전국에 12목을 설치한 뒤 지방관을 파견해 지방 세력을 통제하였다.
⑤ 경종 때 처음 전시과 제도를 실시해 관리에게 토지를 지급하였다.
⑦ 광종은 과거제를 실시하여 유교적 교양을 갖춘 새로운 인재를 등용하였다.

답 ①, ⑥

고려의 통치 체제

중앙 통치 조직

2성
- 중서문하성 : 문하시중장관이 국정을 총괄하는 중앙 관서, 재신국가 정책 심의 + 낭사정치의 잘못 비판로 구성
- 상서성 : 중서문하성에서 결정된 사항 집행, 6부 통솔

6부 이·병·호·형·예·공부, 행정 실무 담당

중추원 추밀군사 기밀 담당 + 승선왕명 출납 담당

어사대 관리의 비리를 규찰하고 탄핵을 담당

삼사 화폐와 곡식의 출납·회계 담당 꼭▶ 조선의 삼사는 사간원·사헌부·홍문관으로 언론 기능 담당

대간
- 어사대 관원 + 중서문하성 낭사
- 간쟁·봉박·서경권* 행사 → 권력의 견제와 균형 추구

도병마사
- 국방과 군사 문제를 논의하는 임시 기구고려 말 도평의사사로 개편
- 중서문하성의 재신 + 중추원의 추밀로 구성 → 국가의 중대사 논의
- 귀족 정치 특색 반영, 고려의 독자적 기구로 국가의 중대사를 결정하던 회의 기구

식목도감 법제와 격식 논의·제정

*간쟁
왕이나 관리의 잘못 비판

*봉박
잘못된 왕명을 돌려보냄

*서경
관리의 임명과 법령의 개폐 등에 대간의 동의를 얻음

고려의 중앙 통치 기구

지방 행정 조직

5도
- 주군·주현 설치중앙에서 지방관 파견 〈 속군·속현 설치향리가 행정 담당 지방관이 파견되지 않은 속군·속현이 더 많았음, 향리가 지배
- 지방관으로 안찰사 파견

양계
- 국경 지대의 군사적 특수 행정 구역(동계·북계)
- 병마사 파견

향·부곡·소
- 특수 행정 구역 : 일반 군현보다 많은 세금 부담
- 향·부곡의 주민은 농업, 소의 주민은 광업이나 수공업에 종사

고려의 지방 행정 조직

군사 조직

중앙군
- 2군(응양군·용호군) : 국왕 친위 부대
- 6위 : 수도 경비와 국경 방어
- 직업 군인 : 군적에 올라 군인전 지급, 직역 세습

지방군
- 주현군 : 일반 군현에 주둔, 유사시에 향토 방위를 맡는 예비군 — 병농일치에 따라 평상시에는 생업에 종사하기 때문에 군인전이 지급되지 않음
- 주진군 : 양계에 주둔, 일정한 급료를 받는 상비군

관리 등용 제도

과거 제도
- 법제적으로 양인 이상이면 응시 가능
- 지방 향리들이 중앙 관직으로 진출하는 통로 역할
- 과거를 주관하는 지공거와 급제자 사이에 좌주 문생 관계 형성

쌍기가 처음으로 과거 제도의 실시를 건의하였고, 마침내 지공거가 되어 시(詩)·부(賦)·송(頌)·책(策)으로써 진사 갑과에 최선 등 2인, 명경업(明經業)에 3인, 복업(卜業)에 2인을 선발하였다.

음서 제도 공신·종실의 자손, 5품 이상 고위 관료의 자손을 시험 없이 관리로 선발

단어	문장	문제

116 중서문하성
국정을 총괄하는 중앙 관서였다.
53, 44회 ⟶ 2회 이상

117 중추원
군사 기밀과 왕명 출납을 담당하였다.
20, 19회 ⟶ 3회 이상

118 삼사
화폐와 곡식의 출납과 회계를 맡았다.
44, 33회 ⟶ 5회 이상

119 * 대간**
- 관리 임명에 대한 서경·간쟁·봉박을 담당하였다.
44, 24회 ⟶ 6회 이상
- 어사대의 관원과 중서문하성의 낭사로 구성되어, 왕의 권력 행사를 비판하였다.
38, 36회 ⟶ 7회 이상

120 ** 도병마사
- 고관들의 합좌 기구로, 국방과 군사 문제를 주로 합의해 처리하였다. 51, 33회 ⟶ 5회 이상
- 고려 말에 도평의사사로 명칭이 바뀌었다.
53, 48회 ⟶ 7회 이상

121 식목도감
재신과 추밀 등으로 구성되어 법제와 격식을 논의하였다.
37, 33회 ⟶ 4회 이상

122 5도 양계
현종 때 5도 양계의 지방 제도가 확립되었다.
34, 26회 ⟶ 4회 이상

123 지방 행정 조직
- 각 도에 안찰사를 파견하여 지방 행정을 감찰하였다.
47, 27회 ⟶ 3회 이상
- 주현보다 수령이 파견되지 않은 속현이 많았다.
33, 27회 ⟶ 3회 이상

124 * 지방군
- 주현군은 유사시에 향토 방위를 맡는 예비군이었다.
48, 35회 ⟶ 5회 이상
- 주진군은 국경 지대인 양계(북계, 동계)에 배치되었다.
43, 38회 ⟶ 6회 이상

125 과거 제도
지방 향리들이 중앙 관직으로 진출하는 통로가 되었다.
19회 ⟶ 1회 이상

44회 12번

(가), (나) 기구에 대한 옳은 설명을 <보기>에서 고른 것은? [2점]

이번에 (가) 의 수장인 문하시중의 자리에 오르셨다고 들었습니다. 영전을 축하드립니다.

고맙네. 자네가 (나) 에서 맡고 있는 어사대부 직책도 중요하니 열심히 하시게.

──| 보기 |──
ㄱ. (가) – 화폐, 곡식의 출납과 회계를 맡았다.
ㄴ. (가) – 국정을 총괄하는 최고 중앙 관서였다.
ㄷ. (나) – 원 간섭기에 도평의사사로 개편되었다.
ㄹ. (나) – 관리 임명에 대한 서경권을 행사하였다.
ㅁ. (가) – 군사 기밀을 담당하고 왕명을 출납하였다.
ㅂ. (가) – 국방 및 군사 문제를 논의하였다.
ㅅ. (나) – 향리의 자제가 중앙 관직으로 진출하는 통로가 되었다.

① ㄱ, ㄴ ② ㄱ, ㅅ ③ ㄴ, ㄷ ④ ㄴ, ㄹ ⑤ ㅁ, ㅂ

| 답인 이유 |

단서 문하시중, 어사대부 직책

문하시중이 수장인 (가)의 관서는 중서문하성이다. 어사대부 직책을 통해 (나) 기구가 어사대임을 알 수 있다. ㄴ. 중서문하성은 고려의 중앙 통치 기구인 2성 중의 하나로, 국정을 총괄하는 최고 중앙 관서였다. 어사대는 관리의 비리를 감찰하고 풍기를 단속했던 관서로, 어사대의 관원은 중서문하성의 낭사와 함께 대간으로 불렸다. ㄹ. 대간은 서경·봉박·간쟁의 권한을 가지고 왕권을 견제했다.

| 오답인 이유 |

ㄱ. 고려의 삼사가 국가 재정의 출납과 회계 업무를 맡았다.
ㄷ, ㅂ. 고려의 귀족 합의 기구인 도병마사에서는 중서문하성의 재신과 중추원의 추밀이 모여 국방과 군사 문제를 논의하고, 국가의 주요 정책을 결정하였다. 도병마사는 원 간섭기 충렬왕 때 도평의사사로 개편되어 구성원이 확대되고 최고 정무 기구로 발전하였다.
ㅁ. 중추원은 군사 기밀을 담당하는 추밀과 왕명의 출납을 담당하는 승선으로 구성되었다.
ㅅ. 과거제에 대한 설명이다. 법적으로 양인이면 누구나 과거에 응시할 수 있었기 때문에, 지위는 낮으나 경제적 여유가 있는 향리의 자제들이 과거제를 통해 중앙으로 대거 진출하였다.

답 ④

문벌 사회의 형성과 동요

문벌 사회의 형성

문벌의 형성
- 고려 초 호족이나 신라 6두품 출신의 유학자들이 중앙 관료로 진출함
- 여러 세대에 걸쳐 고위 관직자를 배출하며 형성된 지배층
- 왕실 혹은 문벌 가문과 중첩된 혼인 관계를 맺으면서 지위를 세습함

문벌의 특권
- **정치** : 과거와 음서를 통해 주요 관직 독점
- **경제** : 공음전 세습 허용의 혜택을 받아 경제력 독점

대표 가문
경원 이씨 이자겸, 경주 김씨 김부식 등
└ 예종과 인종의 장인인 동시에 인종의 외조부

경원 이씨 혼인 관계도

문벌 사회의 동요

이자겸의 난
1126
- **배경** : 경원 이씨가 왕실과의 중첩된 혼인 관계를 통해 약 80년간 막강한 권력을 누림
  → 왕실의 외척인 이자겸이 실권을 장악함 ─ 금의 사대 요구 수용 주장
- **경과** : 인종의 이자겸 제거 시도, 실패 → 이자겸이 척준경과 난을 일으킴 → 인종의 척준경 회유, 척준경의 이자겸 제거 → 인종이 척준경을 축출하여 난을 진압함

묘청의 서경 천도 운동
1135
- **배경** : 이자겸의 난 이후 개혁적인 서경파와 보수적인 개경파의 대립

개경파		서경파
김부식	**인물**	묘청·정지상
금의 사대 요구에 굴복	**외교**	칭제 건원, 금국 정벌
보수적·사대적 유교 사상	**사상**	풍수지리설과 결부된 자주적 전통 사상
신라 계승 의식	**역사 의식**	고구려 계승 의식

- **경과**

묘청의 서경 천도 추진
개경 세력의 반대
서경을 점령하고 반란을 일으킴 (국호-대위, 연호-천개)
김부식이 이끄는 관군에 의해 진압됨

묘청의 서경 천도 운동 전개

신채호의 평가 '조선 역사상 일천년래 제일 대사건'
묘청의 천도 운동에 대하여 역사가들은 단지 왕사(王師)가 반란한 적을 친 것으로 알았을 뿐인데, 이는 근시안적인 관찰이다. 실상은 낭가(郞家)와 불교 양가 대 유교의 싸움이며, 국풍파 대 한학파의 싸움이며, 독립당 대 사대당의 싸움이며, 진취 사상 대 보수 사상의 싸움이니, 묘청은 전자의 대표요, 김부식은 후자의 대표였던 것이다. 묘청의 천도 운동에서 묘청 등이 패하고 김부식이 이겼으므로 조선사가 사대적, 보수적, 속박적 사상인 유교 사상에 정복되고 말았다. 만약 김부식이 패하고 묘청이 이겼더라면 조선사가 독립적, 진취적으로 진전하였을 것이니 이것이 어찌 일천년래 제일 대사건이라 하지 아니하랴.
└ 묘청의 서경 천도 운동
─ 『조선사연구초』

결과
문벌 사회의 동요 심화

단어	문장	문제

126 *
문벌 귀족

• 왕실과 중첩된 혼인 관계를 맺었다.
　　　　　　　　　　25, 18회 ⋯⋯ 2회 이상

• 5품 이상의 문무 관리는 공음전을 경제적 기반으로 삼고 음서의 혜택을 누렸다.
　　　　　　　　　　30, 26회 ⋯⋯ 5회 이상

• 조상의 음덕으로 관직에 진출하는 음서제를 실시하여 귀족 세력을 포용하였다.
　　　　　　　　　　19, 16회 ⋯⋯ 2회 이상

127 **
이자겸의 난

• 이자겸이 왕실의 외척이 되어 권력을 독점하였다.
　　　　　　　　　　46, 36회 ⋯⋯ 3회 이상

• 왕실의 외척인 이자겸이 척준경과 함께 난을 일으켰다.
　　　　　　　　　　51, 40회 ⋯⋯ 5회 이상

• 이자겸이 금의 사대 요구를 수용하자고 주장하였다.
　　　　　　　　　　43, 29회 ⋯⋯ 2회 이상

128 ***
묘청의 서경 천도 운동

• 풍수지리설에 근거하여 서경 천도를 주장하였다.
　　　　　　　　　　52, 51회 ⋯⋯ 8회 이상

• 칭제 건원과 금국 정벌을 주장하였다.
　　　　　　　　　　52, 39회 ⋯⋯ 6회 이상

• 묘청이 서경에서 난을 일으키고, 국호를 대위로 하였다.
　　　　　　　　　　50, 29회 ⋯⋯ 2회 이상

> 묘청 등이 왕에게 말하기를, "신들이 보건대 서경의 임원역은 음양가들이 말하는 대화세(大華勢)이니 만약 이곳에 궁궐을 세우고 옮기시면 천하를 병합할 수 있을 것이요. 금나라가 공물을 바치고 스스로 항복할 것이며, 36개 나라들이 모두 신하가 될 것입니다."라고 하였다.
> 　　　　　　　　　　　　　　　　ㅡ 『고려사』

• 김부식 일파(개경파)가 서경의 반란군을 진압하기 위해 출정하여 묘청 일파(서경파)를 토벌하였다.
　　　　　　　　　　49, 40회 ⋯⋯ 5회 이상

40회 12번
밑줄 그은 '이 사건'에 대한 설명으로 옳은 것은?　　[1점]

한국사 대담 - 단재 신채호의 역사 인식

단재 신채호 선생은 이 사건을 조선 역사상 일천년래 제일 대사건으로 평가하였습니다. 그 이유가 무엇인가요?

선생은 이 사건을 진취 사상 대 보수 사상의 싸움으로 보아, 전자가 패하고 후자가 승리하면서 우리 역사가 사대적, 보수적으로 전개되었다고 이해하였기 때문입니다.

① 이성계가 위화도에서 회군하여 최영을 제거하였다.
② 왕실의 외척인 이자겸이 척준경과 함께 난을 일으켰다.
③ 묘청 일파가 김부식이 이끄는 관군에 의해 토벌되었다.
④ 조위총이 군사를 일으켜 정중부 등의 제거를 도모하였다.
⑤ 강조가 정변을 일으켜 김치양을 제거하고 목종을 폐위하였다.
⑥ 원종과 애노가 사벌주에서 봉기하였다.

│ 답인 이유 │
단서 **신채호, 조선 역사상 일천년래 제일 대사건**

신채호는 『조선사연구초』에서 묘청의 서경 천도 운동을 '조선 역사상 일천년래 제일 대사건'이라고 평가하였다. 묘청과 정지상으로 대표되는 서경파는 풍수지리설을 내세워 개경은 지력이 다했기 때문에 서경으로 도읍을 옮겨야 한다고 주장하였다. 하지만 개경파가 반대하자 직접 서경에 '대위'라는 국호의 나라를 세우고, 독자적인 연호를 사용하며 난을 일으켰다. ③ 서경 천도에 반대하였던 김부식이 이끄는 관군에 의해 난이 진압되었다.

│ 오답인 이유 │
① 고려 말 요동 정벌에 반대한 이성계는 위화도에서 회군하여 우왕과 최영을 몰아내고 권력을 장악하였다.
② 왕실의 외척이 되어 권력을 장악한 이자겸은 인종이 자신에게 위협을 느끼고 자신을 제거하려 하자 척준경과 함께 난을 일으켰다.
④ 서경의 유수였던 조위총은 무신 정권에 반발하여 서경에서 난을 일으켜 무신 집권자였던 정중부 등을 제거하고자 하였다.
⑤ 강조가 정변을 일으켜 김치양을 제거하고, 목종을 폐위한 후 현종을 즉위시켰다. 거란은 이를 구실삼아 고려를 재침략하였다.
⑥ 신라 말 진골 간 왕위 쟁탈전으로 왕권이 약화되고, 중앙의 지방통제가 느슨해져 귀족들의 수취가 심해지자 이에 반발한 원종과 애노가 사벌주에서 봉기하였다.

답 ③

무신 정권

무신 정변 1170

배경 문벌 사회의 모순 심화, 문신 우대와 무신에 대한 차별
의종의 보현원 행차 중 문신 한뢰가 무신 이소응의 뺨을 때린 것이 계기가 됨

결과 정중부·이의방 등 무신들이 보현원에서 무신 정변을 일으킴 → 문신 제거, **꼭** 의종 폐위·명종 옹립
• 의종이 왕위에서 쫓겨나 거제도로 추방됨
→ 중방*을 중심으로 무신들이 정권 장악

무신 정권 • 초기 : 무신 집권자의 잦은 교체(이의방 ▶ 정중부 ▶ 경대승 ▶ 이의민 ▶ 최충헌)
└ 정변을 주도했던 무신들이 권력을 독점하기 위해 서로 싸움을 벌였고, 그 결과 집권자가 자주 바뀜
• 최씨 무신 정권 : 최충헌이 이의민을 제거하고 권력 장악
명종에게 봉사 10조의 사회 개혁안 제시 → 아들인 최우에게 권력 세습
└ 실질적 개혁이 이루어지지 않음

> *중방
> 2군 6위의 상장군과 대장군으로 구성된 군사 회의 기구로, 무신 정변 직후부터 최충헌이 권력을 잡을 때까지의 최고 권력 기구

무신 정권의 권력 기구

교정도감 • 최충헌 설치, 국정을 총괄하는 최고 권력 기구
• 교정별감 : 교정도감의 우두머리, 최충헌은 교정별감이 되어 인사·재정 등 국정 전반 장악

정방 최우의 집에 설치한 인사 행정 담당 기구 → 인사권 장악

서방 최우 설치, 국정 자문을 위한 문신들의 숙위 기구

무신 집권자	이의방	정중부	경대승	이의민	최충헌	최우	최항	최의	김준	임연	임유무
(연도)	1170	1174	1179	1183	1196	1219	1249	1257	1258	1268	1270 1270
집권 기구	중방				교정도감★		교정도감·정방				

최씨 무신 정권의 최고 권력 기구

도방 • 경대승 설치, 신변 보호를 위해 만든 사병 조직
• 이의민 때 해체된 것을 최충헌이 부활시킴

삼별초 • 최우가 개경의 치안을 위해 설치한 야별초를 확대해 최씨 정권의 군사적 기반으로 삼음
• 몽골 침입 당시 끝까지 몽골에 저항
• 구성 : 좌별초+우별초+신의군*

> *신의군
> 포로로 몽골에 잡혀갔던 병사들

무신 집권기의 사회 동요

배경 • 신분 질서의 동요 : 천민 출신인 '이의민'이 최고 권력자가 되기도 함
• 가혹한 수탈, 무신 정권에 대한 반발 심화 **예** 김보당의 난, 조위총의 난

농민과 천민의 봉기 • 망이·망소이의 봉기 : 공주 명학소에서 난을 일으켜 충청도 일대 점령
• 김사미·효심의 봉기 : 가혹한 수탈에 저항하여 각각 운문과 초전에서 봉기한 후 서로 연합 ─ 신라 부흥을 외침
• 만적의 봉기 : 개경에서 신분 해방 도모, 사전 발각·실패

> • 명학소의 백성 망이·망소이 등이 무리를 모아 공주를 공격하여 함락하였다. 조정에서 채원부와 박강수 등을 보내어 타일렀으나 적(賊)이 따르지 않았다. - 35, 25회
> → 망이·망소이의 봉기
>
> • 남방에 도적이 봉기하였는데, 그중에 세력이 큰 자인 김사미는 운문에 웅거하고 효심은 초전에 웅거하여 떠돌아다니는 자들을 불러 모아 주현(州縣)을 공격하였다. - 35, 25회
> → 김사미·효심의 봉기

삼국 부흥 운동 • 이비·패좌의 난 : 경주에서 신라 부흥 표방
• 최광수의 난 : 서경에서 고구려 부흥 표방
• 이연년 형제의 난 : 담양에서 백제 부흥 표방

● 각지의 봉기

최광수 (1217)
김보당 (1173, 동북면 병마사)
조위총 (1174, 서경 유수)
만적 (1198)
망이·망소이 (1176)
전주 관노비 (1182)
이연년 형제 (1237)
이비·패좌 (1202)
효심 (1193)
김사미 (1193)

무신 집권기에 일어난 봉기

단어	문장	문제

129
무신 정변

• 보현원에서 정중부 등이 정변을 일으켜 권력을 장악하였다.   51, 47회 ⋯ 5회 이상

• (무신 정변 직후) 중방을 중심으로 권력을 장악하였다.   53, 25회 ⋯ 2회 이상

130
교정도감

최씨 무신 정권 시기 국정을 총괄하는 최고 중앙 관서로 부상하였다.   46, 44회 ⋯ 6회 이상

131 ★★
최충헌

• 봉사 10조를 올려 시정 개혁을 제안하였다.   52, 51회 ⋯ 5회 이상

• 교정별감이 되어 인사·재정 등 국정 전반을 장악하였다.   51, 50회 ⋯ 6회 이상

132
최우

정방을 설치하여 인사권을 행사하였다.   51, 49회 ⋯ 6회 이상

133
도방

경대승이 신변 보호를 위해 처음으로 만든 사병 조직이다.   38, 36회 ⋯ 3회 이상

134
삼별초

• 최씨 무신 정권의 군사적 기반이었다.   48, 36회 ⋯ 6회 이상

• 야별초를 확대한 좌·우별초, 신의군으로 조직하여 정권 유지에 활용하였다.   44, 30회 ⋯ 3회 이상

135
조위총의 난

무신 정권을 타도하고자 조위총이 군사를 일으켜 정중부 등의 제거를 도모하였다.   40, 33회 ⋯ 3회 이상

136 ★
망이·망소이의 봉기

• 공주 명학소에서 망이·망소이가 봉기하였다.   53, 43회 ⋯ 9회 이상

• 망이의 고향인 명학소를 충순현으로 승격시켰다.   53회 ⋯ 1회 이상

137 ★★★
만적의 봉기

만적을 비롯한 노비들이 개경에서 신분 해방을 도모하였다.   53, 48회 ⋯ 12회 이상

50회 15번
다음 검색창에 들어갈 인물에 대한 설명으로 옳은 것은? [2점]

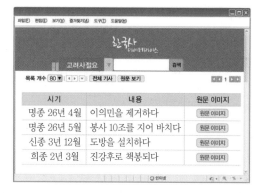

① 서경에서 난을 일으키고 국호를 대위로 하였다.
② 화약과 화포 제작을 위한 화통도감 설치를 건의하였다.
③ 삼별초를 이끌고 진도로 이동하여 대몽 항쟁을 펼쳤다.
④ 교정별감이 되어 인사, 재정 등 국정 전반을 장악하였다.
⑤ 전민변정도감의 책임자로 임명되어 권문세족을 견제하였다.
⑥ 정방을 설치하여 인사권을 행사하였다.
⑦ 강화도로 도읍을 옮겨 몽골의 침략에 대비하였다.

| 답인 이유 |

단서 이의민 제거, 봉사 10조, 도방

최충헌은 이의민을 제거하고 정권을 장악해 최고 집권자가 되었다. 이후 정변의 정당성과 초기 무신 정권의 혼란을 수습하기 위해 개혁 방안을 담은 봉사 10조를 명종에게 올렸다. 도방은 경대승이 신변 보호를 위해 처음 설치한 사병 기관인데, 해체되었다가 최충헌이 부활시켰다. ④ 국정을 총괄하는 최고 권력 기구인 교정도감을 설치하였고, 스스로 교정별감이 되어 국정 전반을 장악하였다.

| 오답인 이유 |

① 묘청은 서경으로 천도할 것과 칭제 건원, 금국 정벌을 주장하며 국호를 대위, 연호를 천개로 하여 난을 일으켰다.
② 최무선은 화약·화포 제작을 위한 화통도감 설치를 건의하였다.
③ 삼별초는 최우가 설치한 최씨 무신 정권의 군사적 기반이었다. 몽골이 고려에 침입하고, 무신 정권이 무너지자 고려 정부는 몽골과 강화를 맺으려 하였다. 이에 반대하여 배중손이 이끄는 삼별초는 진도로 근거지를 옮겨 계속 저항하였다.
⑤ 공민왕은 개혁을 위해 전민변정도감을 설치하고, 신돈을 책임자로 삼았다.
⑥ 최우는 인사 행정 기구인 정방을 설치해 모든 관직에 대한 인사권을 장악하였다.
⑦ 몽골의 침입 때 최우는 강화도로 천도하여 항전하였다. 강화도는 바다로 둘러 싸여 있어 해전에 약한 몽골군에게 불리하였다.

답 ④

고려의 대외 관계

거란의 침입과 격퇴

	1차 침입 성종, 993	**2차 침입** 현종, 1010	**3차 침입** 현종, 1018
원인	거란이 송과의 외교 단절을 요구함	강조의 정변 : 강조가 천추태후와 김치양, 목종을 몰아내고 현종을 옹립함	고려의 강동 6주 반환 거부
대응 과정	거란 장수 소손녕과 서희의 외교 담판 ➜ 강동 6주 확보	흥화진에서 양규의 활약 ➜ 개경 함락 ➜ 현종이 나주로 피란 ➜ 강화 수립	강감찬의 귀주 대첩 1019
영향	• 초조대장경* 제작 • 나성 개경, 천리장성 압록강에서 도련포 축조		

*고려에 침입한 이민족
10~11세기 거란
12세기 여진
13세기 몽골
14세기 홍건적, 왜구

*초조대장경
현종 때 부처의 힘으로 거란의 침입을 물리치고자 간행한 대장경

여진 정벌과 금의 사대 요구 수용

윤관의 여진 정벌
• 별무반 : 여진 정벌을 위해 윤관의 건의로 편성, 신기군 기병·신보군 보병·항마군 승병으로 구성
• 윤관이 별무반을 이끌고 여진을 정벌한 후 동북 9성 축조 1107 ➜ 여진의 지속적인 반환 요청과 관리의 어려움으로 1년여 만에 반환

금의 사대 요구
여진이 금을 세우고 거란 요을 멸망시킴 ➜ 고려에 군신 관계 요구
➜ 당시 집권자였던 이자겸이 금의 사대 요구 수용

몽골의 침입과 고려의 저항

몽골의 침입과 대몽 항쟁

1차 침입 1231
• 몽골 사신 저고여가 귀국길에 피살 ➜ 몽골의 침입
• 관군과 백성이 함께 항전 평안도 귀주의 박서, 충주 관노비의 항전 ➜ 몽골군의 개경 포위 ➜ 강화 체결

강화도 천도 1232
몽골군 철수 이후 최우는 강화도로 천도하여 항전을 준비함

2차 침입 1232
• 처인성 전투 : 김윤후와 처인 부곡민이 합세해 몽골 장수 살리타를 사살함
• 초조대장경 소실

3차 침입 1235~1239
• 경주까지 침입
• 황룡사 9층 목탑 등 문화재 소실
• 부처의 힘으로 몽골군을 격퇴하기 위해 팔만대장경 재조대장경 제작
• 총 6차에 걸친 몽골의 침입으로 국토의 황폐화

개경 환도 1270
무신 정권 붕괴 ➜ 고려 정부와 몽골의 강화 체결 1259 ➜ 개경 환도

삼별초의 항쟁
• 고려 정부의 개경 환도에 반발
• 강화도, 진도 배중손의 지휘, 제주도 김통정의 지휘로 근거지를 옮기며 항전
 ➜ 고려와 몽골 연합군에게 진압됨

138 ***
거란의 침입과 격퇴

1차
- 서희가 외교 담판을 벌여 강동 6주를 획득하였다.
  52, 44회 ⟶ 9회 이상

2차
- 강조가 정변을 일으켜 김치양을 제거하고 목종을 폐위하였다.
  51, 49회 ⟶ 7회 이상
- 거란의 침략을 피해 왕이 나주로 피난하였다.
  39회 ⟶ 1회 이상

3차
- 강동 6주의 반환 등을 요구한 거란의 침입을 격퇴하였다.
  37, 27회 ⟶ 2회 이상
- 강감찬이 귀주에서 거란을 상대로 대승을 거두었다.
  52, 43회 ⟶ 3회 이상
- 거란의 침입에 대비하여 개경에 나성을 축조하였다.
  53, 46회 ⟶ 5회 이상
- 국난을 극복하고자 (거란 격퇴의 염원을 담아) 초조대장경을 간행하였다.
  39, 28회 ⟶ 3회 이상

139 **
여진 정벌

윤관의 건의를 받아들여 별무반을 편성하고, 동북 9성을 축조하였다. 53, 52회 ⟶ 20회 이상

140
별무반

신기군·신보군·항마군(기병·보병·승병)으로 구성되었다.
51, 48회 ⟶ 6회 이상

141 *
몽골의 침입과 격퇴

- 강화도로 도읍을 옮겨 몽골의 침략에 대비하였다.
  53, 42회 ⟶ 4회 이상
- 김윤후가 처인성 전투에서 살리타를 사살하였다.
  51, 45회 ⟶ 8회 이상
- 부처의 힘을 빌려 외침을 막고자 팔만대장경을 조판하였다.
  48회 ⟶ 1회 이상
- 대장도감을 설치하여 팔만대장경판을 제작하였다.
  49, 42회 ⟶ 3회 이상
- 외적의 침입을 받아 황룡사 9층 목탑이 소실되었다.
  46, 35회 ⟶ 2회 이상

142
삼별초의 항쟁

- 배중손이 삼별초를 이끌고 진도(용장성)와 제주도로 근거지를 옮겨 항쟁하였다.
  51, 50회 ⟶ 8회 이상
- 삼별초가 여몽 연합군에 의해 진압되었다.
  26회 ⟶ 1회 이상

52회 11번

대화에 등장하는 왕의 재위 기간에 있었던 사실로 옳은 것은?
[3점]

① 강감찬이 귀주에서 대승을 거두었다.
② 사신 저고여가 귀국길에 피살되었다.
③ 별무반을 창설하여 군사력을 강화하였다.
④ 거란을 배척하여 만부교 사건이 일어났다.
⑤ 서희가 외교 담판으로 강동 6주를 확보하였다.
⑥ 여진을 정벌하여 동북 9성 일대를 확보하였다.
⑦ 김윤후가 처인성 전투에서 살리타를 사살하였다.

| 답인 이유 |

단서 강조가 옹립한 왕, 나주까지 피란, 초조대장경 조판

거란은 세 차례 고려에 침입하였는데, 그중 2·3차 침입이 현종 때 일어났다. 목종이 어린 나이에 즉위하여 그의 모후인 천추태후가 섭정을 하게 되었고, 천추태후는 김치양과 함께 정권을 장악하였다. 이에 강조는 천추태후와 김치양 일파를 제거하고, 목종을 폐위시킨 후 현종을 옹립하였다. 거란은 이를 구실삼아 두 번째로 고려를 침입하였다. 거란군에 맞서 양규가 흥화진에서 활약하였으나 개경이 함락되었고, 현종은 나주까지 피란을 가야 했다. 이때 현종은 부처의 힘을 빌려 거란을 물리치고자 초조대장경을 만들기 시작하였다. ① 이후 거란은 한 차례 더 고려에 침입하였고, 이때 강감찬이 귀주에서 거란군을 상대로 큰 승리를 거두었다(귀주 대첩, 1019).

| 오답인 이유 |

② 몽골의 사신 저고여가 귀국길에 피살되는 사건이 벌어지자, 몽골은 이를 구실로 고려를 침략하였다.
③, ⑥ 고려 숙종은 윤관의 건의를 받아들여 신보군·신기군·항마군으로 구성된 별무반을 창설하였다. 윤관은 별무반을 이끌고 여진을 정벌하여 북방으로 몰아내고 동북 9성을 설치하였다.
④ 고려 태조는 거란이 국교를 맺을 것을 요구하며 낙타 40마리 등을 보냈으나 이를 거부하고 낙타를 굶겨 죽였다(만부교 사건).
⑤ 고려 성종 때 거란이 고려에 침입하자 서희는 거란 장수 소손녕과 외교 담판을 벌여 강동 6주를 확보하였다.
⑦ 몽골의 침입 당시 김윤후는 처인성 전투에서 처인 부곡민과 함께 항전하였고, 몽골 장수 살리타를 사살하였다.

답 ①

고려 후기 사회 변동과 멸망

▶ 원의 간섭 _고려 왕은 원의 공주와 결혼 → 원의 부마국으로 전락_

영토 축소	쌍성총관부_화주_, 동녕부_서경_, 탐라총관부_제주_ 설치
왕실 호칭 격하	조·종 → 왕, 폐하·태자 → 전하·세자, 국왕 묘호에 '충'자 사용 예 충렬왕, 충선왕
관제 격하	2성_중서문하성, 상서성_ 6부 → 1부_첨의부_ 4사
내정 간섭	다루가치_감찰관_ 파견
정동행성 설치	일본 원정을 위해 설치 → 두 차례의 원정 실패 후에도 존속, 이문소*를 통해 고려 내정에 간섭함
인적·물적 수탈	•결혼도감을 설치하여 공녀*를 강제로 징발 → 조혼 풍습 유행 •각종 특산물 요구: 금·은·인삼·매(응방 설치)
권문세족의 성장	•도평의사사*_도당_를 장악하여 권력 독점, 고위 관직 장악 •불법으로 토지 침탈 → 대농장 소유 및 경영
몽골풍	고려에서 변발, 호복_몽골식 복장_, 족두리, 연지 등 몽골 복장 및 풍습 유행
개혁 정치	•충렬왕: 동녕부와 탐라총관부 회복 •충선왕: 사림원_왕명 출납 담당 관청_ 설치, 원의 수도인 연경_베이징_에 만권당 설치 └ 이제현이 만권당에서 유학자들과 교유

*정동행성 이문소
정동행성의 부속 관서로 원과 관계된 범죄를 다스림

*공녀
원의 요구로 고려가 원에 바친 여인들

*도평의사사
고려 후기의 최고 행정 기구, 군사 문제를 담당하던 도병마사가 확대되면서 충렬왕 때 도평의사사로 명칭이 바뀌었고, 일반 행정까지 관장함

▶ 공민왕의 개혁 정치 _원·명 교체기를 이용해 개혁 추진_

반원 자주 정책	•쌍성총관부를 공격하여 철령 이북의 땅 수복 •기철* 등 친원파 숙청

> 대사도 기철, 태감 권겸, 경양 부원군 노책이 반역을 도모하다 처단되었으며 그들의 친족과 당여는 모두 도망쳤다.　　　　　　－「고려사」, 35회

공민왕의 영토 수복

	•정동행성 이문소 폐지, 관제 복구
왕권 강화 정책	•전민변정도감 설치: 신돈을 등용해 불법으로 빼앗은 토지와 노비를 다시 원래대로 돌려놓음

*기철
누이동생인 기황후와 원의 세력을 믿고 고려 국왕도 무시할 수 없는 권력을 행사함

> ★ 신돈이 전민변정도감을 설치할 것을 청하고 스스로 판사(判事)가 되었다. … 권세가와 부호 중에 빼앗았던 토지와 노비를 그 주인에게 돌려주는 자가 많아, 온 나라 사람들이 기뻐하였다.　　－38회

	•신진 사대부 등용: 성리학 수용, 권문세족과 불교의 폐단 비판 → 무신 정권 이후 과거를 통해 중앙 진출 예 정몽주, 정도전 등 •정방 폐지, 성균관 재정비_국학을 성균관으로 개칭_ → 성리학 교육의 본격화_신진 사대부 성장의 토대 마련_
결과	•대내적: 권문세족의 반발로 신돈이 제거되고, 공민왕이 시해되면서 개혁 중단 •대외적: 원의 압력, 홍건적*과 왜구의 침입

*홍건적
원이 쇠약해진 틈을 타서 일어난 한족의 농민 반란군으로, 머리에 붉은 두건을 두름

▶ 고려의 멸망

홍건적의 침입	개경이 함락되어 공민왕이 노국 대장 공주와 함께 복주_안동_까지 피난을 감 └ 놋다리 밟기라는 풍속이 이때부터 유래됨
왜구의 침입	•최무선의 건의로 화약·화포를 제작하는 화통도감 설치 → 진포 싸움에서 왜구 격퇴 •최영의 홍산 대첩, 이성계의 황산 대첩 → 왜구 토벌 •박위의 쓰시마섬_대마도_ 정벌
신흥 무인 세력	홍건적과 왜구를 격퇴하는 과정에서 최영, 이성계 등 신흥 무인 세력 성장
멸망	명의 철령위 설치 통보 → 우왕과 최영의 요동 정벌 단행 → 이성계의 위화도 회군_1388_ → 과전법 공포_1391_ → 고려 멸망, 조선 건국_1392_

단어	문장	문제

143 ★★★
원 간섭기

[내정 간섭]
- 중서문하성과 상서성이 첨의부로 관제가 격하되었다.
  50, 38회 ⋯ 4회 이상
- 변발과 호복이 지배층을 중심으로 유행하였다.
  46, 43회 ⋯ 8회 이상

[충선왕]
- 학문 교류를 위해 설립한 만권당에서 이제현이 원의 유학자들과 교유하였다.
  53, 52회 ⋯ 11회 이상

[권문세족]
- 도평의사사를 장악해 권력을 독점하였다.
  47, 32회 ⋯ 4회 이상
- 원의 지원을 배경으로 성장하고, 불법으로 농장을 확대하였다.
  25, 19회 ⋯ 3회 이상

144 ★
공민왕의 반원 자주 정책
- 쌍성총관부를 공격하여 철령 이북의 땅을 수복하였다.
  53, 50회 ⋯ 8회 이상
- 대표적 친원 세력인 기철이 숙청되었다.
  45, 36회 ⋯ 5회 이상
- 정동행성 이문소를 폐지하였다.
  47, 33회 ⋯ 5회 이상

145 ★★
공민왕의 왕권 강화 정책
- 신돈을 등용하고 전민변정도감을 두었다.
  53, 43회 ⋯ 10회 이상
- 신돈은 전민변정도감의 판사가 되어 권문세족을 견제하였다.
  51, 39회 ⋯ 4회 이상
- 인사 행정을 담당하던 정방을 폐지하였다.
  46, 40회 ⋯ 6회 이상

146
신진 사대부
- 성리학을 개혁 사상으로 수용해 불교의 폐단을 비판하고 사회를 개혁하려 하였다.
  29, 25회 ⋯ 4회 이상

147
홍건적의 침입
- 개경까지 쳐들어와 약탈을 일삼던 홍건적을 축출하였다.
  37, 27회 ⋯ 3회 이상

148
왜구의 침입
- 최무선이 화통도감 설치를 건의하여 화약과 화포를 제작하였다.
  53, 52회 ⋯ 13회 이상
- 최무선(나세·심덕부) 등은 화포를 이용해 진포에서 왜구를 격퇴하였다.
  51, 42회 ⋯ 5회 이상

149
신흥 무인 세력
- 이성계가 내륙까지 쳐들어온 왜구를 황산에서 무찔러 백성들의 지지를 얻었다.
  37, 31회 ⋯ 2회 이상

40회 14번

밑줄 그은 '이 왕'의 업적으로 옳은 것은? [2점]

이 그림은 고려의 제31대 왕과 그 왕비인 노국 대장 공주의 영정입니다. 이 왕은 원·명 교체기에 적극적인 개혁을 추진하였습니다.

① 국자감에 전문 강좌인 7재를 개설하였다.
② 외침에 대비하기 위하여 광군을 창설하였다.
③ 인사권을 장악하기 위하여 정방을 폐지하였다.
④ 쌍기의 건의를 받아들여 과거 제도를 도입하였다.
⑤ 전국에 12목을 처음으로 설치하고 지방관을 파견하였다.
⑥ 정동행성 이문소를 폐지하고 친원 세력인 기철 등을 숙청하였다.
⑦ 신돈을 기용하고 전민변정도감을 설치하였다.

| 답인 이유 |

[단서] 원·명 교체기에 적극적인 개혁 추진

14세기 중반 원의 세력이 약화되자 공민왕은 자주성 회복과 왕권 강화를 위한 개혁을 추진하였다. 우선 자주성을 회복하기 위해 쌍성총관부를 공격하여 철령 이북의 땅을 수복하였고, 격하됐던 중서문하성과 상서성의 관제도 복구하였다. ⑥ 고려의 내정을 간섭하던 정동행성 이문소를 폐지하고, 기철 등의 친원파를 숙청하였다. ⑦ 왕권 강화를 위해 신돈을 등용하고 전민변정도감을 두어 부당하게 빼앗긴 토지를 원래 주인에게 돌려주고, 불법으로 노비가 된 자를 양민으로 되돌렸다. ③ 최우가 설치했던 인사 행정 기구인 정방을 폐지하여 인사권을 장악하였다.

| 오답인 이유 |

① 고려 예종은 관학을 진흥시키기 위해 국자감에 전문 강좌인 7재를 설치하였다.
② 고려 정종 때 거란의 침입에 대비하여 전국적인 규모의 예비군인 광군을 창설하였다.
④ 고려 광종은 쌍기의 건의를 받아들여 과거제를 시행해 인재를 등용하였다.
⑤ 고려 성종은 최승로의 시무 28조를 받아들여 전국에 12목을 설치하고 지방관을 파견해 지방 세력을 통제하였다. 지방관이 파견되면서 지방의 호족 세력은 향리로 편입되었다.

답 ③, ⑥, ⑦

고려의 경제

토지 제도

역분전_{태조} 개국 공신에게 인품과 공로를 기준으로 차등 지급

*수조권
국가 대신 조세를 거둘 수 있는 권리, 소유권 아님

전시과 관리를 18등급으로 나누어 수조권*을 행사할 수 있는 전지와 시지* 지급, 원칙적으로 세습 불가

전직 관리 : 산관, 현직 관리 : 직관

*전지
국가에 납부할 세금을 대신 수취하는 땅(농토)

시정_{경종}	전·현직 관리 대상, 관등과 인품을 기준으로 지급
개정_{목종}	전·현직 관리 대상, 관등만 기준으로 지급
경정_{문종}	현직 관리 대상 → 지급량 감소

*시지
땔감을 얻을 수 있는 땅(임야)

전시과 붕괴 무신 정변 이후 귀족들의 토지 독점 → 관리들에게 지급할 토지가 부족해지면서 붕괴
→ 경기 지역의 토지를 녹과전으로 지급_{원종, 1271}

과전법
_{공양왕, 1391}
• 국가 재정의 확보, 신진 사대부의 경제적 기반을 마련하기 위해 실시
• 경기 지역에 한정하여 현직 관리와 퇴직 관리에게 토지의 수조권 지급

토지의 종류

공음전 5품 이상의 관리에게 지급, 세습 허용, 음서제와 함께 문벌의 경제 기반

군인전 군역의 대가로 지급 → 군역이 세습됨에 따라 자손에게 세습

구분전 하급 관리와 군인의 유가족에게 생활 대책비로 지급

민전 소유권이 보장된 사유지, 매매·상속·임대 가능, 생산량의 1/10을 조세로 납부

수취 제도

조세 양안_{토지 대장} 작성, 논과 밭을 비옥도에 따라 3등급으로 구분, 생산량의 1/10 징수

공납 중앙에서 필요한 토산물, 수공업 제품, 광물 등 징수 → 속현, 향·부곡·소에 할당 → 집집마다 징수

*요역
국가가 백성의 노동력을 수취하는 제도

역 호적 작성, 16~59세 정남_{남자} 대상, 요역*·군역 부과
신라 시대에는 민정 문서가 이 기능을 대신함

경제 활동

*목화 재배

공민왕 때 문익점이 원에서 목화씨를 들여와 의생활이 변화함, 이후 문익점의 장인인 정천익이 목화 재배에 성공하여 기술이 보급됨

농업
• 소를 이용한 깊이갈이의 일반화
• 밭농사에 2년 3작 윤작법 도입, 논농사는 남부 지방 일부에 모내기법_{이앙법} 보급
  조선 후기에 전국으로 보급
• 목화 재배* : 고려 말 문익점이 목화씨를 중국에서 들여옴 → 의생활 변화

농서 『농상집요』 : 충렬왕 때 이암이 소개한 원의 농서, 중국 화북 지방의 농법을 정리함

상업 경시서*_{시전 감독} 설치, 서적점·다점 등의 관영 상점 운영

*경시서
고려와 조선 시대에 시전의 상행위를 관리·감독하거나, 국역의 부과 등을 맡아 본 관청

	성종		숙종	
화폐	 건원중보	 삼한통보	 해동통보 주전도감을 설치하여 발행 └ 의천의 화폐 유통 건의로 설치	 은병 활구* 우리나라 지형을 본떠 은 1근으로 만든 고가 화폐

*활구
민간에서는 은병을 입구가 넓다고 하여 활구(闊口)라고 불렀음

대외 무역
• 벽란도 : 예성강 하구에 위치하여 송–아라비아 상인 등이 왕래한 국제 무역항, 아라비아 상인에 의해 고려가 코리아_{COREA}로 알려짐
• 『노걸대』라는 중국 회화책 편찬

150
역분전

개국 공신에게 인품과 공로를 기준으로 차등 지급하였다.
53, 50회 ⟶ 6회 이상

151 ★★
시정 전시과

• 인품과 관등에 따라 관리에게 전지와 시지를 지급하였다.
53, 49회 ⟶ 9회 이상
• 처음으로 직관, 산관 각 품의 전시과가 제정되었다.
40, 38회 ⟶ 3회 이상

152
경정 전시과

현직 관리에게 전지와 시지를 지급하였다.
39, 29회 ⟶ 4회

고려 토지 제도(전시과)의 변천
• 경종 원년, 처음으로 직관(職官)과 산관(散官) 각 품의 전시과(田柴科)를 제정하였다.
• 목종 원년, 문무 양반 및 군인의 전시과를 개정하였다.
• 문종 30년, 양반전시과를 다시 고쳐 정하였다.
40 · 32회

153
농업 기술

소를 이용한 깊이갈이가 일반화되었다.
45, 44회 ⟶ 7회 이상

154
문익점

중국에서 목화가 들어와 재배되기 시작하였다.
50, 27회 ⟶ 4회 이상

155
농상집요

이암이 중국 화북 지방의 농법을 정리한 농상집요를 소개하였다.
53, 35회 ⟶ 5회 이상

156
상업의 발달

• 경시서가 수도의 시전을 감독하였다.
53, 52회 ⟶ 7회 이상
• 서적점, 다점 등의 관영 상점이 운영되었다.
42, 20회 ⟶ 2회 이상

157 ★★★
화폐

• 우리나라 최초의 금속 화폐(철전)인 건원중보를 발행하여 화폐 유통을 추진하였다.
53, 40회 ⟶ 7회 이상
• 주전도감을 설치하여 해동통보를 발행하였다.
53, 46회 ⟶ 11회 이상
• 국가 주도로 삼한통보, 해동통보를 발행하였다.
34, 32회 ⟶ 3회 이상
• 고액 화폐로, 활구라고 불리는 은병이 제작되어 유통되었다.
53, 51회 ⟶ 5회 이상

158 ★
벽란도

예성강 하구의 벽란도가 국제 무역항으로 번성하였다.
53, 51회 ⟶ 10회 이상

51회 13번

다음 상황이 나타난 시기에 볼 수 있는 모습으로 가장 적절한 것은?
[2점]

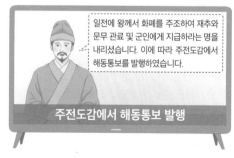

일전에 왕께서 화폐를 주조하여 재추와 문무 관료 및 군인에게 지급하라는 명을 내리셨습니다. 이에 따라 주전도감에서 해동통보를 발행하였습니다.

주전도감에서 해동통보 발행

① 구황촬요를 읽고 있는 지방관
② 시장을 감독하는 동시전의 관리
③ 초량 왜관에서 인삼을 판매하는 내상
④ 벽란도에서 물품을 거래하는 송의 상인
⑤ 낙랑군에 수출할 덩이쇠를 주조하는 장인
⑥ 시전을 감독하는 경시서의 관리
⑦ 청해진에서 해상 무역을 하는 상인
⑧ 서적점, 다점 등의 관영 상점을 운영하는 상인

| 답인 이유 |

단서 화폐 주조, 주전도감, 해동통보

고려 숙종 때 주전도감을 설치하여 삼한통보·해동통보 등의 화폐를 발행하였다. 고려의 화폐 주조는 성종 때 시작되어 철전인 건원중보를 발행하였고, 숙종 때로 이어졌다. 숙종 때는 고액 화폐인 은병(활구)을 발행하는 등 다양한 화폐가 발행되었지만 널리 유통되지는 못하였다. ⑥ 고려 시대에는 오늘날의 시장인 시전을 감독하는 경시서가 있었다. ⑧ 개경·서경·동경 등 대도시에 서적점, 다점 등 국가가 운영하는 관영 상점이 설치되었다. ④ 개경의 상업 활동이 도성 밖으로 확대되면서 예성강 하구의 벽란도가 국제 무역항으로 번성하였고, 송과 아라비아 상인 등이 왕래하였다.

| 오답인 이유 |

① 조선 명종 때 『구황촬요』를 간행하여 흉년이 들었을 때 기근에 대비하였다.
② 신라 지증왕은 시장을 관리하는 관청인 동시전을 설치하였다.
③ 조선 후기에는 초량에 있는 왜관을 통해 왜와 교역하였다.
⑤ 변한에서는 철이 풍부하게 생산되어 덩이쇠를 화폐처럼 사용하였고, 낙랑에 수출하기도 하였다.
⑦ 통일 신라 때 장보고가 완도에 청해진을 설치하고 해상 무역을 전개하였다.

답 ④, ⑥, ⑧

고려의 사회

신분 제도

귀족
- 왕족, 5품 이상의 고위 관료가 주류
- 음서나 공음전의 특권을 누림

중류층
- 말단 행정직 담당
- **구성 : 남반**[*]궁궐 실무 관리, 꼭 **향리**지방 행정 실무 담당, 하급 장교 등
  → 향리는 호족 출신으로 지방의 실질적인 지배층인 호장·부호장의 상층 향리와 하층 향리로 구성
- 직역을 세습하며 그 대가로 **토지를 지급받음**

양민
- **백정**일반 농민 : 조세·공납·역 부담
- **향·부곡·소 주민** : 거주 이전 제한, 백정보다 많은 조세 부담

> 고려 시대에는 금·은·동·철·자기를 비롯한 실·비단·종이·기와·소금·먹 등이 소(所)에서 생산되었고, 그 이름이 생산 물품에 따라 구별되었다. ─ 20회
> → 향·부곡 주민은 농업, 소의 주민은 수공업과 광업에 종사함

천민
- 대다수가 노비공노비·사노비, 매매·증여·상속의 대상
- 부모 중 한쪽이 노비이면 그 자녀도 노비가 됨일천즉천

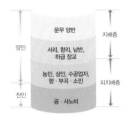

고려의 신분 구조

*남반
궁궐에서 지내면서 왕을 시종하며 왕명을 전달하는 일을 담당한 관리

사회 모습

*사천 매향비

고려 우왕 때(1387) 향나무를 묻고 세운 것. 비문에는 내세의 행운, 왕의 만수무강과 국태민안을 기원하는 내용이 담겨져 있음

향도
- **매향(埋香)*** 활동 등 각종 불교 행사를 주관한 불교의 신앙 조직
- **초기** : 매향 활동과 함께 불상·석탑·사찰을 건립할 때 주도적 역할 담당
- **후기** : 마을 노역, 혼례와 상장례, 마을 제사 등 공동체 생활을 주도하는 농민 조직으로 발전

사회 기구
- **의창** : 평상시에 곡물을 보관했다가 흉년에 빈민을 구제함, 고구려의 진대법과 유사

> 내가 듣건대, 덕이란 오직 정치를 잘 하는 것일 뿐이고, 정치의 요체는 백성을 잘 기르는 데에 있으며, 나라는 사람을 근본으로 삼고 사람은 먹는 것을 하늘로 삼는다고 하였다. 이에 우리 태조께서는 흑창(黑倉)을 설치하셨다. … 쌀 1만 석을 더 보태고, 그 이름을 의창으로 바꾸도록 하라. ─ 32회
> → 태조 때의 흑창을 성종 때 의창으로 이름을 바꾸어 확대 개편

- **상평창** : 풍년에 곡식을 사들이고 흉년에 팔아 물가를 조절함
- **동서 대비원** : 환자 치료를 위해 개경의 동쪽과 서쪽에 둔 국립 의료 기관
- **제위보** : 기금을 모아 그 이자로 빈민 구제
- **혜민국** : 전염병이 퍼지는 것을 막고 병자에게 의약품을 무료로 제공
- **구제도감·구급도감** : 재해 발생 시 백성을 구호한 임시 기구

법률
- 중국의 당률을 참고하여 만든 법률을 시행, 당률보다는 관습법 적용
- 5형태·장·도·유·사형의 형벌 적용

혼인
일부일처제가 일반적임

여성의 지위
- 부모 재산의 균분 상속, 태어난 순서대로 족보에 기록, 아들이 없는 경우에도 양자를 들이지 않음
- 여성도 제사를 모심, 여성의 재혼이 자유로움
- 사위와 외손자도 음서 혜택

159
중류층

- 향리는 호장, 부호장 등이 지방 행정의 실무를 담당하였다.　21, 19회 ⋯ 2회 이상

- 궁중의 실무 담당자는 남반이라고 불렸다.　20회 ⋯ 1회 이상

160
양민

- 향·소·부곡민은 다른 지역으로 이주하는 것이 원칙적으로 금지되었다.　20회 ⋯ 1회 이상

161
향도

- 매향 활동 등 각종 불교 행사를 주관하였다.　39, 35회 ⋯ 4회 이상

162 ★★
의창

- 빈민 구제를 위해 봄에 곡식을 빌려주고 가을에 갚도록 하였다.　48, 37회 ⋯ 5회 이상

163
상평창

- 물가 조절을 위해 상평창을 설치하였다.　48, 40회 ⋯ 3회 이상

164
동서 대비원

- 환자 치료와 빈민 구제를 위해 개경에 국립 의료 기관인 동서 대비원을 설치하였다.　52, 48회 ⋯ 3회 이상

165 ★★★
제위보

- 기금을 모아 그 이자로 빈민을 구제하는 제위보를 운영하였다.　52, 48회 ⋯ 6회 이상

166 ★
혜민국

- 전염병이 퍼지는 것을 막고 백성에게 약을 무료로 나눠주었다.　48, 40회 ⋯ 4회 이상

167
구제도감

- 재해가 발생하였을 때 임시 기구인 구제도감을 설립하여 백성을 구호하였다.　39, 32회 ⋯ 2회 이상

168
여성의 지위

- 아들 딸 구별 없이 태어난 순서대로 족보에 기록하였다.　18회 ⋯ 1회 이상

- 자녀들이 돌아가면서 부모의 제사를 지냈다.　18회 ⋯ 1회 이상

52회 12번

(가) 시대의 정책으로 옳은 것을 <보기>에서 고른 것은? [2점]

> **역사 용어 해설**
>
> **구제도감**
>
> **1. 기능**
>
> [(가)] 시대에 재해가 발생했을 때 설치한 임시 기구로서 전염병 퇴치, 병자 치료 등의 임무를 수행하며 백성을 구호하였다.
>
> **2. 관련 사료**
>
> 왕이 명하기를, "도성 내의 백성들이 역질에 걸렸으니 구제도감을 설치하여 이들을 치료하고, 시신과 유골은 거두어 비바람에 드러나지 않게 매장하라."라고 하였다.

--------| 보기 |--------
ㄱ. 기근에 대비하기 위하여 구황촬요를 간행하였다.
ㄴ. 개경에 국립 의료기관인 동서 대비원을 설치하였다.
ㄷ. 호조에서 정한 사창절목에 따라 사창제를 시행하였다.
ㄹ. 기금을 모아 그 이자로 빈민을 구휼하는 제위보를 운영하였다.
ㅁ. 봄에 곡식을 빌려주고 가을에 갚도록 하는 의창이 설치되었다.
ㅂ. 빈민을 구제하기 위해 진대법을 실시하였다.

① ㄱ, ㄴ, ㄷ　　② ㄱ, ㄷ, ㄹ　　③ ㄴ, ㄹ, ㅁ
④ ㄴ, ㅁ, ㅂ　　⑤ ㄷ, ㅁ, ㅂ

| 답인 이유 |

단서 **구제도감, 재해가 발생했을 때 설치한 임시 기구**
(가)는 고려 시대에 해당한다. ㄴ. 개경에 동서 대비원을 설치해 환자 진료 및 빈민 구제를 담당하게 하였다. ㄹ. 제위보를 통해 일정 기금을 마련해 이자로 빈민을 구제하였다. ㅁ. 성종은 의창을 설치해 백성들의 식량 부족 문제를 해결하려 하였다.

| 오답인 이유 |

ㄱ. 『구황촬요』는 조선 명종 때인 1554년에 간행된 책이다. 영양실조로 중태에 빠진 사람을 위한 구급법 등이 기술되어 있다.
ㄷ. 사창제는 조선 후기 흥선 대원군 때 실시한 정책이다. 고리대로 변질되어 농민들을 괴롭히던 환곡의 폐단을 해결하기 위해 향촌 주민들이 자치적으로 운영하는 사창제를 실시하였다.
ㅂ. 고구려 고국천왕 때 진대법을 실시하여 춘궁기에 국가가 농민에게 곡식을 빌려주었다가 수확기에 갚도록 하였다.

답 ③

고려의 학문과 사상

유학의 발달

고려 초기
- 자주적·주체적 성격의 유교를 정치 이념으로 강조
- 과거 제도 실시
- **최승로** : 시무 28조 → 유교 정치 사상 확립의 계기

고려 중기
- 문벌 귀족 사회의 확립 → 귀족적·보수적 성향으로 변화
- **최충** : 해동공자의 칭호를 얻음, 9재 학당* 문헌공도 건립
- **김부식** : 보수적·현실적 성격의 유학을 대표함

고려 후기
- 꼭 성리학의 전래 : 충렬왕 때 안향에 의해 최초로 소개
  - 인간의 심성과 우주의 원리 문제를 철학적으로 탐구하려는 신유학
- **성리학의 전파** : 이제현*이 만권당에서 원의 학자와 교유 → 귀국하여 이색 등에게 전파
- **성리학의 확산** : 이색이 성균관에서 유학 교육 → 정몽주·정도전 등 신진 사대부에게 계승
- **성리학의 영향** : 신진 사대부가 사회 개혁 사상으로 수용 → 권문세족과 불교 비판

*9재 학당
고려 문종 때 최충이 세운 사립 학교, 사학 12도 중에서 가장 번성하였음

*이제현
공민왕 때 역사서인 『사략』을 저술함, 『사략』에는 개혁을 통해 왕권을 강화하여 국가 질서를 회복하려는 의식이 반영됨

교육 기관

관학
- 국자감 : 유학부 국자학·태학·사문학 + 기술학부 율학·서학·산학
- 향교 : 지방 관리와 서민의 자제들을 교육

사학
최충의 문헌공도를 비롯한 사학 12도 융성 → 관학 위축

관학 진흥책
- **숙종** : 국자감에 서적포를 두어 출판을 담당하게 함
- **예종** : 국자감에 전문 강좌인 7재와 장학 재단인 양현고 설치, 학술 연구 기관으로 보문각과 청연각을 설치하여 학문 연구 장려
- **인종** : 경사 6학을 중심으로 교육 제도 정비
- **공민왕** : 성균관을 순수 유교 교육 기관으로 개편
  - 성종 때 설치된 국자감은 국학, 성균감, 성균관으로 이름이 바뀜

역사서의 편찬

『삼국사기』
- 김부식 등이 왕명을 받아 저술
- 유교적 합리주의 사관에 따라 기전체*로 편찬
- 우리나라에 현존하는 최고(最古)의 역사서
- 신라 계승 의식

*기전체
역사 사실을 서술할 때 본기·열전·지·연표 등으로 구성하는 서술 체제

무신 집권기
『해동고승전』 각훈 저술, 삼국 시대 승려들의 전기 수록

『동명왕편』
- 이규보의 문집 『동국이상국집』에 실려 있음
- 동명왕*을 칭송한 영웅 서사시, 고구려 계승 의식

*동명왕
고구려의 건국 시조인 고주몽

원 간섭기
『삼국유사』
- 일연 저술, 불교사 중심, 고대의 민간 설화나 전래 기록 수록
- 단군의 건국 이야기 수록

『제왕운기』
- 이승휴 저술, 단군 조선부터 충렬왕 때까지의 역사를 서사시로 정리
- 중국과 우리나라의 역대 왕 계보 수록, 한국사를 중국사와 대등하게 인식

「동명왕편」이 실려있는 『동국이상국집』

『삼국사기』

『삼국유사』

『제왕운기』

단어	문장	문제

169
성리학

- 안향이 고려에 성리학을 최초로 소개하였다.
  35, 31회 ⟶ 2회 이상

- 이제현이 만권당에서 원의 학자들과 교유하였다.
  53, 52회 ⟶ 7회 이상

170
국자감

유학부(국자학·태학·사문학)와 기술학부(율학·서학·산학)를 두어 교육하였다.
46, 30회 ⟶ 5회 이상

171
사학

지공거 출신인 최충이 사학을 진흥시키기 위하여 9재 학당을 세워 유학 교육을 실시하였다.
52, 51회 ⟶ 8회 이상

172 ★★★
관학 진흥책

- 국자감에 7재라는 전문 강좌를 개설하였다.
  50, 48회 ⟶ 13회 이상

- 양현고를 설치하여 장학 기금을 마련하였다.
  50, 41회 ⟶ 9회 이상

- 국자감에 서적포를 두어 출판을 담당하게 하였다.
  53회 ⟶ 1회 이상

173 ★
삼국사기

- 유교적 합리주의 사관에 따라 기전체 형식으로 서술하였다.
  51, 50회 ⟶ 12회 이상

- 현존하는 우리나라 최고(最古)의 역사서이다.
  51, 43회 ⟶ 5회 이상

174
해동고승전

각훈이 왕명에 의해 명망 있는 승려들의 전기를 기록하였다.
50, 41회 ⟶ 7회 이상

175
동명왕편

- 이규보가 고구려 건국 시조의 일대기를 서사시 형태로 서술하였다.
  52, 50회 ⟶ 8회 이상

- 고구려 계승 의식이 반영되었다.
  50, 30회 ⟶ 4회 이상

176 ★★
삼국유사

- 불교사를 중심으로 고대의 민간 설화 등을 수록하였다.
  52, 51회 ⟶ 14회 이상

- 고조선(단군)의 건국 이야기를 우리 역사의 기원으로 수록하였다.
  51, 50회 ⟶ 7회 이상

177
제왕운기

- 이승휴가 고조선부터 충렬왕 때까지의 역사를 서사시로 정리하였다.
  30, 29회 ⟶ 2회 이상

- 고조선(단군)의 건국 이야기를 우리 역사의 기원으로 수록하였다.
  51, 50회 ⟶ 7회 이상

43회 18번

밑줄 그은 '이 책'에 대한 설명으로 옳은 것은?   [2점]

승려 일연이 편찬한 이 책에 대해 말씀해 주시오.

이 책은 왕력편, 기이편, 흥법편 등 5권 9편으로 구성되어 있으며, 불교 중심의 역사적 사실과 함께 민간 설화 등이 수록되어 있습니다.

① 기전체 형식으로 서술되었다.
② 남북국이라는 용어를 처음 사용하였다.
③ 사초, 시정기 등을 바탕으로 편찬되었다.
④ 단군왕검의 건국 이야기가 기록되어 있다.
⑤ 현존하는 우리나라 최고(最古)의 역사서이다.
⑥ 유교적 합리주의에 입각하여 서술되었다.
⑦ 고구려 계승 의식이 반영되었다.

| 답인 이유 |

단서 승려 일연, 기이편, 불교 중심의 역사적 사실과 민간 설화

밑줄 그은 '이 책'은 원 간섭기인 충렬왕 때 승려 일연이 지은 『삼국유사』이다. ④ 『삼국유사』는 고대의 민간 설화나 전래 기록을 수록하여 우리 고유의 문화와 전통을 중시하였다. 또한 단군의 건국 이야기를 수록하여 현존하는 역사서 중 최초로 단군을 우리 민족의 시조로 내세웠다.

| 오답인 이유 |

①, ⑤, ⑥ 김부식 등이 인종 때 왕의 명을 받아 편찬한 『삼국사기』는 우리나라에 현존하는 가장 오래된 역사서로, 유교적 합리주의 사관에 따라 기전체로 서술되었다.

② 18세기에 유득공이 저술한 역사서인 『발해고』에는 남북국이라는 용어가 처음 사용되었다. 남북국은 남쪽의 통일 신라와 북쪽의 발해를 지칭하는 것으로, 발해를 우리의 역사로 인식하였다.

③ 조선 시대에 편찬된 『조선왕조실록』은 사초, 시정기 등을 바탕으로 하여 편년체(연대 순서에 따라 서술)로 편찬되었다.

⑦ 고구려 건국 시조인 동명왕의 업적을 칭송하는 일종의 영웅 서사시인 『동명왕편』에는 고구려 계승 의식이 반영되었으며, 자주적 민족의식이 담겨 있다.

답 ④

불교문화의 발달

*팔관회
전통 신앙과 불교가 결합된 종교 행사로, 개경과 서경에서 매년 가을 추수가 끝난 후 열림, 행사 기간 동안 사람들은 하나가 되어 춤과 노래, 놀이를 즐기는 등 나라 전체가 성대한 축제를 벌임

*왕사
나라의 스승이 될 만한 승려에게 내린 칭호

*정혜쌍수
선과 교학을 치우침 없이 고루 닦아야한다는 이론

*돈오점수
내 마음이 부처와 다르지 않음을 깨닫고 꾸준히 실천할 것을 강조한 사상

*결사
뜻을 같이 하는 승려들끼리 신앙 수행을 위해 맺은 단체

불교의 발달

태조	훈요 10조에서 연등회·팔관회* 등 불교 행사의 성대한 개최를 당부함
광종	승과 제도, 국사·왕사* 제도 실시 └ 승려에게 실시한 과거 제도
성종	연등회, 팔관회 축소 및 폐지 ← 최승로의 시무 28조 수용
균여	• 광종 때 활동한 승려로 화엄 사상 정비, 보살의 실천행을 펼침 • 귀법사를 중심으로 성상융회 강조 • 향가인 '보현십원가'를 지어 불교 교리 전파
의천	• 왕자 출신_{문종의 아들}으로 출가하여 당에 유학 • 국청사를 창건하여 해동 천태종 창시 → 화엄종을 중심으로 교종 통합, 교종을 중심으로 선종 통합 • 교관겸수 : 이론의 연마와 실천 강조 • 숙종 때 화폐 유통의 필요성 주장 → 주전도감 설치 건의 • 교장도감 설치, 불교 경전에 대한 주석서를 모아『교장』과 그 목록인『신편제종교장총록』편찬 　송·요·일본의 불교 서적을 수집하여 정리
지눌 보조국사	• 정혜쌍수·돈오점수*를 바탕으로 선종을 중심으로 교종 포용 • 정혜 결사·수선사 송광사 결사 제창 → 불교계 개혁 주장
혜심	『선문염송집』편찬, 유불 일치설 주장, 심성의 도야 강조 → 성리학 수용의 사상적 기반 마련 　유교와 불교가 심성 수양이라는 측면에서 차이가 없다고 봄
요세	자신의 행동을 참회하는 법화 신앙에 중점을 둔 백련 결사 강진 만덕사 제창 → 불교 정화 운동

불교문화

*주심포 양식
지붕의 무게를 기둥에 전달하면서 건물을 꾸미는 장치인 공포를 기둥 위에만 설치

*배흘림 기둥
기둥의 중간이 굵고 위나 아래로 갈수록 가늘어지는 기둥

*다포 양식
기둥과 기둥 사이에도 공포를 설치

불상	하남 하사창동 철조 석가여래 좌상	안동 이천동 마애여래 입상	논산 관촉사 석조 미륵보살 입상	파주 용미리 마애이불 입상	영주 부석사 소조 아미타여래 좌상
			거대한 규모, 인체 비례 불균형		통일 신라 불상 양식 계승

석탑	개성 현화사 7층 석탑	평창 월정사 8각 9층 석탑	개성 경천사지 10층 석탑	여주 고달사지 승탑
		송 영향, 다각다층탑	원 영향	선종의 영향

건축	주심포 양식*, 배흘림 기둥*			다포 양식*
	영주 부석사 무량수전	안동 봉정사 극락전 우리나라에서 가장 오래된 목조 건물	 예산 수덕사 대웅전	사리원 성불사 응진전

178
균여

- 귀법사를 중심으로 활동하며 성상융회를 강조하였다.   33회 ⟶ 1회 이상

- 보현십원가를 지어 불교 교리를 대중에게 전파하였다.   48, 41회 ⟶ 3회 이상

179 ★★★
의천

- 교관겸수를 내세워 이론 연마와 실천을 함께 중시하였다.   48, 39회 ⟶ 6회 이상

- 화엄종을 중심으로 교종을, 교종을 중심으로 선종을 통합하려 하였다.   34, 22회 ⟶ 4회 이상

- 불교 통합을 위해 국청사를 중심으로 해동 천태종을 창시하였다.   51, 43회 ⟶ 8회 이상

- 교장도감을 설치하여 불교 경전 주석서를 편찬하였다.   53회 ⟶ 1회 이상

- 불교 경전에 대한 주석서를 모아 교장과 그 목록인 신편제종교장총록을 편찬하였다.   46, 29회 ⟶ 5회 이상

180 ★★
지눌

- 돈오점수를 주장하며 수행 방법으로 정혜쌍수를 내세웠다.   53, 46회 ⟶ 6회 이상

- 정혜 결사를 결성하고 권수정혜결사문을 작성해 불교계를 개혁하고자 하였다.   51, 41회 ⟶ 3회 이상

- 불교 개혁을 주장하며 수선사 결사를 조직하였다.   48, 37회 ⟶ 11회 이상

181
혜심

- 심성의 도야를 강조하며 유불 일치설을 주장해 유교와 불교의 조화를 도모하였다.   51, 41회 ⟶ 7회 이상

182 ★
요세

- 자신의 행동을 참회하는 법화 신앙에 중점을 둔 백련 결사를 제창하였다.   47, 46회 ⟶ 10회 이상

- 백련사 결사를 통해 불교 정화 운동을 전개하였다.   53회 ⟶ 1회 이상

48회 15번

밑줄 그은 '그'에 대한 설명으로 옳은 것은?   [2점]

이것은 경상북도 칠곡군 선봉사에 있는 비석입니다. 문종의 아들인 그가 국청사를 중심으로 천태종을 개창한 행적이 기록되어 있습니다.

① 보현십원가를 지어 불교 교리를 전파하였다.
② 불교 개혁을 주장하며 수선사 결사를 조직하였다.
③ 선문염송집을 편찬하고 유불 일치설을 주장하였다.
④ 불교 관련 설화를 중심으로 삼국유사를 저술하였다.
⑤ 이론 연마와 수행을 함께 강조하는 교관겸수를 제시하였다.
⑥ 교종을 중심으로 선종을 통합하려 하였다.
⑦ 법화 신앙을 중심으로 백련 결사를 제창하였다.

| 답인 이유 |

단서 문종의 아들, 국청사, 천태종 개창

의천은 문종의 넷째 아들이자 숙종의 동생으로 출가하여 승려가 되었다. 당에 유학하고 돌아온 의천은 국청사를 창건하여 해동 천태종을 창시하였다. ⑥ 당시 불교계는 교종과 선종으로 나뉘어 있었는데, 의천은 불교 통합 운동을 일으켜 교종을 중심으로 선종을 통합하고자 하였다. ⑤ 이론의 연마와 실천을 아울러 강조하는 교관겸수를 제창하였다.

| 오답인 이유 |

① 균여는 귀법사를 중심으로 성상융회 사상을 강조하였고, '보현십원가'를 지어 대중에게 불교 교리를 전파하였다.
② 지눌은 불교계를 정화하기 위해 수선사 결사를 조직하여 승려 본연의 자세로 돌아가 독경과 선 수행, 노동에 고루 힘쓰자는 개혁 운동을 펼쳤다.
③ 지눌의 제자인 혜심은 『선문염송집』을 편찬하고, 심성의 도야를 강조하며 유불 일치설을 주장하였다. 유불 일치설은 유교와 불교는 모두 도를 추구하는 점에서 서로 일치한다는 주장으로, 성리학 수용의 사상적 기반이 되었다.
④ 원 간섭기에 일연은 불교 관련 설화, 단군의 건국 이야기를 수록한 『삼국유사』를 저술하였다.
⑦ 요세는 자신의 행동을 진정으로 참회하는 법화 신앙에 중점을 둔 백련 결사를 강진 백련사(만덕사)에서 제창하였다.

답 ⑤, ⑥

고려의 예술과 과학 기술의 발달

다양한 사상의 발달

도교　　　여러 신을 모시며 나라의 안녕과 왕실의 번영을 기원, 초제 거행

풍수지리설　•서경 길지설 : 북진 정책 추진, 묘청의 서경 천도 운동의 이론적 근거
　　　　　　•비보 사찰 건립의 이론적 근거가 됨

인쇄술의 발달

목판 인쇄술

초조대장경　•현종 때 부처의 힘으로 거란을 격퇴하고자 제작
　　　　　　•몽골의 2차 침입 때 소실

교장 속장경　•의천이 초조대장경을 보완하기 위해 교장도감을 설치해 간행
　　　　　　•고려·송·요의 대장경 주석서를 모아 편찬한 불교 경전 해설서
　　　　　　•몽골의 2차 침입 때 소실

최씨 무신 정권의 지원으로 제작
팔만대장경　•부처의 힘으로 몽골을 물리치고자 대장도감을 설치해 제작 고종
재조대장경　•합천 해인사 장경판전에 보관, 유네스코 세계 기록 유산 등재

팔만대장경판

활판 인쇄술

『**상정고금예문**』1234　인종 때 처음 편찬한 의례서, 현존하지 않음

『**직지심체요절**』1377　•청주 흥덕사에서 금속 활자로 간행
　　　　　　　　　　•현존하는 세계 최고(最古)의 금속 활자본
　　　　　　　　　　•현재 프랑스 국립 도서관에 소장

직지심체요절

청자

순청자　　10세기 중반 ~ 11세기 중반에 유행, 문양과 장식이 없음

상감 청자　•12세기 중엽 이후 유행
　　　　　•상감 기법 : 그릇의 겉 부분을 파내 그 자리에 백토나 흑토를 메우면서 무늬를 새기고 다른 색 흙을 채
　　　　　　워 넣어 유약을 발라 구워 내는 방식, 다양한 무늬 표현이 가능 → 고려만의 독창적 기술

예술

*은입사
청동기 표면을 파내고 실
처럼 만든 은을 채워 넣
어 무늬를 장식하는 기법

공예　　•금속 공예 : 은입사* 기술 발달
　　　　•나전 칠기* : 옻칠한 바탕에 자개를 붙여 무늬를 표현

*나전 칠기

서예　　전기에 구양순체 유신의 글씨, 왕희지체 탄연의 글씨 → 후기에 송설체 이암의 글씨 유행

그림

수월관음도	천산대렵도
혜허가 그린 불화	공민왕이 그린 것으로 전해짐, 원대 북화의 영향

과학 기술의 발달

*수시력
원 대 곽수경이 편찬한
역법, 이슬람의 천문 기
구를 본떠 제작한 관측
기구를 이용하여 1년을
365.2425일로 정함,
13세기 말에 고려에 전
해짐

천문학　•사천대 원 간섭기 서운관 설치 : 천문 관측 담당 관청에서 천체와 기상 관측
　　　　•역법 : 초기에는 당의 선명력 사용 → 충렬왕 이후 원의 수시력* 사용 → 공민왕 때 명의 대통력 사용

의학　　『**향약구급방**』: 현존하는 우리나라에서 가장 오래된 의학 서적, 각종 질병에 대한 처방, 국산 약재 소개

화약　　최무선이 화약 제조법을 터득하여 화통도감 설치, 화약·화포 제작

183
도교

하늘에 제사를 지내는 초제를 거행하였다.
46, 42회 ⋯→ 2회 이상

184
풍수지리설

· 서경 길지설이 유행하였다.   20회 ⋯→ 1회 이상

· 비보 사찰 건립의 이론적 근거가 되었다.
24, 18회 ⋯→ 2회 이상

185
초조대장경

거란 격퇴의 염원을 담아 간행하였다.
39, 28회 ⋯→ 3회 이상

186 ★
팔만대장경

· 부처의 힘을 빌려 몽골의 침입을 물리치고자 대장도감을 설치해 팔만대장경을 간행하였다.
51, 42회 ⋯→ 5회 이상

· 최씨 무신 정권의 후원으로 제작되었다.
27회 ⋯→ 1회 이상

· 유네스코 세계 기록 유산으로 등재되어 해인사에 보관되어 있다.
26회 ⋯→ 1회 이상

187 ★★
직지심체요절

· 청주 흥덕사에서 현존 최고(最古)의 금속 활자본이 간행되었다.
51, 46회 ⋯→ 7회 이상

· 현재 프랑스 국립 도서관에 보관되어 있다.
35회 ⋯→ 1회 이상

188
청자

청자 참외
모양 병

청자 상감
운학문 매병

청자 투각
칠보문뚜껑 향로

청동 은입사
포류수금문 정병

청자 동화 연화문
표주박 모양 주전자

청자 상감 모란문
표주박 모양 주전자

189
서예

조맹부의 송설체가 새로 도입되었다.
35, 19회 ⋯→ 2회 이상

190 ★★★
고려의 과학 기술

· 새로운 역법으로 수시력이 도입되었다.
27회 ⋯→ 1회 이상

· 우리의 약재를 소개한 향약구급방을 편찬하였다.
20회 ⋯→ 1회 이상

· 최무선의 건의로 화통도감을 설치하여 화약과 화포를 제작하였다.   53, 52회 ⋯→ 12회 이상

26회 20번
다음 책에 대한 설명으로 옳은 것은?   [2점]

이 책의 원래 이름은 백운화상초록불조직지심체요절인데, 직지심체요절 또는 직지라고도 한다. 승려 백운 화상이 석가모니의 가르침에서 중요한 내용을 뽑아 해설한 책이다. 직지심체는 사람의 마음을 직관하여 부처의 깨달음에 도달한다는 의미이다.

① 주자소를 설치하여 인쇄하였다.
② 신미양요 때 약탈된 문화유산이다.
③ 불국사 3층 석탑 안에서 발견되었다.
④ 청주 흥덕사에서 금속 활자로 간행되었다.
⑤ 세계 기록 유산으로 해인사에 보관되어 있다.
⑥ 거란 격퇴의 염원을 담아 만들어졌다.
⑦ 대장도감을 설치해 간행하였다.

| 답인 이유 |

단서 직지심체요절, 직지

고려 말의 승려 경한이 편찬한 『직지심체요절』은 세계에서 가장 오래된 금속 활자본이다. 이 책의 정식 이름은 『백운화상초록불조직지심체요절』이다. 『경덕전등록』, 『선문염송』 등의 여러 문헌을 섭렵해 역대 여러 부처를 비롯한 조사와 고승들의 게(偈), 송(頌), 찬(讚), 명(銘), 서(書), 시(詩), 법어 설법 등에서 선(禪)의 요체를 깨닫는 데 긴요한 것을 초록하여 편찬하였다. ④ 1377년, 청주에 있는 흥덕사라는 절에서 금속 활자로 간행되었다. 상하 2권 중 지금까지 전해지고 있는 것은 하권 1권뿐이며, 현재 프랑스 국립 도서관에 소장되어 있다.

| 오답인 이유 |

① 주자소는 조선 태종 때 설치한 인쇄 기관으로, 구리로 계미자를 주조하였다.
② 신미양요(1871) 때 광성보 전투에서 싸우다 순국한 어재연 장군의 수자기가 미군에 약탈되었다. 수자기는 2007년에 장기 대여 방식으로 우리나라에 반환되었다.
③ 불국사 3층 석탑 안에서 세계에서 현존하는 가장 오래된 목판 인쇄물인 무구정광대다라니경이 발견되었다.
⑤, ⑦ 고려는 몽골의 침입을 부처의 힘으로 물리치고자 대장도감을 설치하고 팔만대장경(재조대장경)을 간행하였다. 팔만대장경은 유네스코 세계 기록 유산으로 등재되었고, 팔만대장경을 보관하고 있는 합천 해인사 장경판전도 세계 문화유산으로 등재되었다.
⑥ 현종 때 거란의 침입을 받자 거란 격퇴의 염원을 담아 초조대장경을 제작하였다. 그러나 몽골의 침입 때 소실되어 현재는 남아 있지 않다.

답 ④

4 조선 전기

1위 ***	2위 **	3위 *
태종 ⋯ 29회 이상	정도전 ⋯ 16회 이상	과전법 ⋯ 9회 이상
4군 6진 ⋯ 17회 이상	계해약조 ⋯ 13회 이상	쓰시마섬 정벌 ⋯ 10회 이상
직전법 ⋯ 15회 이상	경국대전 ⋯ 12회 이상	세조의 왕위 찬탈 ⋯ 8회 이상
유향소 ⋯ 18회 이상	삼사 ⋯ 18회 이상	지방관 ⋯ 15회 이상
향교 ⋯ 14회 이상	성균관 ⋯ 10회 이상	잡색군 ⋯ 5회 이상
을사사화 ⋯ 23회 이상	무오사화 ⋯ 22회 이상	조광조의 개혁 정치 ⋯ 22회 이상
붕당의 분화 ⋯ 17회 이상	붕당의 발생 ⋯ 16회 이상	동인 ⋯ 3회 이상
임진왜란의 결과 ⋯ 16회 이상	전열 정비 ⋯ 15회 이상	전쟁 초기의 상황 ⋯ 8회 이상
나선 정벌 ⋯ 18회 이상	북벌론 ⋯ 18회 이상	전후 복구 노력 ⋯ 11회 이상
직전법 ⋯ 19회 이상	과전법 ⋯ 12회 이상	시전 상인 ⋯ 11회 이상
서원 ⋯ 15회 이상	이이 ⋯ 10회 이상	향약 ⋯ 9회 이상
조선왕조실록 ⋯ 13회 이상	경국대전 ⋯ 12회 이상	농사직설 ⋯ 7회 이상
음악 ⋯ 7회 이상	몽유도원도 ⋯ 6회 이상	문학 ⋯ 4회 이상

조선의 건국과 기틀 마련

신진 사대부의 분화 개혁의 방향과 범위를 둘러싸고 의견이 나뉨

온건 사대부 이색·정몽주 중심으로 고려 왕조를 유지하며 점진적 개혁 주장

급진 사대부 정도전·조준 중심으로 새로운 왕조의 개창 주장

정몽주

정도전

조선의 건국 과정

위화도 회군 1388
- 요동 정벌 : 명의 철령위 설치 통보 이후 고려 우왕과 최영을 중심으로 단행
- 위화도 회군 : 이성계가 4불가론*을 내세워 요동 정벌을 반대하고 위화도에서 군대를 돌림
- 실권 장악 : 최영 제거 및 우왕 폐위, 공양왕을 옹립하고 정치적·경제적 실권 장악

과전법 1391
- 배경 : 권문세족의 불법적인 토지 소유로 인한 국가 재정 악화
- 시행 : 조준 등의 건의로 경기에 한하여 과전법 시행
  → 국가 재정 확보, 신진 사대부의 경제적 기반 마련

건국 1392
꼭 정몽주 등의 온건 사대부 제거 → 공양왕 폐위 → 이성계 즉위, 고려 멸망, 조선 건국
• 정몽주는 고려에 대한 절개와 의리를 지킨 충신으로 이방원 세력에 의해 피살됨

*4불가론
1. 작은 나라가 큰 나라를 거역하는 것
2. 여름 농번기에 군대를 동원하는 것
3. 남쪽의 왜가 우려된다는 것
4. 장마철이라 활이 상하고 질병이 돈다는 것

태조 이성계

기틀 마련
┌ 고조선을 계승한다는 의미
국호 '조선', 한양 천도 1394, 경복궁·종묘·사직 건설

종묘
꼭 • 역대 국왕과 왕비의 신주가 모셔져 있음

사직단
꼭 • 토지와 곡식의 신에게 제사를 지내는 공간

정도전의 활약
- 명과의 갈등으로 요동 정벌 추진
- 성리학을 국가의 통치 이념으로 삼음
- 초기 문물 제도 정비 : 궁궐과 주요 전각 및 한양 사대문의 이름을 지음
- 『조선경국전』, 『경제문감』 : 재상 중심 정치 강조
- 『불씨잡변』 : 불교의 폐단 비판
- 『고려국사』 : 조선 건국의 정당성을 밝힘

*조선경국전
주례의 6전 체제를 참조하여 지은 법전

*제2차 왕자의 난
1400년에 이방간이 이방원을 제거하려 하였으나 실패하여 제거되었고, 정종이 이방원을 세자로 삼아 왕위를 물려줌

제1차 왕자의 난
세자 책봉에 불만을 품은 이방원이 세자인 이복동생 이방석을 죽이고, 개국 공신인 정도전과 남은 등을 제거함 1398

태종 이방원

*6조 직계제
6조에서 의정부를 거치지 않고 국왕에게 직접 보고하도록 한 제도

집권	두 차례 왕자의 난*을 통해 정도전 등 반대 세력 제거 후 즉위
국왕 중심의 통치	6조 직계제* 처음 실시, 사간원 독립 → 왕권 강화
사병 혁파	공신과 왕족의 사병을 없앰 → 왕권·군사권 강화
경제 기반 마련	양전 사업, 호구의 정확한 파악을 위해 호패*법 실시
신문고 설치	백성이 억울한 일을 하소연하도록 함 - 연산군 때 폐지 후 영조 때 부활
문화	• 세계 지도인 '혼일강리역대국도지도' 제작 • 주자소*를 설치해 최초로 구리 활자인 계미자 주조

*호패

16세 이상의 남자들에게 발급한 신분증

*주자소
조선 시대에 활자 주조를 맡아 보던 관청

| 단어 | 문장 | 문제 |

191
위화도 회군

- 명의 철령위 설치에 반발하여 최영을 중심으로 요동 정벌을 추진하였다. 46, 44회 ⋯ 2회 이상

- 이성계가 위화도에서 회군하여 최영을 제거하고 정권을 장악하였다. 51, 47회 ⋯ 3회 이상

192 ★
과전법

- 조준 등의 건의로 신진 관료들의 경제 기반 마련을 위해 과전법이 제정되었다.
  49, 47회 ⋯ 9회 이상

193
태조

- 국호를 조선으로 바꾸고 수도를 한양으로 옮겼다. 44회 ⋯ 1회 이상

- 한양으로 천도하면서 창건되었으며 도성 내 북쪽에 있어 북궐이라 하였다.
  48, 39회 ⋯ 3회 이상

194 ★★
정도전

- 조선경국전과 경제문감을 저술하여 재상 중심의 정치를 주장하였다. 51, 48회 ⋯ 7회 이상

- 불씨잡변을 저술하여 불교를 비판하였다.
  52, 51회 ⋯ 7회 이상

- 명과의 갈등으로 정도전을 중심으로 요동 정벌을 추진하였다. 50, 25회 ⋯ 2회 이상

195 ★★★
태종

- 왕위 계승을 둘러싸고 두 차례의 왕자의 난이 발생해 정도전 등 반대파가 피살되었다.
  47, 42회 ⋯ 3회 이상

- 의정부의 권한을 약화시키고 6조 직계제를 실시하였다. 37, 32회 ⋯ 3회 이상

- 공신과 왕족의 사병을 혁파하고 군사권을 강화하였다. 28, 25회 ⋯ 5회 이상

- 호구의 정확한 파악을 위해 16세 이상의 남자들에게 호패를 발급하였다(호패법).
  40, 38회 ⋯ 5회 이상

- 백성의 억울함을 풀어주기 위해 신문고가 설치되었다. 25회 ⋯ 1회 이상

- 세계 지도인 혼일강리역대국도지도가 제작되었다. 49, 38회 ⋯ 7회 이상

혼일강리역대국도지도

- 주자소를 설치하여 계미자를 주조하였다.
  51, 39회 ⋯ 5회 이상

38회 17번

(가) 인물에 대한 설명으로 옳은 것은? [1점]

이 책은 (가) 이/가 태조 이성계에게 지어 바친 법전으로, 경제육전과 경국대전의 모체가 되었다고 평가받는다. 이 책에서 재상 중심의 정치를 강조한 (가) 은/는 도성의 축조 계획을 세우고, 새 궁궐의 이름을 경복궁이라고 짓는 등 국가의 기틀을 다지는 데 주도적인 역할을 하였다.

① 불씨잡변을 지어 불교를 비판하였다.
② 계유정난을 통해 정권을 장악하였다.
③ 일본에 다녀와서 해동제국기를 편찬하였다.
④ 기축봉사를 올려 명에 대한 의리를 내세웠다.
⑤ 성학십도에서 군주의 도를 도식으로 설명하였다.
⑥ 궁궐과 주요 전각의 명칭을 정하였다.
⑦ 조선경국전을 저술하였다.

| 답인 이유 |

단서 재상 중심의 정치 강조, 국가 기틀을 다지는 데 주도적인 역할
(가) 인물은 정도전이다. 정도전은 고려 말 급진 사대부로서 이성계를 설득해 조선 왕조를 개창하였다. 조선의 통치 체제를 정비하고, 법전을 편찬하는 등 조선 건설의 핵심적인 역할을 하였다. ① 정도전은 『불씨잡변』을 지어 불교를 비판하고 성리학을 통치 이념으로 확립하였다. ⑥ 유교 경전의 내용 및 유교 이념에 따라 조선 초 궁궐과 주요 전각 및 한양 사대문의 이름을 지었다. ⑦ 『조선경국전』은 정도전이 국가를 다스리는 기본 정책을 규정하여 태조에게 바친 법전으로, 『경제육전』, 『육전등록』 등을 거쳐 성종 때 『경국대전』이 편찬되는 모체가 되었다. 정도전은 『조선경국전』에서 조선 왕조의 건국 이념을 정리했으며, 재상 중심의 정치를 강조하였다. 이후 『조선경국전』의 내용을 보완하여 지은 『경제문감』에서는 조선 왕조의 정치 조직 및 행정안을 제시하고, 재상 제도를 중요시하였다.

| 오답인 이유 |

② 수양대군(세조)은 계유정난(1453)을 일으켜 단종을 몰아내고 왕위에 올라 강력한 왕권을 행사하였다.
③ 신숙주는 일본에 다녀와서 성종의 명으로 일본의 정치·외교·사회·지리 등을 종합적으로 정리하여 『해동제국기』를 저술하였다.
④ 송시열은 효종과 함께 북벌을 추진하면서 '기축봉사'라는 상소를 올려 명에 대한 의리를 내세웠다.
⑤ 이황은 『성학십도』에서 왕 스스로가 인격과 학식을 수양하기 위해 부단히 노력해야 한다는 점을 강조하였다.

답 ①, ⑥, ⑦

조선 세종의 업적

🔽 정치

유교 정치 실현
- 집현전 설치 : 학문 연구 기관, 인재 육성
- **경연*** 실시 : 왕과 신하들이 학문과 정책을 토론해 신하들의 의견을 정책에 반영함
- **의정부 서사제*** 실시 : 6조에서 보고하는 일을 의정부에서 심의한 후 왕의 재가를 받아 시행함
→ 왕권과 신권의 조화를 통한 왕도 정치 추구

대외 정책
- 일본 : 이종무가 왜구의 근거지인 쓰시마섬대마도 정벌1419, 일본의 요청으로 부산포·제포·염포 등 3포 개항, 계해약조* 체결1443
- 여진 : 4군최윤덕 6진김종서 개척, 사민 정책* 실시

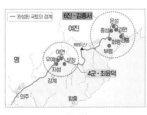

4군 6진

🔽 경제

조세 제도 정비
- 전분6등법 : 토지의 비옥도에 따라 6등급으로 구분하여 징수
- 연분9등법 : 풍흉의 정도에 따라 9등급으로 구분하여 징수

🔽 민족 문화의 발달

훈민정음
창제 1443
반포 1446
- 배경 : 우리 고유 문자의 필요성 대두 → 세종이 집현전 학자들과 연구함
- 확산 : 『용비어천가』*왕실의 정통성 강조, 『삼강행실도』백성 교화, 『월인천강지곡』 등 각종 서적을 한글로 편찬, 하급 관리 선발에 활용, 부녀자와 농민 사이에 확산 – 유네스코 세계 기록유산으로 등재

과학 기구

천상열차분야지도	측우기	자격루
고구려 천문도를 바탕으로 만듦	강우량 측정 기구	자동 시보 장치가 부착된 물시계

앙부일구 해시계	혼천의	간의
태양의 움직임으로 시간 측정	천체의 운행과 위치 측정	혼천의를 간소화 한 천문 관측 기구

활자 인쇄술* 갑인자 : 식자판 조립 방법을 창안하여 만든 개량된 금속 활자

편찬 사업
- 『농사직설』 : 우리 풍토에 맞는 농법서
- 『향약집성방』 : 국산 약재와 치료 방법을 정리한 의약서
- 『삼강행실도』 : 충신·효자·열녀의 행적 정리
- 『칠정산』 : 한양을 기준으로 천체 운동을 정확하게 계산한 역법서, 내편·외편으로 구성
  - 원의 수시력을 바탕으로 한양에서 관측한 자료를 기준으로 작성
  - 아라비아의 역법인 회회력을 참고하여 내편을 보완해 저술

『농사직설』 『향약집성방』

『삼강행실도』 『칠정산』

***경연**
고려 때 처음 실시, 유교 경전과 역사서가 교재로 사용됨, 세조와 연산군 때 일시적으로 중단됨

***의정부 서사제**

왕
재가 ↑ 건의
의정부
명령 ↓ 보고
6조

***6조 직계제**

왕
명령 ↓ 보고
의정부
6조

***계해약조**
일본과 제한된 범위 내에서 무역을 허용하고 세견선의 입항을 허용함

***사민 정책**
삼남 지방 백성을 국경 지역으로 이주시킴

***용비어천가**
태조의 4대 조상과 역대 왕들의 공적을 기리는 내용으로 훈민정음으로 쓰인 최초의 문학 작품

***활자 인쇄술의 발전**

계미자

갑인자

계미자는 태종 때 주자소를 설치하여 만든 최초의 구리 활자이고, 갑인자는 세종 때 활자가 흔들리지 않게 고정하여 인쇄 능률을 높인 개량된 금속 활자임

단어	문장	문제

196
집현전

학문 연구 기관으로 집현전을 설치해 유교 정치의 활성화를 꾀하였다. 43, 32회 ⟶ 3회 이상

197 ★
쓰시마섬 정벌

이종무가 왜구의 근거지인 쓰시마섬(대마도)을 정벌하였다. 47, 41회 ⟶ 10회 이상

198
3포 개항

부산포·제포·염포의 삼포를 개항하였다. 36, 31회 ⟶ 3회 이상

199 ★★
계해약조

일본과의 제한된 범위의 무역을 허용한 계해약조가 체결되었다. 53, 52회 ⟶ 13회 이상

200 ★★★
4군 6진

· 국경 지역의 여진을 몰아내고 4군 6진을 설치하여 북방 영토를 개척하였다. 49, 41회 ⟶ 13회 이상
· 김종서가 여진을 몰아내고 6진을 개척하였다. 51, 36회 ⟶ 4회 이상

201
훈민정음

독창적인 문자인 훈민정음을 창제하였다. 53, 50회 ⟶ 4회 이상

202
과학 기구

· 강우량을 측정하기 위한 측우기가 제작되었다. 25회 ⟶ 1회 이상
· 자동 시보 장치를 갖춘 자격루를 제작하였다. 52회 ⟶ 1회 이상
· 천체의 운행을 측정하는 혼천의를 제작하였다. 50, 31회 ⟶ 3회 이상

203
갑인자

세종 때 식자판 조립 방법을 개발하여 개량된 금속 활자를 주조하였다. 53, 52회 ⟶ 5회 이상

204
농사직설

우리 풍토에 맞는 농법을 기록한 농사직설이 편찬되었다. 53, 46회 ⟶ 7회 이상

205
향약집성방

국산 약재와 치료 방법을 정리한 향약집성방이 간행되었다. 53, 48회 ⟶ 5회 이상

206
삼강행실도

충신, 효자, 열녀의 행적을 정리한 삼강행실도가 편찬되었다. 25, 20회 ⟶ 2회 이상

207
칠정산 내편

한양을 기준으로 천체 운동을 계산한 역법서가 편찬되었다. 49, 42회 ⟶ 7회 이상

21회 19번

밑줄 그은 '왕'의 업적으로 옳은 것을 <보기>에서 고른 것은? [2점]

호조에서 아뢰기를 "각도 감사가 빗물의 양을 보고하는 법은 이미 있으나 토질의 습도가 같지 않고 흙 속으로 스며 든 깊이도 역시 알기 어렵사오니, 청하옵건대 서운관(書雲觀)에 대(臺)를 짓고 쇠를 부어 그릇을 만들되, 길이는 2척이 되게 하고 직경은 8촌이 되게 하여, 대 위에 올려놓고 비를 받아, 본관 관원으로 하여금 수량을 재어 보고하게 하고, … 또 외방 각 고을에도 자기나 와기를 사용하여 그릇을 만들어 관청 뜰 가운데에 놓고, 수령이 역시 빗물의 수량을 재어서 감사에게 보고하게 하고, 감사가 전하여 알리게 하소서."하니, 왕이 그대로 따랐다.

┌─── 보기 ───┐
ㄱ. 사병 혁파　　ㄴ. 주자소 설치
ㄷ. 향약집성방 편찬　ㄹ. 의정부 서사제 실시
ㅁ. 4군 6진 설치　ㅂ. 경국대전 완성 및 반포
└─────────┘

① ㄱ, ㄴ, ㄷ　　② ㄱ, ㄷ, ㅁ　　③ ㄴ, ㄹ, ㅂ
④ ㄴ, ㅁ, ㅂ　　⑤ ㄷ, ㄹ, ㅁ

| 답인 이유 |

단서 빗물의 양, 서운관

자료는 빗물의 양을 측정하는 측우기가 만들어진 것을 나타내고 있으므로 밑줄 그은 '왕'은 세종이다. 세종은 측우기 등 여러 과학 기구를 제작하여 백성들의 농사에 도움을 주고자 하였다. ㄷ. 세종 때 전국 각지에서 생산되는 약재의 약명과 산지, 성질 등을 정리하고 치료법을 밝혀 향약 의학의 전통을 확립한 『향약집성방』이 간행되었다. ㄹ. 세종 때 정치 운영 방식을 의정부 서사제로 바꾸어 재상들의 권한을 보장하는 한편, 인사와 군사에 관한 일은 국왕이 직접 처리함으로써 왕권과 신권의 조화를 추구하였다. ㅁ. 세종 때 국경 지역에서 여진을 몰아내고 압록강 지역에 최윤덕을 파견하여 4군을 설치하고, 두만강 지역에 김종서를 파견하여 6진을 설치하였다. 이로써 압록강과 두만강을 경계로 하는 오늘날과 같은 국경선을 확정하였다.

| 오답인 이유 |

ㄱ. 태종은 공신과 왕족들이 소유한 사병을 없애 군사권을 장악하고 왕권을 강화하였다.
ㄴ. 태종은 조선 시대 활자의 주조를 담당했던 주자소를 설치하여 최초로 계미자를 주조하였다.
ㅂ. 조선의 기본 법전인 『경국대전』은 세조 때 편찬하기 시작하여 성종 때 완성 및 반포되었다.

답 ⑤

세조 수양대군

왕위 찬탈 계유정난₁₄₅₃*으로 어린 단종을 폐하고, 김종서 등을 정계에서 축출한 후 정권을 장악함
→ 단종 복위를 꾀한 성삼문, 박팽년 등 사육신 처형

왕권 강화 6조 직계제 부활, 집현전 폐지, 경연의 일시적 중단, 유향소* 폐지

> 외 함길도 토착 세력인 이시애가 지역 차별 등에 반발하여 반란을 일으키자 이를 진압하고, 이시애의 난을 후원하였다는 이유로 유향소를 폐지함

직전법 실시 현직 관료에게만 수조권 지급 → 왕권 강화

『경국대전』 이·호·예·병·형·공전의 6전 체제로 구성되어 있는 조선의 기본 법전
> 꼭 세조 때 편찬하기 시작해 성종 때 완성함

*계유정난
수양대군이 왕위를 찬탈하기 위해 단종을 보좌하던 김종서·황보인을 제거하고 안평 대군을 축출한 후 실권을 장악한 사건

*유향소
수령을 보좌하고 향리를 감찰하는 향촌 자치 기구

성종

통치 체제 확립
- 『경국대전』 완성 및 반포 : 유교적 통치 이념과 방향 제시
- 집현전을 계승한 홍문관 설치, 경연의 활성화
- 사림 등용 : 훈구 세력을 견제하기 위해 김종직 등을 등용함

관수관급제 실시 소재지의 관청에서 직접 전세를 거둔 뒤 관리들에게 나누어 지급함

편찬 사업
- 『동국통감』 : 고조선부터 고려까지의 역사를 정리한 역사서
- 『동국여지승람』 : 각 도의 지리와 풍속 등을 수록한 지리서
- 『동문선』 : 서거정이 역대 문학 작품을 선별하여 편찬
- 『해동제국기』 : 신숙주가 일본에 다녀와서 보고 들은 내용을 담은 책
- 『국조오례의』* : 신숙주·정척 등이 국가와 왕실의 행사를 유교 예법에 맞게 정리한 의례서
- 『악학궤범』 : 궁중 음악의 집대성

*국조오례의
국가의 기본 예식인 오례, 즉 제사 의식인 길례, 관례와 혼례 등의 가례, 사신 접대 의례인 빈례, 군사 의식에 해당하는 군례, 상례와 장례 의식인 흉례에 대한 규정을 정리함

『경국대전』

『동국여지승람』

『국조오례의』

『악학궤범』

조선 전기 왜란 이전의 대외 관계

명과의 관계
- 건국 직후 : 태조 때 정도전을 중심으로 요동 정벌 추진 → 명과 대립
  → 태종 이후 관계 회복(조공·책봉 관계 속 실리 도모)
- 사신 파견 : 매년 정기적·비정기적 사절 교환 예 동지사, 하정사, 성절사, 천추사 등

여진과의 관계
- 4군 6진 설치 : 세종 때 압록강에서 두만강에 이르는 국경선 확정
- 북평관 설치 : 여진의 사절 왕래를 위해 한양에 설치한 사신 접대소, 조공 무역 허용
- 국경 무역 허용 : 태종 때 경원·경성에 무역소 설치

일본과의 관계
- 수군 강화, 화약 무기 개발
- 3포 왜란₁₅₁₀ : 정부의 통제 정책 → 왜인들이 3포 왜란을 일으킴 → 3포 일시 폐쇄 →
  비변사 설치 – 중종 때 국방 문제와 외적의 침입에 대비하기 위해 설치한 임시 기구
- 을묘왜변₁₅₅₅ : 명종 때 조선의 무역 통제 강화에 반발한 왜인들의 침입
  → 일본과의 국교 단절, 비변사의 상설 기구화

무기 제조 화차 개발, 비격진천뢰*와 신기전* 등 다양한 무기 개발

*비격진천뢰

선조 때 이장손이 발명한 일종의 폭탄

*신기전

세종 때 국방력을 강화하기 위해 만들어진 로켓 추진 화살

208 ★ 세조의 왕위 찬탈

- 수양대군은 계유정난을 통해 정권을 장악하였다.
  53, 38회 ⋯→ 4회 이상

- 성삼문 등이 상왕(단종)의 복위를 꾀하다 처형되었다.
  49, 47회 ⋯→ 4회 이상

성삼문이 아버지 성승 및 박팽년 등과 함께 상왕의 복위를 모의하여 중국 사신에게 잔치를 베푸는 날에 거사하기로 기약하였다. … 일이 발각되어 체포되자, 왕이 친히 국문하면서 꾸짖기를 "그대들은 어찌하여 나를 배반하였는가?"하니 성삼문이 소리치며 말하기를 "상왕을 복위시키려 했을 뿐이오. … 하늘에 두 개의 해가 없듯이 백성에게도 두 임금이 있을 수 없기 때문이오."라고 하였다.
46회

209 세조의 왕권 강화 정책

- 의정부의 권한을 약화시키고 6조 직계제를 실시하였다.
  37, 32회 ⋯→ 3회 이상

- 집현전을 폐지하여 왕권을 강화하고자 하였다.
  28, 23회 ⋯→ 2회 이상

210 ★★★ 직전법

- 현직 관리에게만 과전을 지급하였다.
  53, 51회 ⋯→ 15회 이상

211 ★★ 경국대전

- 성종 때 조선의 기본 법전을 완성해 국가의 통치 규범을 마련하였다.
  52, 51회 ⋯→ 12회 이상

212 홍문관

- 성종 때 집현전을 계승한 홍문관을 설치하였다.
  49, 48회 ⋯→ 7회 이상

213 동국여지승람

- 각 도의 지리, 풍속 등이 수록된 동국여지승람이 간행되었다.
  43, 24회 ⋯→ 2회

214 해동제국기

- 신숙주가 일본에 다녀와서 보고 들은 내용을 저술하였다.
  52, 43회 ⋯→ 6회 이상

215 악학궤범

- 성현 등이 궁중의 음악 이론 등을 집대성한 악학궤범을 편찬하였다.
  49, 38회 ⋯→ 6회 이상

216 명과의 사절 교환

- 동지사, 하정사, 성절사, 천추사 등을 파견하였다.
  53, 44회 ⋯→ 5회 이상

32회 22번

(가)에 들어갈 내용으로 옳지 않은 것은?   [2점]

조선 전기 부국 강병과 민생 안정을 위해 각 분야에서 전개된 다양한 노력에 대해 이야기해 볼까요?

강우량을 측정하는 측우기가 제작되었어요.

(가)

① 신무기인 신기전과 화차가 개발되었어요.

② 천체의 운행을 측정하는 혼천의가 제작되었어요.

③ 이덕무 등이 훈련 교범인 무예도보통지를 편찬하였어요.

④ 강희맹이 자신의 경험을 바탕으로 금양잡록을 저술하였어요.

⑤ 국산 약재와 치료 방법을 정리한 향약집성방이 간행되었어요.

⑥ 기기도설을 참고하여 거중기를 만들었어요.

⑦ 자영농을 육성해야 한다는 한전론을 주장하였어요.

| 답인 이유 |

단서 조선 전기 부국 강병과 민생 안정 노력, 측우기

③ 『무예도보통지』는 조선 후기 정조 때 이덕무 등이 기존의 교범과 새로운 내용을 합쳐 만든 무예 훈련 교범이다. ⑥ 거중기는 조선 후기 정약용이 중국의 『기기도설』을 참고하여 제작한 것으로 화성 축조에 이용되었다. ⑦ 조선 후기 이익은 한 가정이 생활을 유지하는 데 필요한 최소한의 토지를 매매하지 못하게 하여 자영농을 육성해야 한다는 한전론을 주장하였다.

| 오답인 이유 |

① 신기전은 세종 때 개발된 로켓형 화살이고, 화차는 수레 위에 여러 화살을 쏠 수 있게 만든 발사 무기로 사격 각도를 조절할 수 있었다.

② 혼천의는 세종 때 제작된 천체 관측 기구이다. 이외에도 조선 전기에는 자격루, 앙부일구, 혼의, 간의 등 천문학 및 농업과 관련된 여러 과학 기구가 제작되었다.

④ 『금양잡록』은 성종 때 강희맹이 금양 지역에서 농사를 지으면서 농부들과 대화한 자신의 경험을 토대로 쓴 농서이다.

⑤ 『향약집성방』은 세종 때 우리 고유의 약재와 치료 방법을 개발하여 정리한 의학서이다.

답 ③, ⑥, ⑦

조선의 통치 체제

중앙 정치 조직

의정부
- 재상들이 정책을 심의·결정, 국정 총괄 최고 정무 기구
- 3정승영의정, 좌의정, 우의정의 합의 체제로 운영

6조
왕의 명령을 집행하는 행정 기관, 각 조의 수장을 판서라 함

삼사
- **기능** : 언론 기능을 통해 권력의 독점과 부정 방지
- **사헌부** : 관리의 비리 감찰, 수장은 대사헌정2품
- **사간원** : 왕의 잘못과 정책 비판, 간쟁 담당, 수장은 대사간정3품
- **홍문관*** 옥당 : 집현전의 학문 연구 기능 계승, 경연 주관, 왕의 자문 역할, 수장은 대제학정2품

의금부
국왕 직속의 사법 기구, 반역죄 등 국가의 큰 죄인을 다스림

승정원
국왕 비서 기관, 왕명의 출납 담당, 은대(銀臺)라고 불림, 수장은 도승지

춘추관
사초, 시정기 등을 바탕으로 『실록』 등 역사서의 편찬·보관 담당

한성부
수도의 행정과 치안 담당

성균관
유학을 가르치는 최고 교육 기관

*대간
사헌부의 관리인 대관과 사간원의 관리인 간관을 합쳐 부르는 말

*홍문관
옥당·옥서·영각으로 불림, 왕에게 경서와 사서를 강론하는 경연을 주관하고 왕의 자문 역할을 함, 사헌부·사간원과 함께 삼사로 불림

왕 — 의정부
6조 — 이조 내무, 문관 인사 / 호조 재정·조세·호구 / 예조 의례·교육·외교 / 병조 국방, 무관 인사 / 형조 법률 / 공조 토목

의금부 특별 사법 기구
승정원 왕의 비서 기구
삼사 — 홍문관 학술, 경연 담당 / 사헌부 관리 비리 감찰 / 사간원 국왕 정치 비판 — 지원 간쟁·봉박·서경
춘추관 역사 편찬
성균관 최고 교육 기관
한성부 수도 행정 담당

꼭
양사=대간*
5품 이하 관리 임명에 대한 서경권을 가짐

지방 행정 조직

8도
- 전국을 8도로 구분, 그 아래에 부·목·군·현 설치
- 모든 군현에 수령 파견
- 향·부곡·소 등 특수 행정 구역 폐지 → 일반 군현으로 승격

관찰사
- 8도에 파견, 관할 지역의 수령을 감독함, 감사·도백으로 불림
- 감찰권·행정권·사법권·군사권 보유
- 임기는 1년, 상피제*를 엄격하게 적용

수령
- 부·목·군·현에 파견, 임기는 5년1800일
- 국왕의 대리인으로 현감·현령으로 불림
- 지방의 행정권·사법권·군사권 담당, 수령 7사에 따라 평가받음

향리
- 수령을 보좌하며 행정 실무 담당, 고려 시대에 비해 지위가 낮아짐
- 대대로 신분과 직역 세습 → 세습적 아전으로 격하

지방 관리 파견

*상피제
가까운 친인척과 같이 근무하지 않고, 출신 지역의 근무를 금지함

조선의 8도
- 한성부
- 부
- 목
- 병영
- 수영
평안도 / 함경도 / 황해도 / 강원도 / 경기도 / 충청도 / 전라도 / 경상도 / 제주

> **수령 7사**
> 도내(道內)의 수령에 대한 고과(考課)는 경국대전에 따라 매해 연말에 실시하며, 다음 칠사(七事)에 근거한다.
> - 농상을 성하게 함
> - 호구를 늘림
> - 학교를 일으킴
> - 군정을 닦음
> - 부역을 고르게 함
> - 소송을 간명하게 함
> - 간사함과 교활함을 없앰
> — 34, 26회

중앙 — 수령
지시, 감독 / 보좌 — 향리
보좌, 견제 — 유향소
향리 — 비리 감시 — 유향소

조선의 지방 행정 조직

유향소
향청
지방의 양반
- 지방의 유력한 사족으로 구성된 향촌 자치 기구
- 수령을 보좌하고 향리의 비리 감찰, 백성 교화와 풍속 교정, 지방 여론 수렴
- 좌수와 별감이라는 향임직을 두어 운영

경재소
- 유향소와 정부 사이의 연락을 담당하는 기구, 한양에 설치되어 지방 통제
- 해당 지방 출신의 중앙 고관을 책임자로 임명하여 운영

217
의정부
- 영의정을 비롯한 3정승의 합의 체제로 운영되었다. 　31, 27회 ⟶ 3회 이상
- 6조 직계제의 실시로 권한이 약화되었다. 　50, 34회 ⟶ 2회 이상

218
6조
- 호조는 고려의 삼사와 같은 역할을 하였다. 　43, 40회 ⟶ 4회 이상

219
승정원
- 왕명 출납과 군사 기밀을 맡은 왕의 비서 기관이었다. 　49, 42회 ⟶ 10회 이상

220
의금부
- 국왕 직속의 사법 기구로, 반역죄·강상죄 등 나라의 큰 죄인을 다루는 업무를 맡았다. 　46, 40회 ⟶ 4회 이상

221 ★★
삼사
- 대간은 5품 이하 관리의 임명 과정에서 서경권을 행사하였다. 　51, 49회 ⟶ 11회 이상
- 홍문관은 왕에게 경서와 사서를 강론하는 경연을 주관하고 왕의 자문 역할을 하였다. 　41, 40회 ⟶ 7회 이상

222
춘추관
- 실록을 편찬·보관하고 관리하는 업무를 관장하였다. 　40, 37회 ⟶ 4회 이상

223
한성부
- 수도의 행정과 치안을 담당하였다. 　48, 46회 ⟶ 5회 이상

224 ★
지방관
- 각 도에 관찰사를 보내 관할 고을의 수령을 감독하였다. 　50, 38회 ⟶ 7회 이상
- 수령은 지방의 행정·사법·군사권을 행사하였다. 　51, 41회 ⟶ 4회 이상
- 향리는 수령의 행정 실무를 보좌하는 아전으로 격하되었다. 　31, 27회 ⟶ 4회 이상

225 ★★★
유향소
- 수령을 보좌하고 향리를 감찰하는 향촌 자치 기구였다. 　25, 21회 ⟶ 3회 이상
- 좌수와 별감이라는 향임직을 두어 운영하였다. 　51, 47회 ⟶ 9회 이상
- 경재소를 설치하여 유향소를 통제하였다. 　50, 38회 ⟶ 6회 이상

42회 17번

(가) 정치 기구에 대한 설명으로 옳은 것은? 　[2점]

역사 용어 해설

(가)

1. 개요
1405년(태종 5)에 독립된 기구로 개편된 중앙 관서로, 경국대전에 의하면 도승지·좌승지·우승지·좌부승지·우부승지·동부승지 모두 6인의 승지가 있었다.

2. 관련 사료
승지에 임명되는 당상관은 이조나 대사간을 거쳐야 맡을 수 있었고, 인망이 마치 신선과 같으므로 세속 사람들이 '은대(銀臺) 학사'라고 부른다. 　- 『임하필기』

① 수도의 행정과 치안을 맡아 보았다.
② 화폐와 곡식의 출납과 회계를 맡았다.
③ 5품 이하의 관원에 대한 서경권을 가졌다.
④ 왕의 비서 기관으로 왕명 출납을 담당하였다.
⑤ 외국어의 통역과 번역에 관한 업무를 관장하였다.
⑥ 정3품 당상관을 승지라고 하였다.
⑦ '은대'라는 용어로 불리기도 하였다.

| 답인 이유 |

단서 태종 때 독립된 중앙 관서, 도승지 등 6인의 승지

(가) 정치 기구는 승정원이다. ④ 왕의 비서 기관으로 왕명 출납을 담당한 승정원은 중앙과 지방의 모든 관료들이 국왕에게 올리는 상소, 국왕이 관료들에게 내리는 모든 명령과 문서를 관리하며 국정의 창구 역할을 하였다. 또한 국왕을 수행하면서 날짜별로 그 언행을 자세히 기록하였다. ⑥ 승지는 승정원의 정3품 당상관으로 정원은 6명이다. 도승지 이하 6명의 승지는 각각 6조를 나누어 담당하며 각 업무에 대한 국왕의 자문에 응하였다. ⑦ 승정원은 '은대'라고 불렸기 때문에 승정원의 당상관을 '은대 학사'라고도 하였다.

| 오답인 이유 |
① 조선 시대 수도의 행정과 치안을 담당한 곳은 한성부이다.
② 화폐와 곡식의 출납과 회계를 맡았던 곳은 호조이다. 고려 시대에는 삼사가 이 업무를 담당하였다.
③ 사헌부와 사간원의 관원인 대간이 5품 이하 관리의 임명에 대해 가부를 승인하는 서경권을 행사하였다.
⑤ 외국어의 통역과 번역에 관한 업무는 사역원이 관장하였다.

답 ④, ⑥, ⑦

조선의 군사·교육 제도

군사 제도

중앙군 5위 : 궁궐·도성 수비, 정군·갑사·특수병으로 구성

지방군
- 초기에는 국방상 요충지에 영·진을 설치, 영진군 배치 → 세조 이후 진관 체제 실시
- 육군과 수군으로 편성 : 병마절도사, 수군절도사의 지휘

꼭 방어 체제의 변화

진관 체제 세조, 지역 방어 체제	제승방략 체제 명종, 도 단위 방어 체제	진관 체제(속오군) 임진왜란 중 정비

중앙 / 진 단독 방어 ↑ 적의 공격

중앙 / 진 한 곳에 집결하여 방어 ↑ 적의 공격

중앙 / 속오군 구성

잡색군 정규군 이외의 예비군, 유사시에 향토 방위를 맡음, 신량역천·향리·노비 등으로 구성

교통·통신 제도

역원제 공문서의 신속한 전달, 마패를 소지한 여행자에게 말과 숙박 제공

조운제 지방에서 거둔 세금쌀·콩 등 현물을 수로·해로를 이용하여 한양으로 운반

봉수제* 국경의 군사적 위급 상황을 중앙에 횃불이나 연기로 전달

과거 제도

자격 평민층양인도 과거 응시 가능, 탐관오리·재가녀다시 결혼한 여성의 자손·서얼은 응시 제한

시행 • 3년마다 시행하는 식년시, 부정기 시험인 증광시·알성시* 등으로 운영, 승과 폐지

• 문과 ─ 소과 : 생원시, 진사시 → 하급 관리로 진출, 성균관 입학 자격이 주어짐
─ 대과 : 초시·복시·전시의 3단계 실시, 문관 최종 33명 선발(급제자는 홍패*를 받음)

• 무과 문과와 동일한 절차를 거쳐 무관 최종 28명 선출

• 잡과 3년마다 해당 관청에서 선발, 주로 중인이나 서얼첩의 자식 응시

관리 등용 제도

음서 공신이나 2품 이상 고위 관리의 자제 대상, 고위 관료로 승진 제한-고려 때 보다 대상 축소

천거 고위 관리의 추천으로 관직에 등용하는 제도 예 현량과-중종 때 조광조의 건의로 실시

취재 특별 채용 시험으로 하급 실무직을 뽑는 제도

인사 관리 임기제관찰사는 1년, 수령은 5년, 상피제권력 집중과 부정 방지, 서경인사의 공정성 확보 등 운영

교육 기관

성균관
• 최고 교육 기관, 성현에 대한 제사와 교육 담당, 원칙적으로 소과에 합격한 생원·진사가 입학함
• 구조 : 대성전공자의 위패를 모신 곳, 명륜당유학을 가르치던 강당, 동·서재기숙사

4부 학당 서울에 설립된 중등 교육 기관, 중·동·남·서학

향교
• 전국의 부·목·군·현에 하나씩 설립한 중등 교육 기관, 성현에 대한 제사와 유학 교육
• 양반과 평민 모두 입학 가능, 중앙에서 교수와 훈도가 파견되어 지도함
• 군현의 규모에 따라 학생 수 배정

서원 지방 사림이 제사와 유학 공부를 위해 설립 -주세붕이 최초로 백운동 서원 설립

서당 모든 군현에 설치한 초등 교육 기관, 한문과 초보적 유학 교육 실시

봉수제

낮에는 연기로, 밤에는
횃불로 알림

*증광시
국가에 큰 경사가 있을
때 부정기적으로 실시

*알성시
국왕이 성균관 문묘 제
례를 할 때 성균관 유
생을 대상으로 실시

홍패

일종의 과거 합격증, 조
선 시대에는 이 합격증
이 왕의 명령으로 발급
되었기 때문에 '교지'라
고도 함, 대과와 무과의
최종 합격자에게는 붉은
색의 홍패를, 소과에 합
격한 생원·진사에게는
흰색의 백패를 수여함

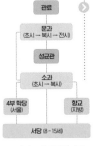

관료
│
문과
(초시 → 복시 → 전시)
│
성균관
│
소과
(초시 → 복시)

4부 학당 (서울)   향교 (지방)

서당 (8~15세)

조선의 교육과 관직 진출

관립 / 사립

226 중앙군

궁궐과 도성을 수비하기 위하여 5위를 운영하였다.
30회 ⋯ 1회 이상

227 지방군

진관 체제를 실시하여 국방을 강화하였다.
49, 41회 ⋯ 2회 이상

228 ★ 잡색군

유사시에 향토 방위를 맡는 예비군이었다.
48, 35회 ⋯ 5회 이상

229 역원제

· 공문서를 신속하게 전달하기 위하여 설치되었다.
25회 ⋯ 1회 이상

· 마패를 소지한 공무 여행자에게 역마를 제공하였다.
25회 ⋯ 1회 이상

230 과거 제도

· 증광시 등의 부정기 시험이 있었다.
18회 ⋯ 1회 이상

· 잡과는 해당 관청에서 시행하였다.
18회 ⋯ 1회 이상

231 ★★ 성균관

· 입학 자격은 생원, 진사(소과 합격자)를 원칙으로 하였다.
50, 47회 ⋯ 8회 이상

· 최고의 관립 교육 기관으로, 성현의 제사를 지냈다.
42, 18회 ⋯ 2회 이상

232 4부 학당

중등 교육 기관으로 수도에 4부 학당을 두었다.
43, 39회 ⋯ 3회 이상

233 ★★★ 향교

· 중앙에서 파견된 교수나 훈도가 지도하였다.
51, 50회 ⋯ 7회 이상

· 전국의 부·목·군·현에 하나씩 설립되었다.
50, 46회 ⋯ 7회 이상

향교는 조선 시대 지방의 교육 기관이며 대성전과 명륜당을 중심으로 두 공간이 나누어졌다. 대성전은 공자를 비롯한 성현의 위패를 봉안하고 제향하는 곳이며, 명륜당은 유교 경전 등을 강의하는 곳이다.
30, 21회

234 서원

지방의 사림 세력이 주로 설립하였다.
47, 42회 ⋯ 3회 이상

42회 23번

(가)에 대한 설명으로 옳은 것은? [1점]

경국대전에 정원이 200명으로 정해져 있었다. 생원·진사인 상재생과 상재생이 모자랄 때 유학(幼學)으로 보충하는 기재생으로 구분되었다. 이들에게는 원점(圓點) 300을 얻으면 문과 초시에 응시할 수 있는 자격을 주었는데, 아침·저녁 식당에 출석하는 것을 원점 하나로 계산해 주었다. 재학 연한은 제한되어 있지 않았다.

· 주요 시설

대성전　　　명륜당

① 좌수와 별감을 선발하여 운영하였다.

② 지방의 사림 세력이 주로 설립하였다.

③ 전국의 부·목·군·현에 하나씩 설립되었다.

④ 최고의 관립 교육 기관으로 성현의 제사도 지냈다.

⑤ 흥선 대원군에 의해 47개소를 제외하고 철폐되었다.

⑥ 중앙에서 교수나 훈도가 파견되었다.

⑦ 입학 자격은 소과 합격자를 원칙으로 하였다.

| 답인 이유 |

단서 생원·진사, 문과 초시에 응시할 수 있는 자격, 대성전, 명륜당

(가)는 성균관이다. ④ 조선 최고의 관립 교육 기관인 성균관에는 공자의 위패를 모신 대성전, 유학을 가르치던 강당인 명륜당, 유생들의 기숙사인 동재와 서재가 있었다. 성균관에서는 문묘(대성전)에서 거행하는 성현에 대한 제사를 유학 교육만큼 중시하였다. ⑦ 원칙적으로 소과에 합격한 생원, 진사에게 성균관 입학 자격이 주어졌다.

| 오답인 이유 |

① 유향소에서 좌수와 별감을 선출하여 자율적으로 규약을 만들고, 수시로 향회를 소집하여 여론을 수렴하였다.

② 지방 사림 세력의 주도로 전국에 서원이 많이 설립되었다.

③, ⑥ 유학 교육과 지방민의 교화 목적으로 전국의 부·목·군·현에 향교가 설치되었다. 향교의 크기에 따라 중앙에서 교수와 훈도가 파견되었다.

⑤ 흥선 대원군은 서원이 부패를 일삼자 사액 서원 일부만을 남기고, 전국의 서원을 철폐하였다.

답 ④, ⑦

사림의 성장과 시련

훈구와 사림

훈구 세력
- 조선 건국에 공을 세운 급진 개혁파 신진 사대부
- 한양을 중심으로 성장, 세조 집권 이후 실권 장악
- 대지주 출신, 중앙 집권과 부국강병 추구
- 15세기 문물 제도 정비·과학 기술 발달에 기여

사림 세력
- 조선 건국에 참여하지 않은 온건 개혁파 신진 사대부
- 영남과 기호 지방을 중심으로 성장, 성종 때 중앙 진출
- 중소 지주, 향촌 자치와 왕도 정치 강조 ┈ 훈구 세력의 전횡 방지
- 성종 때 김종직 등 사림이 이조 전랑과 삼사의 언관직을 차지하며 중앙 정계에 진출 → 훈구 견제
- 서원과 향약을 기반으로 향촌 사회에서 세력 확대

사림 계보도

사화의 발생

> 김종직이 초나라 항우에게 살해당한 의제를 애도하며 지은 글로,
> 세조의 왕위 찬탈을 풍자해 비판함

- 훈구 세력이 김종직의 '조의제문'을 기록한 김일손의 사초를 빌미로 사림을 공격함

무오사화*
연산군, 1498
- 김종직이 부관참시되고 김일손 등 사림 세력이 화를 입음

> [임금이] 전하기를, "⋯ 지금 김일손이 찬수한 사초에 부도한 말로써 선대의 일을 거짓
> 으로 기록하고 또한 그의 스승 김종직의 조의제문을 실었도다. ⋯ 대간, 홍문관으로 하
> 여금 형을 의논하여 아뢰도록 하라."라고 하였다. - 38회

*사화
'사림이 입은 화'의 줄임
말로, 사림 세력이 반대
파인 훈구 세력에게 탄
압을 받은 사건

> 성종 때 연산군의 생모인 폐비 윤씨가 사약을 받아 죽은 사건

갑자사화
연산군, 1504
- 연산군의 측근 세력이 권력을 잡기 위해 폐비 윤씨 사사 사건을 고발함
- 사건에 연루된 한명회 훈구세력 등 축출, 성종 때 양성된 김굉필 등 사림 세력 몰락

중종반정
1506
연산군의 폭정에 반발해 훈구 세력이 연산군을 몰아냄 → 중종 즉위

조광조의 개혁 정치
- 중종이 반정 공신인 훈구의 권력 독점을 견제하기 위해 조광조를 비롯한 사림 등용
- 소격서 도교 행사를 주관하던 기관 폐지, 현량과* 실시, 소학 보급, 경연 강화, 반정 공신의 위훈 삭제*
  등 급진적 개혁 주장

기묘사화
중종, 1519

> ┈ 중종반정
> 대사헌 조광조 등이 아뢰기를, "⋯ 반정 때에 공이 있었다면 기록되어야 하겠으나, 이들
> 은 또 그다지 공도 없습니다. ⋯ 임금이 나라를 잘 다스리고자 한다면 먼저 이(利)의 근원
> 을 막아야 합니다. ⋯"라고 하였다. → 위훈 삭제 건의 - 38회

- 훈구 세력의 반발로 조광조를 비롯한 사림 세력 몰락

*현량과
학문과 덕행이 뛰어난
인재를 추천받아 간단
한 시험을 치른 후 관
리로 등용하는 제도

*위훈 삭제
조광조가 중종반정의
공신 중 자격이 없다고
평가된 자들의 공훈인
위훈을 삭제해야 한다
고 주장함

- 외척 세력인 대윤 윤임, 인종 외척과 소윤 윤원형, 명종 외척의 권력 다툼
- 윤임 일파가 제거되고 윤원형을 비롯한 외척 세력이 정국을 주도함

> ┈ 정치 혼란으로 관리들의 부패가 심해지자
> 임꺽정과 같은 도적 떼가 나타나는 배경이 됨

을사사화
명종, 1545

> 이덕응이 자백하기를 "평소 대윤(大尹)·소윤(小尹)에 휘말리지 않으려고 조심하였는데,
> 그들과 함께 모반을 꾸민다는 것은 말도 안 됩니다."라고 하였다. 계속 추궁하자 그는
> "윤임이 제게 이르되 경원 대군이 왕위에 올라 윤원로가 권력을 잡게 되면 자신의 집안
> 은 멸족될 것이니 봉성군을 옹립하고자 하였습니다."라고 실토하였다. - 23회

결과
- 사림 세력의 약화 → 사림은 서원과 향약을 통해 향촌 사회에서 세력을 확대함
- 선조 때 중앙 정계 진출로 정국을 주도함

단어	문장	문제

235
사림

- 훈구 세력의 전횡을 막기 위해 사림을 등용하였다.
  24회 ⋯→ 1회 이상

- 사림은 서원과 향약을 세력 기반으로 삼았다.
  19회 ⋯→ 1회 이상

- 성종 때 김종직 등 사림이 중앙 정계에 진출하기 시작하였다.
  35, 30회 ⋯→ 2회 이상

236 ★★
무오사화

- 사림과 훈구의 갈등이 원인이 되어 일어났다.
  43, 22회 ⋯→ 3회 이상

- 김일손의 사초가 발단이 되었다.
  23, 29회 ⋯→ 2회 이상

- 김종직의 조의제문이 발단이 되어 김일손 등이 화를 입었다.
  52, 51회 ⋯→ 17회 이상

237
갑자사화

- 폐비 윤씨 사사 사건의 전말이 알려져 김굉필 등이 처형되었다.
  52, 39회 ⋯→ 5회 이상

238 ★
조광조의 개혁 정치

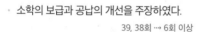

- 신진 인사를 등용하기 위하여 현량과를 실시하였다.
  47, 43회 ⋯→ 7회 이상

- 도교 행사를 주관하던 소격서가 혁파되었다.
  51, 44회 ⋯→ 7회 이상

- 소학의 보급과 공납의 개선을 주장하였다.
  39, 38회 ⋯→ 6회 이상

- 반정 공신의 위훈 삭제를 주장하였다.
  45, 33회 ⋯→ 2회 이상

239
기묘사화

- 위훈 삭제에 대한 훈구 세력(남곤 등)의 반발로 조광조 일파가 축출되었다.
  49, 46회 ⋯→ 10회 이상

- 도학 정치를 주장한 조광조 등의 신진 사류가 제거되었다.
  29, 27회 ⋯→ 2회 이상

240 ★★★
을사사화

- 외척 사이의 권력 다툼으로 발생하였다.
  38, 31회 ⋯→ 3회 이상

- 외척 세력인 대윤과 소윤 간의 대립으로 윤임 일파가 제거되었다.
  51, 49회 ⋯→ 19회 이상

- 윤원형을 비롯한 외척 세력이 정국을 주도하였다.
  24회 ⋯→ 1회 이상

42회 22번

(가), (나) 사이의 시기에 있었던 사실로 옳은 것은? [2점]

> (가) 왕이 어머니 윤씨가 폐위되고 죽은 것이 엄씨와 정씨의 참소 때문이라 여기고, 밤에 엄씨와 정씨를 대궐 뜰에 결박하여 놓고 손수 마구 치고 짓밟았다. … 왕이 장검을 들고 자순왕대비 침전 밖에 서서 … 말하기를 "대비는 어찌하여 내 어머니를 죽였습니까?"라고 하며 불손한 말을 많이 하였다.
>
> (나) 정유년 이후부터 조정 신하들 사이에는 대윤이니 소윤이니 하는 말들이 있었다. … 인종이 승하한 뒤에 윤원형이 기회를 얻었음을 기뻐하여 비밀리에 보복할 생각을 품었다. … 자전(慈殿)*은 밀지를 윤원형에게 내렸다. 이에 이기 · 임백령 · 정순붕 · 허자가 고변하여 큰 화를 만들어 냈다.
>
> *자전(慈殿) : 임금의 어머니

① 왕자의 난으로 정도전 등이 피살되었다.
② 위훈 삭제를 주장한 조광조가 제거되었다.
③ 서인이 반정을 일으켜 정권을 장악하였다.
④ 성삼문 등이 상왕의 복위를 꾀하다 처형되었다.
⑤ 이조 전랑 임명을 둘러싸고 사림이 동인과 서인으로 나뉘었다.
⑥ 도교 기관인 소격서를 폐지하였다.
⑦ 새로운 인사의 등용을 위해 현량과 실시를 주장하였다.

| 답인 이유 |

단서 어머니 윤씨가 폐위되고 죽은 것, 대윤, 소윤, 윤원형

(가)는 연산군 때 일어난 갑자사화(1504)이고, (나)는 명종 때 일어난 을사사화(1545)이다. 중종반정(1506)으로 집권한 중종은 훈구 세력의 권력 독점을 견제하기 위해 조광조를 등용하였다. ⑥ 조광조는 도교 행사를 주관하는 소격서를 폐지하였다. ⑦ 전국 각지에서 유능한 인재를 천거(추천)하여 관리로 등용하는 현량과를 실시하였다. ② 조광조가 반정의 공신을 조사해 자격이 없는 이들의 공훈인 위훈 삭제를 추진하자, 공신들이 이에 반발하였다. 중종도 급진적인 개혁에 부담을 느껴 결국 조광조를 비롯한 사림이 화를 입었다(기묘사화, 1519).

| 오답인 이유 |

① 태조 때 제1차 왕자의 난(1398)으로 정도전 등이 피살되었다.
③ 서인은 광해군을 축출하고 인조를 왕으로 추대하여 정권을 장악하였다(인조반정, 1623).
④ 세조 때 단종 복위를 꾀한 성삼문, 박팽년 등의 사육신이 처형되었다(1456).
⑤ 선조 때 이조 전랑 임명을 둘러싸고 사림이 신진 사림 중심의 동인과 기성 사림 중심의 한 서인으로 나뉘며 붕당이 형성되었다.

답 ②, ⑥ ,⑦

붕당의 형성과 분화

붕당의 발생

배경
- 이조 전랑*과 3사 등에 사림이 등용되면서 공론 형성 주도
- 선조 즉위 후 사림 세력의 중앙 정계 진출
- 이조 전랑의 임명과 척신 정치*의 청산 문제를 둘러싸고 기성 사림과 신진 사림의 대립 발생

> *이조 전랑
> 조선 시대에 이조의 정랑과 좌랑을 함께 이르던 말로, 삼사의 관리를 선발하고 자신의 후임자를 천거하는 권한을 가짐

> *척신 정치
> 12세의 어린 나이로 명종이 즉위하자 어머니인 문정 왕후가 수렴청정을 하게 되면서 그 동생인 윤원형 등 외척 세력에 의해 주도된 정치

결과

동인	서인
• 김효원집이 동대문을 중심으로 새롭게 정계에 진출한 신진 사림	• 심의겸집이 서대문을 중심으로 명종 때부터 정권에 참여해 온 기성 사림
• 척신 정치 청산에 적극적	• 척신 정치 청산에 소극적
• 이황·조식·서경덕의 학문을 계승	• 이이·성혼의 문인을 중심으로 형성
• 김성일·유성룡 등으로 이어져 영남 학파 형성	• 조헌·김장생 등으로 이어져 기호 학파 형성

동인 ─ 이황 학파 ─ 남인 ─ 유성룡·김성일
        └ 조식 학파 ─ 북인 ─ 곽재우·정인홍

서인 ─ 이이 학파 ─ 노론 ─ 송시열
        └ 성혼 학파 ─ 소론 ─ 윤증

붕당의 분화

배경

정여립동인 모반 사건1589
→ 동인이 정권을 잡았을 때 서인이었던 정여립이 동인으로 옮겨가자, 서인이었던 정철이 정여립을 역모죄로 몰은 '기축옥사'가 일어남
→ 정여립을 비롯한 동인들이 큰 피해를 입음 → 서인 집권

▼

정철서인의 영수의 건저의 사건*1591
→ 정철이 선조에게 광해군을 왕세자로 책봉할 것을 건의하였다가 선조의 미움을 사게됨 ^왜 선조는 광해군이 아닌 신성군을 세자로 책봉하고 싶어함
→ 정철이 파직된 후 서인의 정치적 입지가 약화됨
→ 정권을 되찾은 동인은 서인에 대한 처리를 놓고 남인온건파과 북인강경파으로 분화됨

> *건저의(建儲議) 사건
> 건저(建儲)는 '왕의 자리를 계승할 왕세자를 정하던 일'을 뜻하며, 건저의(建儲議)는 '건저를 의논하다'라는 뜻으로, 왕세자 책봉을 둘러싸고 동인과 서인 사이에 일어난 분쟁을 말함

분화

남인	북인
• 정철의 처벌 문제에 대해 온건한 입장	• 정철의 처벌 문제에 대해 강경한 입장
• 이언적·이황의 제자를 중심으로 형성	• 조식의 제자를 중심으로 형성
	• 광해군의 중립 외교 노선 지지
	→ 광해군 때 국정 주도

특징
- 붕당 간의 정치적 입장과 학문적 견해를 인정하며 비판과 견제가 이루어짐
- 붕당 간 공존 관계 유지

241 ★★
붕당의 발생

- 이조 전랑 임명을 둘러싸고 김효원과 심의겸이 대립하며 사림이 동인과 서인으로 나뉘었다.
47, 42회 ⟶ 15회 이상

- 척신 정치의 청산 문제로 사림이 동인과 서인으로 분당되었다.
23회 ⟶ 1회 이상

242 ★
동인

이황, 서경덕, 조식의 사상을 학문적 기반으로 삼았다.
30, 22회 ⟶ 3회 이상

243
서인

이이와 성혼의 학문을 계승하였다.
33, 21회 ⟶ 2회 이상

244 ★★★
붕당의 분화

정여립 모반 사건
- 동인이 남인과 북인으로 분열되는 결과를 가져왔다.
43, 29회 ⟶ 4회 이상

기축옥사
- 정여립 모반 사건으로 인해 동인이 피해를 입었다.
53, 51회 ⟶ 12회 이상

건저의 사건
- 서인은 선조 때 왕세자 책봉 문제로 정치적 입지가 약화되었다.
33회 ⟶ 1회 이상

> 홍문관에서 아뢰기를, "윤국형은 우성전과 유성룡의 심복이며 또한 이성중과 한 집안 사람입니다. 당초 신묘 연간에 양사에서 정철을 탄핵할 때에 옥당은 여러 날 동안이나 거론하지 않았습니다. … 유성룡이 다시 재상이 되자 윤국형 등이 선비들을 구별하여 자기들에게 붙는 자를 남인이라 하고, 뜻을 달리하는 자를 북인이라 하여 결국 당쟁의 실마리를 크게 열어 놓았습니다. 이처럼 유성룡이 사당(私黨)을 키우고 사류(士類)를 배척하는 데에 모두 윤국형 등이 도왔던 것입니다."라고 하였다.
44회

245
남인

이언적과 이황의 제자들이 주류를 이루었다.
44회 ⟶ 1회 이상

246
북인

왜란 이후 서인과 남인을 누르고 북인이 정국을 주도하였다.
27회 ⟶ 1회 이상

33회 25번

(가) 붕당에 대한 설명으로 옳지 <u>않은</u> 것은? [3점]

> 김효원이 이조 전랑의 물망에 올랐을 때, 심의겸이 이전의 잘못을 지적하였다. 그 후에 심의겸의 동생 심충겸이 이조 전랑으로 천거되자, 이번에는 김효원이 나서 외척이라 하여 반대하였다. 이로 인해 양쪽으로 편이 갈라져 서로 배척하였는데, 김효원을 지지하는 사람들을 동인, 심의겸을 지지하는 사람들을 [(가)] (으)로 부르기 시작했다.

① 광해군을 축출한 인조반정으로 집권하였다.
② 이이와 성혼의 문인을 중심으로 형성되었다.
③ 정여립 모반 사건을 빌미로 기축옥사를 주도하였다.
④ 선조 때 왕세자 책봉 문제로 정치적 입지가 약화되었다.
⑤ 효종비의 사망 이후 전개된 예송의 결과 정국을 주도하였다.
⑥ 척신 정치의 잔재를 철저히 배척하였다.
⑦ 남인이 축출되고 노론과 소론이 정국을 주도하였다.

| 답인 이유 |

단서 김효원, 이조 전랑, 심의겸, 동인

자료는 김효원과 심의겸의 갈등에 대해 설명하고 있으므로 (가)에 들어갈 붕당은 서인이다. 선조가 즉위하면서 사림 세력은 척신 정치의 청산 문제와 이조 전랑의 임명 문제로 인해 내부에 갈등이 발생하였다. 특히 척신 정치의 잔재 청산과 관련하여 기성 사림과 신진 사림의 갈등이 심해지면서 서인과 동인이 형성되었다. ⑤ 효종비의 사망 이후 전개된 2차 예송인 갑인예송(1674)의 결과 정국을 주도한 세력은 남인이었다. 서인은 1차 예송인 기해예송(1659)에서 승리하였다. ⑥ 동인은 척신 정치의 잔재를 철저히 배척하고 정치의 도덕성을 강조하였다.

| 오답인 이유 |

① 서인은 광해군을 축출하고 인조를 왕으로 세운 인조반정으로 정권을 장악하였다.
② 서인은 이이와 성혼의 문인을 중심으로 형성되었고 서울과 경기, 충청, 전라도 지역의 선비들이 주류가 되었다.
③ 서인은 정여립 모반 사건을 빌미로 정여립을 비롯한 동인들이 큰 피해를 입었던 '기축옥사'를 주도하였다.
④ 서인의 영수인 정철이 선조에게 광해군을 왕세자로 책봉할 것을 건의하였다가 선조의 미움을 받아 정치적 입지가 약화되었다.
⑦ 숙종 때의 경신환국(1680) 이후 남인에 대한 처벌을 둘러싸고 서인이 강경파인 노론과 온건파인 소론으로 분화되었다.

답 ⑤, ⑥

임진왜란의 전개

16세기의 정세

3포 왜란 중종, 1510
- 3포에 거주하는 왜인들의 폭동 → 3포 폐쇄, 임시 기구로 비변사 설치

을묘왜변 명종, 1555
- 왜인들의 전라도 연안 지방 습격 → 비변사 상설 기구화, 일본과의 교류 단절

조선-일본의 대립 격화
- 일본의 전국 시대를 통일한 도요토미 히데요시의 대륙 진출 야욕
- 20만 대군의 일본군이 조선을 침략함 → 임진왜란 발발 1592

임진왜란의 발발과 전란의 극복

전쟁 초기 상황
부산진 정발·동래성 송상현 함락 → 충주 탄금대 전투 패배 신립 → 선조의 의주 피란
→ 일본군의 한양 점령 → 명에 원군 요청

수군의 활약
- 이순신과 판옥선 거북선으로 개량 의 활약, 옥포·당포·한산도 대첩* 승리
- 남해의 제해권 장악, 전라도·충청도 곡창 지대 수호

의병의 활약
- 곽재우 의령, 홍의장군, 고경명 담양, 김천일 나주, 정문부 길주 등 활약, 익숙한 향토 지리에 알맞은 전술 사용

전란 극복
- 김시민의 진주 대첩 승리 → 조·명 연합군의 평양성 전투 승리 평양성 탈환 → 권율의 행주 대첩
- 일본의 제의로 명이 조선의 반대를 무릅쓰고 일본과 휴전 협상 전개 1594 → 결렬

전열 정비
- 휴전 협상 중 유성룡*의 건의로 포수·사수·살수로 구성된 훈련도감 급료를 받는 상비군 설치
- 속오군 설치 양반부터 노비에 이르기까지 편성

정유재란 1597
휴전 협상 결렬 후 조·명 연합군의 직산 천안 전투 승리 → 이순신의 명량 대첩 승리
→ 도요토미 히데요시 사망 → 노량 해전 이순신 전사

임진왜란의 전개

*한산도 대첩
1592년 7월, 이순신이 이끄는 수군이 한산도 앞바다에서 학이 날개를 펼친 모습으로 왜군을 포위하는 학익진 전법으로 승리한 전투

*유성룡

징비록

7년에 걸친 전쟁의 원인과 상황을 담은 『징비록』을 저술함

*양안

조세 부과의 근거 자료로 활용되었으며, 20년마다 논과 밭을 측정하여 작성하는 것을 원칙으로 함

임진왜란의 결과

대내적
- 국토의 황폐화, 인구 감소, 양안*토지 대장·호적 소실 → 재정 궁핍과 신분제 동요
- 문화재 손실 : 경복궁·불국사·사고 등 소실
  └ 이름 쓰는 칸이 비어 있는 공명첩이 대량 발급되어 양반 수 증가

일본과의 관계
- 정권 교체 : 에도 막부 성립
- 일본 문화 발전 : 도자기 전쟁 중 이삼평 등 많은 도공을 납치·성리학 전래 및 발달
- 통신사* 파견 : 에도 막부의 요청으로 파견된 비정기적 외교 사절단 250년간 12차례, 조선의 선진 문물 전파
- 회답 겸 쇄환사 파견 : 단절된 국교를 회복하고, 포로 송환을 위해 유정 사명대사을 일본에 보냄
- 기유약조 체결 1609 : 국교 재개, 부산포에 왜관 설치 → 제한된 범위 내에서 무역 허용

중국과의 관계
- 명의 쇠퇴 : 왜란 참전으로 막대한 전쟁 비용을 소비하여 국력 쇠퇴
- 왜란을 틈타 여진이 성장하여 후금 건국 → 명·청 교체

조선 통신사의 행로

247
임진왜란 전 정세

- 중종 때 조선 정부의 통제에 반발하여 3포 왜란이 일어났다.　　41, 29회 ⋯ 3회 이상

248 ★
전쟁 초기의 상황

- 정발이 부산진성 전투에서 전사하였다.　　53, 45회 ⋯ 2회 이상
- 신립이 탄금대에서 배수의 진을 치고 항전하였다.　　52, 51회 ⋯ 6회 이상

249
수군·의병의 활약

- 이순신이 한산도 대첩에서 승리하였다.　　45, 37회 ⋯ 2회 이상
- 곽재우, 고경명 등이 의병장으로 활약하였다.　　48, 45회 ⋯ 2회 이상

250
전란의 극복

- 김시민이 진주성에서 적군을 크게 물리쳤다.　　47회 ⋯ 1회 이상
- 조·명 연합군이 평양성을 탈환하였다.　　46, 39회 ⋯ 4회 이상
- 권율이 행주산성에서 왜군을 크게 물리쳤다.　　37, 36회 ⋯ 3회 이상

251 ★★
전열 정비

- 포수·살수·사수(삼수병)로 구성된 훈련도감이 설치되었다.　　52, 50회 ⋯ 15회 이상

252
정유재란

- 휴전 회담의 결렬로 정유재란이 시작되었다.　　45회 ⋯ 1회 이상
- 이순신이 명량에서 왜의 수군을 대파하였다.　　51, 41회 ⋯ 4회 이상

253 ★★★
임진왜란 이후의 일본과의 관계

통신사

- 에도 막부의 요청에 따라 파견되었다.　　46, 32회 ⋯ 3회 이상
- 19세기 초까지 파견되어 조선의 문물을 일본에 전파하는 역할을 하였다.　　41, 30회 ⋯ 2회 이상
- 포로 송환을 위하여 유정을 회답 겸 쇄환사로 파견하였다.　　52, 50회 ⋯ 2회 이상
- 기유약조를 체결하여 일본과의 무역을 재개하였다.　　44, 43회 ⋯ 5회 이상
- 초량(부산)에 왜관이 설치되어 제한된 범위 내에서의 무역이 허용되었다.　　50, 49회 ⋯ 4회 이상

37회 19번

(가)~(라)를 일어난 순서대로 옳게 나열한 것은?　　[3점]

> (가) 왜적이 대거 침략해 왔다. 부산진이 함락되면서 첨사(僉使) 정발이 전사하였다. 이어 동래부가 함락되면서 부사 송상현도 전사하였다.　　- 『선조수정실록』
>
> (나) 왜적이 총출동하여 추격하기에 한산 앞바다로 끌어냈다. 아군이 학익진을 펼쳐 … 쳐부수니 왜적이 사기가 꺾이어 퇴각하였다. 여러 장수와 군졸들이 환호하며 뛸 듯이 기뻐하였다.　　- 『선조실록』
>
> (다) 권율이 행주에서 왜적을 대파하고, 고산 현감 신경희를 보내어 승전 소식을 아뢰었다. … 신경희가 아뢰기를, "… 그 지역에는 돌이 많아 모든 군사들이 앞다투어 돌을 던져 싸움을 도왔습니다."라고 하였다.　　- 『선조실록』
>
> (라) (이순신이) 노량에 도착하니 많은 왜적이 이르렀다. 불의에 진격하여 한참 혈전을 하던 중 이순신이 몸소 왜적에게 활을 쏘다가 왜적의 탄환에 가슴을 맞아 배 위에 쓰러졌다. … 왜적이 마침내 대패하니 사람들은 모두 "죽은 이순신이 산 왜적을 물리쳤다."라고 하였다.　　- 『선조실록』

① (가)-(나)-(다)-(라)　　② (가)-(나)-(라)-(다)
③ (나)-(가)-(라)-(다)　　④ (나)-(다)-(가)-(라)
⑤ (다)-(라)-(나)-(가)

| 답인 이유 |

단서 부산진, 동래부, 학익진, 권율, 행주, 이순신, 노량

(가)는 부산진성 전투, (나)는 한산도 대첩, (다)는 행주 대첩, (라)는 노량 해전으로, 모두 임진왜란 때 일어난 전투이다.

(가)는 왜적이 침략해 부산진이 함락되었다는 점을 통해 임진왜란 발발(1592. 4) 직후의 상황임을 알 수 있다. 전쟁 초기 조선군은 조총을 앞세운 왜군을 막지 못하였다. 부산진과 동래성이 함락된 후 왜군은 한양으로 북상하였다.

(나)는 한산 앞바다에서 학익진을 펼쳐 왜군을 격퇴한 내용을 통해 한산도 대첩임을 알 수 있다(1592. 7). 이 전투에서 승리함으로써 조선은 육지로 군량미를 조달하려던 왜군의 작전을 저지시켰다.

(다)는 권율이 행주에서 왜적을 대파하였다는 내용을 통해 행주 대첩임을 알 수 있다(1593. 2). 행주 대첩에서 패한 일본은 결국 남쪽으로 물러나 명에 휴전 협상을 제의하였다. 하지만 협상은 결렬되었고, 일본이 조선을 재침입한 정유재란이 일어났다.

(라)는 이순신이 노량에서 왜적을 물리치던 중 왜적의 탄환에 맞았다는 사실을 통해 노량 해전에 대한 것임을 알 수 있다(1598. 11). 노량 해전의 승리로 왜란이 끝이 났다.

따라서 (가)~(라)를 일어난 순서대로 옳게 나열한 것은 ① (가)-(나)-(다)-(라)이다.

답 ①

광해군의 중립 외교

전후 복구
- 양안·호적을 다시 작성하여 국가 재정 확충
- 대동법 : 공물 부담을 줄여 주고자 광해군 때 경기도에서 처음 실시 → 농민 부담 감소
- 『동의보감』: 허준이 선조의 명으로 집필하기 시작해 전통 한의학을 정리하여 완성함

중립 외교
- 후금의 공격을 받은 명이 조선에 지원군 파병 요청 → 강홍립이 이끄는 부대를 파병하여 상황에 따라 대처하도록 명령 _{사르후 전투에 참전}
- 명과 후금 사이에서 실리를 추구하는 중립 외교 추진

> 강홍립이 장계를 올리기를, "신이 배동관령에 도착하여 먼저 통역관을 보내어 밀통하기를, '비록 명에게 재촉을 당하여 여기까지 오기는 하였으나 … 전투에서 패한 후에도 서로 잘 지내고 있습니다. 만일 화친이 속히 이루어진다면 신들은 돌아갈 수 있을 것입니다.'라고 하였다. - 19회

*폐모살제
서인 세력이 광해군의 이복 동생인 영창 대군을 지지하자 광해군이 계모인 인목 대비를 폐위하고 영창 대군을 살해함

인조반정 1623
- 광해군의 폐모살제*와 중립 외교를 비판하던 서인 세력이 반정을 일으킴
  → 광해군과 북인 세력 축출 → 인조 즉위, 서인 집권
- 친명배금 _{명과 친하게 지내고, 후금을 배척} 정책 추진

정묘호란 1627

배경
- 인조와 서인 세력의 친명배금 정책으로 후금 자극
- 이괄의 난 ₁₆₂₄ : 인조반정에 참여한 이괄이 자신의 공로가 낮게 평가된 데 불만을 품고 난을 일으킴
  → 평안도에 주둔하던 이괄의 군대가 한양을 점령하자 인조가 공산성 _{공주} 으로 피란함
  → 이후 난이 진압되자 잔당들이 후금으로 도망감

*주화파
현실을 직시하며 청과의 화친 주장

전개
- 이괄의 난과 광해군의 원수를 갚는다는 명분으로 후금이 침략해 옴
- 인조의 강화도 피란, 정봉수 _{용골산성}·이립 _{의주} 의 활약

*척화파
명에 대한 의리와 명분 중시, 청의 군신 관계 요구 거절

결과 후금과 화의 체결, 형제 관계를 맺음

병자호란 1636

*삼전도비

조선이 청에 항복한 후 청의 요구로 세워짐, 청 황제의 덕을 칭송하는 내용이 새겨져 있음

배경
- 국력이 강해진 후금이 국호를 '청'으로 바꾸고 조선에 군신 관계를 요구하였으나 조선이 거절함
- 주화파* _{최명길} 와 척화파* _{윤집} 의 대립 → 척화파 우세

전개 청 태종의 침입 → 한성 함락 → 인조가 **꼭** 남한산성으로
피신 → 임경업이 백마산성에서 항전 _{• 인조가 청의 침입에 맞서 약 45일간 저항한 곳, 2014년 유네스코 세계 문화유산으로 등재}

결과 청에 항복, 굴욕적인 강화(삼전도*의 굴욕) → **꼭** 청과 군신 관계 체결, 소현 세자·봉림 대군 _{훗날 효종} 이 청에 인질로 끌려감 _{명과 국교를 단절하고, 청의 조공 요구를 받아들임}

*송시열

노론의 영수로, 명에 대한 의리를 내세워 기축봉사를 올려 북벌을 주장함

청과의 관계 _{표면적으로 사대, 실제로는 정벌을 준비}

북벌론
- 호란 이후, 효종 때 송시열* 등을 중심으로 청에 대한 치욕을 갚자는 북벌 운동 추진
- 군대 양성 _{어영청}, 성곽 수리 등 추진 → 청의 세력이 커지고, 효종의 죽음으로 실행하지 못함

나선 정벌
- 청과 러시아 사이의 국경 분쟁이 발생하여 청이 조선에 원병 요청
- 조총 부대 _{변급, 신류 등} 를 보내 두 차례 러시아군과 교전

북학론
- 부국강병을 위해 청의 발달한 문물 수용 주장 → 서양 과학 기술 전래
- 18세기 이후 박지원·홍대용·박제가 등 북학파 실학자 주도

지도 캡션: 정묘호란(1627) / 병자호란(1636) / 병자호란 때 조선군의 반격로 / 조선의 항쟁 지역 / 정묘호란 때의 의병 / 병자호란 때의 관군 / 호란의 전개

단어	문장	문제

254 *
전후 복구 노력

허준 등이 전통 한의학을 정리한 동의보감을 간행하였다.　　53, 49회 ⋯ 11회 이상

255
중립 외교

・ 광해군이 명과 후금 사이에서 중립 외교를 추진하였다.　　39, 32회 ⋯ 5회 이상

・ 명의 요청에 따라 강홍립이 이끄는 부대가 파병되었다.　　45, 44회 ⋯ 5회 이상

256
인조반정

서인이 반정을 일으켜 정권을 장악한 후 친명 배금 정책을 추진하였다.　51, 49회 ⋯ 10회 이상

257
정묘호란

이괄의 난
・ 공신 책봉에 불만을 품고 이괄이 반란을 일으켜 도성을 장악하였다.　53, 49회 ⋯ 10회 이상

부원수 이괄이 금부도사 고덕률 등을 죽이고 군사를 일으켜 반역하였다. 도원수 장만이 역적을 베어 바치는 자가 있으면 직의 유무를 막론하고 1품에 제직(除職)하겠다는 국왕의 뜻을 군민(軍民)에게 전달하였다.
26회

・ 정봉수와 이립이 용골산성에서 의병을 이끌고 항전하였다.　　53, 49회 ⋯ 7회 이상

258
병자호란

・ 인조가 남한산성으로 피란하여 청군에 항전하였다.　　50, 45회 ⋯ 4회 이상

・ 소현 세자와 봉림 대군 등이 청에 인질로 끌려갔다.　　53, 30회 ⋯ 2회 이상

259 **
북벌론

・ 청의 정세 변화를 계기로 국방력을 강화하고 청을 정벌하기 위해 북벌 운동을 추진하였다.
41, 20회 ⋯ 5회 이상

・ 송시열이 명에 대한 의리를 내세워 기축봉사를 올려 북벌론을 주장하였다.
51, 48회 ⋯ 7회 이상

・ 어영청을 중심으로 북벌이 추진되었다.
53, 46회 ⋯ 6회 이상

260 ***
나선 정벌

청의 요청으로 나선 정벌을 위하여 조총 부대를 파견하였다.　　53, 52회 ⋯ 18회 이상

261
북학론

청과의 교류를 통해 서양의 과학 기술이 전래되었다.　　30, 27회 ⋯ 2회 이상

다음 상황이 전개된 이후의 사실로 옳은 것은?　　[1점]

> 고금천하의 법 중에 군율보다 엄격한 것은 없습니다. 그런데 강홍립, 김경서 등은 중국 군대와 함께 적지에 깊숙이 들어가서 힘껏 싸우다 죽지 않고 도리어 투항을 청하여 적의 뜰에 무릎을 꿇었으니, 신하의 대의가 땅을 쓸듯이 완전히 없어졌습니다. … 청컨대 강홍립ㆍ김경서의 가족들을 모조리 잡아서 구금하라고 명하심으로써 군율을 변경할 수 없다는 것을 분명히 보이소서.

① 김종서가 여진을 몰아내고 6진을 개척하였다.
② 조ㆍ명 연합군이 평양성 전투에서 승리하였다.
③ 정여립 모반 사건을 계기로 기축옥사가 일어났다.
④ 인조반정으로 서인이 정국의 주도권을 장악하였다.
⑤ 제한된 범위의 무역을 허용한 계해약조가 체결되었다.
⑥ 나선 정벌에 조총 부대가 동원되었다.
⑦ 청이 군신 관계를 요구하며 침입하였다.

| 답인 이유 |

단서 강홍립, 힘껏 싸우다 죽지 않고 도리어 투항을 청하다

광해군은 대내적으로는 왜란의 뒷수습을 위한 여러 정책을 실시하고, 대외적으로는 명과 후금 사이에서 신중한 중립 외교 정책을 추진하였다. 조선은 임진왜란 때 명의 도움을 받았기 때문에 명의 후금 공격 요구를 거절할 수 없었고, 새롭게 성장하는 후금과 적대 관계를 맺을 수도 없었다. 이에 광해군은 1만 3천 명의 병사를 주어 강홍립 장군을 출병시켰으나, 굳이 후금과의 전쟁으로 화를 불러 일으키지 말고 상황에 따라 대처하라고 명하였다. ④ 광해군의 중립 외교에 불만을 품은 서인 세력은 인조반정(1623)으로 정국의 주도권을 장악하였다. ⑦ 후금은 국호를 '청'으로 바꾸고 조선에 군신 관계를 요구하며 침입하였는데, 이를 병자호란(1636)이라고 한다. ⑥ 러시아와 대립한 청의 요청으로 조선이 조총 부대를 파견하여 청을 도와 러시아군과 교전하였다.

| 오답인 이유 |

① 세종 때 김종서와 최윤덕이 여진을 몰아내고 4군 6진을 개척하여 압록강과 두만강 부근까지 영토를 확장하였다.
② 임진왜란 때 명의 원군 파병으로 조·명 연합군이 편성되어 평양성을 탈환하였다(평양성 전투).
③ 선조 때 정여립 모반 사건을 계기로 동인이 큰 피해를 입은 기축옥사(1589)가 일어났다.
⑤ 세종 때 일본과 제한된 범위의 무역을 허용한 계해약조(1443)가 체결되었다.

[답] ④, ⑥, ⑦

조선 전기의 경제

토지 제도의 변화

과전법 1391	• 고려 말 공양왕 때 시행, 전·현직 관리에게 경기 지방의 토지에 한하여 수조권 지급 • 관리가 사망하면 반납이 원칙이지만, 수신전*·휼양전*·공신전으로 세습 가능
직전법 1466	• 세조 때 시행, 현직 관리에게만 수조권 지급 • 지급할 토지 부족으로 수신전·휼양전 폐지 → 전체적인 지급량 축소
관수관급제 1470	• 성종 때 시행, 관리들의 수조권 남용 심화 → 농민 불만 증대 • 수조권자가 직접 걷지 않고 국가가 수조권 대행 → 국가의 토지 지배권 강화
직전법 폐지 1556	• 명종 때 시행, 관리에게 녹봉을 지급하고 수조권 지급 폐지 • **지주 전호제 확산** : 토지를 소유한 양반이 농민에게 토지를 빌려주고 대가를 받음

*수신전
죽은 관료의 가족들이 생계를 유지할 수 있도록 부인에게 지급한 수조지

*휼양전
죽은 관료의 20세 미만의 자녀에게 지급하여 세습이 가능하게 한 수조지

수취 체제의 정비 15세기

전세 조세	• **초기** : 토지 소유자에게 수확량의 1/10인 1결당 30두 징수 • **세종 때 공법 시행** : 토지의 비옥도와 풍흉에 따라 세금을 차등 징수

전제상정소에서 실시 - **전분6등법** — 토지의 비옥도에 따라 6등급으로 나누고, 등급에 따라 조세의 기준을 다르게 함

연분9등법 — 풍흉의 정도에 따라 9등급으로 구분하여 토지 1결당 최고 20두, 최하 4두 부과

공납 중앙에서 각 군현에 종류와 수량 할당 → 가호 기준으로 특산물 징수 → 특산물이 없으면 구입하여 납부

역 • 16~60세 미만의 모든 양인 남자에게 군역을 부과하는 양인개병의 원칙
• **군역** : 정군현역 군인과 보인비용 부담으로 편성, 일정 기간 군대 복무현직 관리·서리·향리 등은 복무 제외
• **요역** : 가호를 기준으로 선발, 각종 토목 공사에 동원 – 요역을 동원할 수 있는 날을 1년에 6일 이내로 제한

수취 체제의 문란 16세기

전세 최저 세율이 관행으로 자리 잡음 **왜** 공법은 풍년과 흉년에 따라 매번 기준을 정하는 것이 복잡했기 때문

공납 방납의 폐단 : 중앙 관청의 서리가 공물을 대신 내는 대가로 이익을 많이 챙기는 폐단 발생
→ 농민 부담 증가 → 이이·유성룡 등이 수미법공납을 쌀로 거두자는 제도 주장

역 • 군역의 요역화 : 농민들의 요역 기피로 군인을 요역에 동원 → 대립·방군수포제 성행★
• **대립** : 다른 사람에게 대가를 지불하여 군역을 대신 지게 하는 것
• **방군수포** : 향리나 군대 지휘관에게 포를 바치고 불법으로 군역을 면제받는 제도

환곡 환곡의 폐단 : 지방 수령과 향리가 1/10보다 높은 이자를 징수하며 고리대로 변질
→ 농민의 몰락, 유민 증가, 일부 농민 도적화명종 때 임꺽정 등

> 사신(史臣)은 논(論)한다. … 백성들이 도적이 된 원인은 정치를 잘못하였기 때문이지, 그들의 죄가 아니다. … 임꺽정을 비록 잡더라도 종기가 안에서 곪아 혼란이 생길 것인데, 더구나 임꺽정을 꼭 잡는다고 단정할 수도 없지 않은가. … 나랏일이 날마다 그르게 되어 가는데도 구원하는 자가 없으니, 탄식하며 눈물만 흘릴 뿐이다.
> → 16세기 수취 체제의 문란으로 임꺽정의 난 발생 – 24회

*시전
조선 시대에 한양의 종로를 중심으로 설치한 상설 시장

*육의전 상인의 활동
육의전은 조선 시대에 독점적 상업권을 부여받고 국가의 수요품을 조달한 여섯 종류의 큰 상점을 말함, 판매하는 물품은 시기에 따라 여섯에서 여덟가지로 「육전조례」를 보면 입전, 면주전, 백목전, 지전, 저포전·포전, 내·외어물전 등으로 되어 있음

경제 활동

농업 중농 정책 → 토지 개간 장려, 양전 사업양안 작성, 농업 기술의 발달(윤작법, 모내기법 일부 시행)

상업 • 시전* 상인 : 왕실과 관청에 물품 공급, 금난전권특정 상품에 대한 독점 판매권의 특권을 정부로부터 받음
예 육의전 상인* → 사상의 활동 억압
• **경시서** : 시전에 대한 관리, 불법적인 상행위 감독 – 고려 시대부터 존재
• **장시** : 15세기 후반에 등장 → 일부가 정기시5일장로 발전

| 단어 | 문장 | 문제 |

262 ★★ 과전법

- 경기 지역에 한하여 과전법이 실시되었다.
  46, 37회 ┈ 8회 이상

- 관리가 사망하면 수조권이 세습되는 수신전, 휼양전을 지급하였다.
  40, 29회 ┈ 4회 이상

263 ★★★ 직전법

- 현직 관리에게만 수조권을 지급하였다.
  53, 51회 ┈ 14회 이상

- 수신전, 휼양전 등의 명목으로 수조권이 세습되는 토지를 폐지하였다.　52, 47회 ┈ 5회 이상

264 관수관급제

- 세금을 거두어 수조권자에게 분급하였다.
  23회 ┈ 1회 이상

- 수조권자가 직접 전조를 거둘 수 없게 하였다.
  19회 ┈ 1회 이상

265 직전법 폐지

관리들의 수조권 남용이 심하여 수조권을 폐지하고 녹봉을 지급하였다.
53, 20회 ┈ 3회 이상

266 전분6등법

전제상정소를 설립하고, 토지의 비옥도에 따라 6등급으로 나누어 전세를 거두었다.
52, 50회 ┈ 5회 이상

267 연분9등법

풍흉에 따라 전세를 9등급으로 차등 부과하는 것으로 수취 체제를 정비하였다.
46, 42회 ┈ 7회 이상

268 군역 (군역의 문란)

- 양인개병의 원칙에 따라 의무병으로 구성되었다.　32, 18회 ┈ 2회 이상

- 군역의 요역화로 대립과 방군수포가 성행하였다.　18, 16회 ┈ 2회 이상

269 ★ 시전 상인

- 국역의 의무로 시전을 운영하며 관청의 수요품을 조달하였다.　31, 22회 ┈ 2회 이상

- 특정 상품에 대한 독점 판매권(금난전권)을 부여받고 사상의 활동을 억압하였다.
  44, 38회 ┈ 4회 이상

- 경시서의 관리들이 수도의 시전을 감독하였다.
  49, 37회 ┈ 5회 이상

43회 21번

(가), (나) 사이의 시기에 있었던 사실로 옳은 것은?　[3점]

> (가) 도평의사사가 글을 올려 과전을 주는 법을 정하자고 요청하니 왕이 따랐다. … 경기는 사방의 근원이니 마땅히 과전을 설치하여 사대부를 우대하였다. 무릇 경성에 살며 왕실을 보위하는 자는 현직 여부에 상관없이 직위에 따라 과전을 받게 하였다.
>
> (나) 한명회 등이 아뢰기를, "직전(職田)의 세(稅)는 관(官)에서 거두어 관에서 주면 이런 폐단이 없을 것입니다."라고 하였다. [대왕 대비가] 전지하기를, "직전의 세는 소재지의 지방관으로 하여금 감독하여 거두어 주도록 하라."라고 하였다.

① 백성에게 정전을 지급하였다.
② 양전 사업을 실시하여 지계를 발급하였다.
③ 관등에 따라 관리에게 전지와 시지를 차등 지급하였다.
④ 개국 공신에게 인품, 공로를 기준으로 역분전을 지급하였다.
⑤ 수신전, 휼양전 등의 명목으로 세습되는 토지를 폐지하였다.
⑥ 경기 지역에 한하여 과전법이 실시되었다.
⑦ 현직 관리에게만 수조권을 지급하였다.

│ 답인 이유 │

단서 과전, 직전

(가) '도평의사사가 글을 올려 과전을 주는 법을 정하자고 요청하니 왕이 따랐다'를 통해 고려 공양왕 때 실시한 과전법(1391)에 대한 것임을 알 수 있다. (나) '직전의 세는 관에서 거두어 관에서 주면 이런 폐단이 없을 것입니다'를 통해 조선 성종 때 실시한 관수관급제(1470)에 대한 내용임을 알 수 있다. ⑤, ⑦ 과전법의 실시로 신진 관료에게 지급할 토지가 부족해졌다. 이에 세조는 현직 관리에게만 수조권을 지급하는 직전법을 실시하였고, 수신전과 휼양전 등 세습되는 토지를 폐지하였다.

│ 오답인 이유 │

① 신라 성덕왕 때 백성에게 정전을 지급하였다.
② 대한 제국 시기인 광무개혁 때 양전 사업을 실시하여 지계를 발급하였다.
③ 고려 시대에 전시과를 실시하여 관등에 따라 관리에게 전지(농사를 지을 수 있는 토지)와 시지(땔감을 구할 수 있는 토지)에 대한 수조권을 지급하였다.
④ 고려 태조 때 개국 공신에게 인품, 공로를 기준으로 역분전을 지급하였다.
⑥ 고려 말인 1391년에 실시된 과전법은 신진 사대부의 경제 기반을 마련하기 위해 경기 지역에 한하여 실시되었다.

답 ⑤, ⑦

조선 전기 성리학의 발달

성리학의 발달과 보급

배경
- 사림의 집권 이후 성리학의 사회적 실천 노력 → 인간의 본성과 우주 자연의 원리 연구
- 서경덕·조식*·이황·이이에 의해 발전

*조식
학문의 실천성을 강조하여 정인홍, 곽재우 등의 제자 배출

이황
- 영남 학파, 주리(理)론 수립
- 이理의 능동적 역할 중시 → 근본적·이상주의적, 인간의 심성 중시
- 일본 성리학 발전에 영향제자 강항이 일본에 성리학을 전해 줌
- 『주자서절요』: 주자의 이론에 조선의 현실을 반영하여 편찬함
- 『성학십도』: 국왕 스스로의 역할 강조, 군주의 도를 도식으로 설명
- 예안 향약 시행 : 향촌 교화를 위해 노력
- 정파 : 동인조식·이황의 학풍 계승이 남인이황과 북인서경덕, 조식으로 분화

이황과 『성학십도』

이이
- 기호 학파, 주기(氣)론 수립
- 기氣의 역할을 상대적으로 중시 → 현실적·개혁적 성향수미법, 십만양병설, 방군수포제 폐지 주장
- 『동호문답』: 다양한 개혁 방안 제시
- 『성학집요』: 군주가 수양해야 할 덕목을 제시, 신하의 적극적인 역할 강조
- 『격몽요결』: 성리학 입문서
- 정파 : 서인이이·성혼의 학풍 계승이 노론이이과 소론성혼으로 분화

*예학
유교 문화를 의미하는 예법을 연구하는 학문

*주자가례
중국 남송의 주희가 가정에서 실천해야 할 예절을 종합하였다고 전해지는 책, 『가례』라고도 부름

이이와 『성학집요』

예학*의 발달
- 『주자가례*』 중심16세기 중엽
- 예학의 시대17세기 → 김장생은 『가례집람』을 통해 조선의 현실에 맞게 예학을 정리함

서원

시초
풍기 군수 주세붕이 지은 백운동 서원경북 영주
┌ 우리나라에 성리학을 도입한 안향을 기림

목적
성리학 연구, 선현에 대한 제사, 지방 양반의 자제 교육
→ 학문과 교육 발전

역할
사림의 여론 형성 주도, 지방 사림의 정치적 구심점 역할, 붕당의 근거지

서원의 구조

사액 서원
국왕으로부터 편액간판, 서적, 노비 등을 하사받은 서원 (백운동 서원 → 소수 서원이황의 건의)

┌ 이이의 영향을 받아 기호 학파 형성
논산에 있는 돈암 서원은 호가 사계(沙溪)인 김장생의 학덕을 기리기 위해 세워졌다. 최근 유네스코 세계유산에 등재된 9개 서원 중 하나이다. 아들인 김집과 제자인 송시열, 송준길이 함께 배향되어 있으며, 두 차례나 사액을 받은 기호 지방의 대표적인 서원이다.　　　　- 44회

향약

시초
중종 때 조광조가 처음 시행 → 이황과 이이에 의해 널리 보급

특징
기존의 농촌 공동체에 성리학적 유교 윤리를 가미하여 만든 향촌 자치 규약

4대 덕목
- 덕업상권, 과실상규, 예속상교, 환난상휼을 바탕으로 규약 제정
- 지방의 사족이 주로 직임약정, 직월에 임명됨

목적
주민 통제와 풍속 교화, 양반들의 향촌 자치 수단 → 지방 사림의 농민 지배 강화

해주 향약 입례문
하나, 나이가 많고 덕망과 학술을 지닌 1인을 여러 사람들이 도약정(都約正)으로 추대하고, 학문과 덕행을 지닌 2인을 부약정으로 삼는다. 향약의 구성원 중에서 교대로 직월(直月)과 사화(司貨)를 맡는다. … 하나, 세 가지 장부를 두어 향약에 가입하기를 원하는 자들, 덕업(德業)이 볼 만한 자들, 과실(過失)이 있는 자들을 각각 장부에 기록한다. 이를 직월이 맡았다가 매번 모임이 있을 때 약정에게 알려서 각각 그 순위를 매긴다.　　　　- 『율곡전서』, 37회

단어	문장

270
이황

군주의 도를 도식으로 설명한 성학십도를 지었다.
51, 48회 ⋯ 8회 이상

271 ★★
이이

- 성학집요를 저술하여 군주가 수양해야 할 덕목을 제시하였다.
37, 32회 ⋯ 3회 이상

- 동호문답을 저술하여 다양한 개혁 방안을 제시하였다.
51, 44회 ⋯ 5회 이상

- 방납의 폐단을 줄이고자 수미법을 주장하였다.
35, 28회 ⋯ 2회 이상

272 ★★★
서원

- 주세붕이 최초의 서원인 백운동 서원을 건립하였다.
52, 36회 ⋯ 8회 이상

- 사림의 여론 형성을 주도하였다.
24회 ⋯ 1회 이상

- 지방의 사림 세력이 주로 설립하였다.
47, 42회 ⋯ 3회 이상

- 국왕이 사액 서원에 현판과 서적, 노비를 지급하였다.
48, 39회 ⋯ 3회 이상

무릇 교육이란 현인(賢人)을 높이는 것에서 비롯된다. … 지금의 죽계는 문성공(文成公)이 살았던 마을이다. 교육을 하려면 반드시 문성공(안향)으로부터 시작해야 한다. … 이에 마음과 힘을 다하여 사묘(祠廟)를 세우고 서원을 설립하였다. - 「무릉잡고」 24회

273
김장생

가례집람을 저술하여 예학을 조선의 현실에 맞게 정리하였다.
52, 44회 ⋯ 3회 이상

274 ★
향약

- 이황은 예안 향약을 시행하여 향촌 교화를 위해 노력하였다.
52, 39회 ⋯ 2회 이상

- 지방 사족이 주요 직임을 맡았다.
37, 23회 ⋯ 3회 이상

- 4대 덕목을 바탕으로 규약을 제정하였다.
23, 17회 ⋯ 2회 이상

- 상호 부조와 유교 윤리를 실천하며, 이이·이황 등에 의해 널리 보급되었다.
21, 17회 ⋯ 2회 이상

문제

52회 20번

(가) 인물에 대한 설명으로 옳은 것은? [2점]

이 자료는 ___(가)___ 이/가 지어 왕에게 바친 성학십도의 일부입니다. 그는 성리학에 대한 체계적 이해를 바탕으로 군주가 스스로 인격과 학문을 수양하기 위해 노력해야 함을 강조하였습니다.

① 양명학을 연구하여 강화 학파를 형성하였다.
② 일본에 다녀와서 해동제국기를 편찬하였다.
③ 예안 향약을 시행하여 향촌 교화를 위해 노력하였다.
④ 유교 경전을 주자와 달리 해석한 사변록을 저술하였다.
⑤ 가례집람을 저술하여 예학을 조선의 현실에 맞게 정리하였다.
⑥ 주자서절요를 저술하였다.
⑦ 동호문답을 저술하여 다양한 개혁 방안을 제시하였다.

| 답인 이유 |

단서 성학십도, 군주가 스스로 인격과 학문을 수양하기 위해 노력

『성학십도』를 저술한 (가)는 퇴계 이황이다. 이황은 영남 학파로 이(理)의 능동적 역할을 중시하였고, 근본적·이상주의적 성격이 강하였다. ③ 이황은 1556년에 중국의 여씨 향약을 본떤 경북 안동 예안 지방에서 예안 향약을 시행하여 향촌 교화를 위해 노력하였다. ⑥ 『주자대전』에 수록된 편지 중 중요한 부분을 발췌하여 주자의 학설을 조선의 현실에 반영한 『주자서절요』를 편찬하였다.

| 오답인 이유 |

① 정제두는 양명학을 연구하여 18세기 강화 학파를 형성하였다.
② 신숙주는 세종 때 일본에 다녀와서 성종 때 『해동제국기』를 편찬하였다.
④ 박세당은 유학 경전을 주자와 달리 해석한 『사변록』을 저술하였다.
⑤ 김장생은 『가례집람』을 저술하여 예학을 조선의 현실에 맞게 정리하였다.
⑦ 이이는 통치 체제 정비와 수취 체제 정비 등 다양한 개혁 방안을 제시한 『동호문답』을 저술하였다.

답 ③, ⑥

역사서 조선 건국의 정당성 확보와 성리학적 통치 규범 정착을 위해 편찬

『고려국사』 정도전 편찬, 조선 건국과 통치의 정당성 확보를 위해 자주적 입장에서 편년체*로 서술

『고려사』, 『고려사절요』 『고려사』는 기전체, 『고려사절요』는 편년체로 고려 역사 정리

『동국통감』 서거정이 성종의 명을 받아 고조선부터 고려 말까지의 역사를 편년체로 편찬

『동국사략』 16세기 박상 편찬, 사림의 역사 인식 반영

『승정원일기』 • 인조~1910년까지 승정원에서 날마다 취급한 문서와 사건을 기록
• 유네스코 세계 기록유산으로 등재 왕과 신하들이 열람 가능

『조선왕조실록』 • 태조~철종까지 472년의 역사를 편년체로 기록
1997년 유네스코 세계 기록 유산으로 등재
• 사초*와 시정기를 바탕으로 실록청에서 편찬 춘추관 관원들이 편찬 업무에 참여
• 임진왜란 이전에는 4대 사고*에 보관

*편년체
역사적 사실을 연대순으로 기록하는 형식

*사초
사관이 매일 기록한 원고로 실록 등 역사 편찬의 첫 번째 자료

*사고
고려·조선 시대에 역대의 실록을 보관하기 위해 국가에서 설치했던 창고

*4대 사고
조선 전기에 춘추관(서울)·충주·전주·성주의 사고가 운영됨. 임진왜란 때 사고가 불에 탄 이후 춘추관·정족산(강화)·묘향산·태백산·오대산의 5대 사고가 마련됨

지도

'혼일강리역대국도지도' 태종 때 제작, 동양에서 현존하는 가장 오래된 세계 지도

'팔도도' 태종이회·세종정척 때의 전국 지도

'동국지도' 세조 때 제작, 우리나라 최초의 실측 지도

꼭 혼일강리역대국도지도
↳ 중국 중심의 세계관 반영

지리서

『팔도지리지』 성종 때 편찬, 전국의 지리 정보 정리

『동국여지승람』* 성종 때 편찬, 각 도의 지리·연혁·인물·풍속 등이 수록

『신증동국여지승람』 중종 때 『동국여지승람』을 보충하여 편찬

*동국여지승람
성종 때 노사신, 양성지 등이 팔도지리지 등을 참고하여 저술한 지리지, 각 지역의 지도·지리·풍속 등을 총 50권에 수록

윤리·의례서

『삼강행실도』 세종 때 충신·효자·열녀의 행적을 글과 그림으로 정리하여 간행

『국조오례의』 성종 때 편찬, 국가의 여러 행사에 필요한 예법을 정비한 의례서

『동몽수지』 중국 송나라 때 주자가 지은 아동용 윤리서, 조선 시대에 교육용으로 보급

법전

『조선경국전』 정도전이 왕에게 지어 바친 조선 최초의 법전

『경국대전』 세조 때 편찬 시작, 성종 때 완성한 조선의 기본 법전, 이·호·예·병·형·공의 6전 체제 구성

농서

『농사직설』 세종 때 우리 풍토에 맞는 농업 기술을 정리한 최초의 농서로, 농민의 실제 경험을 반영

『금양잡록』 성종 때 강희맹이 금양지금의 시흥 지역에서 농부들과 대화한 경험을 토대로 저술한 농서

『구황촬요』 명종 때 기근에 대비 농민 생활 안정하기 위해 간행하여 보급한 의서

병서

『총통등록』 세종 때 편찬, 화포의 주조법과 화약 사용법을 상세히 기록

275
고려국사
정도전이 조선 건국을 정당화하는 입장에서 고려의 역사를 정리하였다. 45, 25회 ⋯ 3회 이상

276
동국통감
서거정이 단군 조선에서 고려까지의 역사를 연대순으로 정리하였다. 52, 32회 ⋯ 7회 이상

277
승정원일기
국왕과 신료들이 열람할 수 있었다. 51, 23회 ⋯ 2회 이상

278 ★★★
조선왕조실록
• 사초, 시정기 등을 바탕으로 춘추관 관원들이 참여하여 실록청에서 편찬되었다. 51, 50회 ⋯ 12회 이상
• 임진왜란 이전에는 4대 사고에 보관되었다. 26회 ⋯ 1회 이상

279
혼일강리역대 국도지도
세계 지도인 혼일강리역대국도지도를 만들었다. 49, 38회 ⋯ 7회 이상

280
동국여지승람
각 도의 지리, 풍속 등이 수록된 동국여지승람이 간행되었다. 43, 24회 ⋯ 2회 이상

281
삼강행실도
충신·효자·열녀의 행적을 알리기 위하여 간행되었다. 25, 20회 ⋯ 2회 이상

282
국조오례의
국가의 의례를 정비한 국조오례의가 완성되었다. 39회 ⋯ 1회 이상

283 ★★
경국대전
조선의 기본 법전을 완성하여 국가의 통치 규범을 마련하였다. 52, 51회 ⋯ 12회 이상

284 ★
농사직설
우리 풍토에 맞는 농법을 소개한 농사직설을 간행하였다. 53, 46회 ⋯ 7회 이상

285
금양잡록
강희맹이 자신의 경험을 바탕으로 저술한 농서이다. 35, 32회 ⋯ 2회 이상

286
구황촬요
기근에 대비하기 위해 구황촬요를 간행하여 보급하였다. 52, 51회 ⋯ 4회 이상

44회 25번

(가)~(마)에 대한 설명으로 옳은 것은? [2점]

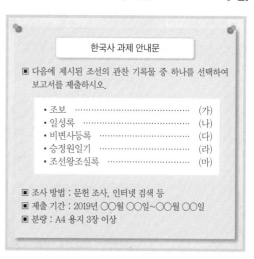

① (가) – 유네스코 세계 기록유산으로 등재되었다.
② (나) – 광해군 때부터 기록되기 시작하였다.
③ (다) – 국왕의 비서 기관에서 발행한 관보이다.
④ (라) – 정조가 세손 시절부터 쓴 일기에서 유래하였다.
⑤ (마) – 춘추관 관원들이 편찬 업무에 참여하였다.
⑥ (라) – 국왕과 신하들이 열람할 수 있었다.
⑦ (마) – 편년체 형식으로 작성하였다.

| 답인 이유 |

(가) '조보'는 승정원에서 발행한 조선 시대 관보이다. (나) 『일성록』은 1760년(영조 36)부터 1910년까지 주로 국왕의 동정과 국정을 기록한 일기이다. (다) 『비변사등록』은 비변사의 활동을 기록하였다. ⑥ 국왕의 비서 기관인 승정원에서 작성한 업무 관련 내용이 일지 형식으로 작성된 『승정원일기』는 국왕과 신료들이 열람할 수 있었다. ⑤, ⑦ 『조선왕조실록』은 조선 시대 왕의 역사를 후대에 남기기 위해 태조부터 철종까지의 역사를 기록한 책이다. 사초와 시정기를 바탕으로 편년체의 형식으로 작성하였다. 『조선왕조실록』은 춘추관 내에 설치된 실록청에서 편찬을 담당하였으며 춘추관 관원들이 편찬 업무에 참여하였다.

| 오답인 이유 |

① 유네스코 세계 기록유산에 등재된 기록물은 『승정원일기』, 『조선왕조실록』 등이 있다.
② 광해군 때부터 기록된 것은 『비변사등록』이다.
③ 국왕의 비서 기관인 승정원에서 발행한 관보는 조보이다.
④ 정조가 세손 시절부터 쓴 일기에서 유래한 기록물인 『일성록』은 1760년부터 1910년까지 기록하였다.

답 ⑤, ⑥ ,⑦

조선 전기 예술의 발달

건축

15세기
- 궁궐·관아·성곽 건축 유행 : 덕수궁·경복궁·창덕궁·숭례문 등
- 서울 원각사지 10층 석탑 : 원의 영향을 받음, 고려의 개성 경천사지 10층 석탑 영향
- 해인사 장경판전 : 팔만대장경을 보관하기 위한 건물, 유네스코 세계 문화유산 등재
- 선농단 : 신농씨와 후직씨에게 풍년을 기원하며 제사를 지내던 곳
  └ 농사짓는 법을 가르쳤다고 전해짐

16세기 서원 건축 활발 : 교육 공간인 강당을 중앙에 두고 좌우에 기숙사인 동재·서재 배치, 선현의 위패를 모신 사당 배치 → 교육과 제사 기능 수행
예 옥산 서원경주, 도산 서원안동

꼭 **도산 서원**
우리나라의 9개 서원이 유네스코 세계 문화유산으로 등재

회화

15세기
- 몽유도원도 : 안견이 안평 대군의 꿈을 소재로 그린 그림, 현실 세계와 이상적인 도원의 세계가 조화와 대조를 이룸
- 고사관수도 : 강희안이 간결하고 과감한 필치로 자연 속의 인물을 표현함

16세기
- 사군자매·난·국·축 유행 : 선비의 지조와 절개를 표현함
- 초충도 : 신사임당이 풀과 벌레를 소재로 그린 그림

몽유도원도

고사관수도

초충도

공예

*분청사기 철화 어문병

15세기 분청사기* : 청자에 백토의 분을 칠한 자기, 고려 말부터 조선 초기에 유행, 소박하고 여러 무늬가 어우러진 아름다움

16세기 순백자* : 담백하고 깨끗한 순백의 고상함이 선비의 취향과 잘 어울림

*백자 달 항아리

문학

15세기
- 『동문선』 : 성종 때 서거정 등이 우리나라 역대 시문을 모아 편찬
- 『금오신화』 : 김시습이 지은 우리나라 최초의 한문 소설

16세기
- 가사 문학의 발달 : 조선 전기에 나타난 시가와 산문 중간 형태의 문학
- 정철의 『관동별곡』 : 금강산을 비롯해 관동 8경의 아름다움을 노래
  『사미인곡』 : 임금에 대한 충성심을 한 여인이 지아비를 사모하는 마음에 비유
- 신사임당, 허난설헌 등 여류 문인의 활발한 활동

*정간보
소리의 장단과 높낮이를 표시하는 악보

*종묘 제례악
종묘에서 역대 왕에게 제사를 지낼 때 사용하던 음악

음악

15세기
- 세종 : 아악의 체계화 → 궁중 음악으로 발전, 박연을 통해 악기 제작, 정간보* 창안, 종묘 제례악* 정비
- 성종 : 성현이 음악의 이론과 역사 등을 정리한 『악학궤범』 편찬

16세기 속악민간 음악 발달 : 당악+향악

287
건축

15세기에는 궁궐과 관아, 성곽 등이 건축의 중심을 이루었다. 　33회 ···▶ 1회 이상

창덕궁 인정전 / 숭례문 / 해인사 장경판전 / 서울 원각사지 10층 석탑

288 ★★
몽유도원도

안견이 몽유도원도를 그렸다.
47, 40회 ···▶ 6회 이상

289
분청사기

청자에 백토의 분을 칠한 분청사기가 널리 유행하였다. 　19회 ···▶ 1회 이상

조선 전기에 많이 제작된 도자기이다. 회색의 태토 위에 맑게 거른 백토로 표면을 분장한 뒤 유약을 씌워 만들었다. 백자가 본격적으로 생산되면서 덜 만들어지게 되었다. 　53회

290 ★
문학

[15세기]
• 서거정이 역대 문학 작품을 선별하여 동문선을 편찬하였다. 　36회 ···▶ 1회 이상

• 김시습이 금오신화를 저술하였다. 　35회 ···▶ 1회 이상

• 정철이 관동별곡, 사미인곡 등의 작품을 지었다. 　36회 ···▶ 1회 이상

[16세기]
신사임당, 허난설헌 등 여류 문인의 활동이 활발하였다. 　19회 ···▶ 1회 이상

291 ★★★
음악

[15세기]
• 아악이 체계적인 궁중 음악으로 발전하였다. 　19회 ···▶ 1회 이상

• 음악 이론 등을 집대성한 악학궤범이 간행되었다. 　49, 38회 ···▶ 6회 이상

30회 19번
(가)에 들어갈 그림으로 옳은 것은?　　　　[1점]

초대합니다
안견 특별전

(가)

현실 세계와 도원(桃園) 세계가 대비를 이루면서도 전체적으로 통일된 분위기를 자아내고 있는 작품으로 안평 대군의 꿈 이야기를 듣고 그린 그림으로 전해진다.

◎ 전시 기간 : 2016년 ○○월 ○○일 ~ ○○일
◎ 전시 장소 : △△ 박물관

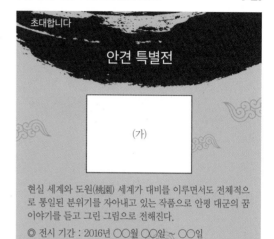
① ② ③

④ ⑤

⑥ ⑦

| 답인 이유 |

단서 안견, 안평 대군의 꿈 이야기를 듣고 그린 그림
(가)에 들어갈 그림은 안견이 그린 '몽유도원도'이다. ⑤ 몽유도원도는 안평 대군이 꿈 속에서 본 무릉도원을 안견에게 그리게 한 15세기의 그림으로, 왼쪽 하단의 자연스러운 현실 세계와 오른쪽 상단의 환상적인 이상 세계를 능숙하게 처리한 작품으로 평가받고 있다.

| 오답인 이유 |
① 정선의 '금강전도'로 조선 후기의 대표적인 진경 산수화이다.
② 조선 전기 문인 화가인 강희안의 '고사관수도'이다.
③ 강세황의 '영통골 입구도(영통동구도)'로 조선 후기의 진경 산수화이다.
④ 조선 후기의 화가인 전기가 그린 '매화초옥도'이다.
⑥ 조선 후기 진경 산수화를 개척한 정선이 그린 '인왕제색도'이다.
⑦ 풍속화와 산수화에 모두 재능이 있던 조선 후기 화가 김홍도의 '옥순봉도'이다.

답 ⑤

5 조선 후기

9.7%

단원별
출제 비중

● BEST 기출 단어 16~53회, 기출 DATA 분석

1위 ***	2위 **	3위 *
비변사 ⋯ 22회 이상	**훈련도감** ⋯ 19회 이상	**5군영** ⋯ 17회 이상
1차 예송 ⋯ 18회 이상	**서인** ⋯ 10회 이상	**경신환국** ⋯ 9회 이상
장용영 ⋯ 20회 이상	**탕평비** ⋯ 17회 이상	**영조의 편찬 사업** ⋯ 16회 이상
균역법 ⋯ 31회 이상	**대동법** ⋯ 21회 이상	**공인** ⋯ 12회 이상
사상 ⋯ 33회 이상	**상품 작물의 재배** ⋯ 18회 이상	**모내기법** ⋯ 13회 이상
중인 ⋯ 25회 이상	**천민** ⋯ 14회 이상	**상민** ⋯ 10회 이상
박제가 ⋯ 27회 이상	**정약용** ⋯ 18회 이상	**박지원** ⋯ 17회 이상
김정희 ⋯ 13회 이상	**유득공** ⋯ 10회 이상	**정상기** ⋯ 8회 이상
임술 농민 봉기 ⋯ 23회 이상	**세도 정치** ⋯ 10회 이상	**진주 농민 봉기** ⋯ 8회 이상
동학 ⋯ 21회 이상	**천주교** ⋯ 14회 이상	**이제마** ⋯ 11회 이상
서민 문화의 발달 ⋯ 13회 이상	**추사 김정희** ⋯ 8회 이상	**단원 김홍도** ⋯ 6회 이상

통치 체제의 변화

정치 구조의 변화

비변사*의 기능 강화

*비변사등록(비국등록)
비변사 활동에 대한 기록으로 일기체 형식, 임진왜란 이전의 기록은 소실되어 이후 기록만 남아 있음

임시 회의 기구	• 16세기 중종 초에 여진족과 왜구의 침입(3포 왜란)에 대비하기 위해 설치 • 군사와 관련한 사항을 합의하여 처리 • 초기에는 의정부와 병조의 대신·재상으로 구성
상설 기구화	명종 때 을묘왜변1555을 계기
최고 기구화	전·현직 정승을 비롯한 각 조의 판서와 참판, 각 군영 대장, 대제학 등 중요 고위직 관원으로 확대 • 임진왜란을 거치며 구성원·조직·기능 확대 • 국정 총괄 기구(군사 외에 외교·재정·인사 등 총괄)로 부상 → 의정부와 6조의 기능 약화, 왕권 위축
세도 정치기	외척 세력의 권력 기반으로 기능

삼사의 변질

• 공론보다 각 붕당의 이해 관계 대변
• 인사권을 담당한 전랑은 후임자 추천권을 세력 확대의 수단으로 이용

군사 제도의 변화

중앙군의 개편

조선 초기(5위 중심)	변질	17세기 말(5군영 체제 완성)

수도

임진왜란 초기 패배 원인 중 하나
• 16세기 이후 군역의 문란
• 대립, 방군수포제 등으로 인해 발생

금위영(숙종) ─ 포수 총 / 사수 활 / 살수 창
외곽
훈련도감(선조) 수도
총융청(인조) 수어청(인조)
어영청(인조)

5군영

훈련도감	• 선조 때1593 유성룡의 건의로 임진왜란 중 설치 • 포수조총·사수활·살수창과 칼의 삼수병으로 편성 • 대부분 급료를 받는 상비군직업 군인으로 구성, 군사 훈련 및 수도 방어 역할 • 네덜란드에서 귀화한 벨테브레이가 총포의 제조 및 조작법을 가르침
어영청	인조 때 설치1623, 수도한성 방어, 북벌을 추진하기 위한 부대
총융청	인조 때 설치1624, 북한산성에 위치하여 경기 일대 방어
수어청	인조 때 설치1626, 남한산성*에 위치하여 수도 남부 방어
금위영	숙종 때 설치1682, 수도 방어와 왕실 호위 강화, 마지막으로 설치되어 5군영 체제 완성

후금과의 항쟁 과정에서 설치

*남한산성 수어장대
수어청의 군 지휘관이 군대를 지휘하던 곳으로 남한산성에 있음

*제승방략 체제
승리를 만드는 방략이라는 뜻으로 진관 체제가 무너지자 실시된 수비 체제, 각 지역의 수령이 군사를 이끌고 지정된 지역에 모이면 중앙에서 파견된 장수가 지휘를 함

지방군

제승방략 체제하에서 일어난 충주 탄금대 전투에서 일본군에게 크게 패함

• 방어 체제의 변화 : 15세기 진관 체제 → 16세기 제승방략 체제* → 임진왜란 이후 진관 복구, 속오군 체제
• 속오군 : 양반에서 노비까지 모든 신분 편제, 평상시에는 생업에 종사하고 유사시에 향토 방위를 담당하는 예비군 → 양반의 회피로 상민과 노비만 남아 부담이 커짐

292 ★★★
비변사

- 외적의 침입에 대응하여 비변사가 처음 설치되었다.   53, 50회 ⋯ 6회 이상
- 을묘왜변을 계기로 상설 기구가 되었다.   29, 27회 ⋯ 2회 이상
- 임진왜란을 거치면서 국정 전반을 총괄하는 최고 기구로 자리 잡았다.   49, 46회 ⋯ 6회 이상
- 세도 정치 시기에 외척 세력의 권력 기반이 되었다.   42, 36회 ⋯ 8회 이상

> 변방의 일은 병조가 주관하는 것입니다. … 그런데 근래 변방 일을 위해 비변사를 설치했고, 변방에 관계되는 모든 일을 실제로 다 장악하고 있습니다. … 혹 병조 판서가 참여하는 경우가 있기는 하지만 도리어 지엽적인 입장이 되어버렸고, 참판 이하의 당상관은 전혀 일의 내용을 모르고 있습니다. … 청컨대 혁파하소서.   40회

---

293 ★★
훈련도감

- 군사력 강화를 위하여 삼수병(포수·사수·살수)으로 편제되었다.   52, 50회 ⋯ 15회 이상
- 삼수병은 급료를 받는 상비군이 주축을 이루었다.   43, 38회 ⋯ 3회 이상
- 유성룡은 군사력 강화를 위해 훈련도감 설치를 건의하였다.   28회 ⋯ 1회 이상

> 주상께서 도감을 설치하여 군사를 훈련시키라고 명하시고 나를 도제조로 삼았다. 나는 "곡식 1천 석을 꺼내 하루 한 사람에게 두 되씩 준다고 하여 군인을 모집하면 응모하는 자들이 사방에서 모여들 것입니다."라고 아뢰었다. … 얼마 안 되어 수천 명을 모집하여 조총 쏘는 법과 창, 칼 쓰는 기술을 가르쳤다.
> - 「서애집」, 32·24회

---

294 ★
5군영

- 후금과의 항쟁 과정에서 총융청, 수어청, 어영청을 설치하여 도성을 방비하였다.   52, 50회 ⋯ 6회 이상
- 어영청을 중심으로 북벌을 추진하였다.   53, 46회 ⋯ 6회 이상
- 금위영을 설치하여 5군영 체제를 완성하였다.   36, 30회 ⋯ 3회 이상
- 금위영은 5군영의 하나로 한성을 수비하는 역할을 맡았다.   51, 25회 ⋯ 2회 이상

295
속오군

- 속오법에 따라 지방군을 개편하였다.   26회 ⋯ 1회 이상

43회 24번

밑줄 그은 '이 부대'에 대한 설명으로 옳은 것은?   [2점]

왜군의 조총 부대에 맞서 조직된 이 부대에서 군사를 모집하는 군.

삼수병으로 구성된 이 부대에 나는 포수로 지원해야겠네.

> **군사 모집 공고**
> 우리나라를 침략한 왜군에 맞서 싸울 용감한 군사를 모집합니다.
> - 모집인원 : ○○○명
> - 지원 분야 : 포수, 사수, 살수
> - 지원 자격 : 무예에 뛰어난 자
> - 체력 측정 : 큰 돌 들어 올리기, 담장 뛰어넘기 등

① 최씨 무신 정권의 군사적 기반이었다.
② 급료를 받는 상비군이 주축을 이루었다.
③ 국경 지역인 북계와 동계에 배치되었다.
④ 이종무의 지휘 아래 대마도 정벌에 참여하였다.
⑤ 국왕의 친위 부대로 수원 화성에 외영을 두었다.
⑥ 유성룡의 건의에 따라 설치되었다.
⑦ 응양군과 용호군으로 구성된 친위 부대였다.
⑧ 수도 방위와 국왕 호위 등의 역할을 담당하였다.

| 답인 이유 |

단서 왜군의 조총 부대에 맞서 조직, 삼수병(포수·사수·살수)

밑줄 그은 '이 부대'는 훈련도감이다. 훈련도감은 포수(총), 사수(활), 살수(창)의 삼수병으로 편성되었고, 수도 방어 및 지방군 훈련의 역할을 담당하였다. ② 훈련도감은 장기간 근무를 하고 일정한 급료를 받는 상비군이 주축을 이루었다. ⑥ 훈련도감은 임진왜란 중인 1593년 유성룡의 건의에 따라 설치되었다. ⑧ 훈련도감은 수도 방위와 국왕 호위의 중요한 임무를 맡아 기존에 5위가 담당하던 기능을 대신하였다.

| 오답인 이유 |

① 고려 시대 최씨 무신 정권의 군사적 기반이 되었던 부대는 삼별초이다.
③ 고려 시대 국경 지역인 북계와 동계에 배치된 부대는 주진군이다.
④ 이종무의 지휘 아래 이루어진 대마도 정벌은 조선 세종 때의 일로 훈련도감이 만들어지기 이전의 일이다.
⑤ 국왕의 친위 부대로 수원 화성에 외영을 둔 부대는 정조 때 설치된 장용영이다.
⑦ 고려의 중앙군인 2군은 응양군과 용호군으로 구성된 국왕의 친위 부대였다.

답 ②, ⑥, ⑧

붕당 정치의 전개와 변질

공론을 앞세운 붕당 정치

선조	• 이조 전랑 임명을 둘러싸고 동인과 서인의 붕당 발생 • 정여립 모반 사건, 정철의 건저의 사건 등을 계기로 동인이 남인과 북인으로 분당
광해군	임진왜란 이후 의병장 등을 배출한 북인 집권 → 북인의 광해군 중립 외교 지지 → 인조반정으로 북인 몰락
인조	• 서인의 집권 + 남인이 참여하는 정국 ★• 서로의 학문적 입장을 인정하며 비판적 공존 체제 형성
효종	• 북벌 문제로 서인과 남인 대립 • 서인은 친명 정책으로 북벌 주장 예 송시열

붕당 정치의 전개와 변질

예송 논쟁 붕당 정치의 변질, 현종

논점 왜 효종은 인조의 차남이기 때문에 정통성 문제가 생김

• 효종과 효종비가 사망하자 효종의 새어머니인 자의 대비인조의 계비의 상복 착용 기간을 두고 논쟁
• 서인 : 효종이 적장자가 아니므로 『주자가례』에 따라 왕도 사대부와 같은 예를 따를 것을 주장 예 송시열
• 남인 : 왕실의 예는 사대부와는 다르며 예외를 둘 것을 주장 예 허목, 윤휴

1차 예송 기해예송, 1659		**2차 예송** 갑인예송, 1674	
효종의 사망		**효종비의 사망**	
서인 승	남인	서인	남인 승
차남에 해당하는 1년설기년복* 주장	국왕에 해당하는 3년설 주장	둘째 며느리에 해당하는 9개월대공복 주장	왕비에 해당하는 1년설 주장 송시열 유배

*기년복
1년 동안 입는 상복을 뜻하며, 서인은 죽은 효종이 장자가 아니므로 자의 대비가 상복을 입는 기간을 1년으로 할 것을 주장(기년설)

*환국 정치
국왕의 주도로 정국을 주도하는 붕당과 견제하는 붕당이 급격하게 바뀌는 현상

*장막 무단 사용 사건
남인의 수장인 허적이 할아버지 잔칫날에 비가 오자, 왕이 사용하는 기름칠한 천막(유악)을 숙종이 빌려주기도 전에 무단으로 가져간 사건

*세제
다음 왕위에 오르게 되는 왕의 동생

*대리청정
왕이 정사를 제대로 볼 수 없게 되었을 때 세자 또는 세제가 왕 대신 나랏일을 보던 것

환국 정치* 붕당 정치의 변질, 숙종

배경	숙종의 환국 주도(편당적인 인사 조치로 빌미를 제공), 왜 왕권 강화 목적으로 추진 • 붕당 간의 세력 균형이 무너져 왕권도 불안해짐
경신환국 1680	• 원인 : 서인이 역모를 꾀한다고 남인을 모함(장막 무단 사용 사건)* • 전개 : 남인 축출 후 서인 집권 → 남인에 대한 처벌 문제로 서인이 노론강경파과 소론온건파으로 분화 노론 : 송시열 중심, 대의명분 중시, 민생 안정 강조 소론 : 윤증 중심, 실리 중시, 적극적인 북방 개척 주장
기사환국 1689	• 원인 : 희빈 장씨 아들훗날 경종의 원자 책봉 • 전개 : 송시열이 원자 책봉 반대 → 인현 왕후 폐위, 서인의 몰락(송시열 처형), 남인의 집권
갑술환국 1694	• 원인 : 인현 왕후의 복위 문제 • 전개 : 숙종의 남인 견제, 서인의 인현 왕후 복위 운동 → 남인의 몰락, 서인의 집권
결과	• 세 차례의 환국 이후 남인은 몰락하고, 서인이 노론과 소론으로 분화(노론의 정국 주도) • 붕당 간의 세력 균형이 깨지고, 특정 붕당이 정권을 독점하는 일당 전제화 추세가 나타남

노론과 소론의 대립

신임사화	경종 때 연잉군훗날 영조의 세제* 책봉 문제와 대리청정* 문제가 대두하자 소론경종 지지이 노론연잉군 지지을 제거하고 정권을 장악

296 ** 서인	인조반정으로 정권을 장악하고 친명 정책을 주장하였다. 51, 49회 … 10회 이상
297 북인	광해군 시기에 서인과 남인을 배제하고 권력을 장악해 국정을 이끌었다. 45, 44회 … 9회 이상
298 남인	서인을 몰아내기 위해 기사환국을 일으킨 후 권력을 장악하였고, 희빈 장씨가 왕비로 책봉되었다. 53, 49회 … 8회 이상
299 예송	서인과 남인 사이에 두 차례 걸쳐 발생한 전례 문제이다. 43, 32회 … 6회 이상
300 *** 1차 예송 =기해예송	• 효종의 사망 이후 자의 대비의 복상 문제로 전개되었다. 53, 51회 … 13회 이상 • 서인은 자의 대비의 기년복을, 남인은 3년복을 주장하여 일어났다. 44, 29회 … 3회 이상 • 송시열이 주자가례에 따라 기년설을 주장하였다. 29, 26회 … 2회 이상
301 2차 예송 =갑인예송	남인은 효종비의 사망 이후 전개된 예송의 결과로 정국을 주도하였다. 33회 … 1회 이상
	• 대비께서 서거하셨습니다. 효종 대왕이 비록 둘째 아들이지만 왕위를 계승하였으므로 장자로 대우하여 대왕대비의 상복 입는 기간을 1년으로 해야 합니다. 남인의 주장 🔍 • 대왕대비는 효종 대왕의 어머니라서 신하가 될 수 없고 효종 대왕은 둘째 아들이므로 대왕대비의 상복 입는 기간을 9개월로 해야 합니다. 22회
302 * 경신환국	• 서인이 정권을 장악하고, 남인이 몰락하였다. 44, 22회 … 5회 이상 • 허적과 윤휴 등 남인들이 대거 축출되었다. 51, 46회 … 4회 이상
303 기사환국	희빈 장씨 소생의 원자 명호(名號) 문제로 인해 발생하였다. 52, 42회 … 5회 이상
304 갑술환국	남인이 축출되고 노론과 소론이 정국을 주도하였다. 45, 41회 … 4회 이상
305 신임사화	소론은 경종(희빈 장씨의 아들)의 즉위를 적극 후원하였다. 27, 21회 … 2회 이상

44회 28번

(가) 붕당에 대한 설명으로 옳은 것은? [3점]

> 홍문관에서 아뢰기를, "윤국형은 우성전과 유성룡의 심복이며 또한 이성중과 한 집안 사람입니다. 당초 신묘 연간에 양사에서 정철을 탄핵할 때에 옥당은 여러 날 동안이나 거론하지 않았습니다. … 유성룡이 다시 재상이 되자 윤국형 등이 선비들을 구별하여 자기들에게 붙는 자를 (가) (이)라 하고, 뜻을 달리하는 자를 북인이라 하여 결국 당쟁의 실마리를 크게 열어 놓았습니다. 이처럼 유성룡이 사당(私黨)을 키우고 사류(士類)를 배척하는 데에 모두 윤국형 등이 도왔던 것입니다."라고 하였다.

① 광해군 시기에 국정을 이끌었다.
② 경신환국으로 정권을 장악하였다.
③ 이언적과 이황의 제자들이 주류를 이루었다.
④ 기해예송에서 자의 대비의 기년복을 주장하였다.
⑤ 정여립 모반 사건을 내세워 기축옥사를 주도하였다.
⑥ 갑술환국으로 인해 정계에서 축출되었다.
⑦ 효종비의 사망 이후 전개된 예송의 결과 정국을 주도하였다.

| 답인 이유 |

단서 정철을 탄핵할 때, 뜻을 달리하는 자를 북인

(가)는 남인이다. 서인인 정철이 '건저의 사건'으로 탄핵되었을 때 동인 내에서 서인에 대한 처벌을 놓고 온건파는 남인, 강경파는 북인으로 분화되었다. ③ 남인은 유성룡을 비롯해 이언적과 이황의 제자들이 주류를 이루었다. ⑥ 숙종 때 인현 왕후 복위 문제로 발생한 갑술환국으로 남인은 정계에서 축출되었고, 인현 왕후의 복위를 주장해 온 서인이 집권하였다. 특히 소론 세력이 정권을 장악하게 되었다. ⑦ 남인은 효종비 사망 이후에 전개된 갑인예송에서 기년복(1년)을 주장하며 승리하여 정국을 주도하였다.

| 오답인 이유 |

① 광해군 시기에 국정을 이끈 붕당은 북인이다.
② 경신환국은 숙종 때 서인이 남인인 허적의 서자 허견의 역모 사건을 고발한 것이 원인이 되어 발생하였다. 경신환국으로 정권을 장악한 붕당은 서인이며, 이후 서인은 남인에 대한 처벌 문제를 두고 노론과 소론으로 갈라졌다.
④ 기해예송에서 자의 대비의 복상 문제에 대해 기년복을 주장한 붕당은 서인이다.
⑤ 정여립 모반 사건을 내세워 기축옥사를 주도한 붕당은 서인이다.
답 ③, ⑥, ⑦

*탕평
"서경"에 나오는 말로 임금의 정치가 어느 한 쪽을 편들지 않고 사심이 없으며 당을 이루지도 않는 상태를 이르는 것을 의미

*탕평비

'두루 사귀면서 편을 가르지 않는 것이 군자의 공정한 마음이요, 편을 가르고 두루 시키지 않는 것은 소인의 사사로운 마음이다.'라고 새겨져 있음

*산림
학식과 덕이 높으나 벼슬을 하지 않고 숨어지내는 선비

*시파와 벽파
노론은 사도 세자의 죽음으로 시파와 벽파로 분열됨, 시파는 사도 세자의 잘못은 인정하지만 사도 세자의 죽음을 안타까워하는 입장인 반면, 벽파는 영조의 사도 세자에 대한 처분이 당연하다는 입장

*수원 화성 행차 시 시흥 행궁으로 가는 모습을 그린 '시흥환어행렬도'

➤ 영조의 개혁 정치

배경 이인좌의 난1728 : 이인좌 등 남인 일부와 소론 강경파가 일으킨 반란 → 진압
└ 경종의 죽음에 영조와 노론이 관계되어 있다고 주장

**완론 탕평* 탕평파 중심으로 정국 운영 → 노론과 소론의 균형 유지

**탕평비* 탕평의 뜻을 알리고 붕당 간의 다툼을 금지하기 위해 성균관 입구에 건립

서원 정리 공론의 주재자인 산림*의 존재를 부정하고, 붕당의 근원인 서원을 대폭 정리함

이조 전랑의 권한 약화 후임자와 삼사 관리를 추천하는 관행통청권 폐지

신문고 부활 백성의 여론을 정치에 반영하기 위해 실시

균역법1750 군포군역을 대신해 내는 옷감를 1년에 2필에서 1필로 경감 → 농민의 군역 부담 완화

형벌 제도 완화 가혹한 형벌 폐지, 사형수에 대한 삼심제 시행

청계천 준설 준천사를 신설하여 홍수에 대비함

편찬 사업
- 『속대전』 : 『경국대전』의 속편으로 통치 체제를 정비하기 위해 편찬
- 『속오례의』 : 『국조오례의』의 속편으로 부족한 점을 보완하기 위해 편찬
- 『동국문헌비고』 : 우리나라 역대 문물을 정리한 서적

➤ 정조의 개혁 정치

┌ 정조의 아버지로 영조에 의해 뒤주에 갇혀 죽음
배경 사도 세자의 죽음을 둘러싼 시파와 벽파*의 갈등★

준론 탕평 노론, 소론, 남인을 고루 등용 → 옳고 그름을 명백히 가리는 적극적 탕평책

규장각 설치
창덕궁 후원의 주합루에 위치
- 학술 연구 기관으로 국왕의 정책 뒷받침
- 도서관·비서실, 인재 양성과 정책 연구의 기능
- 박제가·유득공·이덕무 등 서얼 출신을 규장각 검서관으로 등용 → 서얼과 노비에 대한 차별 완화

규장각

초계문신제 실시 신진 인물 및 하급 관리37세 이하의 관리 중 유능한 인재들의 재교육 목적

장용영 설치
- 왕의 친위 부대 → 군사적 기반 강화와 군사권 장악
- 서울에 내영, 수원 화성에 외영을 둠

수원 화성* 건설 정조의 정치적 이상을 실현하는 상징적 도시
수원 화성

신해통공 발표 육의전을 제외한 시전 상인의 특권인 금난전권(허가받지 않은 상인이 난전을 하지 못하게 하는 권리) 폐지 → 자유로운 상공업 활동 보장

수령의 권한 강화 수령이 군현 단위의 향약을 주관 왜 향촌 내 사족의 영향력이 감소되었기 때문

편찬 사업
- 『대전통편』 : 『경국대전』, 『속대전』 및 그 후에 간행된 법령집을 통합해 통치 규범 재정비
- 『탁지지』 : 재정 사례를 모아 편찬
- 『동문휘고』 : 대외 관계 정리
- 『무예도보통지』 : 이덕무 등이 무예 훈련 교범으로 편찬
- 『일성록』 : 정조가 세손 시절부터 쓴 일기에서 유래, 임금의 동정과 국정 상황 기록
유네스코 세계 기록유산에 등재

단어	문장	문제

단어 · 문장

306 ★★
탕평비
붕당의 폐해를 경계하기 위해 성균관 입구에 건립하였다.
53, 52회 → 17회 이상

307
균역법
농민들의 군역 부담을 줄여주고자 시행하였다.
53, 51회 → 12회 이상

308 ★
영조의 편찬 사업
· 속대전을 편찬하여 통치 체제를 정비하였다.
47, 43회 → 7회 이상
· 역대 문물을 정리한 동국문헌비고가 편찬되었다.
52, 49회 → 9회 이상

309
규장각
· 유득공·박제가 등의 서얼 출신 학자들을 검서관에 기용하였다.
48, 46회 → 14회 이상
· 부속 관청으로 교서관을 두었다.
26회 → 1회 이상

정조가 창덕궁 후원에 세운 주합루에는 조선 왕의 어제(御製)·어필(御筆)과 도서(圖書)를 관리하고 정책 연구를 담당하는 기구가 있었다. 이 기구에서는 37세 이하의 당하관 중에서 뽑힌 문신들을 교육하였는데, 한 달에 두 번의 구술과 한 번의 필담으로 평가하였다. 이를 통해 배출된 대표적인 인물로는 정약용, 김조순 등이 있다.
 주합루 전경
25회

310
초계문신제
문신의 재교육을 위해 시행하였다.
52, 46회 → 15회 이상

311 ★★★
장용영
국왕의 친위 부대로 서울과 수원에 배치되었다.
53, 52회 → 20회 이상

312
신해통공
육의전을 제외한 시전 상인의 특권(금난전권)을 폐지하였다.
53, 50회 → 12회 이상

313
정조의 편찬 사업
· 왕조의 통치 규범을 재정비한 대전통편이 편찬되었다.
48, 46회 → 5회 이상
· 대외 관계를 정리한 동문휘고가 간행되었다.
52, 42회 → 3회 이상
· 이덕무 등이 훈련 교범인 무예도보통지를 편찬하였다.
43, 32회 → 2회 이상

문제

35회 27번
(가) 왕이 실시한 정책으로 옳은 것은? [2점]

이 편지는 ＿(가)＿ 이/가 노론 벽파의 영수인 심환지에게 비밀리에 보낸 어찰이다. 이 편지에서 그는 "최근 벽파가 떨어져 나간다는 소문이 성행한다고 한다. 지금처럼 벽파가 뒤죽박죽 되었을 때에는 종종 이처럼 근거 없는 소문이 있을 수 있다."라고 언급하기도 하였다. 이와 같이 그는 국정 운영에 필요한 경우 부친인 사도 세자의 추숭(追崇)을 반대한 노론 벽파의 영수와도 수차례 편지를 교환하였다.

① 양전 사업을 실시하고 지계를 발급하였다.
② 속대전을 편찬하여 통치 체제를 정비하였다.
③ 청과의 경계를 정한 백두산정계비를 세웠다.
④ 삼군부를 부활시켜 군국 기무를 전담하게 하였다.
⑤ 유능한 인재를 양성하기 위해 초계문신제를 시행하였다.
⑥ 정책 연구 기관인 규장각을 설치하였다.
⑦ 서얼 출신의 학자들을 검서관에 기용하였다.

| 답인 이유 |
단서 부친인 사도 세자
부친인 사도 세자의 추숭(왕위에 오르지 못하고 죽은 이에게 임금의 칭호를 주는 것)을 반대한 노론 벽파의 영수와 편지를 교환하였다는 내용이므로 (가) 왕은 사도 세자의 아들인 정조이다. 정조는 국정 운영에 필요한 경우 노론 벽파와도 교류하였으며, 노론·소론·남인을 고르게 등용하는 적극적인 탕평책을 펼쳤다. ⑤ 정조는 유능한 인재 양성을 위해 초계문신제를 시행하여 문신들을 재교육하였다. ⑥ 정조는 왕권을 강화하기 위해 정책 연구 기관인 규장각을 설치하였다. ⑦ 정조는 박제가, 유득공, 이덕무 등 서얼 출신의 학자들을 규장각 검서관으로 기용하였다.

| 오답인 이유 |
① 대한 제국 시기 고종은 양전 사업을 실시하고, 토지 소유권을 보장하는 문서인 지계를 발급하였다.
② 영조는 『경국대전』 이후 공포된 법령 중에서 시행할 법령만 추려서 『속대전』을 편찬하였다.
③ 숙종은 청과 국경 문제가 발생하자 간도 지역에 청과의 경계를 정한 백두산정계비를 세웠다.
④ 흥선 대원군은 삼군부를 부활시켜 군국 기무를 전담하게 하였다.
답 ⑤, ⑥, ⑦

수취 체제의 변화

영정법 1635, 인조

배경 양 난 이후 농경지 황폐화, 전세 제도의 문란 → 백성들의 과중한 조세 부담
임진왜란으로 양안이 대부분 소실되어 재작성에 어려움을 겪음

내용 인조 때 전세를 풍흉에 관계없이 토지 1결당 쌀 4~6두로 고정 연분9등법 폐지

결과
- 지주 : 전세 인하로 부담 감소
- 농민 : 수수료·운송비 등 부가세 징수로 부담이 거의 줄지 않음

대동법 1608, 광해군~숙종

*방납
공물을 관리나 상인이 대신 내고 이윤을 얻는 행위인데, 이 과정에서 방납업자는 공물 가격보다 더 높은 값을 요구하여 부담이 가중됨. 또 생산되지 않는 물건을 공납으로 내는 경우 어쩔 수 없이 물건을 사서 납부하다보니 농민의 부담이 더욱 커졌음

*공가
공물에 대한 값으로, 선혜청에서 수납한 쌀을 공인에게 지급하여 관청에서 필요한 물품을 구입하도록 함

*공인
대동법 실시에 따라 등장하였으며, 국가에 필요한 물품을 조달하는 어용 상인

배경 대납, 방납*의 폐단을 개선하기 위해 시행

과정 16세기 조광조·이이·유성룡 등이 방납의 폐단을 막기 위해 수미법 주장 제대로 시행되지 않음
→ 광해군 때 이원익의 주장에 따라 경기도에서 처음 실시
→ 숙종 때 전국으로 확대 1708 왜 토지를 가진 지주의 부담이 늘어났기 때문에 양반 지주의 반대가 극심하여 전국적으로 시행되기까지 100여 년의 시간이 걸림

내용
- 가호(戶)에 토산물 부과 : 토지를 기준으로 1결당 쌀 12두로 대체, 삼베·무명·동전으로 납부
- 선혜청에서 징수 꼭 대동법을 선혜법이라고도 함

결과
- 토지가 없거나 적은 농민의 부담 감소
  └ 토지를 소유하지 않은 농민은 수취 대상에서 제외
- 공가*를 받고 물품을 구입하여 왕실이나 관청에 조달하는 공인*의 등장 → 상품 화폐 경제의 발달
- 공납의 전세화, 조세의 금납화 → 국가 재정 증대 일시적 증대일 뿐 폐단이 발생하자 다시 감소
- 한계 : 별공 부정기적, 진상 왕의 생일이나 사신 접대은 여전히 현물로 납부

실시 전 / 실시 후
정부 / 정부 — 물품 대금 → 공인 ← 물품
토산물 → 쌀, 베, 동전
가호에 부과 / 토지에 부과
물품 대금 / 물품 → 장시

균역법 1750, 영조

*선무군관포
양반이 아닌 일부 상류층에게 선무군관의 칭호를 주고 부과한 포

*결작
평안도와 함경도를 제외한 전국의 토지에 부족해진 재정을 마련하고자 지주에게 토지 1결당 쌀 2두(또는 돈 5전)를 징수

배경 군포 면제 양반의 증가로 농민들의 과중한 군포 부담 꼭 도망간 이웃·친척의 군포 부담과 수령의 농간

내용
- 영조 때 실시, 1년에 군포 2필에서 1필로 감소
- 재정 보충 ❶ 일부 상류층에게 선무군관포*(1년에 1필) 징수
  ❷ 지주에게 결작*(토지 1결당 쌀 2두)을 거둠
  ❸ 어장세·염세·선박세 등으로 보충
  기존에는 왕실 수입이었으나 국고로 전환

┌ 영조
왕이 명정전에 나아가 전·현직 대신을 비롯한 여러 신하들을 불러 양역의 변통 대책에 대해 논의하면서 말하였다. "호포나 결포가 모두 문제점이 있으니, 이제는 1필로 줄이는 것으로 온전히 돌아갈 것이다. 경들은 1필을 줄였을 때 생기는 세입 감소분을 대신할 방법을 강구하라." - 『영조실록』
└ 선무군관포, 결작 등

보충 / 결작 어장세 염세 선박세 기타
정부
군포 1필
농민
실시 후

결과 농민 부담이 일시적으로 감소하였으나 지주가 결작을 소작농에게 전가함
→ 오히려 농민의 부담 증가로 군적의 문란 심화

단어	문장	문제

314

영정법

전세를 풍흉에 관계없이 1결당 쌀 4~6두로 납부액을 고정하였다.   53, 50회 ⋯⋯ 10회 이상

315

수미법

이이와 유성룡이 공납의 부담을 줄이고자 수미법을 주장하였다.   35, 28회 ⋯⋯ 2회 이상

316 ★★

대동법

- 방납의 폐단을 바로잡기 위해 실시하였다.
   47, 26회 ⋯⋯ 3회 이상

- 가호에 부과하던 공납을 토지의 결 수에 따라 내게 하였다.   47, 23회 ⋯⋯ 6회 이상

- 특산물 대신 쌀·면포·베·동전 등으로 납부하게 하였다.   49, 26회 ⋯⋯ 4회 이상

- 선혜법이라는 이름으로 경기도에서 처음 실시하였다.   48, 39회 ⋯⋯ 7회 이상

- 관청에 물품을 조달하는 공인이 등장하는 배경이 되었다.   32회 ⋯⋯ 1회 이상

317

선혜청

대동법 관련 업무를 담당하였다.
   29회 ⋯⋯ 1회 이상

318 ★

공인

- 상평통보를 사용하여 관청에서 필요로 하는 물품을 조달하였다.   51, 45회 ⋯⋯ 4회 이상

- 공인의 등장으로 상품 화폐 경제가 발달하는 계기가 되었다.   51, 46회 ⋯⋯ 8회 이상

319 ★★★

균역법

- 농민들의 군역 부담을 줄여주고자 1년에 2필씩 걷던 군포를 1필로 줄이고자 하였다.
   50, 45회 ⋯⋯ 8회 이상

균역법으로 인한 재정 감소 보완책

- 부족한 재정의 보충을 위해 선무군관에게 1년에 1필의 군포를 징수하였다.
   46, 42회 ⋯⋯ 7회 이상

- 지주에게 1결당 쌀 2두를 징수하는 결작을 거두어 재정 부족 문제에 대처하였다.
   46, 39회 ⋯⋯ 11회 이상

- 어장세, 선박세, 염세 등을 국가 재정으로 귀속하였다.   47, 41회 ⋯⋯ 5회 이상

38회 21번

밑줄 그은 '이 법'에 대한 설명으로 옳은 것은?   [2점]

> 좌의정 이원익의 건의로 이 법을 비로소 시행하여 백성의 토지에서 미곡을 거두어 서울로 옮기게 했는데, 먼저 경기에서 시작하고 드디어 선혜청을 설치하였다. … 우의정 김육의 건의로 충청도에도 시행하게 되었으며 … 황해도 관찰사 이언경의 상소로 황해도에도 시행하게 되었다.
> — 「만기요람」

① 양반에게도 군포를 납부하게 하였다.

② 풍흉에 따라 9등급으로 나누어 전세를 부과하였다.

③ 어장세, 염전세, 선박세를 거두어 군사비로 충당하였다.

④ 재정 부족 문제를 해결하기 위해 지주에게 결작을 징수하였다.

⑤ 관청에 필요한 물품을 납부하는 공인이 등장하는 배경이 되었다.

⑥ 방납의 폐단을 해결하고자 실시하였다.

⑦ 토지 결 수를 기준으로 1결당 미곡 12두를 납부하도록 하였다.

| 답인 이유 |

단서 이원익, 먼저 경기에서 시작, 선혜청, 김육의 건의

밑줄 그은 '이 법'은 광해군 때 실시한 대동법이다. 대동법은 광해군 때 이원익의 건의에 따라 경기도에서 시범적으로 시행되었으며, 김육의 건의에 따라 충청도로 확대 시행되었다. ⑥ 16세기 이후 방납의 폐단으로 인해 농민들의 고통이 커지자 조선 정부는 공납 제도를 개혁하여 대동법을 실시하였다. ⑦ 대동법은 각 지역의 특산물을 가호별로 할당하여 현물로 거두던 것을 현물 대신 토지 결 수를 기준으로 1결당 미곡 12두를 납부하도록 하였고, 쌀 대신에 삼베나 동전 등으로도 납부할 수 있게 하였다. ⑤ 대동법이 실시되면서 왕실과 관청에서 필요한 물품을 조달하는 공인이 등장하였다.

| 오답인 이유 |

① 양반에게 군포를 납부하게 한 제도는 흥선 대원군이 시행한 호포제이다.

② 풍흉에 따라 9등급으로 나누어 전세를 부과한 제도는 조선 전기에 시행한 연분9등법이다.

③ 어장세, 염전세, 선박세를 거두어 군사비로 충당하였던 제도는 조선 후기에 실시한 균역법이다.

④ 영조 때 균역법의 실시로 농민이 내야 할 군포가 줄어 재정 부족 문제가 발생하였다. 이를 해결하기 위해 지주에게 토지 1결당 쌀 2두의 결작을 징수하였다.

답 ⑤, ⑥ ,⑦

상품 화폐 경제의 발달

농업의 발달

생산력의 발달

- 모내기법이앙법의 확대 : 벼와 보리의 이모작* 성행 → 농업 생산력 증대, 잡초를 제거하는 노동력 절감
- 수리 시설 확충, 농기구와 시비법의 개량, 새로운 농법 시도(견종법*)

농업 경영의 변화

- 광작 유행 : 모내기법으로 노동력 절감 ┌ 1인당 단위 면적 생산량 증가
  └ 일부 농민이 부농층으로 성장, 대다수의 농민은 임노동자로 전락
- 상품 작물의 재배 : 쌀·목화·채소·담배·면화·인삼 등 재배
- 외래 작물의 전래 : 고구마·감자·고추 등의 구황 작물 재배
- 지대의 변화 : 타조법(수확의 일정 비율을 소작료로 내는 방식) → 도조법(수확의 일정액을 소작료로 내는 방식)
  └ 소작농의 부담이 줄자 소작농들은 자유로운 영농을 추구할 수 있게 되었고, 지주와 전호는 신분적 종속 관계에서 경제적 계약 관계로 점차 변화하였음

상업의 발달

조선 후기의 상업과 무역

- **사상**
  - 공인 : 공가를 받아 관청에서 필요로 하는 물건 납품, 대동법 실시 이후 등장 → 도고(독점적 도매 상인)로 성장
  - 사상 : 금난전권 폐지로 자유로운 상업 활동 보장, 서울-지방, 지방-지방의 장시 연결

경강상인(한강)	송상*(개성)	만상(의주)	내상(동래)
운송업에 종사하며 성장	인삼의 재배·판매, 송방 설치	책문 후시 등을 통한 대청 무역	왜관을 통한 대일 무역

- **장시**
  - 15세기 말 남부 지방에 개설 → 18세기 중엽 전국에 1,000여 개 개설
  - 보부상 : 여러 장시를 무대로 활동 → 장시를 하나의 유통망으로 연계, 보부상단 조직
- **포구**
  - 선상 : 배를 이용해 물품 구입 후 포구에서 판매 → [꼭] 전국의 포구를 하나의 유통망으로 형성
    └ 강경, 원산 등이 전국적 상업 중심지로 성장
  - 객주·여각 : 포구에서 선상들의 상품을 매매·중개·운송·보관·숙박·금융업 등에 종사
- **대외 무역**
  - 청 : 개시(공무역), 후시(사무역) 성행
  - 일본 : 동래의 왜관 개시와 후시 성행
- **화폐 유통**
  - 배경 : 상공업 발달로 동전의 전국적 유통, 대동법 실시 이후 조세와 지대의 금납화
  - 유통 : 18세기 후반 상평통보*의 전국적 유통, 신용 화폐(환·어음)의 등장
  - 결과 : 상품 화폐 경제의 발달, [왜] 전황*이 발생
    └ 지주나 대상인들이 화폐를 고리대나 재산 축적에 사용했기 때문임

수공업의 발달

민영 수공업 발달 상품 화폐 경제의 발달로 제품의 수요 증가 → 장인세 납부 후 제품 생산 가능

선대제 공인과 상인에게 자금과 원료를 미리 받아 제품을 생산(상인 자본에 예속)

광업의 발달

광산 정책

조선 전기	17세기	18세기
정부의 독점 채굴	정부의 광산 채굴 허용(설점수세제)*	민영 수공업의 발달로 광산물 수요 증가, 금광·은광 개발과 잠채* 성행

광산 경영 덕대라는 전문 경영인이 상인 물주로부터 자본을 지원받아 채굴업자·노동자를 고용하여 운영 → 노동의 분업화와 경영의 전문화 발생

단어	문장	문제

320 ★
모내기법

- 모내기법의 확대로 벼와 보리의 이모작, 광작이 성행하였다.   48, 45회 ⋯ 7회 이상
- 수리 시설의 확충으로 이앙법이 전국으로 확산되었다.   50, 49회 ⋯ 6회 이상

321 ★★
상품 작물의 재배

- 고추, 인삼, 담배, 면화(목화) 등이 재배되었다.   53, 52회 ⋯ 18회 이상

322
외래 작물의 재배

- 감자, 고구마 등의 구황 작물이 널리 재배되었다.   52, 43회 ⋯ 9회 이상

323 ★★★
사상

- 독점적 도매 상인인 도고가 활동하였다.   49, 40회 ⋯ 7회 이상
- 송상, 만상이 대청 무역으로 부를 축적하였다.   51, 48회 ⋯ 10회 이상
- 송상이 전국 여러 곳에 송방을 설치하였다.   53, 52회 ⋯ 7회 이상
- 경강상인은 한강을 무대로 세곡 수송과 곡물 도매업에 종사하였다.   36, 28회 ⋯ 4회 이상
- 만상이 책문 후시를 통해 대청 무역을 주도하였다.   38, 33회 ⋯ 5회 이상

324
장시

- 전국적으로 장시가 널리 확산되어 여러 장시가 하나의 유통망으로 연계되었다.   40, 30회 ⋯ 4회 이상
- 보부상이 장시를 돌아다니며 활동하였다.   41, 38회 ⋯ 6회 이상

325
대외 무역

- 국경 지대에서 개시 무역과 후시 무역이 이루어졌다.   45, 43회 ⋯ 5회 이상
- 왜관에서 개시 무역과 후시 무역이 이루어졌다.   48, 45회 ⋯ 7회 이상

326
상평통보

- (허적의 주장에 따라) 상평통보가 시장에서 전국적으로 유통되었다.   37, 36회 ⋯ 7회 이상

327
덕대

- 물주에게 자금을 받아 광산을 전문적으로 경영하였다.   53, 52회 ⋯ 12회 이상

30회 22번

다음 자료를 통해 알 수 있는 시기의 경제 상황으로 옳지 않은 것은?   [2점]

> 도성 안팎과 번화한 큰 도시의 파밭, 마늘밭, 배추밭, 오이밭은 10무(畝)의 땅에서 얻은 수확이 돈 수만을 헤아리게 된다. 서도 지방의 담배밭, 북도 지방의 삼밭, 한산의 모시밭, 전주의 생강밭, 강진의 고구마밭, 황주의 지황밭은 모두 상상등(上上等)의 논보다 그 이익이 10배에 달한다.
> - 『경세유표』

① 삼한통보, 해동통보가 발행되었다.
② 덕대가 광산을 전문적으로 경영하였다.
③ 모내기법의 확대로 이모작이 성행하였다.
④ 여러 장시가 하나의 유통망으로 연계되었다.
⑤ 국경 지대에서 개시 무역과 후시 무역이 이루어졌다.
⑥ 상평통보가 시장에서 유통되었다.
⑦ 담배와 면화 등이 상품 작물로 재배되었다.
⑧ 수조권이 세습되는 수신전, 휼양전이 있었다.
⑨ 송상은 전국 각지에 송방이라는 지점을 설치하였다.

| 답인 이유 |

단서 담배밭, 고구마밭, 경세유표

자료를 통해 알 수 있는 시기는 상품 작물의 재배가 이루어진 조선 후기이다. ① 삼한통보와 해동통보는 고려 시대 숙종 시기에 발행되었다. ⑧ 수조권이 세습되는 수신전, 휼양전은 과전법 당시에 지급되었으며 조선 전기 세조 때 직전법이 실시되면서 폐지되었다.

| 오답인 이유 |

② 조선 후기 광업이 발달함에 따라 광산을 전문적으로 경영하는 덕대가 등장하였다.
③ 조선 후기 모내기법의 확대로 벼와 보리의 이모작이 가능해졌다.
④ 조선 후기 보부상이 여러 장시를 무대로 활동하면서 장시를 하나의 유통망으로 연결하였다.
⑤ 국경 지대에서 개시 무역과 후시 무역이 이루어진 시기는 조선 후기이다.
⑥ 상평통보는 조선 숙종 때부터 본격적으로 주조되어 조선 말까지 사용된 화폐이다.
⑦ 조선 후기에 인삼, 담배, 면화 등이 상품 작물로 재배되었다.
⑨ 조선 후기에 송상은 개성을 중심으로 활동하면서 전국에 송방이라는 지점을 설치하여 운영하였다.

답 ①, ⑧

조선의 사회 모습과 변화

◆ **조선 전기의 사회**

신분 제도
법제적으로는 양천제
실제적으로는 반상제

*서얼에 대한 차별
서얼은 성리학적 명분
론에 의해 문과 응시가
불가하였고 제사나 상
속 시에도 차별 대우를
받았음

*조선의 백정
고려의 백정은 일반 백
성을 뜻하나, 조선의
백정은 도살업·육류
판매업 등에 종사하는
천민층을 의미

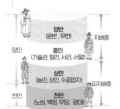

양반 · 문무 관리와 그 자손 및 가문 포함, 지방에서 유향소를 통해 향촌 자치 주도
문반+무반 · 토지와 노비 소유, 각종 국역 면제, 주요 고위 관직 독점

중인 · 직역 세습, 하급 관직에서 전문 기술이나 행정 실무 담당
· 구성 : 기술관잡과를 통해 선발, 역관사신을 수행하며 통역 담당, 의관, 화원, 서리,
향리지방에서 행정 실무 담당, 서얼*문과 응시 금지

상민 · 법적으로 과거에 응시 가능, 조세·공납·역의 의무
· 신량역천 : 양인 신분으로 천역을 담당하는 계층(봉수군, 수군, 역졸 등 일곱
가지 힘든 일에 종사)

천민 · 구성 : 노비, 백정*, 광대, 무당 등
· 대부분 노비로 공노비관청에 신공을 바침와 사노비로 구분, 장례원(掌隷院)의 관리를 받음
· 노비는 재산으로 취급되었고, 매매·상속·양도·증여의 대상

사회 제도 · 구휼 제도 : 의창춘대추납, 상평창, 환곡제 등을 통해 빈민 구제
· 사창제 : 양반 중심의 향촌 질서를 유지하기 위해 향촌 사회에서 자치적으로 운영
· 의료 시설 : 동·서 대비원, 혜민국, 제생원지방민의 구호와 진료, 미아 보호, 동·서 활인서유랑민 관리

◆ **조선 후기 신분 상승 운동** 신분제 동요

서얼 · 임진왜란 이후 비교적 차별 완화, 납속책*·공명첩*을 통해 관직 진출
· 영·정조 때 집단 상소 운동통청 운동 전개 : 이덕무·박제가·유득공이 규장각 검서관으로 등용
· 철종 때 서얼 차별 철폐신해허통, 1851

중인 · 철종 때 대규모 소청 운동 전개 시도 → 실패
· 시사(詩社)를 결성하여 위항 문학* 활동 전개 ⓔ『규사』,『이향견문록』

향리 처우 개선을 요구하는 상소를 올림 꼭 조선 후기에 간행된『연조귀감』에 상소가 수록되어 있음

상민 농업 및 상공업의 발전에 따른 부농층 성장 → 납속책·공명첩을 통한 신분 상승, 족보 위조로
양반 신분 취득 → 양반 수 증가, 상민 수 감소

노비 · 군공·납속에 의한 신분 상승, 도망 노비의 증가, 노비종모법* 실시1731
· 공노비 해방1801 : 군역 대상자 확보와 재정 보충을 위해 중앙 관서의 노비 해방
공·사노비의 해방은 갑오개혁(1894)

*납속책
백성들에게 곡식이나
돈을 받고 벼슬을 주거
나 군역을 면제해 주는
등 특혜를 제공하는 것

*공명첩

이름
적는곳

임진왜란 중에 정부가
재정을 보충하기 위해
부유층에 팔았던 임명
장으로, 받는 사람의
이름 쓰는 부분이 비어
있어 공명첩이라 함

*위항 문학
조선 후기 서울을 중심
으로 중인과 평민들에
의해 이루어진 문학

*노비종모법
노비의 신분은 어머니
의 신분을 따르도록 하
는 법

*친영 제도
신랑이 신부 집에서 예
식을 올리고 신부가 혼
인 후 신랑 집에서 생
활하는 제도

◆ **조선 후기 향촌 질서의 변화**

사족 지배 약화 · 양반의 지배력 약화 : 권력을 잡은 일부 양반을 제외한 다수의 양반 몰락
· 권반권세 있는 양반·향반향촌 안에서 겨우 행세할 수 있을 정도의 양반·잔반몰락한 양반으로 분화
· 양반의 지위 유지 노력 : 촌락 단위로 동약 실시, 동성 마을, 서원·사우 건립

부농층의 성장 수령과 결탁해 향안지방 사족의 명단에 이름을 올리고, 향회향안에 오른 사족들의 총회 장악

향전의 발생 신향신분제 동요 하의 새로운 양반층과 구향재지 사족 간의 대립 발생 → 꼭 수령과 향리의 권한 강화,
향회는 수령이 세금을 부과할 때 의견을 묻는 자문 기구로 전락
세도 정치기 수령과 향리의
수탈이 증가하는 원인이 됨

◆ **가족 제도의 변화**

조선 전기 고려 시대와 비슷	조선 후기
· 부계와 모계가 함께 영향을 끼치는 형태 · 재산 균분 상속 · 제사는 자녀들이 돌아가면서 지냄	· 부계 중심 가족 제도 확립, 친영 제도* 보편화 · 큰아들 상속 우대, 큰아들이 제사를 지내고 아들이 없 을 경우 양자 입양이 일반화, 과부의 재가 금지

단어	문장	문제

328 ★★★
중인

- 기술직 중인은 잡과를 통해 선발되었다.
42, 24회 ··· 2회 이상

조선 후기
- 정조 때 유득공, 박제가 등이 서얼 출신으로 규장각 검서관에 임명되었다.
48, 46회 ··· 14회 이상

- 서얼이 관직 진출 제한을 없애달라는 통청 운동을 전개하였다.
43, 40회 ··· 7회 이상

- 시사(詩社)를 조직해 위항 문학 활동을 하였다.
53, 49회 ··· 11회 이상

329 ★
상민

- 공장안에 등록되어 수공업 제품 생산을 담당하였다.
40, 26회 ··· 2회 이상

- 양인이지만 천역에 종사하는 신량역천으로 분류되었다.
40, 31회 ··· 6회 이상

조선 후기
- 납속, 공명첩, 족보 위조 등을 통해 양반으로의 신분 상승을 꾀하였다.
21, 19회 ··· 2회 이상

330 ★★
천민

- 노비는 매매, 증여, 상속의 대상으로 장례원을 통해 국가의 관리를 받았다.
45, 42회 ··· 7회 이상

- 공노비는 소속 관청에 신공(身貢)을 바쳤다.
45, 26회 ··· 3회 이상

- 노비는 종모법에 따라 신분이 결정되었다.
20, 16회 ··· 2회 이상

- 백정은 고려 시대에 화척, 양수척 등이라 불렸다.
35, 31회 ··· 2회 이상

331
향전

- 수령을 중심으로 한 관권이 강화되고 향리의 역할이 커졌다.
19회 ··· 1회 이상

332
가족 제도의 변화

고려·조선 전기
- 자녀에게 재산을 균분 상속하는 일이 많았다.
18, 17회 ··· 2회 이상

조선 후기
- 아들이 없는 집안에서 대를 잇기 위해 양자를 들이는 것이 일반화되었다.
21, 20회 ··· 3회 이상

- 재산 상속에서 장자 우대의 원칙이 확산되었다.
21, 18회 ··· 2회 이상

45회 22번
(가) 신분에 대한 설명으로 옳은 것은? [1점]

허생전에 나오는 변 부자는 조선 시대 역관 변승업의 할아버지를 모델로 하고 있다고 해.

변승업은 사역원 소속의 일본어 역관으로 큰 부자가 된 인물이야.

변승업과 같은 역관들이 속한 신분을 □(가)□ (이)라고 하는데, 여기에는 의관, 천문관, 율관 등도 포함되어 있어.

① 소속 관청에 신공(身貢)을 바쳤다.
② 매매, 상속, 증여의 대상이 되었다.
③ 원칙적으로 과거에 응시할 수 없었다.
④ 장례원(掌隷院)을 통해 국가의 관리를 받았다.
⑤ 조선 후기 시사(詩社)를 조직해 위항 문학 활동을 하였다.
⑥ 화척, 양수척 등으로 불렸다.
⑦ 수군, 조례 등 천역에 종사하였다.
⑧ 공명첩, 족보 위조 등으로 그 수가 증가하였다.

| 답인 이유 |
단서 **허생전, 역관, 변승업, 사역원, 의관, 천문관, 율관**
(가) 신분은 중인이다. 중인은 넓게는 양반과 상민의 중간 계층을 말하며, 좁게는 기술관을 뜻한다. 중인은 하급 관직에서 실무를 담당하였으며, 직역이 세습되었다. ⑤ 중인들은 조선 후기에 시사(詩社)를 조직하여 위항 문학 활동을 하였다.

| 오답인 이유 |
① 공노비는 소속 관청에 신공(身貢)을 바쳤다.
② 노비는 매매, 상속, 증여의 대상이었다.
③ 과거는 원칙적으로 양인 이상이면 응시할 수 있었으나 천민은 응시할 수 없었다.
④ 노비는 장례원(掌隷院)을 통해 국가의 관리를 받았다.
⑥ 조선 시대 천민인 백정은 가축의 도축을 담당하였고 화척, 양수척 등으로 불렸다.
⑦ 조선 시대 양인 신분인 신량역천은 수군, 조례(관청의 잡역), 나장(형사 업무), 봉수군, 역졸(역에 근무), 조졸(조운 업무) 등 천역에 종사하였다.
⑧ 조선 후기에는 정부가 재정을 확충하기 위해 이름 적는 부분이 비어 있는 관직 임명장인 공명첩을 발급하였다. 또한 백성에게 공물을 바치게 하고 그 대가로 신분 상승의 혜택을 주는 납속책을 시행하였다. 이외에도 족보를 위조하거나 매입하는 경우도 있었다. 이러한 방법들을 통해 양반의 수가 증가하였다.

답 ⑤

성리학의 변화와 실학의 발달

성리학의 변화

성리학의 절대화	• 인조반정으로 송시열을 비롯한 서인의 집권 → 주자 중심의 성리학 절대화
	• 성리학에 대한 비판 : 윤휴, 박세당 등 유교 경전에 대한 독자적 해석 → 사문난적*으로 배척

『사변록』에서 유교 경전에 대한 독자적 해석 시도

호락 논쟁	• 호론충청 지역 노론 : 인물성이론* → 북벌론·위정척사 사상에 영향
	• 낙론서울·경기 지역 노론 : 인물성동론* → 북학파·개화 사상에 영향

양명학*의 수용	• 성리학의 절대화와 형식화 비판 → 소론 계열의 일부 학자가 양명학 연구
	• 실천성 중시 → 심즉리, 치양지, 지행합일 강조
	• 정제두가 양명학을 연구하여 강화 학파 형성18세기 초 → 실학 사상에 영향을 줌

실학의 발달

배경	• 성리학의 절대화에 대한 반발, 성리학이 조선 후기 사회·경제적 모순에 관한 해결책을 제시하지 못함
	• 실사구시를 바탕으로 한 실증적 성격의 학문 → 민생 안정과 부국강병을 목표로 사회 개혁론 제시
	• 정부의 정책으로 실현되지는 못함 왜 대부분의 실학자들은 정권에서 밀려난 사람이 많았기 때문

농업 중심의 개혁론 농촌 사회의 안정을 위한 토지 문제 해결을 주장

유형원

• 『반계수록』 저술, 양반 중심의 문벌제·과거제·노비제 비판

꼭 • **균전론** : 모든 토지를 국유화하고 신분에 따라 토지를 차등 분배할 것을 주장

농민에게는 1경의 토지 지급, 수공업자·상인은 절반, 선비는 2~4경, 관리는 품계에 따라 더 지급

이익

• 『성호사설』, 『곽우록』 저술, 나라를 좀먹는 6가지 폐단* 지적

• **한전론** : 생계에 필요한 최소한의 땅을 영업전매매 금지으로 설정 → 자영농 육성

• **폐전론** : 농민 생활의 안정을 위해 화폐 사용 반대

정약용

• **실학 집대성** : 『목민심서』지방 행정 개혁, 『경세유표』국가 제도 개혁, 『흠흠신서』 등 저술

• **여전론** : 토지 공동 소유 및 공동 경작 → 현실성을 고려하여 이후 정전론* 주장

• **종두법 연구** : 홍역에 대해 연구하고 실험한 『마과회통』 저술

• 과학 기술과 상공업에 관심 → 수원 화성 건설에 거중기 사용, 한강 배다리 설계

기기도설을 참고하여 제작

상공업 중심의 개혁론 상공업의 진흥과 기술 혁신, 청 문물의 수용 주장

유수원

• 『우서』 저술, 사·농·공·상의 직업적 평등과 전문화 주장

• 상공업 진흥과 기술 혁신 강조

홍대용

• 『임하경륜』, 『의산문답』 저술, 지전설*과 무한 우주론 주장, 문벌 제도 철폐 강조

• 천문 관측 기구인 혼천의 제작 → 중국 중심의 화이론적 세계관 비판

박지원

• 『열하일기』 : 연행사를 따라 청에 다녀온 뒤 쓴 기행문

• 『양반전』, 『허생전』 : 양반의 위선과 무능 비판

• 수레와 선박의 이용, 화폐 유통의 필요성 주장, 양반 문벌 제도 비판, 서양 문물 도입 주장

박제가

• 『북학의』 저술, 수레와 선박의 이용, 화폐 유통 → 절약보다 소비 촉진 권장

생산과 소비의 관계를 우물에 비유

• 청의 적극적인 문물 수용을 주장, 청과의 통상 강조

단어	문장	문제

333
양명학

정제두가 양명학을 연구하여 강화 학파를 형성하였다.
52, 51회 ⋯ 14회 이상

334
유형원

반계수록을 저술하여 신분에 따른 토지의 차등 분배(균전론)를 주장하였다.
46, 44회 ⋯ 5회 이상

335
이익

성호사설에서 영업전 설정 및 매매 금지를 주장하는 한전론의 실시를 주장하였다.
36, 29회 ⋯ 3회 이상

336 ★★
정약용

· 지방 행정의 개혁안을 담은 목민심서를 저술하였다.
27회 ⋯ 1회 이상

· 여전론을 통해 토지의 공동 소유와 공동 경작을 주장하였다.
42, 37회 ⋯ 3회 이상

· 기기도설을 참고하여 거중기를 제작해 수원 화성을 건설하였다.
53, 52회 ⋯ 14회 이상

337
유수원

우서에서 사농공상의 직업적 평등과 전문화를 주장하였다.
49, 43회 ⋯ 6회 이상

338
홍대용

· 의산문답에서 지전설과 무한 우주론을 주장하여 중국 중심의 세계관을 비판하였다.
52, 50회 ⋯ 10회 이상

· 천체의 운행과 위치를 측정하는 혼천의를 제작하였다.
50, 31회 ⋯ 3회 이상

339 ★
박지원

· 연행사를 따라 청에 다녀온 후 열하일기(연행록)를 집필하였다.
47, 44회 ⋯ 4회 이상

· 열하일기에서 수레와 선박, 화폐의 필요성을 강조하였다.
25, 21회 ⋯ 3회 이상

· 양반전을 지어 양반의 허례와 무능을 풍자하였다.
41, 40회 ⋯ 10회 이상

340 ★★★
박제가

· 상공업 육성(수레와 배의 이용, 서양 과학 기술의 수용)을 주장하였다. 39, 37회 ⋯ 8회 이상

· 북학의에서 재물을 우물에 비유하여 절약보다 적절한 소비를 권장하였다.
49, 43회 ⋯ 5회 이상

· 서얼 출신으로 규장각 검서관에 임명되었다.
48, 46회 ⋯ 14회 이상

41회 24번

다음 주장을 펼친 인물에 대한 설명으로 옳은 것은? [3점]

> 이제 농사를 짓는 사람은 전지(田地)를 얻게 하고 농사를 짓지 않는 사람은 전지를 얻지 못하게 하고자 한다면, 여전(閭田)의 법을 시행하여 나의 뜻을 이룰 수 있을 것이다. 무엇을 여전이라 하는가? 산골짜기와 천원(川原)의 형세로써 나누어 경계로 삼아 그 안을 여(閭)라 한다. … 여에는 여장(閭長)을 두고 무릇 한 여의 전지는 그 여의 사람들로 하여금 다 함께 경작하게 한다. … 추수 때에는 … 그 양곡을 나누는데, 먼저 국가에 세를 내고 그 다음은 여장의 봉급을 주고, 그 나머지를 가지고 장부에 의해, 일한 만큼 (여민에게) 분배한다.
> - 「전론」

① 의산문답에서 중국 중심의 세계관을 비판하였다.
② 동의수세보원을 저술하여 사상 의학을 확립하였다.
③ 우서에서 사농공상의 직업적 평등과 전문화를 주장하였다.
④ 경세유표를 저술하여 국가 제도의 개혁 방향을 제시하였다.
⑤ 북학의에서 재물을 우물에 비유하여 절약보다 소비를 권장하였다.
⑥ 기기도설을 참고하여 거중기를 설계하였다.
⑦ 곽우록에서 토지 매매를 제한하는 한전론을 제시하였다.

| 답인 이유 |

단서 여전(閭田)의 법을 시행, 「전론」

농업 중심의 개혁론자인 정약용은 여전론을 통해 마을 단위의 토지 분배와 공동 경작을 주장하였다. ④, ⑥ 정약용은 천주교 박해로 강진에 유배되었을 때 중앙 행정 등 국가 제도의 개혁 방향을 제시한 『경세유표』를 저술하였고, 중국의 『기기도설』을 참고하여 거중기를 설계해 수원 화성 건설에 이용하였다.

| 오답인 이유 |

① 홍대용은 『의산문답』에서 중국 중심의 세계관을 비판하였다.
② 이제마는 『동의수세보원』을 저술하여 사상 의학을 확립하였다.
③ 유수원은 『우서』에서 사농공상의 직업적 평등과 전문화를 주장하였다.
⑤ 박제가는 『북학의』에서 재물을 우물에 비유하여 절약보다 소비를 권장하였다.
⑦ 이익은 토지의 하한선을 영업전으로 설정하여 매매를 금지하는 한전론을 주장하였다.

답 ④, ⑥

국학 연구의 확대

역사학

안정복 『동사강목』: 고조선~고려까지의 역사 서술, 종래의 중국 중심의 역사관에서 벗어나
우리 역사의 독자적 정통론(삼한 정통론) 주장

유득공 『발해고』: 발해를 우리 역사로 인식, '남북국'이라는 용어를 처음 사용함

김정희 『금석과안록』: 진흥왕 순수비 중 황초령비·북한산비의 비문을 판독·고증함

한치윤 『해동역사』: 국내외 500여 종의 자료를 참고하여 고조선~고려의 역사 서술

이종휘 『동사』: 고구려 역사 연구로 고대사 연구의 시야를 만주로 확대

이긍익 『연려실기술』: 조선의 정치를 실증적·객관적으로 정리

지리서 ^왜 자신이 살고 있는 땅에 대한 관심이 높아졌기 때문임

*정약전의 『자산어보』

정약전은 정약용의 둘째 형으로, 신유박해로 흑산도에 유배되었을 때 흑산도 주변 수산 생물의 종류와 명칭, 분포, 습성 등을 관찰하여 『자산어보』를 저술함, 뛰어난 해양 서적으로 평가받음

이중환 『택리지』: 현지 답사를 바탕으로 각 지역의 자연환경·인물·풍속 등을 기록한 인문 지리서

한백겸 『동국지리지』: 광해군 때 지은 역사 지리서(삼한의 위치 고증)

정약용 『아방강역고』: 우리나라 역사 지리를 정리한 지리지

지도

정상기 '동국지도': 영조 때 제작, 최초로 100리 척을 사용함
└ 정확하고 과학적인 지도 제작에 공헌

김정호 '대동여지도'*: 산줄기·물줄기·도로 등을 자세히 표시,
10리마다 눈금 표시, 목판으로 제작 _{총 22첩}

*대동여지도

남북 22개, 동서 19개의 눈금 한 면이 지도의 한 면이 되도록 그려져 있음, 각 첩을 접으면 책 한 권의 크기로 줄어들었기 때문에 휴대가 편리하였음

동국지도   대동여지도

백과사전

『**지봉유설**』 이수광, 우리나라 최초의 문화 백과사전

『**동국문헌비고**』 홍봉한, 조선의 문물 제도 전반에 걸쳐 기록한 일종의 백과사전

우리말 연구

『**훈민정음운해**』 신경준, 훈민정음의 발음 원리를 과학적으로 규명

『**언문지**』 유희, 우리말 음운 연구

『**고금석림**』 이의봉, 우리나라의 방언 연구와 해외 언어 정리

341
안정복

삼한 정통론을 내세운 동사강목을 저술하였다.
24, 22회 ⋯ 2회 이상

342 ★★
유득공

발해고에서 남북국이라는 용어를 처음 사용하였다.
52, 51회 ⋯ 10회 이상

343 ★★★
김정희

금석과안록에서 북한산비가 진흥왕 순수비임을 처음으로 고증하였다.
51, 50회 ⋯ 13회 이상

344
이종휘

고대사 연구의 시야를 만주로 확대한 동사를 편찬하였다.
16회 ⋯ 1회 이상

345
이중환

• 현지 답사를 바탕으로 지리서인 택리지를 저술하였다.
28회 ⋯ 1회 이상

• 택리지의 복거총론에서 거주지의 이상적인 조건을 제시하였다.
52회 ⋯ 1회 이상

346
한백겸

동국지리지를 저술하여 삼한의 위치를 고증하였다.
44회 ⋯ 1회 이상

347
정약용

우리나라의 역사 지리를 정리한 아방강역고를 저술하였다.
32, 16회 ⋯ 2회 이상

348
정약전

흑산도 유배 중에 자산어보를 저술하였다.
45, 44회 ⋯ 3회 이상

349 ★
정상기

최초로 100리 척 축척법을 활용한 동국지도를 제작하였다.
52, 43회 ⋯ 8회 이상

350
대동여지도

• 산줄기, 물줄기, 도로 등을 표시한 대동여지도를 제작하였다.
48, 28회 ⋯ 2회 이상

• 목판으로 인쇄되었으며 10리마다 눈금이 표시되어 있다.
52회 ⋯ 1회 이상

351
신경준

우리말을 연구하여 훈민정음운해를 저술하였다.
16회 ⋯ 1회 이상

352
유희

우리말 음운 연구서인 언문지를 저술하였다.
50, 37회 ⋯ 2회 이상

32회 29번

(가)에 들어갈 내용으로 옳은 것을 <보기>에서 고른 것은?
[2점]

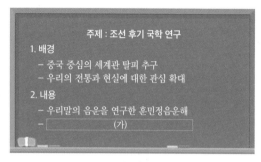

―――| 보기 |―――
ㄱ. 남북국 시대론을 제시한 발해고
ㄴ. 전국의 지리 정보를 정리한 팔도지리지
ㄷ. 우리나라의 역사 지리를 정리한 아방강역고
ㄹ. 고조선부터 고려까지의 역사를 정리한 동국통감
ㅁ. 현지 답사를 바탕으로 저술한 택리지
ㅂ. 목판으로 인쇄되었으며 10리마다 눈금이 표시된 대동여지도

① ㄱ, ㄴ, ㄷ, ㄹ ② ㄱ, ㄴ, ㄹ, ㅁ ③ ㄱ, ㄷ, ㅁ, ㅂ
④ ㄴ, ㄷ, ㄹ, ㅂ ⑤ ㄷ, ㄹ, ㅁ, ㅂ

| 답인 이유 |

단서 **조선 후기 국학 연구, 훈민정음운해**

자료의 주제는 조선 후기 국학 연구이고, 그 사례로 『훈민정음운해』가 제시되어 있으므로 (가)에는 조선 후기의 국학 연구에 대한 다른 사례가 들어가야 한다. ㄱ. 조선 후기 실학자인 유득공이 『발해고』를 편찬하여 발해의 역사를 우리 역사에 포함해 서술하였으며, '남북국'이라는 용어를 처음으로 제시하였다. ㄷ. 조선 후기 실학자 정약용은 『아방강역고』를 편찬하여 고조선에서 발해에 이르기까지의 우리나라 옛 강역에 대해서 고증하였다. ㅁ. 조선 후기 이중환은 현지 답사를 바탕으로 각 지방의 자연환경과 인물, 풍속, 물산 등을 자세히 서술한 인문 지리서인 『택리지』를 편찬하였다. ㅂ. 조선 후기 김정호는 산맥, 하천, 포구, 도로망 등을 자세히 표기하고, 10리마다 눈금이 표시된 '대동여지도'를 제작하여 목판으로 인쇄하였다.

| 오답인 이유 |

ㄴ. 『팔도지리지』는 조선 전기인 성종 때 양성지 등이 편찬한 지리서이다.
ㄹ. 『동국통감』은 조선 성종 때 서거정 등이 고조선부터 고려까지의 역사를 정리한 역사서이다.

답 ③

세도 정치의 전개와 농민 봉기

*세도 정치
특정 가문이 권력을 독점하는 정치 형태로, 상호 비판과 견제 기능을 했던 붕당 정치의 종말을 의미함

*수렴청정
임금이 어린 나이로 즉위하였을 때 왕대비나 대왕대비가 어린 임금을 도와 정사를 대신 보는 일

세도 정치*

배경 정조 사후 정치 세력 간 균형 붕괴 → 외척 등 소수 가문이 권력 독점

전개
3대 60여 년 동안 지속

순조
- 정순 왕후의 수렴청정* : 노론 벽파의 정국 주도, 신유박해 천주교 탄압를 단행하여 규장각 출신 축출, 장용영 혁파, 훈련도감을 비롯한 군영의 지휘권 장악
- 정순 왕후 사후 : 안동 김씨의 세도 정치 김조순(순조의 장인)

헌종 풍양 조씨의 세도 정치

철종 안동 김씨의 세도 정치

특징
- 소수의 유력 가문이 정치 주도, 정2품 이상의 고위직만 정치적 기능 발휘
- 비변사와 5군영으로의 권력 집중 → 의정부와 6조의 유명무실화

결과
- 왕권의 약화, 국가 기강 문란, 매관매직 성행 → 부정부패의 심화
- 탐관오리의 백성 수탈, 삼정의 문란 → 전국적인 농민 봉기 빈발

삼정의 문란

*환곡
원래는 빈민 구제책으로 봄에 곡식이 떨어졌을 때 국가의 곡식을 농민에게 대여해 주었다가 가을에 10분의 1의 모곡을 더하여 받는 제도

전정
전세
- 수령들이 여러 가지 명목의 세금을 덧붙여 정해진 기준보다 많은 세금을 징수
- 지주는 소작농에게 전세 전가

군정
군포
군역 면제자의 증가 → 군현 단위의 공동납제가 확대되어 농민의 부담 증가
예 황구첨정 어린 아이에게도 군포 징수, 백골징포 죽은 사람에게 군포 부과, 인징·족징 도망자의 군포를 이웃이나 친척에게 징수

환곡*
수령과 향리의 부정부패 : 필요하지 않은 사람에게 곡식을 강제로 빌려주고 비싼 이자를 수취, 곡식을 빌려 주지 않고 기록한 후 수취 → 고리대금으로 변질

결과
세도 정치기 농민 봉기 발생의 원인으로 작용

홍경래의 난 1811

배경
- 관직 진출 제한 등 서북 지역(평안도)에 대한 차별
- 지배층의 수탈, 세도 정치에 대한 불만

전개
평안도 몰락 양반 홍경래가 우군칙과 함께 봉기 주도
- 왜 → 영세 농민·중소 상인·광산 노동자 등이 합세
  - 당시 정부의 광산 개발 금지 조치로 신흥 상공업자와 광산 노동자들의 불만이 컸기 때문
- → 선천·정주성 등 청천강 이북 지역 점령

결과
관군에게 진압, 이후 농민 봉기에 영향을 미침

임술 농민 봉기 1862

배경
경상 우병사 백낙신의 수탈과 부정부패

전개
철종 때 몰락 양반 유계춘을 중심으로 진주에서 봉기 발생 → 함흥 지역에서 제주도까지 전국적 확대

*안핵사
조선 후기에 지방에서 발생한 민란을 수습하기 위해 중앙에서 파견하던 임시 벼슬

결과
- 안핵사* 박규수를 파견하여 사건을 수습하려 함
- 삼정이정청 설치 : 정부가 삼정의 문란 해결 약속
  → 임시적 미봉책에 그침

홍경래의 난과 조선 후기 농민 봉기

단어	문장	문제

353 ★★
세도 정치

- 비변사는 세도 정치 시기에 외척의 세력 기반이 되었다. 42, 36회 ⟶ 8회 이상

- 세도 정권에 대한 불만이 높아 농민 봉기가 빈발하였다. 22, 18회 ⟶ 2회 이상

354
순조

- 순조가 즉위하면서 장용영이 혁파되었다. 29, 24회 ⟶ 2회 이상

355
삼정의 문란

- 왕실의 외척인 안동 김씨 가문이 권력을 장악하게 되었다. 25회 ⟶ 1회 이상

- 삼정(전정·군정·환곡)이 문란해지고 매관매직 등의 비리가 만연하였다. 33, 24회 ⟶ 3회 이상

356
홍경래의 난

- 홍경래의 난에 몰락 농민들과 광산 노동자 등이 참여하였다. 23, 18회 ⟶ 3회 이상

> 평서대원수는 급히 격문을 띄우노니 우리 관서(關西)의 부로 자제와 공사천민 모두 이 격문을 들으라. … 심지어 권세 있는 집의 노비들도 관서 사람[西人]을 보면 반드시 평안도놈[平漢]이라 일컫는다. 관서 사람으로서 어찌 원통하고 억울하지 않겠는가. … 이제 격문을 띄워 먼저 여러 고을의 수령에게 알리노니, 절대로 동요치 말고 성문을 활짝 열어 우리 군대를 맞이하라. 34회

357 ★
진주 농민 봉기

- 몰락 양반 유계춘이 백낙신의 수탈에 맞서 봉기하여 진주성을 점령하였다. 46, 45회 ⟶ 8회 이상

358 ★★★
임술 농민 봉기

- 박규수의 건의로 삼정의 문란을 해결하기 위해 삼정이정청을 두었다. 53, 52회 ⟶ 14회 이상

- 사건 수습을 위하여 박규수가 안핵사로 파견되었다. 52, 50회 ⟶ 9회 이상

> 금번 진주 난민들이 소란을 일으킨 것은 오로지 전 경상 우병사 백낙신이 탐욕스러워 백성을 침학했기 때문입니다. 경상 우병영의 환곡 결손[還逋] 및 도결(都結)에 대해 시기를 틈타 한꺼번에 6만 냥의 돈을 가호(家戶)에 배정하여 억지로 부과하려 하니, 민심이 크게 들끓고 백성들의 분노가 폭발하여 전에 듣지 못했던 소란이 발생하기에 이른 것입니다. 40회

42회 30번

(가) 사건에 대한 설명으로 옳은 것은? [2점]

> 이곳은 유계춘의 무덤입니다. 그는 경상 우병사 백낙신의 탐학과 향리들의 횡포에 맞서 농민들과 함께 [(가)]을/를 일으켰습니다. 이를 계기로 농민 봉기가 삼남 지방으로 확산되었습니다.

① 청의 군대에 의해 진압되었다.
② 최제우가 동학을 창시하는 계기가 되었다.
③ 왕이 도성을 떠나 공산성으로 피란하였다.
④ 남접과 북접이 연합하여 조직적으로 전개되었다.
⑤ 사건의 수습을 위해 박규수가 안핵사로 파견되었다.
⑥ 농민 봉기가 일어나 진주성이 점령되었다.
⑦ 삼정의 문란을 해결하기 위해 삼정이정청이 설치되었다.
⑧ 선천, 정주 등 청천강 이북의 여러 고을을 점령하였다.

| 답인 이유 |

단서 유계춘의 무덤, 경상 우병사 백낙신의 탐학과 향리들의 횡포

(가) 사건은 임술 농민 봉기(1862)이다. ⑤ 정부에서는 임술 농민 봉기를 수습하기 위해 박규수를 안핵사로 파견하였다. ⑥ 1862년 진주에서 몰락 양반 유계춘을 중심으로 농민 봉기가 일어나 진주성이 점령되었다. ⑦ 정부는 임술 농민 봉기 이후 삼정이정청을 설치하고 개혁에 착수하여 민심의 동요를 진정시키고자 했으나 큰 성과를 거두지 못하였다.

| 오답인 이유 |

① 청의 군대에 의해 진압된 것은 임오군란(1882)과 갑신정변(1884) 등이 해당된다.
② 최제우가 동학을 창시한 것은 1860년이고, 임술 농민 봉기는 1862년에 일어났다.
③ 인조 때 일어난 이괄의 난으로 왕이 도성을 떠나 공산성으로 피란하였다.
④ 남접과 북접이 연합하여 조직적으로 전개한 것은 동학 농민 운동이다.
⑧ 홍경래의 난을 주도한 세력은 평안도 가산을 시작으로 선천, 정주 등 청천강 이북을 점령하였으나 관군에 의해 진압되었다.

답 ⑤, ⑥, ⑦

사회 변혁과 문화의 새 경향

예언 사상의 대두

배경
- 양반 중심의 지배 체제 동요, 탐관오리의 횡포 심화
- 자연재해와 전염병 빈발, 이양선* 출몰로 위기감 고조

내용
- 도참설 유행 : 말세 도래와 왕조 교체를 예언하여 민심이 혼란해짐
- 『정감록』 유행 : 조선이 망하고 정씨가 새 세상을 연다는 도참서

*이양선
'모양이 다른 배'란 뜻으로, 19세기 조선에 온 서양 배

정감록

천주교의 전래

수용
- 17세기 중국을 왕래하던 사신을 통해 서학으로 전래
- 18세기 후반 일부 남인 학자가 신앙으로 수용

확산
- 평등사상과 내세 신앙으로 중인·상민·부녀자 사이에 공감을 얻으며 확산
- 서양 선교사의 포교 활동, 『천주실의』천주교 교리서가 전래됨

선교사 마테오 리치가 지은 책으로 이수광에 의해 17세기 조선에 들어옴

천주실의

탄압*　　조상에 대한 유교적 제사 거부, 평등사상(신분 질서 부정)으로 정부의 탄압을 받음

*천주교 탄압
❶ 정조 1791 - 신해박해
❷ 순조 1801 - 신유박해
❸ 헌종 1839 - 기해박해
❹ 헌종 1846 - 병오박해
❺ 고종 1866 - 병인박해

신유박해 1801, 순조 즉위 원년		황사영 백서 사건
남인 세력을 제거할 목적으로 천주교에 대한 대대적 탄압, 이승훈·정약종 등 처형 └ 조선인 최초로 세례를 받음	→	신유박해가 일어나자 천주교 신자 황사영이 북경에 있던 선교사에게 편지를 보내려다 들켜 천주교에 대한 탄압이 더욱 심화됨

동학의 창시

*후천개벽
지금 세상은 운이 다했고 새로운 세상이 열린다는 뜻

창시 1860　　경주 지방의 몰락 양반 최제우가 창시

내용
- 유·불·선도교 사상을 바탕으로 민간 신앙까지 포함
- 인내천·보국안민을 주장하고, 후천개벽* 사상과 시천주*를 강조함

*시천주
누구나 마음속 한울님을 모신다는 뜻

탄압　　농민을 중심으로 교세 확장 → 정부가 최제우를 혹세무민*의 죄로 처형

확산
- 2대 교주 최시형이 교리와 교단을 정비하여 전라도와 충청도로 교세 확장
- 최제우의 저술 : 『동경대전』한문 교리집, 『용담유사』포교 가사집

*혹세무민
세상을 어지럽히고 백성을 속인다는 의미

과학 기술의 발달

서양 문물 수용
- 청과의 교류를 통해 서양의 과학 지식과 기술 전래
- 중국을 통해 세계 지도인 '곤여만국전도' 마테오 리치 제작 전래
- 인조 때 화포·천리경*·자명종 등이 전래됨

곤여만국전도

천문학
- 지전설 : 김석문, 홍대용 등이 주장 → 성리학적 세계관 비판, 근대적 우주관 형성
- 무한 우주론 : 홍대용이 지구가 우주의 중심이 아님을 주장 → 화이*의 구분을 부정

*천리경

천 리까지 볼 수 있다는 뜻에서 유래하였으며, 지금의 망원경을 일컫는 말

역법　　효종 때 김육 등의 노력으로 청에서 사용되던 시헌력 도입

의학

『동의보감』 허준	『침구경험방』 허임	『동의수세보원』 이제마	『마과회통』 정약용
전통 한의학을 체계적으로 정리	침구술 집대성	사람의 체질 연구 → 사상 의학 확립	홍역·종두법 연구

*화이
중국 오랑캐라는 뜻으로, 중국의 한족이 우월하고 주변 민족은 뒤떨어진다는 것

농서

『농가집성』 신속	『색경』 박세당	『임원경제지』 서유구
모내기법과 그 외의 벼농사 농법 소개 → 모내기법 보급에 공헌	채소·화초·담배·수박 등 상품 작물 재배법 소개	농촌 생활 백과사전

단어	문장	문제

359
정감록

왕조 교체를 예언하는 도참서가 유포되었다.
46, 43회 ⋯ 6회 이상

360 ★★
천주교

- 청에 다녀온 사신들에 의하여 서학으로 소개되었다.
42, 28회 ⋯ 3회 이상

- 제사와 신주를 모시는 문제로 정부의 탄압을 받았다.
44, 30회 ⋯ 3회 이상

- 신유박해로 수많은 천주교도들이 처형되었다.
53, 43회 ⋯ 6회 이상

- 황사영이 외국 군대의 출병을 요청하는 백서를 작성하였다.
53, 48회 ⋯ 2회 이상

361 ★★★
동학

- 유·불·선을 바탕으로 민간 신앙의 요소까지 포함하였다.
42, 30회 ⋯ 3회 이상

- 마음속에 한울님을 모시는 시천주를 강조하였다.
48, 45회 ⋯ 4회 이상

- 인내천 사상을 내세워 하나님 앞에서의 인간 평등과 내세에서의 영생을 주장하였다.
28, 25회 ⋯ 3회 이상

- 동학을 창시한 최제우가 혹세무민의 죄로 처형되었다.
53, 47회 ⋯ 7회 이상

- 동경대전과 용담유사를 경전으로 삼았다.
46, 45회 ⋯ 4회 이상

362
곤여만국전도

세계 지도인 곤여만국전도가 전해졌다.
46, 41회 ⋯ 5회 이상

363
김육

청으로부터 시헌력 도입을 건의하였다.
50, 28회 ⋯ 4회 이상

364 ★
이제마

체질에 따라 처방을 달리해야 한다는 사상 의학을 확립한 동의수세보원이 편찬되었다.
52, 42회 ⋯ 11회 이상

365
정약용

홍역에 관한 국내외 자료를 종합하여 마과회통을 편찬하였다.
49, 42회 ⋯ 2회 이상

366
서유구

농업 기술 혁신 방안을 제시한 임원경제지를 저술하였다.
49, 44회 ⋯ 2회 이상

44회 29번

(가) 종교에 대한 설명으로 옳은 것은? [1점]

○○ 신문
○○○○년 ○○월 ○○일

최제우, 경주에서 체포

경상도 일대를 중심으로 교세를 확장하고 있던 　(가)　의 교주 최제우가 23명의 제자들과 함께 경주에서 체포되었다. 체포 후 대구의 감영으로 이송되어 현재 문초가 진행되고 있으며, 혹세무민의 죄가 적용되어 효수에 처해질 것으로 보인다.

---

① 배재 학당을 세워 신학문 보급에 기여하였다.
② 마음속에 한울님을 모시는 시천주를 강조하였다.
③ 일제의 통제에 맞서 사찰령 폐지 운동을 펼쳤다.
④ 간척 사업을 추진하고 새생활 운동을 전개하였다.
⑤ 제사와 신주를 모시는 문제로 정부의 탄압을 받았다.
⑥ 인내천 사상을 강조하였다.
⑦ 이승훈, 정약용 등이 연루되어 처벌되었다.
⑧ 동경대전과 용담유사를 경전으로 하였다.

| 답인 이유 |

단서 **최제우, 경주에서 체포, 혹세무민**

(가) 종교는 동학이다. 인간의 평등을 강조한 동학의 교세가 빠르게 확산되자, 이에 위협을 느낀 조선 정부는 세상을 어지럽히고 백성을 현혹한다는 혹세무민의 죄목으로 동학의 1대 교주인 최제우를 처형하였다. ② 동학은 누구나 마음속에 한울님을 모신다는 시천주 사상과 지금 세상은 운이 다했고, 새로운 세상이 열린다는 후천개벽 사상을 내세워 인간의 존엄성과 평등을 강조하였다. ⑥ 동학은 '사람이 곧 하늘'이라는 인내천 사상을 강조하였다. ⑧ 동학은 한문 교리집인 『동경대전』과 포교 가사집인 『용담유사』를 경전으로 하였다.

| 오답인 이유 |

① 배재 학당은 기독교 선교사 아펜젤러가 세운 학교이다.
③ 일제의 통제에 맞서 사찰령 폐지 운동을 벌인 것은 불교이다.
④ 간척 사업을 추진하고 새생활 운동을 추진한 종교는 원불교이다.
⑤ 제사와 신주를 모시는 문제로 탄압을 받은 종교는 천주교이다.
⑦ 천주교 전래에 앞장섰던 이승훈은 신유박해 때 처형당하였고, 정약용·정약전 등이 연루되어 유배되었다.

답 ②, ⑥, ⑧

서민 문화의 발달과 예술의 변화

서민 의식의 성장

배경
- 경제적 : 상공업 발달과 농업 생산력 증대 → 서민의 경제적·신분적 지위 향상
- 교육적 : 서당 교육의 보급 → 서민의 의식 수준 향상

특징
- 양반 외 중인_{역관 문학}, 상공업 계층, 부농층 등의 문예 활동
- 서민들은 문예 작품을 창작하고 향유하면서 문화의 주체로 성장

서민 문화의 발달

판소리*
- 이야기를 창_{노래}과 사설로 엮어 솔직한 감정 표현
- 19세기 후반 신재효가 판소리 여섯 마당으로 정리 – 춘향가·심청가·흥보가·적벽가·수궁가 다섯 마당만 전해짐

탈놀이
탈춤
마을 굿의 일부, 산대놀이가 민중 오락으로 정착, 양반과 승려의 부패와 위선을 해학적으로 풍자
📖 황해도의 봉산 탈춤, 안동의 하회 탈춤, 양주의 별산대 놀이

한글소설
- 『홍길동전』: 허균, 최초의 한글소설, 서얼에 대한 차별 철폐와 탐관오리 응징 주장
- 『춘향전』, 『토끼전』, 『심청전』, 『장화홍련전』 등

사설시조*
자유로운 형식으로 서민들의 감정을 솔직하게 표현 → 남녀의 사랑과 현실에 대한 비판 표현

시사
중인층이 시 문학 동호회인 시사(詩社) 조직 → 상민층에게까지 확산

예술의 변화

한문소설
박지원이 『양반전』, 『허생전』, 『호질』 등을 저술하여 양반 사회의 허구성 비판

회화

정선의 진경 산수화		김홍도의 풍속화		
'인왕제색도'	'금강전도'	'씨름'	'서당도'	'무동도'

꼭
중국 화풍에서 벗어나 우리나라
산천의 실제 모습을 그림 / 우리의 자연을 사실적으로 표현

서민의 일상 모습을 소탈하고 익살스러운 특징으로 표현

신윤복의 풍속화		김득신의 풍속화		민화_{작자 미상}
'월화정인'	'미인도'	'노상알현도'*	'파적도'	'까치와 호랑이'

양반들의 풍류와 남녀 간의 애정을
감각적·해학적으로 묘사

순간적인 상황을 생동감 있게 그려냄,
김홍도의 영향을 받아 화풍이 비슷함

권선징악, 기복 등을
기원

서예
꼭 김정희 : 역대 명필 연구 → 추사체 완성
- 옹방강, 완원 등 청의 학자들과 교류, '세한도'를 그림

공예
백자 위에 회회청 안료를 사용한 청화 백자* 유행

건축

17세기			18세기
김제 금산사 미륵전	구례 화엄사 각황전	보은 법주사 팔상전	

논산 쌍계사,
부안 개암사
→ 부농과 상인의 지원

규모가 큰 사원 건축, 양반 지주층의 경제적 성장 반영

---

*판소리
광대가 노래에 해당하는 창과 이야기에 해당하는 아니리, 그리고 몸놀림인 발림을 통해 한 편의 이야기를 연출

*사설시조
초·중·종장 중 한두 장이 특별히 긴 시조. 중장이 긴 것이 많고, 대화체로 구성되는 등 전통적인 시조의 형식에서 과감하게 벗어난 것이 특징임

*노상알현도
나귀에 앉아 있는 양반과 허리를 굽혀 인사하는 상민의 모습을 통해 신분 질서 표현

*백자 청화죽문 각병

367 ★★★

서민 문화의 발달

- 노래와 사설로 줄거리를 풀어 가는 판소리가 유행하였다. 50, 38회 ⋯ 6회 이상

- 홍길동전, 춘향전 등의 한글소설이 유행하였다. 50, 37회 ⋯ 7회 이상

368

겸재 정선

- 우리의 산천을 소재로 한 진경 산수화라는 화풍을 개척하였다. 24, 20회 ⋯ 2회 이상

369 ★

단원 김홍도

자리짜기   자화상   타작도

51, 43회 ⋯ 6회 이상

370 ★★

추사 김정희

- 역대의 명필을 연구하여 추사체를 완성하였다. 23회 ⋯ 1회 이상

- 조선 후기의 대표적인 문인화인 세한도를 그렸다. 47, 43회 ⋯ 7회 이상

371

청화 백자

- 회회청 안료를 사용한 청화 백자가 만들어졌다. 49, 41회 ⋯ 5회 이상

372

금산사 미륵전

국보 제67호로 전라남도 구례군에 있는 정면 7칸, 측면 5칸의 다포계 중층 팔작지붕 건물이다. 현존하는 중층의 불전 중에서 가장 큰 규모로 내부 공간은 층의 구분 없이 통층(通層)으로 구성되어 웅장한 느낌을 준다. 임진왜란 때 소실되었으나 1702년(숙종 28)에 중건되어 현재에 이르고 있다. 31회

45, 31회 ⋯ 5회 이상

373

법주사 팔상전

국보 제55호인 법주사 팔상전은 현존하는 유일한 조선 시대 목탑으로 임진왜란 때 불타 없어졌는데, 인조 때 다시 조성되었다. 45회

45, 33회 ⋯ 6회 이상

40회 22번

(가)에 들어갈 그림으로 옳은 것은? [1점]

특별 전시

겸재 특별전

우리 미술관에서는 우리나라 산천의 아름다움을 사실적으로 그려낸 겸재의 그림을 만날 수 있는 특별전을 마련하였습니다.

(가)

- 기간 : 2018년 ○○월 ○○일 ~ ○○월 ○○일
- 장소 : △△ 미술관

①    ②

③    ④

⑤   ⑥   ⑦

| 답인 이유 |

단서 우리나라 산천의 아름다움을 사실적으로 그려낸 겸재의 그림 (가)에는 조선 후기 겸재 정선의 진경 산수화가 들어가야 한다. ① '인왕제색도'는 겸재 정선이 그린 진경 산수화의 대표적인 작품이다.

| 오답인 이유 |

② '영통골 입구도(영통동구도)'는 조선 후기 화가 강세황의 작품이다.
③ '몽유도원도'는 조선 전기 화가 안견의 작품이다.
④ '세한도'는 조선 후기에 그려진 김정희의 그림이다.
⑤ '고사관수도'는 조선 전기 화가 강희안의 그림이다.
⑥ 조선 후기의 풍속 화가인 김홍도의 '옥순봉도'이다.
⑦ 조선 후기의 화가인 김득신이 그린 '파적도'이다. 병아리를 물고 도망가는 고양이와 이에 놀란 닭, 긴 담뱃대로 이를 제지하려는 남성의 모습 등이 묘사되어 있다. 조용한 어염집에서 벌어진 소동을 그렸기에 파적도라 불린다.

답 ①

6 개항기

흥선 대원군의 개혁 정치

흥선 대원군
고종이 12살에 왕위에 오르자 아버지인 흥선 대원군이 통치하게 됨

❯ 흥선 대원군 집권기의 국내외 정세

국내	•세도 정치의 폐단, 삼정의 문란 → 전국적 농민 봉기 발생 •동학과 천주교 등 새로운 사상의 출현·확산
국외	이양선 출몰 → 서양 열강의 침략적 접근에 따른 사회 불안 고조

❯ 통치 체제의 재정비를 통한 왕권 강화

권력 구조 개편	•세도 정치 타파 : 안동 김씨 세력과 부패 관리 척결 •정치 기구 개혁 : 비변사 기능 축소·폐지, ^왜의정부_{정치}와 삼군부_{군국 기무 전담}의 기능 부활 　　　　　　　•정치와 군사 행정을 분리할 목적
법전 정비	『대전회통』, 『육전조례』 등 각종 법전 편찬 → 통치 체제 정비 　정조 때 편찬한 『대전통편』 보완
경복궁 중건	•왕실의 권위를 세우고자 임진왜란 중 소실된 경복궁을 다시 세움 •당백전 발행, 원납전 강제 징수 : 궁궐의 공사비를 마련하기 위함

당백전	원납전
상평통보의 100배에 해당하는 고액 화폐 → 실질 가치가 낮아 물가 폭등 및 경제 혼란 야기	경복궁 중건을 위한 기부금 성격

	•양반 소유의 묘지림을 벌목하여 건물을 지을 목재로 사용, 백성의 노동력 동원
서원 철폐	•**배경** : 지방 양반들의 거점인 서원이 각종 폐단을 일으킴 •**목적** : 지방 통제력 강화, 붕당의 근거지 제거, 국가 재정 확충, 민생 안정 •**만동묘 철폐**_{명나라 신종·의종의 제사를 위해 지은 사당} •전국 600여 개 서원 중 47개소만 남기고 철폐, 서원에 지급되었던 토지와 노비 몰수

> 대원군이 크게 노하여 말하기를, "진실로 백성에게 해가 되는 것이 있으면, 비록 공자가 다시 살아난다 하더라도 나는 용서하지 않겠다. 하물며 서원은 우리나라에서 선유(先儒)를 제사하는 곳인데, 지금은 도둑의 소굴로 되었음에랴."라고 하였다. 드디어 형조와 한성부 나졸들을 풀어서 대궐 문 앞에서 호소하려는 선비들을 강 건너로 몰아내 버렸다.
> － 『근세조선정감』 34회
> → 면세와 면역의 특권을 누리며 백성을 수탈하던 서원을 대폭 정리

	•**결과** : 양반 유생들의 반발 → 최익현은 흥선 대원군의 서원 철폐를 비판하고 　고종의 친정_{직접 정치함}을 요구하는 계유상소₁₈₇₃를 올림 　　　　└ 이를 계기로 흥선 대원군이 물러나고 최익현은 유배를 가게 됨

❯ 삼정의 개혁을 통한 민생 안정

전정	•양전 사업* 실시 : 세금을 내지 않기 위해 토지 대장에 오르지 않은 '은결' 색출 •불법적인 토지 겸병 금지
군정	호포제 실시 : 군정의 문란을 해결하기 위해 호_집 단위로 집집마다 군포를 부과하여 양반에 　　　　　게도 군포 징수 → 국가 재정 확충, 민생 안정 도모 → 양반층의 반발 심화
환곡	┌ 억지로 곡식을 빌려주고 이자를 받는 고리대로 변질 사창제 시행 : 환곡의 폐단을 바로잡기 위해 향촌민들이 마을 창고를 만들어 자치적으로 운영, 　　　　　호조에서 정한 사창절목에 따라 전국적으로 시행 → 농민 부담 경감

*양전 사업
토지를 실제로 경작하는지 파악하기 위한 토지 조사 사업

374
정치 기구 개혁

- 의정부의 기능을 회복시키고 비변사를 혁파 하였다.   37회 ⟶ 1회 이상
- 삼군부를 부활시켜 군국 기무를 전담하게 하 였다.   36, 35회 ⟶ 3회 이상

375
대전회통

- 통치 체제를 정비하고자 대전회통을 편찬하 였다.   53, 51회 ⟶ 7회 이상

376 ★
경복궁 중건

- 왕실의 권위를 세우고자 경복궁을 중건하였다.   38, 36회 ⟶ 2회 이상
- 공사 비용을 충당하기 위하여 원납전을 징수 하였다.   34, 18회 ⟶ 2회 이상
- 재정 문제를 해결할 목적으로 당백전을 주조 하였다.   45, 42회 ⟶ 5회 이상

377 ★★★
서원 철폐

- 만동묘를 철폐하였다.   53, 21회 ⟶ 2회 이상
- 47개소를 제외하고 서원을 철폐하였다.   47, 44회 ⟶ 11회 이상

> 이 몇가지 문제는 실로 전하께서 아직 어려서 정사를 도맡아 보지 않고 계시던 시기에 생긴 일입니다. … 지금부터 임금의 권한을 발휘하시고, 침식을 잊을 정 도로 생각하시며 부지런히 일하셔야 할 것입니다. … 친친(親親)의 반열에 속하는 사람은 다만 그 지위를 높이고 녹봉을 후하게 줄 뿐이며, 나라의 정사에는 관여하지 못하게 하셔야 할 것입니다.
> └ 흥선 대원군을 지목한 것   - 호조 참판 최익현의 상소, 28회

378 ★★
호포제

- 양반에게도 군포를 징수하는 호포제를 추진 하여 민생 안정을 도모하였다.   49, 42회 ⟶ 13회 이상

납부층 양인 15% / 면제층 노비 36% / 면제층 양반 49%   총 3,100호
호포제 실시 전 1792

면제층 노비 7% / 면제층 관리 19% / 납부층 양인·양반 74%   총 3,137호
호포제 실시 후 1872

379
사창제

- 환곡의 폐단을 시정하기 위해 사창제를 전국 적으로 시행하였다.   51, 48회 ⟶ 7회 이상
- 호조에서 정한 사창절목에 따라 사창제를 시 행하였다.   52회 ⟶ 1회 이상

39회 34번

(가) 인물에 대한 설명으로 옳은 것은?   [1점]

> 이곳 운현궁은 　(가)　 의 개인 저택으로 그의 아들인 고종이 태어나 12살까지 살았던 잠저입니다. 원래 운현은 저택이 위 치한 곳의 지명이었는데, 고종이 즉위하면서 궁의 칭호를 받아 운현궁이 되었습니다.

① 주자소를 설치하여 계미자를 주조하였다.
② 속대전을 편찬하여 통치 체제를 정비하였다.
③ 양반에게도 군포를 징수하는 호포제를 추진하였다.
④ 삼정의 문란을 개선하기 위해 삼정이정청을 설치하였다.
⑤ 육의전 이외 시전 상인의 특권을 폐지하는 신해통공을 실시하였다.
⑥ 통치 체제를 정비하기 위해 대전회통을 편찬하였다.
⑦ 47개소를 제외하고 서원을 철폐하였다.

| **답인 이유** |

단서 운현궁, 그의 아들인 고종

(가) 인물은 흥선 대원군이다. ③ 흥선 대원군은 민생 안정을 목적 으로 호(집)를 기준으로 집집마다 군포를 부과하여 양반에게도 군 포를 징수하는 호포제를 실시하였다. ⑥ 통치 체제를 정비할 목적으 로 정조 때의 법전인 『대전통편』을 보완하여 『대전회통』을 편찬하 였다. ⑦ 왕권 강화와 국가 재정 확충을 목적으로 전국의 서원 중 47개소만 남기고 철폐하였다.

| **오답인 이유** |

① 조선 태종은 활자를 주조하는 주자소를 설치하고 1403년에 조 선 최초의 구리 활자인 계미자를 제작하였다.
② 조선 영조는 『경국대전』 시행 이후에 공포된 법령들 중에서 시행 할 법령만을 추린 『속대전』을 편찬하여 통치 체제를 정비하였다.
④ 1862년에 일어난 임술 농민 봉기는 삼정의 문란에 반발하여 일 어났다. 이때 정부는 농민 봉기를 진정시키기 위하여 안핵사로 박규수를 파견하였고, 삼정이정청을 설치해 삼정의 문란을 시 정하려 하였다. 하지만 임시적 미봉책일 뿐 별다른 성과를 거두 지는 못하였다.
⑤ 조선 정조는 육의전을 제외한 시전 상인의 독점적 판매권인 금 난전권을 폐지하는 신해통공을 실시하였다(1791).

답 ③, ⑥, ⑦

통상 수교 거부 정책과 양요

통상 수교 거부 정책

병인박해 1866.1
천주교의 확산, 프랑스 선교사 입국 → 흥선 대원군이 프랑스를 끌어들여 러시아를 견제하고자 함 → 교섭 실패, 유생들의 천주교 금지 요구 → 조선 정부가 프랑스 선교사와 천주교도 처형

제너럴 셔먼호 사건 1866.7
미국 상선 제너럴 셔먼호가 대동강에서 통상 요구 → 평안 감사 박규수의 지휘 아래 평양 관민이 배를 불태움
└ 연암 박지원의 손자이자 통상 개화론자

남연군 묘 도굴 미수 사건 1868
• **배경** : 독일 상인 오페르트의 통상 요구 → 조선 정부의 거절
• **전개** : 흥선 대원군의 아버지인 남연군 묘 도굴 시도 → 지역 주민의 항거로 실패
• **결과** : 서양에 대한 배척 기운 고조, 통상 수교 거부 정책 강화

병인양요 1866.9

*외규장각
규장각의 부속 도서관으로 왕실 문서의 안전한 관리를 위해 강화도에 설치함

배경
병인박해를 계기로 프랑스군이 침략
프랑스 선교사와 천주교 신자들이 처형

전개
로즈 제독이 이끄는 프랑스 함대가 강화도의 양화진과 초지진 침략 → 조선군이 문수산성(한성근), 정족산성(양헌수)에서 항전함

*의궤
조선 왕실이나 국가의 주요 행사 내용을 정리하여 기록한 책, 프랑스 국립 도서관에 보관되어 있다가 박병선 박사의 노력으로 2011년 프랑스가 의궤를 장기 대여 형식으로 반환함

결과
프랑스군이 철수하면서 외규장각*을 불태우고 의궤*와 도서를 약탈함

병인양요의 전개

외규장각 의궤 | 박병선

신미양요 1871

배경
제너럴 셔먼호* 사건을 구실로 미국이 통상 요구

전개
로저스 제독의 미국 함대가 강화도 침략
→ 미군이 초지진·덕진진 점령 후 광성보 공격
→ 어재연 부대의 항전(광성보 전투)

결과
미군 철수 : 어재연 부대의 '수'자기*를 약탈함

신미양요의 전개

*'수'자기

2007년에 장기 대여 형식으로 국내로 반환됨

척화비 건립 1871

신미양요 이후 흥선 대원군이 전국 각지에 척화비 건립
→ 서양과의 통상 수교 거부 의지를 널리 밝힘

380
병인박해

조선 정부가 천주교 선교사와 신자들을 처형하였다.
52, 47회 ⋯ 2회 이상

381
제너럴 셔먼호 사건

박규수와 평양 관민들은 미국의 상선 제너럴 셔먼호를 불태웠다.
52, 51회 ⋯ 9회 이상

382 ★
남연군 묘 도굴 미수 사건

오페르트는 남연군 묘 도굴을 시도하였다.
53, 52회 ⋯ 17회 이상

┌ 흥선 대원군의 아버지
방금 남연군방(南延君房)의 차지중사(次知中使)가 아뢴 바를 들으니, 덕산의 묘지에 서양놈들이 침입하여 무덤을 훼손한 변고가 있었다고 하니 아주 놀랍고 황송한 일이다. … 조정에서 임기응변의 계책을 세웠다가 도신(道臣)의 장계가 올라오기를 기다려 논의하도록 하라.
38회

383 ★★★
병인양요

· 프랑스군은 프랑스 선교사 처형을 구실로 강화도(양화진·초지진)를 침략하였다.
53, 52회 ⋯ 9회 이상

· 양헌수 부대는 정족산성에서, 한성근 부대는 문수산성에서 프랑스군을 격퇴하였다.
51, 50회 ⋯ 10회 이상

· 프랑스군은 외규장각 건물을 불태우고 외규장각 도서(의궤)를 약탈하였다.
52, 51회 ⋯ 13회 이상

384 ★★
신미양요

· 미국은 제너럴 셔먼호 사건을 구실로 통상을 요구하며 강화도를 침략하였다.
44, 23회 ⋯ 3회 이상

· 로저스 제독의 미국 함대가 초지진을 점령하였다.
30회 ⋯ 1회 이상

· 어재연 부대가 광성보에서 결사 항전하였다.
53, 51회 ⋯ 14회 이상

385
척화비

흥선 대원군은 전국에 척화비를 건립하였다.
53, 51회 ⋯ 9회 이상

이때에 이르러서는 돌을 캐어 종로에 비석을 세웠다. 그 비면에 글을 써서 이르기를, "서양 오랑캐가 침범하는데 싸우지 않으면 즉 화친하는 것이요, 화친을 주장함은 나라를 팔아먹는 것이다."라고 하였다.
- 『대한계년사』, 41회

52회 31번
다음 상황 이후에 전개된 사실로 옳은 것은? [2점]

> 진무사 정기원의 장계에, "초지와 덕진을 제대로 지키지 못한 것도 저의 불찰인데, 광성보에서는 군사가 다치고 장수가 죽었으니 저의 죄가 더욱 큽니다."라고 하였다. 이에 전교하기를, "병가의 승패는 늘 있는 일이다. 저 흉측한 무리들이 지금 다소 물러가기는 했으나 목전의 방비를 더욱 소홀히 할 수 없다."라고 하였다.

① 평양 관민이 제너럴 셔먼호를 불태웠다.
② 로즈 제독의 함대가 양화진을 침입하였다.
③ 오페르트가 남연군 묘 도굴을 시도하였다.
④ 일본 군함 운요호가 영종도를 공격하였다.
⑤ 조선 정부가 프랑스인 선교사들을 처형하였다.
⑥ 흥선 대원군이 전국 각지에 척화비를 건립하였다.
⑦ 프랑스군은 외규장각 도서를 약탈하였다.

| 답인 이유 |

단서 초지, 덕진, 광성보

자료에서 '초지, 덕진, 광성보'는 신미양요와 관련된 전적지이다. 미국은 제너럴 셔먼호 사건을 구실로 1871년에 강화도를 침략하였다(신미양요). 미군은 초지진과 덕진진을 점령한 후 광성보를 공격하였다. 광성보에서 어재연이 이끄는 조선군이 결사 항전을 벌였으나 결국 광성보는 함락되었고, 이때 어재연 장군의 '수'자기를 빼앗겼다. ④ 일본 군함인 운요호가 영종도를 공격한 운요호 사건은 1875년에 일어났다. 이를 계기로 1876년에 조선은 일본과 강화도 조약을 체결하였다. ⑥ 흥선 대원군은 신미양요 이후 전국에 척화비를 건립하여 서양과의 통상 수교 거부 의지를 밝혔다.

| 오답인 이유 |

① 평양 관민이 미국 상선 제너럴 셔먼호를 불태운 사건은 1866년의 일이다.
② 프랑스의 로즈 제독은 병인박해를 구실로 1866년에 강화도를 침략하였다(병인양요).
③ 독일 상인인 오페르트는 1868년에 흥선 대원군의 아버지인 남연군의 묘를 도굴하려 하였다.
⑤ 조선 정부는 1866년에 프랑스인 선교사들을 처형하였다(병인박해).
⑦ 병인양요 때 프랑스군이 철수하면서 외규장각을 불태우고 의궤와 도서를 약탈하였다.

답 ④, ⑥

개항과 불평등 조약의 체결

강화도 조약 조일 수호 조규, 1876

배경 운요호 사건1875을 계기로 조약 체결 → 문호 개방
강화도 초지진을 공격하였고, 영종도에 상륙하여 약탈을 저지름

성격 꼭 조선이 외국과 맺은 최초의 근대적 조약, 일본에 유리한 불평등 조약
· 강화산성 부근 연무당 옛터에서 조선의 신헌과 일본의 구로다가 대표로 조약 체결.
신헌이 저술한 『심행일기』에 조약 체결의 전말이 기록

제1관	조선을 자주국으로 인정	→ 청의 간섭 배제
제4관	부산 외 2개 항구 개항	→ 인천·원산 개항, 정치·경제·군사적 거점 마련
제7관	해안 측량권 허용	→ 불평등, 영토 주권 침해
제10관	치외 법권(영사 재판권) 인정	→ 불평등, 조선의 사법권 침해, 일본 상인 보호

부속 조약
조일 수호 조규의
후속 조치로 체결

조일 수호 조규 부록
1876
· 개항장에서 일본 상인의 10리 이내 무역 허가(거류지* 무역)
· 일본 화폐 유통 허용

*거류지
조계라고도 하며 개항장에 외국인이 자유로이 통상하고 거주하며 치외 법권을 누릴 수 있도록 설정한 구역

조일 무역 규칙
1876
· 양곡쌀, 잡곡의 무제한 유출 허용
· 일본 상품에 대한 무관세 허용

조일 통상 장정
1883
· 일본 상품에 대한 관세 부과 설정
· 방곡령 규정 : 쌀이 일본으로 대량 유출되는 것을 막기 위해
지방관이 내린 곡물 수출 금지 명령, 방곡령 시행
1개월 전 지방관이 일본 영사관에 통고해야 함

*거중 조정
양국 중 한 나라가 다른 나라의 위협을 받으면 서로 돕고 분쟁을 해결하도록 주선하는 것

*최혜국 대우
조약을 체결한 이후 다른 나라에 더 유리한 조건을 허용할 경우, 조약 개정 없이 그 조건을 자동으로 부여하는 것

불평등 조약의 체결

조미 수호 통상 조약
1882

배경 황준헌黃遵셴의 『조선책략』 유포 → 강화도 조약에서 종주권을 부인당한 청이
러시아·일본을 견제하고자 미국과의 조약 알선

조선의 땅은 실로 아시아의 요충에 자리 잡고 있어 전략적으로 중요하므로 반드시 분쟁이 발생할 수밖에 없다. 조선이 위태로우면 동아시아의 정세가 날로 악화될 것이다. 따라서 러시아가 영토를 공략하고자 하면 반드시 조선으로부터 시작할 것이다. … 그러므로 오늘날 조선의 제일 급선무는 러시아를 막는 것이다. 러시아를 막는 책략은 무엇인가. 중국을 가까이 하며[親中國], 일본과 관계를 공고히 하고[結日本], 미국과 연계하여[聯美國] 자강을 도모할 따름이다.
- 김홍집의 『수신사일기』, 36회
→ 제2차 수신사 김홍집이 국내에 유포, 러시아를 막기 위해 조선이 친중국·결일본·연미국 해야함을 주장

*보빙사
1883년 민영익 등을 전권 대신으로 하여 미국에 파견한 사절단

유길준
홍영식 민영익 서광범

내용 · 거중 조정* 조항, 최혜국 대우* 최초 규정

성격 · 서양과 맺은 최초의 조약, 불평등 조약
· 외국에 대한 조선의 관세권 최초 인정

영향 미국에 보빙사 파견, 서양 열강과의 조약 체결

조청 상민 수륙 무역 장정
1882
외국청 상인의 내지 통상권 최초로 허용 → 거류지 무역 해제

조프 수호 통상 조약
1886
천주교의 포교권 허용

단어	문장	문제

386 ★
운요호 사건

- 일본 군함 운요호가 영종도를 공격하였다.
  53, 47회 ⟶ 9회 이상

- 불평등 조약인 강화도 조약 체결의 빌미가 되었다.
  35, 31회 ⟶ 5회 이상

387 ★★
강화도 조약

- 부산, 원산, 인천에 개항장이 설치되는 결과를 가져왔다.
  49, 48회 ⟶ 12회 이상

- 조선이 맺은 최초의 근대적 조약이다.
  23, 19회 ⟶ 2회 이상

388
조일 수호 조규 부록

- 일본 상인의 활동 범위를 개항장에서 10리로 제한하였다.
  19회 ⟶ 1회 이상

- 체결 이후 개항장에서 일본 화폐가 유통되었다.
  33회 ⟶ 1회 이상

389
조일 무역 규칙

- 양곡의 무제한 유출, 무관세 조항을 포함하고 있다.
  41, 38회 ⟶ 4회 이상

390
조일 통상 장정

- 일본 상품에 대한 관세 부과를 규정하였다.
  19회 ⟶ 1회 이상

- 방곡령을 선포할 수 있는 조항을 명시하였다.
  43회 ⟶ 1회 이상

391 ★★★
조미 수호 통상 조약

- 외국에 대한 최혜국 대우를 처음으로 규정하고, 거중 조정 조항을 포함하였다.
  51, 50회 ⟶ 13회 이상

- 조선책략의 영향으로 체결되었으며, 청의 알선으로 서양 국가와 맺은 최초의 조약이다.
  47, 45회 ⟶ 11회 이상

- 조약 체결 이후 사절단으로 보빙사가 파견되었다.
  49, 36회 ⟶ 6회 이상

392
조프 수호 통상 조약

- 조선이 프랑스와 조약을 체결하고 천주교 포교를 허용하였다.
  41, 30회 ⟶ 2회 이상

- 천주교 포교의 자유를 인정하는 근거가 되었다.
  51, 48회 ⟶ 7회 이상

48회 29번

밑줄 그은 '조약'에 대한 설명으로 옳은 것은? [2점]

> 발신 : 의정부
> 수신 : 각 도 관찰사, 수원·광주·개성·강화의 유수, 동래 부사
>
> 제목 : 조약 체결 알림
>
> 1. 관련
>   가. 영종진 불법 침입 보고(강화부, 을해년)
>   나. 교섭 결과 보고(신헌, 병자년)
>
> 2. 일본국과의 조약 체결에 대해 알립니다. 해당 관아에서는 연해 각 읍에 통지하여 앞으로 일본국의 표식을 게양 또는 부착한 선박이 항해 또는 정박 시 불필요한 충돌을 방지하기 바랍니다.
>
> 붙임 : 조약 본문 등사본 1부. 끝.

① 천주교 포교의 허용 근거가 되었다.
② 거중 조정에 대한 내용을 포함하였다.
③ 재정 고문을 두도록 하는 조항을 담고 있다.
④ 조약 체결에 반대하여 민영환이 자결하였다.
⑤ 부산 외 2곳에 개항장이 설치되는 결과를 가져왔다.
⑥ 조선이 자주국임을 명시하였다.
⑦ 연무당 옛터에서 조약이 체결되었다.
⑧ 조선이 맺은 최초의 근대적 조약이다.

| 답인 이유 |

단서 영종진 불법 침입, 일본국

밑줄 그은 '조약'은 1876년 조선이 일본과 맺은 강화도 조약이다. 일본은 1875년 영종도를 불법으로 침입한 운요호 사건을 일으켜 강화도 조약 체결을 강요하였다. ⑦ 강화도 조약의 공식 명칭은 조일 수호 조규로 연무당 옛터에서 체결되었다. ⑥ 강화도 조약에서 일본은 조선이 자주국이라는 것을 강조하였다. 이는 조선에 대한 청의 영향력을 배제하기 위한 것이었다. ⑤ 강화도 조약 이후 부산, 인천, 원산이 개항되었다. ⑧ 강화도 조약은 조선이 다른 나라와 맺은 최초의 근대적 조약이었으나, 일본에 유리한 불평등 조약이었다.

| 오답인 이유 |

① 조프 수호 통상 조약(1886) 체결 이후 천주교 포교가 허용되었다.
② 조미 수호 통상 조약(1882)에는 거중 조정의 내용이 포함되었다.
③ 제1차 한일 협약(1904)에는 일본이 한국에 재정·외교 고문을 추천한다는 내용이 담겨 있다.
④ 민영환은 을사늑약(1905)에 항거하며 자결하였다.

답 ⑤, ⑥, ⑦, ⑧

정부의 개화 정책과 위정척사 운동

개화 세력의 형성

북학 사상
박지원, 홍대용, 박제가, 이덕무

↓

통상 개화론
박규수, 오경석, 유홍기

1876년 개항

↓

개화파

↓

급진 개화파
김옥균, 박영효
홍영식, 서광범

온건 개화파
김윤식, 김홍집
어윤중

초기 개화 세력

오경석	박규수

•중인 역관 출신
•『해국도지』, 『영환지략』 등의
  세계 지리서를 국내에 소개
	•양반 관료 출신
	•통상 개화론을 통해 문호
	  개방의 필요성 주장

개화파 형성 박규수의 지도를 받은 김옥균·박영효·홍영식·서광범 등이 개화파로 성장
→ 1880년대 정계로 진출

개화 세력의 분화 임오군란 이후 청에 대한 외교 정책과 개화 방법·속도를 둘러싸고
온건 개화파와 급진 개화파로 나뉨

정부의 개화 정책 추진

*12사
외교 업무를 담당하는
사대사와 교린사, 중앙
과 지방의 군사를 통솔
하는 군무사, 외국과의
통상에 관한 일을 맡는
통상사, 외국어 번역을
맡은 어학사, 재정 사
무를 담당한 이용사 등
이 설치됨

정치 제도 개혁	군사 제도 개혁
•통리기무아문(개화 정책 총괄) 설치 •소속 부서로 12사*(실무 담당) 설치	•5군영을 2영 무위영·장어영으로 축소 •별기군 신식 군대 창설

의정부 ──── **통리기무아문**

6조

12사

별기군

해외 사절단 파견

1차 수신사 1876 김기수, 일본의 관청·군사 학교 등 근대 문물 시찰

2차 수신사 1880 김홍집, 『조선책략』황준헌 유포 → 정부의 개화 정책에 영향

조사 시찰단 1881 •박정양, 어윤중, 홍영식 등을 암행어사 형태로 비밀리에 파견
•일본 정부의 각 기관과 산업·군사 시설 시찰, 보고서 작성

영선사 1881~1882 청의 기기국에 파견 → 근대식 무기 제조 기술, 군사 훈련법 습득 → 정부 지원 부족으로 1년 만에 귀국 → 귀국 후 기기창(근대식 무기 제조 공장) 설립

보빙사 1883 •조미 수호 통상 조약 체결 이후 최초로 서양미국에 파견
•미국 공사의 서울 파견에 대한 답례, 전권대신 민영익·홍영식, 서광범으로 구성

위정척사 운동

*척화 주전론
서양과의 화친을 배척
하고 전쟁을 주장함

*왜양일체론
일본은 서양과 다름없
다는 것으로, 일본이나
서양이나 조선에게 위
협적이라는 주장

	1860년대	1870년대	1880년대	1890년대
배경	•서양 열강의 통상 요구 •천주교 유포	강화도 조약 체결	•『조선책략』 유포 •서양 열강과 수교 •개화 정책 추진	•을미사변 •단발령
내용	통상 반대(척화 주전론*) → 흥선 대원군의 대외 정책 지지	일본의 개항 요구 반대 (왜양일체론*)	•개화 정책 반대 •미국과의 수교 반대	의병 운동
인물	이항로, 기정진	꼭 최익현 •조약 체결에 반대하며 지부복궐척화의소를 올림	이만손(영남 만인소)	유인석

393 ★
정부의 개화 정책

- 개화 정책을 총괄하는 통리기무아문과 소속 부서로 12사를 설치하였다. 52, 51회 ⋯ 9회 이상
- 조선 정부는 5군영을 2영으로 축소하고, 신식 군대인 별기군을 창설하였다.
42, 40회 ⋯ 11회 이상

394 ★★
수신사

- 강화도 조약 체결 이후 김기수 등이 수신사로 일본에 파견되었다. 53, 52회 ⋯ 13회 이상
- 제2차 수신사 김홍집은 황준헌이 쓴 조선책략을 들여왔다. 52, 51회 ⋯ 10회 이상

395
조사 시찰단

- 일본의 정세를 파악하고 개화 정책에 대한 정보를 수집하였다. 25회 ⋯ 1회 이상

396
영선사

- 근대식 무기 제조 기술을 배우기 위해 김윤식 등을 청(기기국)에 파견하였다.
53, 51회 ⋯ 12회 이상

397
보빙사

- 조미 수호 통상 조약의 체결로 미국에 파견되었다. 49, 36회 ⋯ 6회 이상
- 전권대신 민영익 및 홍영식, 서광범 등으로 구성되었다. 52, 51회 ⋯ 3회 이상

398 ★★★
위정척사 운동

[1860년대]
- 이항로, 기정진 등이 통상 반대론을 전개하였다. 31, 21회 ⋯ 3회 이상

[1870년대]
- 최익현은 강화도 조약 체결에 반대하며 지부복궐척화의소를 올려 왜양일체론을 주장하였다. 41, 31회 ⋯ 7회 이상

> 저들이 비록 왜인이라고 하지만 본질적으로 서양 오랑캐와 다를 것이 없습니다. 강화가 이루어지면 사악한 서적과 천주교가 다시 들어와 사악한 기운이 온 나라를 덮게 될 것입니다. └ 왜양일체론 31회

[1880년대]
- 조선책략 유포에 반발하여 이만손 등의 영남 유생들은 영남 만인소를 올렸다.
51, 47회 ⋯ 21회 이상

> 미국으로 말하면 우리가 원래 잘 모르던 나라입니다. … 만일 그들이 우리나라의 허점을 알고서 우리가 힘이 약한 것을 업신여겨 따르기 어려운 요구를 강요하고 비용을 떠맡긴다면 장차 어떻게 응대하겠습니까? … 러시아와 미국과 일본은 모두 같은 오랑캐들이니 그 사이에 누가 더하고 덜하다는 차이를 두기 어렵습니다. 33회 └ 『조선책략』 비판

51회 31번

(가) 사절단에 대한 설명으로 옳은 것은? [2점]

한국사 동영상 제작 계획안

[(가)], 서양의 근대 문물을 직접 목격하다

◆ 기획 의도
미국 공사의 부임에 대한 답례로 파견된 [(가)]의 발자취를 통해 근대 문물을 시찰한 과정을 살펴본다.

◆ 장면별 구성
1. 대륙 횡단 열차를 타고 워싱턴에 도착하다
2. 뉴욕에서 미국 대통령 아서를 접견하다
3. 보스턴 만국 박람회를 참관하다
4. 병원, 전신 회사, 우체국 등을 시찰하다

① 수신사라는 이름으로 보내졌다.
② 조선책략을 들여와 국내에 소개하였다.
③ 기기국에서 무기 제조 기술을 배우고 돌아왔다.
④ 개화 반대 여론을 의식하여 비밀리에 파견되었다.
⑤ 전권대신 민영익과 부대신 홍영식 등으로 구성되었다.
⑥ 조미 수호 통상 조약의 체결로 미국에 파견되었다.
⑦ 일본의 정세를 파악하고 개화 정책에 대한 정보를 수집하였다.

| 답인 이유 |

단서 미국 공사의 부임에 대한 답례로 파견

(가)는 1883년 미국 공사의 부임에 대한 답례로 미국에 파견된 보빙사이다. ⑥ 조선은 미국과 1882년에 조미 수호 통상 조약을 체결하였다. 이후 보빙사라는 사절단이 미국에 파견되었다. ⑤ 전권대신 민영익을 중심으로 홍영식·서광범·유길준 등이 보빙사에 포함되었다. 이들은 미국의 공장, 병원 등을 방문해 선진 문물을 수용하려 하였다.

| 오답인 이유 |

① 수신사는 1876년, 1880년에 걸쳐 두 차례 일본으로 파견되었다.
② 제2차 수신사로 파견된 김홍집은 황준헌이 쓴 『조선책략』을 들여와 국내에 소개하였다.
③ 1881년에 청에 파견된 영선사는 청의 기기국에서 근대식 무기 제조 기술과 군사 훈련법을 배우고 돌아왔다.
④, ⑦ 1881년에 일본으로 파견된 조사 시찰단은 암행어사 형태로 비밀리에 파견되었다. 일본 정부의 각 기관과 산업, 군사 시설을 시찰하고 개화 정책에 대한 정보를 수집하여 보고서를 작성하였다.

답 ⑤, ⑥

임오군란과 갑신정변

임오군란 1882

배경
- 구식 군인에 대한 차별 대우, 별기군 창설(일본인 교관 임명)
- 일본의 경제 침탈로 서민 생활 악화 → 곡물 반출로 쌀값 폭등

*선혜청
세금 업무를 담당한 관청

전개

구식 군인의 봉기	선혜청*과 일본 공사관 습격, 도시 하층민 가담
흥선 대원군의 재집권 군란 수습 명목으로 일시적 재집권	• 개화 정책 중단 • 5군영 부활, 통리기무아문과 별기군 폐지
청군의 개입	민씨 일파의 청군 출병 요청, 위안스카이가 이끄는 청 군대가 군란 진압
민씨 세력의 재집권	군란의 책임을 물어 흥선 대원군을 청으로 납치

결과
- 청의 간섭 본격화 : 청군 주둔, 친청 정책 수립 → 마건상마젠창을 내정 고문, 묄렌도르프를 외교 고문으로 파견
- 조청 상민 수륙 무역 장정 체결 : 청 상인의 내지 통상권 최초 규정 - 청일 전쟁의 발발 원인
- 제물포 조약 체결 : 일본 정부에 배상금 지불, 일본 공사관의 경비병 주둔 인정

갑신정변 1884 왜 민씨 정권 타도 및 새로운 정권 수립 목적

배경
- 임오군란 이후 청의 내정 간섭 심화
- 급진 개화파김옥균, 박영효, 민영익, 홍영식, 서광범와 민씨 정권의 갈등

*우정총국

우리나라 최초의 우편 업무를 담당하던 관청

전개

갑신정변으로 우편 업무 중단

급진 개화파가 우정총국* 개국 축하연을 이용해 정변을 일으킴, 민씨 정권의 요인 처단
개화당 정부 수립, 14개조 개혁 정강 발표
청의 군대에 의해 진압, 일본군 철수
3일 만에 실패, 김옥균과 박영효 등은 일본으로 망명

갑신정변의 전개

*지조법
토지와 관련된 세금을 부과하는 법

14개조 개혁 정강
- 정치 : 흥선 대원군 송환 요구, 청에 대한 조공 허례 폐지, 내각 중심의 정치입헌 군주제 실시
- 경제 : 지조법* 개혁, 국가 재정을 호조로 일원화
- 사회 : 문벌 폐지, 인민 평등권 확립, 능력에 따른 인재 채용

결과
- 청의 내정 간섭 심화 : 민씨 정권 재집권, 개화 세력의 약화
- 한성 조약 체결조선-일본 : 일본에 배상금 지급, 일본 공사관 신축 비용 부담
- 톈진 조약 체결청-일본 : 청일 양국 군대의 공동 철병, 향후 조선 파병 시 상호 통보

갑신정변 이후의 정세

거문도 사건
1885~1887
왜 영국이 러시아의 남하를 견제한다는 구실로 거문도를 불법으로 점령함
*조선이 청을 경계하여 비밀리에 러시아와 교섭을 시도함

조선 중립화론 조선 주재 독일 부영사 부들러와 유길준이 조선의 독자적인 영세 중립국 선언 제시
『서유견문』을 집필하여 서양 근대 문물 소개

단어	문장	문제

(가) 사건의 결과로 옳은 것은? [2점]

> 이것은 개화당이 (가) 당시 발표한 개혁 정강의 일부입니다. 개화당은 새로운 정부를 구성하고 이 정강을 내세웠습니다.

> 1. 대원군을 가까운 시일 안에 돌아오게 하고 청에 조공하는 허례를 폐지할 것.
> 2. 문벌을 폐지하여 인민 평등의 권리를 제정하고 능력에 따라 관리를 등용할 것.
> 13. 대신과 참찬은 합문 안 의정소에서 회의하고 왕에게 보고한 후 정령을 반포해서 시행할 것.

① 한성 조약이 체결되었다.
② 신식 군대인 별기군이 창설되었다.
③ 부산 외 두 곳의 항구가 개항되었다.
④ 김윤식이 청에 영선사로 파견되었다.
⑤ 개화 정책을 총괄하는 통리기무아문이 설치되었다.
⑥ 청과 일본이 톈진 조약을 체결하는 계기가 되었다.
⑦ 3일 만에 실패로 끝나 주동자들이 해외로 망명하였다.

| 답인 이유 |

단서 개화당, 개혁 정강

(가) 사건은 급진 개화파의 주도로 1884년에 일어난 갑신정변이다. 임오군란(1882) 이후 청의 내정 간섭으로 개화 정책 추진이 더뎌지자 김옥균, 박영효 등이 우정총국 개국 축하연을 이용해 정변을 일으켰다. 이들은 개화당 정부를 수립한 뒤 14개조 개혁 정강을 발표하였다. ① 갑신정변 이후 조선과 일본은 조선 정부가 일본에 배상금을 지급하고, 일본 공사관 신축 비용을 부담하기로 한 한성 조약을 체결하였다. ⑥ 또 청과 일본은 양국 군대가 동시에 철병한 뒤 향후 조선에 파병 시 상호 통보하기로 한 톈진 조약을 체결하였다. ⑦ 갑신정변이 3일 만에 실패로 끝나자 급진 개화파의 주요 인물들은 일본 공사관에 피신해 있다가 일본으로 망명하였다.

| 오답인 이유 |

② 조선 정부가 개화 정책을 추진하면서 1881년에 별기군이 창설되었다.
③ 1876년에 강화도 조약이 체결된 이후 부산 외 원산, 인천 등 두 곳의 항구가 개항되었다.
④ 1881년에 조선 정부는 영선사를 청으로 파견하여 근대식 무기 제조 기술과 군사 훈련법을 습득하게 하였다.
⑤ 조선 정부는 1880년에 개화 정책을 총괄하는 기구로 통리기무아문을 설치하였다.

답 ①, ⑥, ⑦

---

399 ★★
임오군란

· 신식 군대인 별기군이 창설되었으며, 별기군 교관으로 일본인이 임명되었다.
53, 52회 ⋯ 6회 이상

· 구식 군인에 대한 차별 대우가 발단이 되어 일어났다.
49, 44회 ⋯ 7회 이상

· 선혜청과 일본 공사관을 공격하였다.
52, 45회 ⋯ 4회 이상

· 위안스카이가 이끄는 청의 군대에 의해 군란이 진압되었다.
47, 46회 ⋯ 5회 이상

· 흥선 대원군이 다시 집권하는(납치되는) 결과를 가져왔다.
48, 29회 ⋯ 4회 이상

400
제물포 조약

· 임오군란 이후 일본 공사관에 경비병의 주둔을 인정하는 조약이 체결되었다.
53, 51회 ⋯ 8회 이상

---

401 ★★★
갑신정변

· 김옥균, 박영효, 민영익, 홍영식, 서광범 등의 급진 개화파가 주도하였다.
52, 51회 ⋯ 6회 이상

· 입헌 군주제를 꿈꾸며 우정총국 개국 축하연을 기회로 정변을 일으켰다.
48, 42회 ⋯ 5회 이상

· 조선과 일본 사이에 한성 조약이 체결되었다.
53, 52회 ⋯ 12회 이상

· 톈진 조약의 체결로 인해 청일 양국의 군대가 조선에서 철수하였다. 53, 51회 ⋯ 10회 이상

402
14개조 개혁 정강

· 문벌 폐지와 인민 평등권의 확립을 촉구하였다.
25회 ⋯ 1회 이상

· 국가 재정을 호조로 일원화하고자 하였다.
44, 31회 ⋯ 2회 이상

---

403 ★
거문도 사건

· 영국이 러시아의 남하를 견제하기 위해 거문도를 불법 점령하였다.
53, 51회 ⋯ 20회 이상

404
조선 중립화론

· 유길준, 부들러는 조선의 독자적인 영세 중립국 선언을 제시하였다.
35, 31회 ⋯ 4회 이상

동학 농민 운동

배경

동학의 확산　포접제 활용

교조 신원 운동*　동학의 2대 교주인 최시형 주도, 삼례·보은 집회 개최, 서울에서 복합 상소

전개

고부 농민 봉기 1894. 1

고부 군수 조병갑의 학정 ➡ 전봉준이 사발통문*으로 농민 규합 ➡ 고부 관아 습격, 만석보 파괴 ➡ 신임 군수의 무마책에 따라 스스로 해산

제1차 농민 봉기 1894. 3

백산 봉기

사태 수습을 위해 파견된 안핵사* 이용태의 탄압 ➡ 전봉준, 손화중, 김개남 등이 무장에서 봉기 ➡ 백산에 집결하여 4대 강령과 격문 발표(보국안민, 제폭구민*)

황토현·황룡촌 전투

관군 격파, 장태*를 이용하여 전라 감영군에게 승리⚔

전주성 점령 1894. 4

조선 정부가 청에 파병 요청 ➡ 톈진 조약에 따라 일본에 파병 사실 통보, 군대를 아산만에 상륙시킴 ➡ 일본도 제물포에 군대를 주둔시킴

전주 화약 1894. 5

외국 군대 철수, 폐정 개혁을 조건으로 농민군과 조선 정부가 합의

집강소 설치

• 농민군 자진 해산 ➡ 집강소 설치, 폐정 개혁안 실천
• 정부는 교정청을 설치하여 개혁을 시도함

일본군의 경복궁 점령 1894. 6

• 일본군의 경복궁 기습 점령 ➡ 조선 정부에 내정 개혁 요구
• 청일 전쟁 발발 : 일본 승리, 시모노세키 조약 체결(청 – 일본)

제2차 농민 봉기 1894. 9

논산 집결

일본의 내정 간섭이 심해지자 농민군 재봉기 ➡ 전봉준이 이끄는 남접과 손병희가 이끄는 북접의 합세

공주 우금치 전투

농민군은 신식 무기로 무장한 일본군과 관군에 맞서 싸웠으나 패배함 1894. 11 ➡ 전봉준 등 체포

의의

신분제 폐지, 과부 재가 허용
• 근대적 개혁 운동 : 농민군의 요구 중 일부가 갑오개혁에 반영됨
• 항일 의병 투쟁 : 잔여 세력이 활빈당 등을 조직해 항일 투쟁을 계속함

❶ 고부 관아 점령　❷ 백산 봉기
❸ 황룡촌 전투　❹ 삼례 집결
❺ 남·북접 합세　❻ 우금치 전투

동학 농민군의 1차 봉기

❶ 고부 농민 봉기 1894. 1.
❷ 1차 봉기 1894. 3.
❸ 전주성 점령 1894. 4.
❹ 전주 화약 체결 1894. 5.
❸ 황토현 전투 1894. 4.
❹ 황룡촌 전투 1894. 4.

동학 농민군의 2차 봉기

일본군의 상륙 (1894. 5. 6.)
청군의 상륙 (1894. 5. 5.)
① 일본군의 경복궁 점령 1894. 6.
② 남접·북접 농민군 집결 1894. 10.
남접 농민군 출발지
북접 농민군 출발지
③ 우금치 전투 패배 1894. 11.

단어	문장	문제

43회 36번

(가) 시기에 있었던 사실로 옳은 것은? [2점]

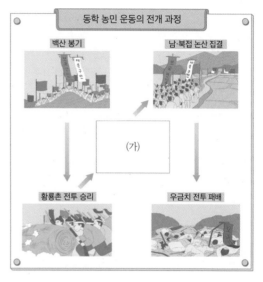

동학 농민 운동의 전개 과정

백산 봉기 → 남·북접 논산 집결

(가)

황룡촌 전투 승리 → 우금치 전투 패배

① 정부와 농민군 사이에 전주 화약이 체결되었다.
② 교조 신원을 요구하는 삼례 집회가 개최되었다.
③ 농민군이 황토현 전투에서 관군에게 승리하였다.
④ 사태 수습을 위해 이용태가 안핵사로 파견되었다.
⑤ 전봉준이 농민들을 이끌고 고부 관아를 습격하였다.
⑥ 전봉준이 이끄는 농민군이 전주성을 점령하였다.
⑦ 일본이 경복궁을 점령하고 내정 개혁을 요구하였다.

---

405 ★
고부 농민 봉기

조병갑의 학정에 분노하여 고부 관아를 습격하고 만석보를 헐었다.   52, 51회 ⟶ 6회 이상

406
제1차 농민 봉기

보국안민, 제폭구민을 기치로 내걸었다.   51, 39회 ⟶ 3회 이상

---

407 ★★★
전주 화약과 집강소

· 전봉준이 이끄는 농민군은 전주성을 점령하고, 정부와 전주 화약을 체결하였다.   53, 52회 ⟶ 8회 이상

· 자치 조직인 집강소를 중심으로 폐정 개혁안을 실천하였다.   49, 45회 ⟶ 10회 이상

본 감사는 … 지금 너희들이 병기를 반납하는 것을 보고, 또한 못된 사람들이 소요하는 것을 몹시 미워하고 엄금하는 것을 보니, 너희들의 선량한 마음을 믿을 수 있다. … 너희들이 각기 그 고을에서 성실하고 뜻이 있는 자를 뽑아 집강으로 삼되 적격하지 않은 자에게 집강을 맡겨 폐단이 발생하는 일이 없도록 해야 할 것이다.   20회

408
교정청

개혁 추진 기구로 교정청을 설치하였다.   50회 ⟶ 1회 이상

우리 정부는 왕명을 받들어 교정청을 설치하여 당상관 15명을 두고 먼저 폐정 몇 가지를 개혁하니, 이는 모두 동학당[東黨]이 호소한 일이다. 자주 개혁을 점진적으로 추진하여 일본인들의 개입을 막고자 하였다. … 6월 16일 교정청에서 혁폐 조목을 의정하였다.   34회

---

409 ★★
제2차 농민 봉기

· 일본군을 물리치기 위해 봉기하였다.   20회 ⟶ 1회 이상

· 논산에서 남접과 북접이 연합하여 조직적으로 전개되었다.   52, 48회 ⟶ 7회 이상

· 공주 우금치에서 관군과 일본군에 맞서 싸웠다.   53, 51회 ⟶ 7회 이상

┌ 일본군의 경복궁 점령
그들의 통문에는 대개 "벌레같은 왜적들이 날뛰어 수도를 침범하고, 임금의 위태로움이 눈앞에 이르렀으니, … 어찌 한심스럽지 않겠습니까? 그러므로 각 접(接)들은 힘을 합하여 왜적을 쳐야겠습니다."라고 적혀 있습니다. 그리고 녹두라고 불리는 자가 전라도 병력 수십만 명을 이끌고 공주 삼리에 이르러 진을 치고 보은의 병력과 서로 호응하고 있으므로 그 기세가 갑자기 확대되었습니다.   29회

| 답인 이유 |

단서 황룡촌 전투 승리, 남·북접 논산 집결, 우금치 전투

황룡촌 전투는 1894년 4월에 일어났고, 남·북접의 동학 농민군이 논산에 집결한 것은 1894년 10월의 일이다. ① 전주 화약은 동학 농민군이 전주성에 입성한 이후인 1894년 5월에 체결되었다. ⑥ 동학 농민군이 전주성을 점령한 시기는 황룡촌 전투 이후의 일이다. ⑦ 전주 화약으로 더 이상 조선에 주둔할 명분이 없어졌음에도, 일본군은 1894년 6월에 경복궁을 무력으로 점령하고 조선에 내정 개혁을 요구하였다.

| 오답인 이유 |

② 교조 신원을 요구하는 삼례 집회는 1892년에 열렸다.
③ 동학 농민군이 관군에게 첫 승리를 거둔 황토현 전투는 1894년 4월에 일어났다. 이후 농민군은 황룡촌 전투에서도 승리하였다.
④ 1894년 1월 고부 농민 봉기 이후 조선 정부는 사태 수습을 위해 이용태를 안핵사로 파견하였다.
⑤ 전봉준은 1894년 1월에 사발통문을 돌려 농민들을 이끌고 고부 관아를 습격하고 만석보를 허물었다.

답 ①, ⑥, ⑦

갑오·을미개혁

갑오개혁

	제1차 갑오개혁 1894. 7		제2차 갑오개혁 1894. 11
배경	•일본의 경복궁 점령 → 흥선 대원군을 섭정으로 하는 제1차 김홍집 내각 → 군국기무처* 설치 및 개혁 주도 •동학 농민 운동·갑신정변 요구 반영, 정부의 개혁 의지		•일본이 청일 전쟁에서 승기를 잡으면서 조선에 대한 내정 간섭이 심화됨 •반일적인 흥선 대원군을 몰아내고 군국기무처 폐지
추진	교정청이 폐지되고 개혁을 추진하는 최고 결정 기구로 군국기무처 설치		•제2차 김홍집 내각 성립(김홍집·박영효 연립 내각) •고종이 종묘에 나가 독립 서고문을 바치고 홍범 14조*를 반포하여 1895. 1 개혁의 기본 방향을 제시
정치	•개국 기원 사용 – 조선이 건국된 해를 기준으로 연도를 셈 •6조를 8아문으로 개편 •과거제 폐지		•8아문을 7부로 개편 •지방 행정 구역을 8도에서 23부로 개편 •재판소 설치, 사법권 독립
경제	•재정 일원화(탁지아문)　•도량형 통일 •은 본위 화폐제 시행 → 조세의 금납화		
사회	•공·사 노비법 혁파 •과부의 재가 허용　•연좌제 폐지		•교육입국 조서 반포 •한성 사범 학교 설립

*군국기무처
개혁 법안을 심의·의결하는 최고 입법 기관

*홍범 14조
자주 독립, 국가 재정 등을 규정한 국정 개혁의 기본 강령

을미개혁 1895

배경	•삼국 간섭*(러·프·독)으로 일본 세력 약화 → 고종과 명성 황후의 일본 견제, 박영효 실각 　→ 제3차 김홍집 내각(친러 내각) 수립 •을미사변*(명성 황후 시해) 1895 → 제4차 김홍집 내각의 을미개혁 추진
내용	•'건양' 연호 제정, 태양력 사용 •군사 : 친위대중앙, 진위대지방 설치 •단발령 실시

*삼국 간섭 1895
청일 전쟁의 승리로 일본이 랴오둥 반도를 할양받자 위협을 느낀 러시아가 독일과 프랑스를 끌어들여 일본에게 랴오둥 반도를 반환하도록 압력을 행사한 사건

*을미사변
명성 황후가 러시아와 연계하여 일본을 견제하려고 하자 조선 주재 일본 공사인 미우라 고로가 일본 군대와 낭인들을 건천궁에 난입시켜 왕비를 시해한 사건

> 11월 15일 고종은 비로소 머리를 깎고 내외 신민에게 명하여 모두 깎도록 하였다. … 궁성 주위에 대포를 설치한 후 머리를 깎지 않는 자는 죽이겠다고 선언하니 고종이 긴 한숨을 내쉬며 정병하를 돌아보고 말하기를 "경이 짐의 머리를 깎는 게 좋겠소."라고 하였다. - 『매천야록』 28회

결과	•을미의병 : 을미사변과 단발령 등의 강제적인 개혁안에 반발하여 봉기 •아관 파천으로 개혁 중단 　└ 러시아 공사관을 의미함

아관 파천 1896. 2

내용	을미사변 이후 신변의 위협을 느낀 고종이 경복궁을 떠나 러시아 공사관으로 피신 　→ 일본의 영향력 약화
결과	친러 내각 수립, 러시아의 내정 간섭과 열강의 이권 침탈이 본격화됨

410 ★★
제1차 갑오개혁

- 군국기무처를 설치하여 근대적 개혁을 추진하였다.
  51, 49회 ⋯ 7회 이상
- 청의 연호를 폐지하고 개국 기년을 사용하였다.
  52, 37회 ⋯ 2회 이상
- 6조를 8아문으로 개편하고 과거제를 폐지하였다.
  52, 49회 ⋯ 6회 이상
- 공·사 노비법을 혁파하고 과부의 재가를 허용하였다.
  52, 49회 ⋯ 8회 이상

> 파리의 외무부 장관 각하께
> 일본군이 경복궁을 점령한 후, 조선 왕은 일본 공사 오토리의 요청에 따라 군국기무처를 구성해야 했습니다. … 이 기구는 의정부 영의정 김홍집이 총재를 겸임합니다. … 새로운 기반 위에 중앙 정부를 조직한 후, 군국기무처는 활동을 계속했고 행정·재정·법률 분야에서 여러 개혁안을 차례로 채택했습니다. 개혁에 관한 목록도 동봉하는 바입니다.
> - 주 조선 프랑스 공사 올림, 32회

411 ★★★
제2차 갑오개혁

- 개혁의 기본 방향을 제시한 홍범 14조를 반포하였다.
  49, 46회 ⋯ 6회 이상
- 지방 행정 구역을 8도에서 23부로 개편하였다.
  52, 49회 ⋯ 6회 이상
- 교육입국 조서를 반포하고 한성 사범 학교가 설립되었다.
  53, 42회 ⋯ 12회 이상

412
을미사변

- 일본 낭인들이 명성 황후를 시해하였다.
  53, 49회 ⋯ 5회 이상

> 일본 장교는 군사의 대오를 정렬하여 합문을 에워싸고 지키도록 명령하여, 흉악한 일본 자객들이 왕후 폐하를 수색하는 것을 도왔다. 이에 자객 20~30명이 … 전각으로 돌입하여 왕후를 찾았다. … 자객들은 각처를 찾더니 마침내 깊은 방 안에서 왕후 폐하를 찾아내고 칼로 범하였다. … 녹원 수풀 가운데로 옮겨 석유를 그 위에 바르고 나무를 쌓아 불을 지르니 다만 해골 몇 조각만 남았다.
> - 고등재판소 보고서, 42회

413 ★
을미개혁

- 건양이라는 연호를 제정하고 태양력을 사용하였다.
  50, 49회 ⋯ 8회 이상
- 친위대와 진위대가 설치되었고 단발령이 시행되었다.
  21, 18회 ⋯ 2회 이상

414
아관 파천

- 고종이 러시아 공사관으로 피신하였다.
  48, 40회 ⋯ 10회 이상

46회 34번

밑줄 그은 '내각'에서 추진한 정책으로 옳은 것은? [2점]

 이번에 새로 구성된 내각에서 태양력을 채택했다고 하더군.

 나도 들었네. 올해 11월 17일을 새해 1월 1일로 삼는다는군. 이번 조치로 한동안 혼란이 있을 것 같네.

① 건양이라는 연호를 제정하였다.
② 전국 8도를 23부로 개편하였다.
③ 황제 직속의 원수부를 설치하였다.
④ 박문국을 설치하여 한성순보를 발행하였다.
⑤ 공·사 노비법을 혁파하고 과거제를 폐지하였다.
⑥ 연좌제를 금지하였다.
⑦ 과부의 재가를 허용하였다.
⑧ 청의 연호를 폐지하고 개국 기원을 사용하였다.

| 답인 이유 |

단서 태양력 채택

밑줄 그은 '내각'은 을미사변 이후 일본에 의해 수립된 김홍집 내각이다. 이들의 주도 아래 을미개혁이 추진되었다. ① 을미개혁은 '건양' 연호 사용, 단발령 실시, 태양력 사용 등을 주 내용으로 하였다. '건양'은 1896년 1월 1일에 맞춰 '양력으로 세운다'라는 의미를 담고 있다.

| 오답인 이유 |

② 제2차 갑오개혁 때 8도를 23부로 개편하였으며, 이 시기는 김홍집·박영효 연립 내각이 개혁을 주도하였다.
③ 대한 제국 시기에 실시한 광무 개혁의 내용이다. 대한 제국은 원수부를 설치하여 황제가 직접 군대를 통솔하는 체제를 만들었다.
④ 1880년대 초반에 정부가 주도하였던 개화 정책에 해당한다. 1883년에 개화파의 건의로 세워진 박문국에서 최초의 근대적 신문인 한성순보가 발행되었다.
⑤, ⑥, ⑦ 제1차 갑오개혁의 내용이다. 제1차 갑오개혁은 군국기무처의 주도로 추진되었는데, 이 개혁으로 과거제가 폐지되고, 새로운 관리 임용 제도가 시행되었다. 또한 연좌제를 금지하였으며 신분제 및 공·사 노비제도 폐지되었다. 이 밖에 조혼 금지, 과부의 재가 허용 등의 개혁도 단행되었다.
⑧ 제1차 갑오개혁으로 청의 연호가 폐지되고, 조선 개국인 1392년부터 연도를 계산하는 개국 기원이 사용되었다.

답 ①

독립 협회와 대한 제국

독립 협회

창립	아관 파천 이후 열강의 이권 침탈 심화 → 서재필* 귀국 → 독립신문 창간1896. 4 → 독립 협회 창립	

독립문

활동	민중 계몽 운동	토론회·강연회 개최, 독립문 건립, 만민 공동회* 개최1898
	자주 국권 운동	•러시아 재정 고문·군사 교관 철수 요구 •러시아의 절영도 조차* 요구 저지
	자유 민권 운동	•관민 공동회 개최 •헌의 6조를 결의하고 고종의 재가를 받음 └ 입헌 군주제 지향, 탁지부에서 재정 일원화 주장, 피고 인권 보호 등
	의회 설립 운동	중추원 관제 개편을 통한 의회 설립 추진 → 실패
해산	┌ 대한 제국의 조병식 등 수구 세력이 독립 협회가 황제를 부정하고 공화정을 세우려 한다고 모함 보수 세력의 모함 → 고종의 해산 명령, 독립 협회 간부 투옥 → 독립 협회의 저항 운동 (만민 공동회 개최) → 황국 협회*와의 충돌 → 강제 해산1899. 12	

대한 제국의 수립

배경	•아관 파천 이후 열강의 침탈 심화 •고종의 환궁을 요구하는 여론 고조

과정

고종의 경운궁현재의 덕수궁 환궁1897

왜 환구단에서 황제 즉위식 거행
•청과의 사대 관계 청산 목적

대한 제국 수립 선포1897 : 국호 '대한 제국', 연호 '광무' 제정

황궁우 환구단

고종황제

광무개혁
꼭 대한 제국은 갑오개혁의 급진성을 비판하며 구본신참(옛것을 근본으로 하고 새것을 참고한다)에 입각하여 점진적인 개혁을 추구함

정치	•대한국 국제 반포1899 : 전제 황권 강화 지향 ─ 황제의 측근 세력을 중심으로 추진 •간도 관리사(이범윤) 파견 → 독도를 관할 영토로 명시('칙령 제41호')
군사	원수부 설치 : 황제의 군 통수권 장악, 황제의 군사권 강화
경제	•양지아문* 설치 : 양전 사업 실시 •지계아문 설치1901 : 지계근대적 토지 소유 문서 발급

하나. 대한 제국 인민으로 전답을 가진 자는 이 관계(官契)를 반드시 소유하되, 구계(舊契)는 무효로 하여 본 아문에 수납할 것
지계아문

하나. 대한 제국 인민 외에는 전답 소유주가 될 권리가 없으니, 외국인에게 명의를 빌려주거나 사사로이 매매·저당·양도하는 자는 모두 최고형에 처하고 해당 전답은 원주인의 소유를 인정하여 일체 몰수할 것

지계
─ 31회

•근대적 공장과 회사 설립

사회	•관립 실업 학교상공학교 개교 •만국 우편 연합 가입 → 외국과 우편물 교환

415 ★★
독립 협회

- 독립 협회가 중심이 되어 영은문이 있던 자리에 독립문을 세웠다.   53, 51회 ⋯ 4회 이상

- 독립 협회의 제안을 받아들여 중추원 관제 개편을 통한 의회 설립을 추진하였다.
   49, 48회 ⋯ 14회 이상

> 독립 협회는 박정양 내각과 협상하여 새로운 중추원 관제를 발표하게 하였다. 이 관제에서는 의장 1인, 부의장 1인, 의관 50인, 참서관 2인, 주사 4인을 두도록 하였는데, 의장은 황제가 임명권을 가졌다. 의관의 절반은 국가에 공로가 있는 사람으로 정부가 추천하고, 나머지 절반은 당분간 독립 협회의 회원들이 정치, 법률, 학식에 통달한 자를 투표해서 추천하도록 하였다.   24회

- 만민 공동회를 열어 민권 신장을 추구하였다.
   48, 47회 ⋯ 9회 이상

- 관민 공동회를 개최하여 헌의 6조를 결의하고 이를 정부에 건의하였다.   53, 51회 ⋯ 9회 이상

- 러시아의 절영도 조차 요구를 저지하였다.
   48, 43회 ⋯ 9회 이상

416 ★★★
광무개혁

- 구본신참에 입각한 개혁을 추진하였다.
   52, 50회 ⋯ 5회 이상

- 양전 사업을 실시하여 지계를 발급하였다.
   48, 47회 ⋯ 13회 이상

- 지계아문을 설치하고 지계를 발급하였다.
   36, 34회 ⋯ 3회 이상

- 군 통수권 장악을 위하여 황제 직속의 원수부를 설치하였다.   53, 50회 ⋯ 8회 이상

- 대한국 국제를 반포하였다.   50, 37회 ⋯ 7회 이상

> **대한국 국제**
> 제1조   대한국은 세계 만국에 공인된 자주독립한 제국이니라.
> 제2조   대한 제국의 정치는 이전에는 오백 년이 내려왔고 이후에는 만세토록 불변할 전제(專制)정치이니라.
> 제3조   대한국 대황제께서는 무한한 군권(君權)을 향유하시니 공법에 이른바 자립정체(自立政體)이니라.
> 제5조   대한국 대황제께서는 국내 육해군을 통솔하시며 편제를 정하시어 계엄(戒嚴)과 해엄(解嚴)을 명하시느니라.   33회

- 만국 우편 연합에 가입하여 외국과 우편물을 교환하였다.   24, 18회 ⋯ 2회 이상

38회 33번

(가) 시기에 실시된 정책으로 옳은 것은?   [2점]

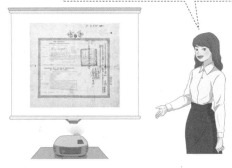

> 이것은 고종이 국호를 (가) (으)로 고치고 새로운 연호를 선포한 이후 만들어진 여권입니다. 이 여권이 발행된 (가) 시기에는 황제 직속의 원수부가 설치되는 등 각종 개혁이 실시되었습니다.

① 양전 사업을 실시하고 지계를 발급하였다.

② 박문국을 설치하고 한성순보를 발행하였다.

③ 공 · 사 노비법을 혁파하고 과거제를 폐지하였다.

④ 지방 행정 구역을 8도에서 23부로 개편하였다.

⑤ 개혁의 방향을 제시한 홍범 14조를 반포하였다.

⑥ 대한국 국제를 반포하였다.

⑦ 관립 실업 학교인 상공학교가 개교하였다.

⑧ 만국 우편 연합에 가입하여 외국과 우편물을 교환하였다.

|답인 이유|

단서 새로운 연호, 원수부가 설치

(가) 시기는 대한 제국이다. 대한 제국은 구본신참의 원칙 아래 광무 개혁을 실시하였다. ① 양지아문을 설치하여 양전 사업을 실시하고 지계를 발급하였다. ⑥, ⑦ 1899년에는 전제 황권 강화를 지향한 대한국 국제가 반포되었고, 관립 실업 교육 기관인 상공학교가 개교하였다. ⑧ 1900년에는 만국 우편 연합에 가입하여 외국과 우편물을 교환할 수 있었다.

|오답인 이유|

② 한성순보는 1883년에 박문국에서 발행한 우리나라 최초의 근대적 신문이다.

③ 제1차 갑오개혁에서는 공·사 노비법을 혁파하고 과거제와 연좌제가 폐지되었다.

④ 제2차 갑오개혁에서는 지방 행정 구역을 8도에서 23부로 개편하였다.

⑤ 1895년, 제2차 갑오개혁이 추진되는 과정에서 국정 개혁의 기본 강령이 담긴 홍범 14조가 반포되었다.

답 ①, ⑥, ⑦, ⑧

한반도를 둘러싼 러일의 대립

제1차 영일 동맹
1902. 1

영국과 일본이 러시아를 방어할 목적으로 형성

용암포 사건
1903

- 러시아가 용암포 및 압록강 하구를 불법으로 점령하고, 조차지로 인정할 것을 요구함
  → 일본의 간섭으로 실패
- 대한 제국을 둘러싼 러일 간의 갈등 고조

러일 전쟁 발발
1904. 2

- 러일 전쟁에 말려들지 않기 위한 고종의 국외 중립 선언
- 일본의 러시아 기습 공격제물포에서 러시아 함대가 일본 해군에게 격침, 선전 포고

한일 의정서
1904. 2

- 일본의 강요로 체결 → 러일 전쟁 중 군사 전략상 필요한 지역을 일본에 제공
- 러일 전쟁에서 일본 우세

제1차 한일 협약
1904. 8

재정 고문으로 메가타, 외교 고문으로 스티븐스 부임
→ 한국의 내정과 외교 감독·통제

열강의 일본 침략 묵인

- 가쓰라·태프트 밀약1905. 7 : 미국의 필리핀 지배, 일본의 한국 지배를 상호 인정
- 제2차 영일 동맹1905. 8 : 러시아 견제를 위해 영국이 일본의 한국 지배권 인정
- 포츠머스 강화 조약1905. 9 : 러일 전쟁 마무리, 러시아가 일본의 한국 지배권 인정
  └ 한국에 대한 일본의 독점적 지배권을 열강들이 인정

일제의 국권 침탈

*통감부
대한 제국의 외교 업무를 전담하기 위해 설치한 기구, 외교뿐만 아니라 내정까지 간섭함

*헐버트

육영 공원 교사로 한국에 들어옴, 을사늑약 직후 고종의 친서를 미국 정부에 전달해 부당함을 알림, 헤이그 특사 파견에도 관여하는 등 한국 독립을 위해 힘씀

을사늑약 (제2차 한일 협약)
1905. 11
덕수궁 중명전에서 체결

- 대한 제국의 외교권 박탈, 통감부* 설치(초대 통감 : 이토 히로부미)

[고종의 조치]
- 조약 무효화 선언
- 헐버트*를 미국에 특사로 파견하여 독립을 호소 → 미국의 냉담한 반응
- 을사늑약의 부당함을 알리고자 헤이그에 특사 파견(이상설·이준·이위종)1907
  → 일본의 방해로 실패, 고종의 강제 퇴위

[민족의 항거]
- 언론의 비판 : 장지연이 '시일야방성대곡'을 황성신문에 게재
- 항일 순국 : 민영환, 조병세 등이 자결로써 항거
- 자신회 결성 : 나철, 오기호 등이 을사5적을 처단하기 위해 결성
- 상소 운동 : 이상설이 매국노 처단을 요구하는 상소를 올림

한일 신협약 (정미 7조약)
1907. 7

- 행정 각 부서에 일본인 차관 배치
- 대한 제국 군대훈련대 해산 → 해산 군인이 정미의병에 가담

기유각서
1909. 7

대한 제국의 사법권, 감옥에 관한 사무 박탈 → 이후 경찰권까지 박탈

한일 병합 조약
1910. 8

- 대한 제국의 국권 피탈 : 순종의 퇴위, 일본의 식민 통치를 받게 됨
- 조선 총독부 설치 : 통감부 개편, 초대 총독으로 데라우치 부임

단어   문장   문제

단어	문장	문제

417

국외 중립 선언

고종이 국외 중립을 선언하였다.
47, 30회 ⋯ 4회 이상

418

한일 의정서

· 러일 전쟁 중에 강제로 체결되었다.
24회 ⋯ 1회 이상

· 군사 전략상 필요한 지역을 일본에 제공할 것을 강요하였다.
27, 22회 ⋯ 2회 이상

---

419 ★

제1차 한일 협약

스티븐스가 외교 고문, 재정 고문으로 메가타가 부임하였다.
51, 50회 ⋯ 12회 이상

---

420 ★★

을사늑약

· 외교권이 박탈되고, 통감부가 설치되어 이토 히로부미가 통감으로 부임하였다.
52, 51회 ⋯ 5회 이상

민족의 항거

· 을사오적을 처단하기 위해 나철, 오기호 등이 자신회를 결성하였다.
42, 34회 ⋯ 2회 이상

· 을사늑약 체결에 반대하여 민영환, 조병세 등이 자결로써 항거하였다.
48, 45회 ⋯ 6회 이상

---

421 ★★★

헤이그 특사

· 을사늑약의 부당성을 알리기 위해 고종의 명으로 네덜란드 헤이그에서 열린 만국 평화 회의에 특사로 파견되었다.
53, 51회 ⋯ 11회 이상

· 헤이그 특사 파견을 구실로 고종이 강제로 퇴위당하였다.
52, 48회 ⋯ 4회 이상

422

한일 신협약

· 가 부서에 일본인 차관이 배치되었다.
53, 26회 ⋯ 3회 이상

· 정미 7조약에 의해 대한 제국 군대가 해산되었다.
51, 33회 ⋯ 4회 이상

한일 신협약
제1조 한국 정부는 시정 개선에 관해 통감의 지도를 받을 것
제2조 한국 정부의 법령 제정 및 중요한 행정상 처분은 미리 통감의 승인을 거칠 것
제5조 한국 정부는 통감이 추천하는 일본인을 한국 관리에 임명할 것
42, 35회

34회 38번

밑줄 그은 '이 조약'의 체결에 대한 저항으로 옳지 않은 것은?
[2점]

> 우리 대황제 폐하께서 강경하신 성의(聖意)로 거절하기를 그치지 않으셨으니, 이 조약이 성립되지 않는다는 것은, 생각하건대 이토 후작 스스로도 알고 간파하였을 것이다. 아, 저 개돼지만도 못한 소위 우리 정부의 대신이란 자들은 자기 일신의 영달과 이득이나 바라고 거짓 위협에 겁먹어 머뭇대거나 벌벌 떨며 나라를 팔아먹는 역적이 되는 것을 달갑게 여겨서 사천 년의 강토와 오백 년의 종묘사직을 남에게 들어 바치고, 이천만 백성을 남의 노예가 되도록 하였도다.

① 민영환, 조병세 등이 자결로써 항거하였다.
② 이상설이 매국노 처단을 요구하는 상소를 올렸다.
③ 고종이 헤이그 만국 평화 회의에 특사를 파견하였다.
④ 유생 출신 유인석이 이끄는 의병이 충주성을 점령하였다.
⑤ 나철, 오기호 등이 5적 처단을 위해 자신회를 조직하였다.
⑥ 이만손 등의 영남 유생들은 영남 만인소를 올렸다.
⑦ 장지연은 시일야방성대곡을 작성하여 황성신문에 실었다.

| 답인 이유 |

단서 대황제 폐하께서 거절, 이토 후작

밑줄 그은 '이 조약'은 1905년에 체결된 을사늑약(제2차 한일 협약)이다. ④ 유생 출신인 유인석은 1895년에 일어난 을미의병에서 충주성을 점령하였다. ⑥ 이만손을 비롯한 영남 지역의 유생들은 미국과의 수교를 반대하면서 만인소를 올렸다.

| 오답인 이유 |

① 민영환과 조병세 등은 을사5적 처단과 을사늑약 폐기를 주장하며 자결하였다.
② 이상설은 을사늑약 체결 이후 이에 반대하는 상소를 다섯 차례 올렸다.
③ 을사늑약 체결 이후 고종은 그 부당함을 알리기 위하여 네덜란드의 헤이그에서 열리는 만국 평화 회의에 특사를 보냈다.
⑤ 나철과 오기호 등은 을사늑약 체결에 찬성한 을사5적(박제순·이완용·권중현·이지용·이근택)을 암살하기 위하여 자신회를 조직하였다.
⑦ 장지연은 황성신문에 '시일야방성대곡'(이 날에 목 놓아 통곡하노라)이라는 논설을 실어 을사늑약의 부당함을 알렸다.

답 ④, ⑥

애국 계몽 운동

애국 계몽 운동 단체 실력 양성이 중요하다고 생각하여 교육과 산업 진흥 추구

보안회
1904
일본의 황무지 개간권 요구 저지 → 성공

헌정 연구회
1905
• 독립 협회 계승, 입헌 군주제* 수립 주장
• 친일 단체인 일진회*의 반민족 행위 규탄 → 일본의 탄압으로 해산

대한 자강회
1906
• 헌정 연구회 계승, 입헌 군주제 지향
• 교육과 산업 진흥 강조, 월보 발행
• 고종의 강제 퇴위 반대 운동 전개 → 강제 해산1907

> **대한 자강회 취지서**
> 나라의 독립은 오직 자강(自强)의 여하에 달려 있을 뿐이다. 우리나라가 예전부터 자강 방법을 배우지 않아 인민이 저절로 우매해지고 국력이 쇠퇴의 길로 나아가, 마침내 오늘날의 어려운 처지에 이르러 끝내는 다른 나라의 보호를 받게 되었다. 이는 모두 자강할 방법에 뜻을 두지 않았기 때문이다. 이러함에도 불구하고 완고함에 게으름으로 말미암아 자강의 방도를 힘쓸 생각을 하지 않으면 끝내는 멸망에 다다를 뿐이니….
> – 『대한 자강회 월보』 제1호, 33회

대한 자강회 월보

*입헌 군주제
왕의 권력이 헌법에 의해 일정한 제약을 받는 정치 체제

*일진회
대한 제국 말에 일본의 한일 병합에 적극 호응하여 친일에 앞장선 단체

신민회 1907

결성
안창호, 양기탁, 이동휘 등이 주도한 비밀 결사

목표
꼭 국권 회복 및 공화 정체*의 근대 국가 수립
• 실력 양성과 무장 투쟁을 함께 추구

대성 학교와 안창호

활동

대중 계몽 활동	강연회 개최, 학회 활동
민족 교육 실시	• 대성 학교(평양, 안창호 설립) • 오산 학교(정주, 이승훈 설립)
민족 산업 육성	• 자기 회사(평양) • 태극 서관(평양·대구, 계몽 서적 출판) 꼭 조선 광문회에서 발간한 서적 보급
국외 독립운동 기지 건설	• 신한민촌 건설 • 신흥 강습소 설립(서간도의 삼원보) -훗날 신흥 무관 학교로 발전

해체
일제가 조작한 105인 사건*으로 와해1911

*공화 정체
왕이 없이 국민이 선출한 대표가 정국을 운영하는 정치 체제

*105인 사건
안중근의 사촌 안명근이 독립운동 자금을 모금하다 체포되자, 일제가 데라우치 총독 암살 미수 사건으로 조작하여 신민회 회원 등 105명을 재판에 회부한 사건

교육 운동

학회 조직
기호 흥학회, 서북 학회 등 → 월보 발행

사립 학교 설립
보성 학교, 양정의숙, 대성 학교 등 → 신교육 보급

> 대한 제국 시기에 결성된 서북 학회는 애국 계몽 운동을 전개하였다. 한성부에서 평안도·황해도, 함경도 출신의 인사들이 조직하였으며, 기존의 서우학회와 한북흥학회를 통합하여 창설하였다. 궁극적인 목표로 국권 회복과 인권 신장을 통한 근대 문명 국가의 건설을 내걸었다. – 20회

서북 학회

언론 활동

황성신문
장지연의 '시일야방성대곡'을 게재하여 일제의 침략성 규탄

> 소위 우리 정부의 대신이라는 자들이 출세와 부귀를 바라고 거짓 위협에 겁을 먹어 뒤로 물러나 벌벌 떨며 매국의 역적이 되기를 달게 받아들였다. 4천 년 강토와 5백 년 종사를 남에게 바치고 2천만 국민을 남의 노예로 만드니 … 아! 원통하고, 아! 분하도다. 우리 2천만 남의 노예가 된 동포여! 살았는가, 죽었는가! 단군, 기자 이래 4천 년 국민정신이 하룻밤 사이에 갑자기 멸망하고 말 것인가. 원통하고 원통하다. 동포여, 동포여!
> – 황성신문, 34·26회

대한매일신보 베델·양기탁이 창간, 국채 보상 운동 지원, 의병 활동을 호의적으로 보도

423 ★
보안회

일제의 황무지 개간권 요구를 저지하였다.
50, 49회 ⋯ 18회 이상

424
대한 자강회

고종 강제 퇴위 반대 운동을 주도하다 통감부에 의해 해산되었다.
40, 36회 ⋯ 10회 이상

425 ★★★
신민회

- 국권 회복과 공화 정체의 근대 국민 국가 수립을 목표로 하였다.
43, 39회 ⋯ 6회 이상

- 실력 양성과 무장 투쟁을 함께 추구하였다.
27, 25회 ⋯ 2회 이상

- 자기 회사와 계몽 서적을 출판하기 위해 태극 서관을 운영하였다.
52, 51회 ⋯ 6회 이상

- 태극 서관을 설립하여 조선 광문회에서 발간한 서적을 보급하였다.
39, 25회 ⋯ 2회 이상

- 독립군을 양성하기 위해 남만주 삼원보에 신흥 강습소(신흥 무관 학교)를 설립하였다.
51, 46회 ⋯ 4회 이상

426
안창호

대성 학교와 오산 학교를 설립하여 민족 교육을 실시하였다.
51, 49회 ⋯ 17회 이상

427 ★★
105인 사건

신민회 해산 판결문

주문(主文) : 피고 이승훈 · 윤치호 · 양기탁 · 임치정 · 안태국 · 유동열을 각각 징역 10년에 처한다.
이유(理由) : 피고 이승훈은 … 안창호 · 이갑 등과 함께 미국에 있는 이대위 · 김유순, 그리고 러시아에 있던 김성무 등과 이 단체를 조직하였다. 이들은 구(舊) 청국 영토 내에 있는 서간도에 무관 학교를 설립하고 청년의 군사 교육을 실시하였다. 그리고 일본과 미국 혹은 일본과 청국 사이에 갈등이 생기면 그 기회를 틈타 독립 전쟁을 일으켜 국권을 회복하고자 하였다.
36회

일제가 데라우치 총독 암살 미수 사건을 조작하여 신민회가 해체되었다.
53, 51회 ⋯ 20회 이상

428
애국 계몽 운동(교육)

- 기호 흥학회가 조직되었다.
16회 ⋯ 1회 이상

- 서북 학회는 월보를 간행하는 등 교육 운동을 전개하였다.
25, 20회 ⋯ 2회 이상

48회 36번

밑줄 그은 '이 단체'에 대한 설명으로 옳은 것은? [2점]

태극 서관은 신지식 보급과 민족의식 고취를 위해 운영되었습니다. 또한 대성 학교와 오산 학교를 세운 이 단체의 산하 기관 역할을 하기도 하였습니다.

이 신문 광고를 낸 태극 서관에 대해 말씀해 주세요.

① 일제가 조작한 105인 사건으로 와해되었다.
② 파리 강화 회의에 독립 청원서를 제출하였다.
③ 만민 공동회를 열어 민권 신장을 추구하였다.
④ 독립운동 자금 마련을 위해 독립 공채를 발행하였다.
⑤ 어린이 등의 잡지를 발간하여 소년 운동을 주도하였다.
⑥ 실력 양성과 무장 투쟁을 함께 추구하였다.
⑦ 남만주 삼원보에 신흥 강습소를 설립하였다.
⑧ 국권 회복과 공화 정체의 근대 국민 국가 수립을 목표로 하였다.

| 답인 이유 |

단서 태극 서관, 대성 학교, 오산 학교

밑줄 그은 '이 단체'는 1907년에 안창호와 양기탁 등이 주도하여 조직한 신민회이다. ⑥ 신민회는 실력 양성과 무장 투쟁을 함께 추구하였다. ⑦ 신민회는 독립군을 양성할 목적으로 남만주 삼원보에 신흥 강습소(훗날 신흥 무관 학교)를 세웠다. ⑧ 신민회는 비밀 결사의 형태로 조직되어 국권 회복과 공화 정체의 근대 국민 국가 수립을 목표로 활동하였다. ① 신민회는 1911년 일제가 조작한 105인 사건으로 조직이 와해되었다.

| 오답인 이유 |

② 1918년 상하이에서 조직된 신한 청년당은 파리 강화 회의에 독립 청원서를 제출하였다.
③ 독립 협회는 만민 공동회를 개최하여 민권 신장을 추구하였다.
④ 대한민국 임시 정부는 독립운동 자금을 마련할 목적으로 독립 공채를 발행하였다.
⑤ 천도교 소년회는 일제 강점기에 <어린이> 등의 잡지를 발간하고 소년 운동을 이끌었다.

답 ①, ⑥, ⑦, ⑧

항일 의병 운동과 의거 활동

을미의병 1895

원인 을미사변과 단발령 시행

주도 •이소응·유인석(충주성 점령) 등 양반 유생층 중심에 일부 농민과 동학 농민군 잔여 세력 가담

활동 친일 관리 처단, 지방 관청과 일본군 공격

해산 고종의 해산 권고 조칙에 따라 해산

을사의병 1905

원인 을사늑약 체결 : 외교권 박탈

주도 •최익현(전북 태인에서 봉기), 민종식(홍주성 점령) 등 양반 유생층 주도
•평민 의병장 등장(신돌석*)

항일 의병 운동의 전개

*신돌석

1906년 영해에서 의병을 일으켰고, 경상도·강원도 일대에서 활약함, 뛰어난 전술로 '태백산 호랑이'라 불림

정미의병 1907

원인 •고종 황제의 강제 퇴위
•대한 제국 군대의 강제 해산

특징 해산 군인들의 의병 합류로 전투력 강화, 다양한 계층 참여, 의병 전쟁으로 발전

활동 •13도 창의군 결성 : 총대장 – 이인영, 군사장 – 허위
•서울의 각국 영사관에 통문을 보내 의병을 국제법상 교전 단체로 승인해 줄 것을 요구
•양주에 집결하여 서울 진공 작전 전개 1908 → 전력 열세로 퇴각

꼭 홍범도, 신돌석 등 평민 의병장은 제외되는 한계를 지님

정미의병 의병장 신분·직업별 분포

13도 창의군
군사장(허위)은 미리 군비를 신속히 정돈하여 철통과 같이 함에 한 방울의 물도 샐 틈이 없는지라. 이에 전군에 명령을 전하여 일제히 진군을 재촉하여 철통과 같이 함에 한 방울의 물도 샐 틈이 없는지라. 이에 전군에 명령을 전하여 일제히 진군을 재촉하여 동대문 밖으로 진군하였다. 대군은 긴 뱀의 형세로 천천히 전진하게 하고, 3백 명을 인솔하고 선두에 서서 동대문 밖 삼십 리 되는 곳에 나아가 전군이 모이기를 기다려 일거에 서울을 공격하여 들어가기로 계획하였다. 전군이 모여드는 시기가 어긋나고 일본군이 갑자기 진격하는지라. 여러 시간을 격렬히 사격하다가 후원군이 이르지 않으므로 그대로 퇴진하였더라. – 31회

서울 진공 작전
이때에 사기를 고무하여 서울 진공의 영(令)을 발하니, 그 목적은 서울로 들어가 통감부를 쳐부수고 성하(城下)의 맹(盟)을 이루어 저들의 소위 신협약 등을 파기하여 대대적 활동을 기도(企圖)함이라. … 전군(全軍)에 명령을 내려 일제히 진군할 것을 재촉하여 동대문 밖에 나아가 다다를 때 …. – 대한매일신보, 31·25회
└군사장 허위가 이끄는 선발대가 동대문 일대까지 진격

수난 일제의 남한 대토벌 작전 1909 : 의병 활동 위축, 의병 부대가 간도·연해주 등지로 이동

의거 활동 ᄤ 을사늑약 강제 체결 이후 국권 피탈에 저항

국외 | **장인환·전명운** 미국 샌프란시스코에서 대한 제국의 외교 고문 스티븐스 저격 1908

안중근 하얼빈에서 한국 침략에 앞장선 이토 히로부미 처단 1909
→ 뤼순 감옥에 수감되어 『동양 평화론』을 저술하던 중 순국함

국내 | **이재명** 명동 성당 앞에서 이완용을 습격하여 중상을 입힘 1909

429 ★★
을미의병

- 을미사변과 단발령 시행에 반발하여 이소응, 유인석 등이 주도하여 일어났다.

       50, 49회 ⟶ 6회 이상

- 유생 출신 유인석이 이끄는 의병이 충주성을 점령하였다.

       34, 28회 ⟶ 3회 이상

유인석이이끈 평상복

의암 유인석은 위정척사 사상의 거두인 이항로의 문하로, 국모의 원수를 갚고 전통을 보전한다는 복수보형(復讐保形)의 기치 아래 을미의병을 일으켰다. 을미의병은 제천 · 충주 등지에서 크게 기세를 떨쳤다.   43·32회

- 고종의 해산 권고 조칙에 따라 해산하였다.

       40, 25회 ⟶ 5회 이상

430
을사의병

- 외교권을 박탈한 을사늑약 체결에 항의하여 일어났다.

       45, 42회 ⟶ 4회 이상

- 최익현이 태인에서 의병을 일으켰다.

       36, 35회 ⟶ 4회 이상

431 ★★★
정미의병

- 13도 창의군을 결성하여 서울 진공 작전을 전개하였다.

       53, 51회 ⟶ 19회 이상

- 해산 군인의 합류로 군사력이 강화되었다.

       32, 28회 ⟶ 4회 이상

- 국제법상 교전 단체로 승인해 줄 것을 요구하였다.

       43, 36회 ⟶ 6회 이상

432
**장인환·
전명운**

대한 제국의 외교 고문이었던 스티븐스를 저격하였다.

       29회 ⟶ 1회 이상

433 ★
안중근

하얼빈에서 이토 히로부미를 사살하였다.

       53, 50회 ⟶ 10회 이상

안중근의 재판 모습을 묘사한 취재 삽화이다. 1909년 하얼빈역에서 이토 히로부미를 처단한 안중근은 현장에서 붙잡힌 후 뤼순 감옥에서 재판을 받게 되었다. 재판장, 검사, 변호사들이 모두 일본인으로 구성된 불공정한 재판이었다. 사형 판결을 받은 안중근은 「동양 평화론」을 저술하던 중 순국하였다. 이 책에는 그는 일제의 침략상을 비판하며 한 · 중 · 일이 대등한 위치에서 상호 협력해야 한다고 주장하였다.   46회

434
이재명

명동 성당 앞에서 국권 피탈에 앞장섰던 이완용을 습격하여 중상을 입혔다.

       51, 49회 ⟶ 7회 이상

40회 36번

(가)에 대한 설명으로 옳은 것은?   [1점]

이달의 역사 인물

일제의 침략에 맞서 싸운 의병장
왕산 허위(1854~1908)

경상북도 구미에서 출생하였다. 성균관 박사, 평리원 재판장 등을 역임하였다. 한일 신협약 체결과 군대 해산에 반발하여 결성된 (가) 에서 군사장을 맡았다. (가) 은/는 각지의 유생 의병장이 중심이 되어 결성한 의병 부대로 총 병력이 1만 여명에 이르렀으며, 총대장에는 대한관동창의대장 이인영을 추대하였다. 군사장 허위는 경기도 양평에서 일본 헌병에게 체포되어 서대문 감옥에서 순국하였다.

① 봉오동 전투에서 일본군을 격퇴하였다.
② 독립 공채를 발행하여 자금을 마련하였다.
③ 고종의 해산 권고 조칙에 따라 해산되었다.
④ 양주에 집결하여 서울 진공 작전을 전개하였다.
⑤ 조선 총독부에 국권 반환 요구서를 제출하려 하였다.
⑥ 해산된 군인의 합류로 군사력이 강화되었다.
⑦ 민종식이 이끄는 부대가 홍주성을 점령하였다.

| 답인 이유 |

단서   허위, 한일 신협약 체결과 군대 해산에 반발하여 결성
      유생 의병장, 이인영

(가)는 1907년에 일어난 정미의병이다. 정미의병은 일본이 고종을 강제로 퇴위시키고, 대한 제국의 군대를 해산하자 일어났다. ④ 유생 의병장들은 비밀리에 13도 창의군을 결성하고 서울 진공 작전을 추진하였지만 실패하였다. ⑥ 해산된 대한 제국 군대의 군인들이 정미의병에 합류하면서 전술과 전투력이 강화되었다.

| 오답인 이유 |

① 1920년 독립군 연합 부대는 봉오동 전투에서 일본군을 격퇴하였다.
② 대한민국 임시 정부는 독립운동 자금을 마련할 목적으로 독립 공채를 발행하였다.
③ 을미의병은 고종이 단발령을 철회하고 해산 권고 조칙을 발표하자 해산하였다.
⑤ 1910년대 국내에서 비밀 결사 조직으로 활동한 독립 의군부는 조선 총독부에 국권 반환 요구서를 제출하려 하였다.
⑦ 민종식은 을사늑약이 체결되자 의병 부대를 이끌고 한때 충청도 홍주성을 점령하였지만 일본군의 반격으로 후퇴하였다.

답 ④, ⑥

열강과 일본의 이권 침탈

개항 초기

> 조일 무역 규칙은 양곡의 무제한 유출 조항 포함

- **일본 상인의 무역 독점** : 강화도 조약 및 부속 조약에 의한 일본 상인의 특권 보장
- **거류지 무역** : 강화도 조약 이후 외국 상인의 활동 범위를 개항장에서 10리 이내로 제한함
  → 객주·여각·보부상 등을 매개로 활동
- **중계 무역** : 일본 상인의 영국산 면제품 판매, 조선의 곡물·금 등을 수입 → 국내 식량 부족, 쌀값 폭등

청일 상인의 상권 침탈

> 외국 상인의 내지 통상권 최초 규정, 청 상인이 양화진에 점포 개설권을 최초로 보장받음 ★

조청 상민 수륙 무역 장정 체결₁₈₈₂ 이후 청의 경제적 침투 강화
▼
청일 상인의 무역 경쟁 심화, 국내 상인 몰락
▼
일본이 **조일 통상 장정 개정₁₈₈₃**으로 대응
▼
청일 전쟁 이후 일본이 조선과의 무역 독점 → 조선의 무역 수지 악화

(년)	청	일본	기타
1886	18	82	
1887	26	74	
1888	28	72	
1889	32	68	
1890	35	65	
1891	39	61	
1892	45	55	
1893	49	51	1→
1894	35	63	2→

(단위 : %)

청·일로부터의 수입액 비중

열강의 경제 침탈

철도 부설권
- 경인선(미국 → 일본) - 노량진~제물포
- 경부선(일본)
- 경의선(프랑스 → 일본)
- 경원선(일본)

광산 채굴권
- 운산 금광 채굴권(미국)
- 은산 금광 채굴권(영국)
- 함경도 종성·경원 광산 채굴권(러시아)
- 당현 금광 채굴권(독일)

삼림 채굴권 압록강·두만강·울릉도 삼림 채벌권(러시아)

전신 가설권 한성-의주(청)

조차 절영도에 저탄소 설치를 명분으로 조차 요구 (러시아)
> 석탄, 숯을 모아두는 곳

열강의 이권 침탈
아관 파천 후 이권 침탈 심화(최혜국 대우 규정 적용)

일본의 경제 침탈

토지 약탈
- 러일 전쟁 중 황무지 개간권 요구, 철도 부지와 군용지 확보 구실로 토지 강탈
- **동양 척식 주식회사* 설립₁₉₀₈** : 국권 피탈 무렵 막대한 토지 약탈

금융 지배

차관 강요 →	화폐 정리 사업
러일 전쟁 이후 화폐 정리와 시설 개선 명목으로 차관 강요 → 막대한 차관의 도입으로 대한 제국의 경제 예속화를 심화시킴	• **주도** : 일본인 재정 고문 메가타제1차 한일 협약으로 파견 • **내용** : 상평통보·백동화 등의 조선 화폐를 일본 제일 은행권(본위 화폐로 지정)으로 교환하도록 강요 • **실상** : 질 나쁜 백동화는 교환해 주지 않았고, 사전에 충분히 공고하지 않음 • **결과** : 화폐 부족으로 통화량 감소 → 국내 상공업자들의 화폐 자산 감소, 일본 상인의 막대한 이익, 금 본위제* 실시

교통 철도 부설권 장악, 경인선·경의선·경부선의 최종 부설권 획득

---

*동양 척식 주식회사

일제가 식민지 농업 경영과 일본인 이민 사업을 위해 1908년에 설립한 회사

*금 본위제
화폐 단위의 가치와 금의 일정량의 가치가 등가 관계를 유지하는 본위 제도

단어	문장	문제

435 ★★★
청일 상인의 상권 침탈

- 조일 무역 규칙은 양곡의 무제한 유출 조항을 포함하고 있다. 41, 38회 ➞ 4회 이상
- 개항장의 객주, 여각 등 국내 중간 상인들이 타격을 받았다. 22, 18회 ➞ 2회 이상
- 조청 상민 수륙 무역 장정에서 외국 상인의 내지 통상권을 최초로 규정하였다. 49, 41회 ➞ 9회 이상

436 ★★
러시아의 이권 침탈

- 용암포를 점령하고 조차를 요구하였다. 53, 44회 ➞ 3회 이상
- 저탄소 설치를 명분으로 조차를 요구하였다. 45, 37회 ➞ 7회 이상
- 압록강, 두만강, 울릉도의 삼림 채벌권을 차지하였다. 33, 27회 ➞ 4회 이상

437 ★
철도 부설권

- 일본은 경부선 부설권을 획득하였다. 49, 45회 ➞ 6회 이상
- 노량진(서울)에서 제물포(인천)를 잇는 경인선이 개통되었다. 50, 32회 ➞ 4회 이상
- 프랑스가 경의선 철도 부설권을 획득하였다. 27회 ➞ 1회 이상

438
광산 채굴권

- 미국이 운산 금광 채굴권을 가져갔다. 25회 ➞ 1회 이상
- 영국이 은산 금광 채굴권을 획득하였다. 16회 ➞ 1회 이상

439
화폐 정리 사업

구 백동화

- 재정 고문 메가타의 주도로 실시되었다. 53, 45회 ➞ 7회 이상
- 구 백동화를 제일 은행권으로 교환하는 사업을 시행하였다. 40, 36회 ➞ 2회 이상

> **구(舊) 백동화(白銅貨) 교환에 관한 건**
> 제1조 구 백동화 교환에 관한 사무는 금고(金庫)로 처리하도록 하며 탁지부 대신 이를 감독한다.
> 제3조 구 백동화의 백동 비율[品位]·무게[量目]·무늬 모양[印像]·형체가 정식 화폐[正貨] 기준을 충족할 경우, 1개당 금 2전 5리로 새로운 화폐와 교환한다. 이 기준에 합당하지 않은 부정(不正) 백동화는 1개당 금 1전의 가격으로 정부에서 사들인다. … 단, 형태나 품질이 조악하여 화폐로 인정할 수 없는 것은 사들이지 않는다. ─「관보」 1905년 6월 29일

25회 37번

(가)에 들어갈 대화 내용으로 옳은 것은? [1점]

청이 대원군을 군란 책임자로 몰아 텐진으로 납치해 갔다더군. 그리고 정부와 새로운 약조를 맺었다던데 ….

그 약조로 청에게 (가)

① 운산 금광 채굴권을 준다더군.
② 한성에 전차 부설을 허가한다더군.
③ 경인선 철도 부설권이 넘어간다더군.
④ 내지 통상권을 처음으로 허용한다더군.
⑤ 두만강 삼림 채벌권을 내준다고 하더군.
⑥ 울릉도 삼림 채벌권을 내준다고 하더군.
⑦ 양화진에 점포를 개설할 권리를 처음으로 보장해준다고 하더군.

| 답인 이유 |

단서 청이 대원군을 텐진으로 납치

제시된 대화는 임오군란 이후 체결된 조청 상민 수륙 무역 장정과 관련된 것으로, (가)에는 조선 정부가 청에게 보장한 내용이 들어가야 한다. 임오군란이 일어나자 고종은 사태 수습을 위해 흥선 대원군에게 정권을 맡겼다. 그러나 민씨 일파의 요청으로 청의 군대가 개입하면서 흥선 대원군이 청으로 압송되었다. 이후 청은 조청 상민 수륙 무역 장정을 강제로 체결하여 조선에 대한 경제적 침투를 강화하였다. ④, ⑦ 조청 상민 수륙 무역 장정에서는 청 상인의 내지 통상권을 처음으로 허용하였으며, 이에 따라 청은 양화진에 점포를 개설할 권리를 처음으로 보장받았다.

| 오답인 이유 |

① 미국은 운산 금광 채굴권을 따냈고, 영국은 은산 금광 채굴권을 획득하였다.
② 미국은 한성의 전차 부설권을 허가받았다.
③ 일본은 미국이 가지고 있던 경인선 철도 부설권을 사들이고 경부선 철도 부설권을 획득하였다. 러일 전쟁 직후에는 군사적으로 이용할 목적으로 프랑스가 반환한 경의선 철도 부설권을 강탈하였다.
⑤, ⑥ 러시아는 압록강·두만강·울릉도의 삼림 채벌권을 따냈다.

답 ④, ⑦

경제적 구국 운동

- 방곡령이 선포된 도시
- 방곡령이 선포된 지역

백두산

함경도 방곡령 사건(1889)

명천
경성
북청
함흥
송천
원산
철원
황국 중앙 총상회 설립(1898)
독립 협회, 한러 은행 폐쇄 요구 관철(1898)

황해도 방곡령 사건(1890)

안악 봉산 서흥
장연 연안
장단
한성 수원
인천 용인
평택
진천
국채 보상 운동 시작(1907)

보안회, 일본 황무지 개간권 요구 반대(1904)

시전 상인 철시 운동 (1890)

온양
여산
대구
의령 밀양
부산

독립 협회, 러시아 절영도 조차 요구 저지(1898)

방곡령* 선포

배경 일본으로의 곡물 유출 증가, 흉년으로 곡물 가격 폭등

내용 조일 통상 장정1883을 근거로 함경도1889, 조병식, 황해도1889, 1890 지방관들의 방곡령 선포
→ 일본이 '1개월 전 통보' 규정 위반을 구실로 방곡령 철회 및 피해 보상을 요구함

결과 조선 정부의 방곡령 철회, 일본에 배상금 지불

상권 수호 운동

배경 1880년대부터 외국 상인들의 내륙 진출 → 청일 상인의 상권 침탈 심화

내용
- 철시 투쟁* : 한성의 시전 상인들이 가게 문을 닫고 외국 상인의 철수를 요구함
- 황국 중앙 총상회1898 : 시전 상인들이 자신들의 이익 수호를 위해 조직한 단체

*방곡령
식량난 해소를 위해 곡물의 수출을 금지하는 명령

*철시 투쟁
상인들이 외국 자본의 유입을 반대하여 장시를 폐하고 불매 운동을 벌인 집단 행동

이권 수호 운동

독립 협회
- 아관 파천 이후 열강의 이권 침탈 심화 → 독립 협회의 만민 공동회 개최1898
- 러시아의 절영도 조차 요구 저지, 한·러 은행 폐쇄, 재정 고문과 군사 교관의 철수 요구

보안회 일본의 황무지 개간권 요구 반대 운동 전개 → 저지 성공

농광 회사 일제의 토지 침탈에 맞서 일부 관리와 실업가 중심으로 설립 → 황무지를 스스로 개간할 것을 주장

국채 보상 운동 1907

배경 일본의 차관 강요 → 대한 제국의 경제적 예속 심화

내용
- 서상돈, 김광제 등의 발의로 본격화
- 대구에서 시작 → 국채 보상 기성회 조직
- 금주·금연 운동 전개 및 전국적인 모금 운동 전개
- 대한매일신보, 황성신문 등 언론의 후원 속에 전국적으로 확산

결과 일진회와 일제 통감부의 방해와 탄압으로 중단

> **경고 아 부인 동포라**
> 우리가 함께 여자의 몸으로 규문에 처하와 삼종지의에 간섭할 사무가 없사오나, 나라 위하는 마음과 백성된 도리에야 어찌 남녀가 다르리오. 들사오니 국채를 갚으려고 이천만 동포들이 석 달간 연초를 아니 먹고 대전을 구취한다 하오니, 족히 사람으로 흥감케 할지요 진정에 아름다움이라…. - 32회

*대동 상회
1883년 평안도 상인의 자본을 기반으로 인천에 설립된 우리나라 최초의 근대적 회사

*장통 상회
1883년 조선 상인들의 상권 보호를 목적으로 서울에 설립된 회사

민족 자본의 형성 및 대응

상업 자본
- 경강 상인 : 증기선을 구입하여 일본 상인에 대항
- 보부상 : 혜상공국1883 → 황국 협회1898
- 객주 및 일반 상인 : 근대적 상회사 설립(대동 상회, 장통 상회*)

금융 자본 조선 은행1896, 한성 은행1897, 대한 천일 은행1899 설립 → 화폐 정리 사업으로 민족 은행 몰락
└ 최초의 민간 은행으로 전·현직 관료와 지주 자본 중심으로 설립

단어	문장	문제

440 ★
방곡령

- 조일 통상 장정에 방곡령을 선포할 수 있는 조항을 명시하였다.   53, 51회 ⋯ 7회 이상

- 함경도와 황해도에 방곡령이 선포되었다.   49, 48회 ⋯ 7회 이상

> 우리 고을에 흉년이 든 것은 일본 총영사께서도 잘 알고 계실 것입니다. 가난한 백성의 먹을 것이 없는 참상이 눈앞에 가득하니, 곡물 수출은 당분간 중지하지 않을 수 없습니다. … 음력 을유년 12월 21일을 기점으로 한 달이 지난 이후부터는 쌀 수출이 금지되니 이러한 점을 귀국의 상민(商民)들에게 통지하여 주시기 바랍니다.   - 35회

441
황국 중앙 총상회

- 시전 상인들이 상권 수호 운동을 전개하였다.   53, 51회 ⋯ 13회 이상

442 ★★
황무지 개간권 반대 운동

- 보안회가 일제의 황무지 개간권 요구를 철회시켰다.   50, 49회 ⋯ 18회 이상

- 일본의 토지 침탈을 막고자 농광회사가 설립되었다.   49, 48회 ⋯ 4회 이상

443 ★★★
국채 보상 운동

- 일본에게 진 빚을 국민의 성금을 모아 갚고자 하였다.   51, 40회 ⋯ 3회 이상

- 서상돈, 김광제 등의 발의로 본격화되었다.   47, 45회 ⋯ 11회 이상

- 대한매일신보 등 당시 언론의 후원 속에 전국적으로 확산되었다.   48, 45회 ⋯ 15회 이상

- 일제(통감부)의 방해와 탄압으로 중단되었다.   47, 33회 ⋯ 3회 이상

> 지금 우리에게 가장 급한 일은 차관 문제입니다. 1,300만 원의 차관을 갚지 않으면 대한 제국의 강토를 보전할 수 없습니다. 몇 푼이라도 좋습니다. 각자의 능력에 따라 의연금을 내어 일본에 진 빚을 갚읍시다.   24회

444
상회사

- 근대적 상회사인 대동 상회, 장통 상회 등이 설립되었다.   44, 40회 ⋯ 4회 이상

445
민족 은행

- 한성 은행, 대한 천일 은행이 설립되었다.   39회 ⋯ 1회 이상

39회 36번
(가)~(라)에 들어갈 내용으로 옳은 것을 <보기>에서 고른 것은?   [2점]

〈수행 평가 보고서〉

경제적 구국 운동

이름 : ○○○

1. 배경 : 아관 파천 이후 심화된 외세의 경제 침탈에 맞서 경제적 구국 운동이 전개되었다.

2. 주요 사례

단체	활동 내용
독립 협회	(가)
황국 중앙 총상회	(나)
보안회	(다)
국채 보상 기성회	(라)

────│ 보기 │────

ㄱ. (가) - 대동 상회, 장통 상회를 설립하였다.
ㄴ. (나) - 러시아의 절영도 조차 요구를 저지하였다.
ㄷ. (다) - 일제의 황무지 개간권 요구를 철회시켰다.
ㄹ. (라) - 금주·금연을 통한 차관 갚기 운동을 전개하였다.
ㅁ. (가) - 백산 상회를 통해 독립운동 자금을 마련하였다.
ㅂ. (나) - 철시 투쟁을 통한 상권 수호 운동을 전개하였다.
ㅅ. (다) - 대한 천일 은행을 설립하였다.
ㅇ. (라) - 농광 회사를 설립하였다.

① ㄱ, ㄴ, ㄷ   ② ㄴ, ㅅ, ㅇ   ③ ㄷ, ㄹ, ㅂ
④ ㄹ, ㅁ, ㅅ   ⑤ ㅁ, ㅂ, ㅇ

| 답인 이유 |

단서 황무지 개간권 요구 철회, 차관 갚기 운동, 철시 투쟁

ㄷ. 보안회는 일제의 황무지 개간권 요구 반대 운동을 전개하여 저지하는 데 성공하였다. ㄹ. 국채 보상 운동은 금주·금연 등을 통해 전국적인 모금 운동을 전개하였다. ㅂ. 서울 상인이 조직한 황국 중앙 총상회는 철시 투쟁을 전개하였다.

| 오답인 이유 |

ㄱ. 객주 및 일반 상인들은 근대적 상회사인 대동 상회와 장통 상회를 설립하여 상권 수호 운동을 전개하였다.
ㄴ. 독립 협회는 러시아의 절영도 조차 요구를 저지시켰다.
ㅁ. 대한민국 임시 정부는 백산 상회를 통해 독립운동 자금을 마련하였다.
ㅅ. 대한 천일 은행은 정부와 민간이 합자하여 설립된 은행이다.
ㅇ. 일부 관리와 실업가들이 설립한 농광 회사는 황무지를 스스로 개간할 것을 주장하였다.

답 ③

근대 문물의 수용

언론의 발달

한성순보 1883	• 최초의 신문, 박문국에서 간행 • 순 한문, 열흘마다 발행, 관보적 성격
한성주보 1886	일주일마다 발행, 국한문 혼용, 최초로 상업 광고 게재
독립신문 1896	• 정부의 지원을 받아 만든 우리나라 최초의 민간 신문, 순 한글 → 민권 신장에 기여 • 영문으로도 간행 → 외국인에게 국내 상황을 알림
황성신문 1898	국한문 혼용체, 장지연의 논설 '시일야방성대곡' 게재
제국신문 1898	순 한글, 서민층과 부녀자가 주된 독자층
대한매일 신보1904	• 양기탁이 영국인 베델과 함께 발간 **왜** · 영국과 동맹 관계를 맺고 있던 일본이 쉽게 검열할 수 없었음 • 한글판, 국한문판, 영문판 발행 • 일제의 침략 비판, 의병 운동을 호의적으로 보도 • 국채 보상 운동 적극 후원 **꼭**→ 국권 피탈 후 총독부의 기관지로 전락
만세보	천도교 기관지, 국한문 혼용, 여성 교육과 여권 신장에 관심
경향신문	천주교 기관지, 순 한글
일제의 탄압	신문지법 공포1907 → 언론 활동 제약, 반일 논조 억압

한성순보

독립신문

황성신문

제국신문

대한매일신보

근대 시설의 도입

우편	┌고종의 명령으로 개설 우정총국 설치1884 → 갑신정변으로 중단 → 을미개혁으로 우편 업무 재개1895 → 만국 우편 연합 가입1900
전신	부산~일본 나가사키 최초 개통1884, 인천~서울~의주 개통1885
전기	• 경복궁의 건천궁에 최초로 전등 가설1887 • 한성 전기 회사1898 : 대한 제국 황실과 미국인의 합작으로 설립
전화	경운궁 안에 가설1898 → 이후 한성 시내까지 확대
전차	최초로 서대문~청량리 노선 개통1899
철도	경인선1899, 경부선1905, 경의선1906 개통
전환국	근대식 화폐 주조, 백동화 발행
광혜원	최초의 근대식 병원1885, 미국인 알렌이 설립 건의, 후에 제중원으로 개칭

우정총국과 체신사

전화 교환수와 전화기

서울에서 운행된 전차

광혜원

건축

독립문1897	명동 성당1898	덕수궁 석조전1910

독립 협회가 건립, 프랑스 개선문 모방	고딕 건축 양식으로 건립	르네상스 양식으로 건립

446 ***	정부가 박문국에서 발행하는 순 한문 신문으
한성순보	로, 열흘마다 발행하는 것이 원칙이었다.
	53, 51회 … 17회 이상

| 447 | 상업 광고가 처음으로 게재되었다. |
| **한성주보** | 47, 42회 … 6회 이상 |

448	• 우리나라 최초의 민간 신문으로 정부의 지원
독립신문	을 받았다. 47, 33회 … 4회 이상
	• 외국인이 읽을 수 있도록 영문으로도 발행되
	었다. 37, 33회 … 3회 이상

449 *	국한문 혼용체 신문으로, 장지연의 시일야방
황성신문	성대곡이라는 논설을 실었다.
	51, 47회 … 9회 이상

450 **	• 영국인 베델과 함께 발간하여 의병 운동을
대한매일신보	호의적으로 보도하였다. 53, 49회 … 5회 이상
편집국 모습	• 국채 보상 운동을 적극 후원하였다.
	47, 42회 … 6회 이상

| 451 | 대한 제국 황실이 미국과 합작하고 자본을 |
| **한성 전기 회사** | 투자하여 설립하였다. 43, 42회 … 4회 이상 |

| 452 | 서울(노량진)과 인천(제물포) 사이에 철도가 |
| **경인선** | 최초로 개통되었다. 50, 32회 … 4회 이상 |

경인 철도 회사에서 어제 개업 예식을 거행하는데 … 화륜거 구르는 소리는 우레 같아 천지 가 진동하고 기관차 굴뚝 연기 는 반공에 솟아오르더라. 수레를 각기 방 한 칸씩 되 게 만들어 여러 수레를 철구로 연결하여 수미상접하 게 이었는데, 수레 속은 상·중·하 3등으로 수장하 여 그 안에 배포한 것과 그 밖에 치장한 것은 이루 형 언할 수 없더라. 40회 경인선 개통식

| 453 | 알렌의 건의로 최초의 서양식 병원이 설립되 |
| **광혜원** | 었다. 50, 48회 … 6회 이상 |

42회 35번

다음 검색창에 들어갈 신문에 대한 설명으로 옳은 것은?

[1점]

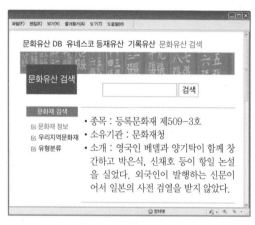

① 천도교의 기관지로 발행되었다.

② 상업 광고가 처음으로 게재되었다.

③ 국채 보상 운동의 확산에 기여하였다.

④ 농촌 계몽을 위해 브나로드 운동을 전개하였다.

⑤ 순 한문 신문으로 열흘마다 발행하는 것이 원칙이었다.

⑥ 의병 운동을 호의적으로 보도하였다.

⑦ 국권 피탈 이후 총독부의 기관지로 전락하였다.

| 답인 이유 |

단서 영국인 베델, 양기탁

검색창에 들어갈 신문은 대한매일신보이다. 대한매일신보는 양기 탁과 영국인 베델이 함께 창간한 신문이었기 때문에 일본의 사전 검열을 받지 않았다. ③ 황성신문, 제국신문 등과 함께 국채 보상 운동이 확신되는 네 기여하였다. ⑥ 대한매일신보는 의병 운동에 대해 호의적으로 보도하였다. ⑦ 국권 피탈 이후 대한매일신보는 매일신보로 제호를 바꾸고, 총독부의 기관지로 전락하였다.

| 오답인 이유 |

① 만세보는 1906년부터 1907년까지 간행된 천도교의 기관지이다.

② 1886년에 발행되기 시작한 한성주보는 처음으로 상업 광고를 게재하였다.

④ 동아일보는 1931년부터 농촌 계몽 운동인 브나로드 운동을 전 개하였다.

⑤ 최초의 근대적 신문인 한성순보는 순 한문으로 열흘마다 발행 되었으며, 정부의 정책을 알리는 관보적 성격을 띠었다.

답 ③, ⑥, ⑦

근대 교육과 국학 연구, 문예 활동

*육영 공원
'영재를 기르는 공립 교육 기관'이라는 의미

*남강 이승훈
신민회 가입, 자기 회사 설립 및 태극 서관 운영, 105인 사건으로 옥고를 치름, 3·1 운동 당시 민족 대표 33인 중 기독교 측 대표로 활동

*여권통문
'여학교설시통문'이라고도 하며, 여성의 평등한 교육권, 정치 참여권, 경제 활동 참여권 명시

근대 교육

사립 학교 (1880년대)
- 원산 학사₁₈₈₃ : 최초의 근대식 사립 학교, 함경도 덕원 관민이 합심하여 설립
- 배재 학당아펜젤러 : 신학문 보급에 기여 ┐
- 이화 학당스크랜튼 : 여성 교육 담당 ┘ ─ 선교사 설립(개신교 선교 목적)

관립 학교 (1880년대)
- 동문학₁₈₈₃ : 외국어 교육 기관
- 육영 공원* ₁₈₈₆ : 서양식 근대 교육 기관, 미국인 헐버트·길모어 등을 교사로 초빙

1890년대
- 갑오개혁으로 학무아문 설치, 교육입국 조서 반포 ─ 교육의 기본 방향 제시
- 근대 학교 법규 제정, 각종 관립 학교 설립(소학교, 한성 사범 학교, 외국어 학교 등)

1900년대 을사늑약 이후 애국 계몽 운동가들의 학교 설립 : 대성 학교(안창호), 오산 학교(이승훈*) 등

여성 운동 찬양회 조직, 최초의 여성 권리 선언문인 '여권통문'* 공포
└ 순성회라고도 하며, 1898년 서울 북촌에 사는 양반 부인 400여 명을 중심으로 일어나 일반 부인 사회로 확대

국학 연구

국어 주시경·지석영 등이 국문 연구소 설립₁₉₀₇ : 국문 정리와 맞춤법 연구, 국어의 이해 체계 확립
└ 한글 연구를 목적으로 대한 제국의 학부 아래 설립

국사
- 신채호 : 『독사신론』 발표(민족주의 사학의 연구 방향 제시)
  『을지문덕전』, 『이순신전』 등 위인전 저술(애국심 고취)
- 박은식 : 조선 광문회 조직(민족 고전 간행, 귀중 문서의 보존과 전파)

문예 활동

*금수회의록

여덟 마리의 동물들을 통해 인간 사회의 모순과 비리를 풍자한 우화 소설, 등장하는 동물 중 특히 여우는 외세에 의존하는 정치 세력과 남의 나라를 무력으로 빼앗으려는 것을 강하게 비판함

신소설 이인직의 『혈의 누』, 안국선의 『금수회의록』* ₁₉₀₈

신체시 최남선의 '해에게서 소년에게' ₁₉₀₈

연극 원각사 설립₁₉₀₈ : 최초의 서양식 극장, '은세계', '치악산' 등 신극 공연

음악 창가 유행, 판소리 정리(신재효)

종교의 변화

천주교 경향신문 발행, 고아원·양로원 운영
→ 일제 강점기에 만주에서 의민단을 조직하여 무장 독립 전쟁 전개

개신교 의료·교육 활동을 통한 선교 사업과 신학문 보급에 기여

천도교
- 손병희가 동학을 천도교로 개칭
- 만세보 : 민중 계몽과 민족 의식 고취 목적으로 발행한 기관지

대종교 나철·오기호가 단군 신앙을 바탕으로 창시, 단군 숭배 사상 전파
→ 일제 강점기에 간도에서 중광단을 결성하여 항일 무장 투쟁 전개

유교 박은식의 유교 구신론 : 실천적 유교 정신 강조

불교 한용운의 『조선 불교 유신론』 : 불교 개혁 및 자주적 근대화 강조

단어	문장	문제

454
원산 학사
덕원 지방의 관민이 합심하여 설립하였다.
38, 34회 ⋯ 5회 이상

455
배재 학당
개신교 선교사 아펜젤러가 세워 신학문 보급에 기여하였다.
52, 48회 ⋯ 7회 이상

456
이화 학당
개신교 선교사들이 여성 교육을 위해 설립하였다.
52, 48회 ⋯ 7회 이상

457 ★★★
육영 공원
조선 정부가 세운 서양식 근대 교육 기관이다.
49, 47회 ⋯ 4회 이상

미국인 헐버트, 길모어 등을 교사로 초빙해 학생들에게 영어를 가르쳤다.
48, 43회 ⋯ 6회 이상

458
한성 사범 학교
교육입국 조서에 근거하여 교원 양성을 위해 설립되었다.
48, 40회 ⋯ 9회 이상

459
국문 연구소
국문 연구소를 세워 한글을 체계적으로 연구하였다.
48, 47회 ⋯ 4회 이상

460
신채호
독사신론을 발표하여 민족을 역사 서술의 중심에 두었다.
41, 38회 ⋯ 6회 이상

461
금수회의록
안국선은 신소설인 금수회의록을 집필하였다.
41, 40회 ⋯ 3회 이상

462 ★★
원각사

최초의 서양식 극장이 설립되어 은세계, 치악산 등의 신극을 공연하였다.
49, 43회 ⋯ 9회 이상

463
천주교
경향신문을 발간하여 민중 계몽에 힘썼다.
52, 42회 ⋯ 7회 이상

464 ★
천도교
만세보를 발행하여 민중 계몽에 힘썼다.
46, 42회 ⋯ 9회 이상

465
대종교
단군 숭배 사상을 전파하여 민족 의식을 고취하였다.
45, 42회 ⋯ 5회 이상

41회 35번

다음 상황 이후에 전개된 사실로 옳은 것을 <보기>에서 고른 것은? [2점]

> (환구단에서) 천지에 고하는 제사를 지냈다. 왕태자가 배참(陪參)하였다. 예를 마치고 의정부 의정(議政) 심순택이 백관을 거느리고 무릎을 꿇고 아뢰기를, "제례를 마치었으므로 황제의 자리에 오르소서."라고 하였다. 왕이 부축을 받으며 단에 올라 금으로 장식한 의자에 앉았다. 심순택이 나아가 12장문(章文)의 곤면(袞冕)을 입혀 드리고 옥새를 올렸다. 왕이 두 번 세 번 사양하다가 친히 옥새를 받고 황제의 자리에 올랐다.
> - 『고종실록』

┌─────── 보기 ───────┐
ㄱ. 관립 실업 학교인 상공학교가 개교되었다.
ㄴ. 군 통수권 장악을 위한 원수부가 설치되었다.
ㄷ. 근대식 무기 제조 공장인 기기창이 설립되었다.
ㄹ. 서양식 근대 교육 기관인 육영 공원이 세워졌다.
ㅁ. 외국어 교육 기관인 동문학이 설립되었다.
ㅂ. 최초의 서양식 극장인 원각사가 설립되었다.
└───────────────────┘

① ㄱ, ㄴ, ㅂ ② ㄱ, ㄷ, ㅁ ③ ㄴ, ㄹ, ㅁ
④ ㄷ, ㄹ, ㅂ ⑤ ㄹ, ㅁ, ㅂ

| 답인 이유 |

단서 **환구단, 황제**

자료는 1897년에 대한 제국을 선포하면서 고종이 환구단에서 황제 자리에 오르는 내용과 관련 있다. ㄱ. 상공학교는 1899년, 서울에 설립된 관립 실업 학교이다. 대한 제국은 근대적 산업 기술을 습득하기 위해 실업 학교와 기술 교육 기관을 세웠다. ㄴ. 1899년에 고종은 군 통수권을 장악할 목적으로 원수부를 설치하였다. ㅂ. 1908년에 설립된 원각사는 최초의 서양식 극장으로, 이곳에서 '은세계'와 '치악산' 등의 신극이 공연되었다.

| 오답인 이유 |

ㄷ. 기기창은 영선사가 귀국한 이후인 1883년에 설립된 근대식 무기 제조 공장이다.
ㄹ. 1886년에 조선 정부는 미국인 교사를 초빙하여 서양식 근대 교육 기관인 육영 공원을 설립하였다.
ㅁ. 1883년에 정부가 세운 동문학은 영어와 일본어 등을 교육하여 통역관을 양성한 외국어 교육 기관이다.

답 ①

7 일제 강점기

● BEST 기출 단어 16~53회, 기출 DATA 분석

1위 ★★★	2위 ★★	3위 ★
무단 통치 … 24회 이상	토지 조사 사업 … 21회 이상	회사령 … 14회 이상
산미 증식 계획 … 7회 이상	치안 유지법 … 5회 이상	문화 통치 … 5회 이상
민족 말살 통치 … 24회 이상	전시 동원 체제 … 21회 이상	농촌 진흥 운동 … 6회 이상
독립 의군부 … 35회 이상	미주 … 26회 이상	서간도 … 21회 이상
3·1 운동 … 38회 이상	국외 독립 선언 … 20회 이상	제암리 학살 사건 … 2회 이상
대한민국 임시 정부 … 51회 이상	국민대표 회의 … 11회 이상	대한민국 임시 정부의 개편 … 2회 이상
광주 학생 항일 운동 … 32회 이상	물산 장려 운동 … 28회 이상	민립 대학 설립 운동 … 23회 이상
신간회 … 33회 이상	노동 운동 … 18회 이상	조선 형평사 … 18회 이상
의열단 … 58회 이상	봉오동 전투 … 13회 이상	청산리 대첩 … 12회 이상
조선 의용대 … 37회 이상	한인 애국단 … 32회 이상	한국 독립군 … 23회 이상
조선학 운동 … 16회 이상	백남운 … 11회 이상	천도교 … 11회 이상
충치 시기 대한민국 임시 정부 … 29회 이상	한국 광복군 … 25회 이상	조선 건국 동맹 … 7회 이상

1910년대 일제의 식민 통치

*조선 총독부

1910년 한국을 강제 병합한 이후 남산에 있는 통감부 건물을 사용하다가 1926년에 경복궁 일부를 헐고 광화문과 근정전 사이에 조선 총독부 건물을 새로 지음

*중추원
한국인을 정치에 참여시킨다는 명분으로 설치한 명목상의 기구로, 참여한 사람의 대다수는 이완용·송병준 등 친일파와 대한 제국 시기의 고관이었음

*보통학교
1906년 보통학교령으로 설치된 초등 교육 기관

◐ 1910년대 무단 통치

조선 총독부*
- 일제 식민 통치의 중추 기관 ┌ 초대 총독 데라우치 부임
- 일본 육·해군 대장 출신 중 총독 임명 → 입법·사법·행정 및 군 통수권 장악
- **중추원*** 설치 : 조선 총독부의 자문 기구

헌병 경찰 제도
- 헌병이 일반 경찰 업무까지 관여
- **즉결 처분권 행사** : 정식 재판 없이 조선인 처벌(벌금·태형 등)
- **조선 태형령 제정** 1912 : 한국인에 한해 적용

태형틀과 태형 도구

교육 기회 박탈
- **제1차 조선 교육령** 1911 : 보통학교*의 수업 연한을 4년으로 단축 → 식민지 교육 방침 규정
- 교사에게 제복을 입고 칼을 착용하도록 강요하여 공포 분위기 조성

제복을 입고 칼을 착용한 교사

기본권 박탈
- 언론·출판·집회·결사의 자유 박탈
- 신문지법 1907, 보안법 1907, 출판법 1909을 적용해 탄압
  └ 대한매일신보, 황성신문 등의 민족 신문 폐간

◐ 1910년대 경제 수탈

토지 조사 사업
1910~1918

명분	실상
근대적 토지 소유권과 지세 제도 확립	• 식민 통치에 필요한 재정 기반 확대 • 토지 약탈

내용
• 임시 토지 조사국 설치 1910 → 토지 조사령 공포 1912 • 기한부 신고제 원칙 : 기한 내에 토지 소유자가 직접 신고함 • 전국적으로 토지의 가격과 지형·지목 등 조사

토지 조사 사업

결과
• 미신고 토지, 대한 제국 정부와 황실 소유 토지, 소유 관계가 불분명한 토지를 총독부 소유로 편입 → 조선 총독부의 재정 수입 증대 • 일제는 약탈한 토지를 동양 척식 주식회사나 일본인 농업 이주민에게 넘김 • **조선 농민의 몰락** : 관습적 경작권* 부정, 소유권만 인정 → 지주 권한 강화, 소작농 증가 • 일본에서 한국으로의 농업 이민 증가, 만주·연해주로의 이주 농민 증가

*관습적 경작권
지주가 특별한 사유 없이 소작농을 교체하지 못하도록 하는 소작농의 권리

회사령
1910
- 내용 : 회사 설립 시 조선 총독의 허가 필요
- 목적 : 민족 자본의 성장 억제, 한국인의 기업 활동 억제

각종 법령
어업령 1911, 삼림령 1911, 광업령 1915, 지하 자원 약탈, 임야 조사령 1918 등 → 조선의 자원 독점

466

조선 총독부

일제에 의해 경내(궁궐 안)에 조선 총독부 청사가 세워졌다.　48, 41회 ⋯⟶ 4회 이상

467 ★★★

무단 통치

- 강압적인 통치를 목적으로 헌병 경찰 제도를 시행하였다.　53, 51회 ⋯⟶ 4회 이상

- 교사에게 제복을 입고 칼을 착용하도록 강요하였다.　34, 33회 ⋯⟶ 4회 이상

- 한국인에게만 조선 태형령을 시행하였다.　45, 43회 ⋯⟶ 11회 이상

- 범죄 즉결례에 의해 한국인을 처벌하였다.　46회 ⋯⟶ 1회 이상

- 식민지 교육 방침을 규정한 제1차 조선 교육령을 제정하였다.　43, 38회 ⋯⟶ 3회 이상

- 보통학교 수업 연한을 4년으로 하였다.　39회 ⋯⟶ 1회 이상

468 ★★

토지 조사 사업

- 근대적 토지 소유권 확립을 명분으로 토지 조사 사업을 실시하였다.　49, 47회 ⋯⟶ 6회 이상

- 식민 통치의 재정 기반을 확대하고자 토지 조사 사업이 실시되었다.　28, 27회 ⋯⟶ 3회 이상

> **토지 조사령(1912)**
> 제4조 토지 소유자는 조선 총독이 정하는 기간 내에 주소, 성명 또는 명칭 및 소유지의 소재, 지목, 자번호, 사표, 등급, 지적, 결수를 임시 토지 조사 국장에게 신고해야 한다.　36회

- 기한 내에 토지 소유자가 토지를 직접 신고하게 하는 토지 조사령이 제정되었다.　48, 42회 ⋯⟶ 8회 이상

- 농민들이 가지고 있던 관습적 경작권이 부정되었다.　22, 20회 ⋯⟶ 4회 이상

469 ★

회사령

회사 설립 시 총독의 허가를 받도록 하는 회사령이 제정되었다.　53, 50회 ⋯⟶ 14회 이상

470

광업령

지하 자원을 약탈하기 위해 조선 광업령을 제정하였다.　26회 ⋯⟶ 1회 이상

51회 40번

다음 법령이 시행된 시기에 있었던 사실로 옳은 것은? [2점]

> 제2조 즉결은 정식 재판을 하지 않으며 피고인의 진술을 듣고 증빙을 취조한 후 곧바로 언도해야 한다.
>
> 제11조 제8조, 제9조에 의한 유치 일수는 구류의 형기에 산입하고, 태형의 언도를 받은 자에 대하여는 1일을 태 5로 절산하여 태 수에 산입하며, 벌금 또는 과료의 언도를 받은 자에 대하여는 1일을 1원으로 절산하여 그 금액에 산입한다.

① 박문국을 설치하여 한성순보를 발행하였다.
② 황국 중앙 총상회가 상권 수호 운동을 주도하였다.
③ 근대적 개혁 추진을 위해 군국기무처가 설치되었다.
④ 강압적 통치를 목적으로 헌병 경찰제가 실시되었다.
⑤ 일본에 진 빚을 갚자는 국채 보상 운동이 전개되었다.
⑥ 교사에게 제복을 입고 칼을 착용하도록 강요하였다.
⑦ 회사 설립을 허가제로 하는 회사령이 공포되었다.
⑧ 지하 자원을 약탈하기 위해 조선 광업령이 제정되었다.

| 답인 이유 |

단서 즉결, 태형

일제는 무단 통치 시기인 1912년 조선 태형령을 제정하여 갑오개혁 때 폐지되었던 태형을 부활시켜 한국인에게만 적용하였다. ④ 일제는 1910년대에 헌병이 일반 경찰 업무까지 관여하게 한 헌병 경찰제를 실시하였다. ⑥ 1910년대 일제는 교사에게 제복을 입고 칼을 차게 하여 공포 분위기를 조성하였다. ⑦ 1910년대 일제는 민족 자본의 성장을 억제하기 위해 회사 설립 시 총독의 허가를 받게 하는 회사령을 제정하였다. ⑧ 1915년 일제는 광업령을 제정하여 한국의 지하 자원을 약탈하였다.

| 오답인 이유 |

① 조선 정부는 박문국을 설치하여 1883년부터 한성순보를 간행하였다.
② 서울의 시전 상인은 외국 상인의 상권 침탈에 대응하기 위하여 1898년 황국 중앙 총상회를 조직하여 상권 수호 운동을 펼쳤다.
③ 군국기무처는 제1차 갑오개혁을 주도한 기구로 개혁 법안을 심의·의결하는 입법 기관이었다.
⑤ 국채 보상 운동(1907)은 대구에서 시작되어 국채 보상 기성회를 중심으로 전국적으로 모금 운동을 전개하였다.

답 ④, ⑥, ⑦, ⑧

1920년대 일제의 식민 통치

1920년대 문화 통치(민족 분열 통치)

왜 3·1 운동 이후 국제 여론 악화, 무단 통치의 한계 인식

실상 소수의 친일파를 양성해 우리 민족을 이간·분열시키려는 정책

변경 내용		실상
문관 출신 총독도 임명 가능	**총독**	문관 총독이 한 번도 임명되지 않음
•헌병 경찰 제도 폐지 → 보통 경찰 제도 실시 •조선 태형령 폐지	**경찰 제도**	•경찰 비용, 인원 증가 •치안 유지법* 제정 1925 : 식민 통치를 부정하는 사회주의자와 독립운동가 탄압

변경 내용		실상
언론·출판·집회·결사의 자유 허용 → 민족 신문의 발간 허용 → 조선일보·동아일보 창간	**기본권**	식민 통치를 인정하는 범위 내 허용 → 신문 검열 강화(신문 기사의 삭제와 정간·폐간 가능)
•교육 기회 확대 •제2차 조선 교육령 제정 1922 : 보통학교 수업 연한 연장(6년), 조선어 필수 과목 지정, 사범 학교와 대학 설치 가능	**교육**	•한국인 취학률 저조 •초등·실업 기술 교육 치중 •고등·전문 교육 제한 •민립 대학 설립 억제 → 경성 제국 대학 설립 1924
한국인의 참정권 확대 → 도 평의회, 부·면 협의회 설치	**정치**	•의결권이 없는 단순 자문 기구 •친일 인사 혹은 일본인으로 구성

*치안 유지법
일제가 천황제를 유지하고, 사회주의 운동이 확산되는 것을 막기 위하여 제정한 법령으로 국내에는 독립운동가를 탄압할 목적으로 적용

1920년대 경제 수탈

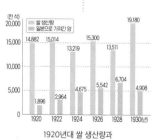

1920년대 쌀 생산량과 일본으로의 유출량

산미 증식 계획
1920~1934

•배경 : 일본의 공업화 진전으로 식량 부족, 쌀값 폭등
•목적 : 한국의 쌀 생산량을 늘려 부족한 쌀을 한국에서 확보하려는 시도
•내용 : 개간·간척, 수리 시설 개선, 품종 개량 등을 통해 증산 추진
•결과 ❶ 미곡 중심의 단작형* 농업 구조 심화
　　　 ❷ 지주가 수리 시설 개선 비용을 소작농에게 전가
　　　 ❸ 추진 과정에서 수리 조합 반대 운동 전개
　　　 ❹ 대공황으로 인해 일제의 정책이 바뀌면서 중단

회사령 철폐
1920

•목적 : 일본 기업의 한국 진출 용이
•내용 : 회사 설립을 허가제에서 신고제로 전환
•결과 : 일본 기업이 한국에 본격적으로 진출하게 됨

*단작형
단일 작물 대량 재배

관세 철폐
1923

일본 상품에 대한 관세 폐지 → 일본 상품의 수입 증가, 국내 기업 몰락

단어	문장	문제

471 ★★
치안 유지법

사회주의 운동을 탄압하기 위한 치안 유지법을 제정하여 독립운동가를 탄압하였다.
42, 40회 ⋯ 5회 이상

제1조 국체를 변혁하는 것을 목적으로 하는 결사를 조직한 자 또는 결사의 임원, 기타 지도자의 임무에 종사한 자는 사형이나 무기 또는 5년 이상의 징역 또는 금고에 처한다. ⋯ 사유 재산 제도를 부인하는 것을 목적으로 결사를 조직한 자, 결사에 가입한 자 또는 결사의 목적 수행을 위해 행위를 한 자는 10년 이하의 징역 또는 금고에 처한다.
28회

- -

472 ★
문화 통치

- 도 평의회, 부·면 협의회 등의 자문 기구를 설치하였다.
44, 20회 ⋯ 2회 이상

- 1922년 제2차 조선 교육령을 시행하였다.
46, 34회 ⋯ 2회 이상

언론 탄압으로 기사가 삭제된 신문

- 한국인이 발행하는 신문을 검열하였다.
22회 ⋯ 1회 이상

- -

473 ★★★
산미 증식 계획

- 산미 증식 계획을 실시하여 식량을 수탈하였다.
50, 45회 ⋯ 3회 이상

- 추진 과정에서 수리 조합 반대 운동이 일어났다.
32회 ⋯ 1회 이상

- 미곡 중심의 단작형 농업 구조가 심화되었다.
20회 ⋯ 1회 이상

군산항 축항 기공식 축하 쌀 탑

- 지주가 수리 시설 개선 비용을 소작농에게 전가하였다.
20회 ⋯ 1회 이상

- 대공황으로 인해 일제의 정책이 바뀌면서 중단되었다.
27회 ⋯ 1회 이상

- -

474
회사령 철폐

1920년 회사령을 철폐하고 회사 설립을 신고제로 변경하였다.
40, 38회 ⋯ 2회 이상

- -

475
관세 철폐

1923년 관세를 철폐하였다. 18회 ⋯ 1회 이상

42회 40번

다음 대책이 발표된 이후 일제가 시행한 정책으로 옳은 것은?
[1점]

1. 친일 단체 조직의 필요
⋯ 암암리에 조선인 중 ⋯ 친일 인물을 물색케 하고, 그 인물로 하여금 ⋯ 각기 계급 및 사정에 따라 각종의 친일적 단체를 만들게 한 후, 그에게 상당한 편의와 원조를 제공하여 충분히 활동토록 할 것.
⋮
1. 농촌 지도
⋯ 조선 내 각 면에 ○재회 등을 조직하고 면장을 그 회장에 추대하고 여기에 간사 및 평의원을 두어 유지(有志)가 단체의 주도권을 잡고, 그 단체에는 국유 임야의 일부를 불하하거나 임회를 허가하는 등 당국의 양해 하에 각종 편의를 제공할 것.
- 『사이토 마코토 문서』

① 한국인에 한해 적용되는 조선 태형령이 공포되었다.
② 사회주의 운동을 탄압하기 위한 치안 유지법이 마련되었다.
③ 기한 내에 토지를 신고하게 하는 토지 조사령이 제정되었다.
④ 헌병대 사령관이 치안을 총괄하는 경무총감부가 신설되었다.
⑤ 회사 설립 시 총독의 허가를 얻도록 하는 회사령이 발표되었다.
⑥ 제2차 조선 교육령을 시행하였다.
⑦ 한국인이 발행하는 신문을 검열하였다.
⑧ 산미 증식 계획을 실시하여 식량을 수탈하였다.

| 답인 이유 |

단서 친일 인물, 친일적 단체

사이토 마코토가 발표한 '조선 민족 운동에 대한 대책'의 일부로 일제는 1920년대 민족 분열 통치를 실시하였다. ② 일제는 1925년 치안 유지법을 제정하여 독립운동가를 탄압하였다. ⑥ 1922년에는 제2차 조선 교육령을 공포하고 조선인에 대한 교육 기회 확대를 표방하였다. ⑦ 1920년대 일제는 한국인의 신문과 잡지 발행을 허용하였지만 검열을 통해 이를 통제하였다. ⑧ 일제는 1920년부터 1934년까지 산미 증식 계획을 실시하여 수탈한 조선의 쌀을 일본으로 가져갔다.

| 오답인 이유 |

① 일제는 1912년 조선 태형령을 공포하여 시행하였다.
③ 일제는 1912년 토지 조사령을 제정하고 공포하였는데, 그 결과 농민에게 관습적으로 인정되었던 경작권이 부정되었다.
④ 1910년 조선 총독부 산하에 경무총감부가 신설되어 1919년까지 치안 업무를 담당하였다.
⑤ 1910년 일제는 회사령을 제정하여 한국인의 기업 활동과 민족 자본의 성장을 억제하였다.

답 ②, ⑥, ⑦, ⑧

1930년대 이후 일제의 식민 통치

*내선일체
일본과 조선이 하나

*일선동조론
일본 민족과 조선 민족의 조상은 하나라는 이론

*궁성 요배
일본 천황이 있는 동쪽을 향하여 절하는 것

1930년대 이후 민족 말살 통치

내선일체, 일선동조론*　일본인과 조선인이 본래 같은 조상을 둔 민족이라는 뜻

황국 신민화 정책
- 황국 신민 서사 암송(일본 천황에게 충성을 맹세하는 내용)1937
- 신사 참배, 궁성 요배*, 일본식 성명으로 바꿀 것을 강요(창씨개명)1939
  → 일본의 신민으로 정체성을 바꾸려 함

민족 교육 금지
- 제3차 조선 교육령1938 : 한국어 선택 과목화
- 국민학교령1941 : 소학교의 명칭을 국민학교로 변경 ★
- 제4차 조선 교육령1943 : 한국어 과목 폐지

언론 활동 금지
- 일장기가 삭제된 '손기정 선수의 사진'이 일간지에 게재1936
- 조선일보·동아일보 폐간1940

독립운동가 탄압
- 조선 사상범 보호 관찰령1936 : 독립운동가를 감시하고 탄압함
- 조선 사상범 예방 구금령1941 : 독립운동가들을 재판 없이 구금함

1930년대 이후 경제 수탈

*마름
지주 대신 소작권을 관리하는 사람

농촌 진흥 운동 1932
- 배경 : 농민 몰락, 소작 쟁의 확산 → 농민 경제의 안정화 명분, 왜 농민 저항 무마,
  효율적인 농촌 통제를 위해 실시　대공황으로 농민들의 삶이 더욱 궁핍해짐
- 내용 : 조선 농지령 제정1934 : 농민의 소작권 확립을 위해 마름* 단속

남면북양 정책　남부에 면화 재배, 북부에 양 사육 강요 → 일본의 공업 원료 확보

병참 기지화 정책　대공황 극복을 위한 일제의 침략 전쟁 → 전쟁 수행에 필요한 물자 조달을 위한 병참
기지화·공업화 정책 시행 → 식민지 공업화와 공업 발전 지역의 불균형 북부 지방 집중
　　　　　　　　　　　　　　　군수품 생산에 필요한 중화학 공업 집중

전시 동원 체제

국가 총동원법 1938　일제가 조선의 인력과 물자 수탈을 목적으로 제정

물자 수탈
- 산미 증식 계획 재개 : 군량미 확보를 위한 식량 수탈
- 소비 규제를 위한 식량 배급제
- 미곡 공출제 : 농가당 공출량 할당
- 전쟁 물자 공출(농기구·식기 등 금속 공출), 지하 자원 약탈, 국방 헌금 강요
　　　　　　　　　　　　　　전시 징용 정책에 반대하여 동방 광산 광부들이 투쟁

*몸뻬
1940년대 전시 체제 하에서 일제가 농촌 여성에게 입힌 작업복

인적 수탈
- 노동력 징용 : 국민 징용령1939 → 국외 공장·탄광·비행장 등에 강제 동원
- 병력 동원 : 육군 특별 지원병제1938, 학도 지원병제1943, 징병제1944 실시
- 여성 동원 : 여자 정신 근로령1944 → 여성을 강제 동원해 군수 공장 등에 종사시킴
- 일본군 '위안부' : 여성들을 군 '위안부'로 강제 동원하여 반인륜적 범죄 자행

전시 복장　남자는 국민복, 여자는 몸뻬*를 입도록 강요

황국 신민 서사 암송

남산에 있던 조선 신궁에 참배하는 모습

손기정 일장기 말소 사건

금속 회수령에 따른 공출

일본군 '위안부'로 끌려갔던 고 김순덕 할머니의 작품

몸뻬

476 ★★★
민족 말살 통치

- 일본 천황에 충성을 맹세하는 (내선일체를 강조한) 황국 신민 서사를 암송하게 하였다.
53, 49회 ⋯ 7회 이상

- 신사 참배와 성과 이름을 일본식으로 바꾸도록(창씨개명) 강요하였다.
49, 39회 ⋯ 8회 이상

- 1936년 독립운동을 탄압하기 위해 조선 사상범 보호 관찰령을 공포하였다.
47, 45회 ⋯ 4회 이상

조선 사상범 보호 관찰령
제1조 치안 유지법의 죄를 범한 자에 대해 형의 집행 유예 언도가 있었을 경우 또는 소추를 필요로 하지 않기 때문에 공소를 제기하지 않은 경우에는 보호 관찰 심사회의 결의에 따라 본인을 보호 관찰에 부칠 수 있다. …
제2조 보호 관찰에서는 본인을 보호하고 더 나아가 죄를 범할 위험을 방지하기 위해 그 사상 및 행동을 관찰하는 것으로 한다.
33회

- 1941년 조선 사상범 예방 구금령을 통해 독립운동을 탄압하였다.
48, 46회 ⋯ 5회 이상

---

477 ★
농촌 진흥 운동

- 농민의 자력갱생을 내세운 농촌 진흥 운동을 실시하였다.
46, 33회 ⋯ 6회 이상

478
국가 총동원법

- 1938년 국가 총동원법을 제정하여 인력을 강제 동원하고 물자를 수탈하였다.
46, 44회 ⋯ 5회 이상

제4조 정부는 전시에 국가 총동원상 필요할 때에는 칙령이 정하는 바에 따라 제국 신민을 징용하여 총동원 업무에 종사하게 할 수 있다.
제8조 물자의 생산 · 수리 · 배급 · 양도 기타의 처분, 사용 · 소비 · 소지 및 이동에 관하여 필요한 명령을 내릴 수 있다.
30, 26회

---

479 ★★
전시 동원 체제

물자 수탈

- 전쟁 물자를 공출하기 위해 금속류(놋그릇) 회수령을 공포하였다.
50, 49회 ⋯ 6회 이상

- 태평양 전쟁 이후 군량미 조달을 위해 식량 배급 및 미곡 공출 제도를 실시하였다.
35, 33회 ⋯ 6회 이상

인적 수탈

- 학도(육군 특별) 지원병 제도를 실시하였다.
49, 48회 ⋯ 5회 이상

- 1944년 여자 정신 근로령이 공포되어 여성들이 군수 공장에 강제로 끌려갔다.
48, 40회 ⋯ 4회 이상

49회 43번
밑줄 그은 '시기'에 볼 수 있는 모습으로 적절하지 않은 것은?
[1점]

역사 속 오늘　8월 14일, 일본군 '위안부' 피해자 기림의 날

1991년 8월 14일은 고(故) 김학순 할머니가 국내에서 처음으로 일본군 '위안부' 피해 사실을 공개 증언한 날이다. 그의 용기 있는 행동은 일본군 '위안부' 문제가 국제 사회에 알려지는 계기가 되었다. 정부는 이날을 〈일본군 '위안부' 피해자 기림의 날〉로 제정하여 2018년부터 매년 국가 기념일로 기리고 있다. 김학순 할머니는 일제가 국가 총동원법을 적용하여 인적 · 물적 자원을 수탈하던 시기에 일본군 '위안부'로 끌려가 참혹한 고통을 겪었다.

① 태형을 집행하는 헌병 경찰
② 신사 참배를 강요하는 교사
③ 황국 신민 서사를 암송하는 어린이
④ 학도병 출전 권고 연설을 하는 친일파 인사
⑤ 공출한 놋그릇, 수저를 정리하는 면사무소 관리
⑥ 국민 징용령으로 군수 공장에 끌려가는 청년

| 답인 이유 |

단서 일본군 '위안부', 국가 총동원법

일제는 1938년 국가 총동원법을 제정한 이후 여자 정신 근로령(1944) 등을 발표하여 여성들을 일본군 '위안부'로 강제 동원하였다. ① 조선 태형령은 1910년대에 시행되었다.

| 오답인 이유 |

② 일제는 1930년대 이후 전국 각 면에 신사를 세워 참배를 강요하였다.
③ 일제는 1930년대에 일왕에게 충성을 맹세하는 황국 신민 서사를 암송하게 하였다.
④ 1943년 학도 지원병 제도가 시행되면서 학생들이 일제의 전쟁터에 강제로 보내졌다.
⑤ 1930년대 이후 일제의 전쟁이 확대되면서 놋그릇, 놋대야 등 각종 금속류를 공출하였다.
⑥ 일제는 1939년 국민 징용령을 제정하여 한국인들을 열악한 노동 조건 속에서 일하게 하였다.

답 ①

1910년대 민족 운동

▶ 국내 비밀 결사

독립 의군부
1912

고종을 복위시켜 대한 제국을 회복해야 함을 주장

- 임병찬이 유생들과 함께 조직
- 고종의 밀지를 받아 결성된 비밀 무장 단체, 복벽주의 지향
- 의병 전쟁 준비, 조선 총독부에 '국권 반환 요구서' 발송 시도

총사령 박상진
지휘장 우재룡·권영만

경상도지부장	충청도지부장	전라도지부장	만주사령관
채기중	김한종	임병찬	이석대

> **대한 광복회 강령**
> 1. 부호의 의연금 및 일본인이 불법 징수하는 세금을 압수하여 무장을 준비한다.
> 2. 남북 만주에 군관 학교를 세워 독립 전사를 양성한다.
> 3. 종래의 의병 및 해산 군인과 만주 이주민을 소집하여 훈련한다.
> 7. 무력이 완비되는 대로 일본인 섬멸전을 단행하여 최후의 목적을 이룬다.

대한 광복회
1915

- 박상진(총사령관)·김좌진을 중심으로 대구에서 조직
- 공화 정체의 근대 국가 수립 지향
- 독립에 필요한 군자금 모금, 친일파 처단

전 재산을 처분하여 형제들과 함께 서간도로 가 삼원보를 독립운동기지로 개척함, 이곳에 신한촌을 건설하고 신흥 강습소를 무료로 운영하면서 민족 교육과 독립군 양성을 추진함

*북간도
우리나라와 청의 경계 지역으로, 대한 제국 시기에 고종이 시찰관으로 이범윤을 파견하여 교민을 보호하였던 곳

*전로 한족회 중앙 총회
러시아 내에서 소수 민족인 한인의 권리를 보호하고자 1917년에 결성된 한인 단체

▶ 국외 독립운동 기지 건설

1910년대 국외 독립운동 기지

만주
서간도
(남만주)

- 신민회 회원들(이동녕·이회영*·이시영 등)이 이주하여 삼원보 개척
- **경학사 결성** : 한인 자치 기구
- 신흥 강습소1911 → 신흥 무관 학교(독립군 양성)1919

북간도*

┌ 대종교도 중심의 무장 독립 단체
- **중광단** : 이상설·김약연 등이 용정촌·명동촌을 중심으로 조직, 후에 북로 군정서로 발전
- 서전서숙(이상설)1906, 명동 학교(김약연)1908 등을 건립하여 민족 교육 실시

경학사 → 부민단 → 한족회(서로 군정서 조직)

이상설과 서전서숙(북간도 용정)

북만주
- 밀산부에 독립운동 기지인 한흥동 건설

연해주
- 블라디보스토크에 한인 거주지인 신한촌 건설
- 권업회1911 : 기관지로 권업신문을 발간하여 민족 의식 고취
- 대한 광복군 정부1914 : 독립운동 수행을 위해 권업회가 이상설과 이동휘를 정·부통령으로 선임, 무장 독립 전쟁 준비
- 전로 한족회 중앙 총회* 조직 → 대한 국민 의회1919로 계승

미주
- 1903년 시작된 한국인 하와이 노동 이민을 계기로 미주 지역에 동포 사회 형성
- 대한인 국민회1910 : 안창호·박용만·이승만 등이 조직, 샌프란시스코에 중앙 총회를 두고 외교 활동 전개
- 흥사단1913 : 안창호가 한인 사회를 통합하여 샌프란시스코에서 창립, 잡지 〈동광〉 발행
- 대조선 국민군단1914 : 박용만이 하와이에서 결성, 군사 훈련 실시
- 한인 비행 학교 설립1920 : 독립군 비행사 육성 목적
- 숭무 학교 : 멕시코 이주민들이 설립, 독립군 양성, 무장 투쟁 준비

상하이
- 동제사 : 신규식·박은식 등이 국권 회복을 목표로 조직, 한중 교류를 통해 독립운동에 대한 중국인의 지지를 받고자 함
- 신한 청년당 : 파리 강화 회의*에 대표로 김규식 파견 → 독립 청원서 제출

단어	문장	문제

480 ★★★
독립 의군부

- 고종의 밀지를 받아 임병찬의 주도로 조직된 비밀 단체이다. 53, 52회 ⟶ 19회 이상
- 복벽주의를 내세우며 의병 전쟁을 준비하였다. 45, 34회 ⟶ 6회 이상
- 조선 총독부에 국권 반환 요구서를 제출하려 하였다. 46, 45회 ⟶ 10회 이상

481
대한 광복회

- 박상진 주도로 결성되었다. 51, 46회 ⟶ 5회 이상
- 대한 광복회를 조직하여 친일파를 처단하였다. 53, 50회 ⟶ 4회 이상
- 공화 정체의 국민 국가 건설을 지향하였다. 45, 39회 ⟶ 5회 이상

482 ★
서간도

- 신민회는 신흥 강습소(신흥 무관 학교)를 세워 독립군을 양성하였다. 51, 49회 ⟶ 17회 이상
- 한인 자치 기구인 경학사를 결성하였다. 31, 29회 ⟶ 4회 이상

483
북간도

- 서전서숙, 명동 학교 등을 설립하여 민족 교육을 실시하였다. 53, 52회 ⟶ 17회 이상

484
연해주

- 권업회는 연해주 이주 한인들을 중심으로 조직된 한인 자치 단체이다. 51, 48회 ⟶ 4회 이상
- 기관지인 권업신문을 발간해 민족 의식을 고취하였다. 53, 48회 ⟶ 5회 이상
- 대한 광복군 정부를 수립하여 무장 투쟁을 준비하였다. 53, 52회 ⟶ 9회 이상

485 ★★
미주

- 박용만이 대조선 국민군단을 조직하여 무장 투쟁을 준비하고 군사 훈련을 실시하였다. 51, 50회 ⟶ 11회 이상
- 독립군 비행사 육성을 위해 한인 비행 학교를 설립하였다. 47, 46회 ⟶ 5회 이상

- 멕시코에서는 숭무 학교를 설립하여 독립군을 양성하였다. 53, 52회 ⟶ 10회 이상

486
상하이

- 김규식은 신한 청년당을 결성하고 파리 강화 회의에 참석하였다. 50, 47회 ⟶ 7회 이상
- 파리 강화 회의에 독립 청원서를 제출하였다. 53, 48회 ⟶ 5회 이상

45회 33번

(가) 단체에 대한 설명으로 옳은 것은? [1점]

> (가) 은/는 안창호, 양기탁, 이승훈이 중심이 되어 조직한 비밀 결사 단체로, 국권을 회복한 뒤 공화 정체의 국가를 수립하고자 하였다. 이를 위해서는 실력 양성에 온 힘을 쏟아야 한다고 규정하고 무엇보다 국민을 새롭게 할 것을 주장하였다.

① 연통제를 통해 독립운동 자금을 모았다.
② 일제의 황무지 개간권 요구를 저지하였다.
③ 중추원 개편을 통해 의회 설립을 추진하였다.
④ 복벽주의를 내세우며 의병 전쟁을 준비하였다.
⑤ 남만주 삼원보에 독립운동 기지를 건설하였다.
⑥ 신흥 강습소를 세워 독립군을 양성하였다.
⑦ 백산 상회를 통해 독립운동 자금을 마련하였다.
⑧ 해조신문, 권업신문을 발간하여 국권 회복에 힘썼다.
⑨ 조선 총독부에 국권 반환 요구서를 제출하려 하였다.

| 답인 이유 |
단서 안창호, 양기탁, 이승훈, 비밀 결사, 공화 정체
(가) 단체는 1907년에 비밀 결사로 조직된 신민회이다. ⑤, ⑥ 신민회는 남만주 삼원보에 독립운동 기지를 건설하고, 신흥 강습소(신흥 무관 학교)를 세워 독립군을 양성하였다.

| 오답인 이유 |
① 대한민국 임시 정부는 연통제를 통해 국내와 연결하고 독립운동 자금을 모았다.
② 보안회는 일제의 황무지 개간권 요구를 저지시켰다.
③ 독립 협회는 중추원 관제를 개편하여 최초로 의회를 설립하려 하였다.
④ 독립 의군부는 고종을 복위시키는 복벽주의를 내세우며 의병 전쟁을 준비하였다.
⑦ 백산 상회는 겉으로는 곡물과 면포 등을 판매하는 회사로 위장하였지만, 실제로는 1920년대 대한민국 임시 정부의 연통제 조직을 통해 독립운동가의 연락을 돕고 독립운동 자금을 지원하였다.
⑧ 연해주에서 조직된 권업회는 권업신문을 발간하여 민족 의식을 고취하려 하였다. 해조신문은 을사늑약 체결 이후 연해주 지역에서 창간된 일간지이다.
⑨ 독립 의군부는 조선 총독부에 국권 반환 요구서를 제출하려 하였다.

답 ⑤, ⑥

3·1 운동

🔻 배경

국외

*민족 자결주의
각 민족의 운명은 민족
스스로 결정해야 한다
는 주장으로 패전국의
식민지에게만 적용되
었다는 한계가 있음

- 레닌이 약소 민족의 독립운동 지원을 약속함
- 미국 대통령 윌슨의 민족 자결주의* 제창
- **파리 강화 회의에 민족 대표 파견** : 신한 청년당 김규식 → 독립 청원서 제출
- **대동 단결 선언**1917 : 상하이에서 신규식, 신채호, 조소앙 등 14인의 명의로 발표 ─ 주권재민 천명
- **대한 독립 선언=무오 독립 선언**1919 : 만주 지린길림에서 민족 지도자들이 발표
- **2·8 독립 선언**1919 : 도쿄 유학생들이 중심이 되어 조선 청년 독립단을 조직해 발표

국내

일제의 무단 통치에 대한 반발 고조, 고종이 갑작스럽게 서거하면서 '고종 황제 독살설'이 퍼짐

🔻 전개 과정

준비

- 학생과 천도교(손병희), 개신교(이승훈), 불교(한용운) 등 종교계 대표 연합
  → 민족 대표 구성, 기미 독립 선언서 작성
- 대내적으로 대중화·비폭력 원칙, 대외적으로 독립 청원

독립 선언

- 고종의 인산일*에 맞추어 계획
- 탑골 공원에 모여 있던 학생과 시민들이 독립 선언서 낭독 → 평화적 만세 운동 전개1919

3·1 운동의 확산

> 정오가 가까워 오자 민족 대표들이 모여들기 시작하였
> 다. 29인이 엄숙한 자리에 모였다. 33인 중 4인은 참석
> 하지 못하였다. 정오가 되자 태화관의 정자 동쪽 처마에
> 태극기가 걸렸다. 일동은 근엄한 자세로 태극기를 향하
> 여 경례하였다. '독립 선언서' 낭독을 생략하고 이종일이
> 선언서 백 장을 탁자 위에 놓고, 한용운이 일장의 식사
> (式辭)를 한 뒤에 그의 선창으로 '대한 독립 만세'를 외쳤
> 다. 한편, 탑골 공원에 모인 학생들의 대한 독립 만세 소
> 리는 천지를 진동하였다. 공원에 모였던 수천 명의 학생
> 들은 길거리로 쏟아져 나갔다. ─ 35회

*인산일
왕이나 황제 직계 가족
의 장례일

*서대문 형무소에 수감
된 유관순의 수형 기록

확산

- **도시 확산** : 대도시 → 중소 도시로 확산, 학생 주도, 상인·노동자 참가
- **농촌 확산** : 농민 주도, 일제의 탄압에 맞서 점차 무력 투쟁으로 변화
- **국외 확산** : 만주·연해주·일본·미주 등지로 확산

일제의 탄압

- 헌병 경찰과 군대를 동원하여 총칼로 무력 진압 → 점차 무력 시위 양상을 띰
- 유관순 순국*, 화성 제암리 학살 사건 발생
  └─ 선교사 스코필드에 의해 세계에 알려짐

🔻 의의와 영향

*5·4 운동
파리 강화 회의에서 '일
본의 21개조 요구 폐기'
등 중국의 요구가 무시
되자 1919년 베이징의
대학생들이 톈안먼 광
장에서 일으킨 반제국
주의·반봉건 운동

- 신분·직업·종교의 구별 없이 각계각층이 참여한 우리 역사상 최대 규모의 민족 운동
- 학생·농민·노동자 등 독립운동 참여 주체와 기반 확대
- **무장 독립 투쟁 활성화** : 만주, 연해주 지역 중심
- **일제 통치 방식의 변화** : 무단 통치 → 이른바 문화 통치
- 대한민국 임시 정부 수립의 계기가 됨
- 중국의 5·4 운동* 등에 영향

단어	문장	문제

487 ★★

국외 독립 선언

- 신규식 등은 상하이에서 대동 단결 선언을 발표하였다. 52, 50회 ⟶ 2회 이상
- 만주에서 민족 지도자들은 대한(무오) 독립 선언서를 발표하였다. 27, 18회 ⟶ 2회 이상
- 일본에서 유학생들이 중심이 되어 2·8 독립 선언서를 발표하였다. 53, 50회 ⟶ 16회 이상

> 조선 청년 독립단은 우리 2천만 민족을 대표하여 정의와 자유를 쟁취한 세계 모든 나라 앞에 독립을 성취할 것을 선언한다. … 우리 민족은 정당한 방법으로 우리 민족의 자유를 추구할 것이나, 만일 이번에 성공하지 못하면 우리 민족은 생존의 권리를 위하여 온갖 자유행동을 취하여 최후의 일인까지 자유를 위해 뜨거운 피를 흘릴 것이니, … 일본이 만일 우리 민족의 정당한 요구에 불응한다면 우리는 일본에 대하여 영원의 혈전을 선포하노라.
> - 재일본 동경 조선 청년 독립단 대표 11인, 51회

488 ★★★

3·1 운동

- 고종의 인산일을 계기로 시작되어 전국적으로 전개되었다. 39, 36회 ⟶ 4회 이상
- 민족 대표 33인 명의의 독립 선언서가 발표되었다. 51, 36회 ⟶ 2회 이상
- 학생과 종교계 대표들의 주도로 만세 운동이 시작되었다. 24, 17회 ⟶ 2회 이상
- 일제가 이른바 문화 통치를 실시하는 배경이 (무단 통치를 완화시키는 계기가) 되었다. 51, 49회 ⟶ 13회 이상
- 대한민국 임시 정부가 수립되는 계기가 되었다. 50, 49회 ⟶ 13회 이상
- 3·1 운동은 중국의 5·4 운동에 영향을 주었다. 38, 37회 ⟶ 4회 이상

489 ★

제암리 학살 사건

- 일제는 3·1 운동 전개 과정에서 제암리 학살 등을 자행하였다. 48, 46회 ⟶ 2회 이상

1919년 4월 15일, 경기도 수원군(현재 화성시) 제암리에서 일본군에 의한 참혹한 학살이 자행되었다. 일본군은 주민들을 교회에 모이게 하여, 밖에서 문을 잠그고 무차별 사격을 가한 후 불을 질러 약 30명을 살해하는 만행을 저질렀다. 그리고 인근 교회와 민가 수십 호에도 불을 질렀다. 42회

47회 41번

다음 자료에 나타난 민족 운동에 대한 설명으로 옳은 것은?
[2점]

> 문 : 오늘 종로 1가 사거리 큰 길에서 모인 동기를 진술하라.
> 답 : 나는 어제 오후 5시 무렵 경성부 남대문로에 있었는데, 자동차에서 뿌린 독립 선언서를 습득하였다. 나는 그 선언서를 읽고 우리 조선국이 독립되었다고 생각하고 기쁨을 참지 못하였다. 그래서 오늘 오후 1시 무렵 종로 1가 사거리 큰 길 중앙에서 독립 만세를 큰 소리로 계속 외쳤더니 5백 명 가량의 군중이 내 주위에 모여 들었고, 함께 모자를 흔들면서 만세를 계속 부르며 행진하였다.
> 문 : 그 선언서의 내용을 진술하라.
> 답 : 우리 조선이 독립국임과 조선인이 자주민인 것을 선언함 등의 내용이었다. 그리고 조선 민족 대표자 33인의 성명을 기재하고 있었다.
> - ○○○ 신문조서

① 사회주의 세력의 주도 아래 계획되었다.
② 대한민국 임시 정부 수립의 계기가 되었다.
③ 일제가 105인 사건을 조작하여 탄압하였다.
④ 한국인 학생과 일본인 학생 간의 충돌에서 비롯되었다.
⑤ 배우자 가르치자 다 함께 브나로드 등의 구호를 내세웠다.
⑥ 중국의 5·4 운동에 영향을 주었다.
⑦ 국외 무장 투쟁이 활발해지는 계기가 되었다.

| 답인 이유 |

단서 **독립 선언서, 독립 만세, 행진, 조선 민족 대표자 33인**
자료는 3·1 운동과 관련된 것이다. ② 3·1 운동을 계기로 독립운동을 조직적으로 전개하기 위해 국내의 각지에 흩어져 있던 임시 정부가 통합되어 대한민국 임시 정부가 수립되었다(1919. 4). ⑥ 3·1 운동은 중국에서 제국주의와 군벌에 반대하는 5·4 운동에 영향을 주었다. ⑦ 3·1 운동 이후 독립군의 국외 무장 투쟁이 활발하게 전개되었다.

| 오답인 이유 |

① 3·1 운동은 종교계와 학생들이 중심이 되어 일어났다.
③ 신민회는 일제가 조작한 105인 사건(1911)으로 조직이 와해되었다.
④ 광주 학생 항일 운동(1929)은 한국인 학생과 일본인 학생 사이의 충돌에서 시작되었다.
⑤ 1931년부터 동아일보는 브나로드 운동을 전개하여 문맹을 퇴치하고, 미신을 타파하려 하였다.

답 ②, ⑥, ⑦

대한민국 임시 정부

수립

한성 정부 (1919. 4.) · 집정관 총재 : 이승만 · 국무총리 총재 : 이동휘	**대한 국민 의회** (1919. 3.) · 대통령 : 손병희 · 부통령 : 박영효 · 국무총리 : 이승만
상하이 임시 정부 (1919. 4.) · 국무총리 : 이승만 · 내무 총장 : 안창호 · 군무 총장 : 이동휘	**대한민국 임시 정부** (1919. 9.) · 대통령 : 이승만 · 국무총리 : 이동휘

여러 지역에 수립된 임시 정부

목적
- 3·1 운동 이후 독립운동의 역량 결집 필요성 대두
- **지역별 임시 정부** : 연해주의 대한 국민 의회, 상하이의 대한민국 임시 정부, 한성 정부

통합
1919. 9
- 한성 정부의 법통 계승, 한성 정부 및 대한 국민 의회의 각료 흡수
  → 상하이에 통합된 대한민국 임시 정부 수립 **왜** 일제의 영향력이 미치지 않고 외교 활동에 유리
- 삼권 분립에 입각한 민주 공화제 정부 : 임시 의정원(입법)·국무원(행정)·법원(사법)
  └ 초대 의장에 이동녕 선출

- **대통령 중심제와 의원 내각제 절충** : 대통령 이승만, 국무총리 이동휘 선출

초기 활동

*이륭양행을 운영한 조지 루이스 쇼(1880~1943)

아일랜드계 영국인으로 중국 안동에서 이륭양행을 운영함, 김구 등이 상하이로 갈 수 있도록 도움을 주는 등 독립운동을 지원하다가 일제에 의해 내란죄로 체포됨

행정
- **연통제** : 국내 비밀 행정 조직
- **교통국** : 통신 기관, 중국 안동단둥에 있는 무역 회사인 이륭양행*에 설치
- **독립운동 자금 모금** : 독립(애국) 공채 발행

외교
- 김규식을 파리 위원부 대표 위원 및 외무 총장으로 임명 → 파리 강화 회의에 대표로 파견
- 워싱턴에 구미 위원부 설치 – 국제 연맹 등 국제 사회에 독립의 열망 전달

문화
- 임시 정부 기관지로 독립신문 간행
- 임시 사료 편찬 위원회 설치 → 『한·일 관계 사료집』 발간

군사
- 독립군 비행사 양성을 위한 한인 비행 학교 설립
- 군무부 설치 : 군사 업무 관장
- 직할 부대 조직 : 광복군 사령부, 광복군 총영, 육군 주만 참의부

*한·일 관계 사료집
국제 연맹에 한국 독립의 당위성을 호소하기 위해 편찬, 삼국 시대 이후의 한일 관계사가 기록되어 있으며, 일제의 잔혹한 식민 통치 방식과 3·1 운동의 전개 과정이 잘 정리되어 있음

국민대표 회의 1923

┌ 미국 정부에 국제 연맹이 한국을 위임 통치해 줄 것을 건의

배경
- 이승만의 위임 통치 청원서 제출에 대한 비판
- 독립운동 방법론을 둘러싼 민족주의 계열과 사회주의 계열의 갈등

내용
- 독립운동의 방략 논의, 노선 갈등의 해결을 목표로 국민대표 회의 소집
- 창조파와 개조파 대립 심화 → 회의 결렬

창조파	vs	개조파
· 신채호 중심 · 임시 정부를 대체할 새로운 정부 수립 주장		· 안창호 중심 · 임시 정부의 개선, 실력 양성론 주장

결과
- 많은 독립운동가의 대한민국 임시 정부 이탈 → 임시 정부의 침체
- 이승만 탄핵1925 → 제2대 대통령으로 박은식 선출1925
- **제2차 개헌**1925 : 국무령 중심의 내각 책임제로 개편
- **제3차 개헌**1927 : 국무 위원 중심의 집단 지도 체제

> **대한민국 임시 정부 공보 제42호**
> · 3월 18일 임시 의정원에서 임시 정부 대통령 이승만 각하를 임시 헌법 제21조 제14항에 의하여 탄핵하고 심판에 회부하다.
> · 3월 23일 임시 의정원에서 임시 정부 대통령 이승만 각하를 심판, 면직하다.
> · 3월 23일 임시 의정원에서 박은식 각하를 임시 헌법 제12조에 의하여 임시 정부 대통령으로 선거하다. - 46회

단어	문장	문제

490 ★★★
**대한민국
임시 정부**

상하이 임시 정부 청사

통합

한성, 상하이, 연해주 지역의 임시 정부가 통합되었다.　44, 17회 ⟶ 2회 이상

활동

• 국내 비밀 행정 조직인 연통제를 통해 독립 운동 자금을 모았다.　53, 45회 ⟶ 7회 이상

• 이륭양행에 교통국을 설치해 국내와 연락을 취하였다.　48, 39회 ⟶ 4회 이상

• 국외 거주 동포에게 독립(애국) 공채를 발행하여 자금을 마련하였다.　53, 52회 ⟶ 8회 이상

• 파리 강화 회의에 대표단을 파견하여 외교 활동을 전개하였다.　46, 24회 ⟶ 2회 이상

• 구미 위원부를 설치하여 외교 활동을 전개하였다.　47, 45회 ⟶ 10회 이상

• 임시 사료 편찬회를 두어 한·일 관계 사료집을 편찬하고, 독립신문을 발행하였다.　51, 43회 ⟶ 9회 이상

• 독립군 비행사 양성을 위해 한인 비행 학교를 설립하였다.　47, 46회 ⟶ 5회 이상

• 무장 투쟁을 위해 직할 부대로 육군 주만 참의부를 조직하였다.　46, 43회 ⟶ 4회 이상

491 ★★
국민대표 회의

• 이승만의 위임 통치 청원이 개최의 배경이 되었다.　53, 33회 ⟶ 2회 이상

• 독립운동의 방략을 논의하기 위해 개최되었다.　50, 47회 ⟶ 7회 이상

• 신채호는 국민대표 회의에서 새로운 정부 수립을 주장하였다.　21, 16회 ⟶ 2회 이상

492 ★
**임시 정부의
개편**

• 박은식은 대한민국 임시 정부 대통령으로 활동하였다.　24회 ⟶ 1회 이상

• 제2차 개헌을 통하여 국무령 중심의 내각 책임제로 개편하였다.　21회 ⟶ 1회 이상

39회 38번

(가)에 대한 설명으로 옳지 <u>않은</u> 것은?　　[2점]

이달의 독립운동가

윤현진尹顯振(1892~1921)

경상남도 양산 출신으로 어린 시절 한학과 신학문을 배웠다. 3·1 운동 직후 상하이로 망명하여 　(가)　에 참여하였고, 재무차장을 맡아 재정 문제 해결에 주력하였다. 국내에서의 군사 및 선전 활동을 위해 의용단을 조직하였으며, 안창호와 함께 　(가)　운영에 힘쓰다 과로로 젊은 나이에 순국하였다.

① 구미 위원부를 설치하여 외교 활동을 추진하였다.
② 한인 애국단을 조직하여 의열 투쟁을 전개하였다.
③ 이륭양행에 교통국을 설치하여 국내와 연락을 취하였다.
④ 임시 사료 편찬회를 두어 한·일 관계 사료집을 간행하였다.
⑤ 태극 서관을 설립하여 조선 광문회에서 발간한 서적을 보급하였다.
⑥ 직할 부대로 육군 주만 참의부를 조직하였다.
⑦ 독립 공채를 발행하여 독립운동 자금을 마련하였다.

| 답인 이유 |

단서 상하이, 재무차장, 안창호

(가)는 대한민국 임시 정부이다. ⑤ 태극 서관은 신민회의 산하 기관으로 1908년에 설립되어 조선 광문회에서 발간한 서적을 출판하고 보급하였다.

| 오답인 이유 |

① 대한민국 임시 정부는 미국에 구미 위원부를 설치하고, 한국의 독립 문제를 국제 사회에 제기하였다.
② 대한민국 임시 정부의 침체를 극복하기 위해 김구는 1931년에 한인 애국단을 조직하여 의열 투쟁을 전개하였다.
③ 대한민국 임시 정부는 중국 안동에 있는 무역 회사인 이륭양행 (영국인이 설립한 무역 선박 회사)에 교통국을 설치하여 국내와 연락을 취하였다.
④ 대한민국 임시 정부는 임시 사료 편찬 위원회를 설치하고 『한·일 관계 사료집』을 발간하였다.
⑥ 대한민국 임시 정부는 무장 투쟁을 위해 직할 부대로 육군 주만 참의부를 조직하였다.
⑦ 대한민국 임시 정부는 독립운동 자금을 마련하기 위해 독립 공채를 발행하거나 의연금을 거두었다.

답 ⑤

실력 양성 운동과 학생 운동

물산 장려 운동 실력 양성 운동은 국민 계몽, 문맹 퇴치, 민족 자본 육성 등의 노력으로 나타남

배경
- 회사령 폐지1920 → 일본 대기업의 한국 진출
- 일본과 조선 사이의 관세 철폐 움직임에 대응하여 시작됨

단체
- 조만식, 이상재 등의 주도로 평양에서 조선 물산 장려회 설립1920
  → 서울에서도 조선 물산 장려회가 발족1923되면서 전국적으로 확산됨
- 이후 자작회·토산 애용 부인회 등 여러 단체가 설립되어 활동함

활동
- 민족 자본의 보호와 육성 추구, 산업 육성을 통한 민족의 실력 양성 도모
- '조선 사람 조선 것', '내 살림 내 것으로' 등의 구호를 내걸고 일본 상품 배격
- 토산품국산품 애용 강조, 근검저축·금주·금연 등 주장

한계 일부 사회주의 계열의 비난 – 자본가의 이익만을 우선시한다고 비판

물산 장려 운동 포스터

민립 대학 설립 운동

*경성 제국 대학 일제가 여론을 무마하기 위해 경성에 설립한 대학으로, 사실상 일본인을 위한 교육 기관

단체 꼭 이상재 등의 주도로 서울에서 조선 민립 대학 기성회 조직
- 인재 육성의 일환으로 민립 대학 설립 운동 전개

활동 '한민족 1천만이 한 사람이 1원씩' 등의 구호를 내걸고 모금 운동 전개1923

한계 조선 총독부의 방해와 탄압으로 실패, 일제가 경성 제국 대학* 설립1924

조선 민립 대학 기성회 창립 총회

문맹 퇴치 운동 🔑 언론 기관을 중심으로 추진

*한글 원본

문자 보급 운동1929
- 조선일보 주도 : 한글 교재 『한글 원본』* 보급, 순회 강연 개최
- '아는 것이 힘, 배워야 산다!' 등의 구호를 내걸고 문맹 퇴치 운동 전개

브나로드 운동1931
- 동아일보 주도
- '배우자, 가르치자, 다 함께 브나로드' 등의 구호를 내세워 농촌 계몽 운동 전개

'민중 속으로'란 뜻의 러시아어

6·10 만세 운동 1926

*6·10 만세 운동 격문
- 대한 독립운동가여 단결하라!
- 일체 납세를 거부하자!
- 일본 물자를 배척하자!
- 언론·출판·집회의 자유를!
- 보통 교육은 의무 교육으로!
- 교육 용어는 조선어로!

배경 순종의 죽음을 계기로 민족 감정 고조

주도 사회주의 진영의 주도 아래 민족주의 진영이 함께 준비, 학생 단체도 참여
→ 준비 과정에서 발각되어 사회주의 계열 대거 검거, 학생들은 계획대로 전개

전개 순종의 인산일6월 10일 → 학생들이 격문* 배포, 만세 시위 전개 → 시민 합세

의의 학생 운동 세력이 민족 운동의 주체임을 자각, 민족 유일당 운동이 전개되는 계기가 됨

광주 학생 항일 운동* 1929

*광주 학생 항일 운동 격문

학생 대중아 궐기하자!
- 검거자를 즉시 우리들이 탈환하자!
- 교내에 경찰권 침입을 절대 반대하자!
- 교우회 자치권을 획득하자!
- 직원회에 생도 대표자를 참석시켜라!
- 조선인 본위의 교육 제도를 확립시켜라!

배경
- 일제의 식민지 교육 : 학생들에 대한 민족 차별 교육과 억압
- 학생 운동의 조직화 : 독서회·성진회 등 비밀 결사 조직 → '식민지 교육 철폐', '한국인 본위의 교육' 등의 구호, 동맹 휴학 전개
  1926년에 조직된 항일 학생 운동 단체

전개 한일 학생 간의 충돌에서 시작 → 전국적으로 시위 확산 → 전국 각지에서 일어난 동맹 휴학의 도화선이 됨 → 신간회가 진상 조사단 파견

의의 3·1 운동 이후 국내 최대의 항일 민족 운동

나주역 사건의 주인공인 박기옥(좌), 박준채(우)

| 단어 | 문장 | 문제 |

493 ★★
물산 장려 운동

- 조만식, 이상재 등을 중심으로 평양에서 시작되어 전국으로 확산되었다.
  53, 47회 ➡ 16회 이상
- '조선 사람 조선 것'이라는 구호를 내세웠다.
  40, 36회 ➡ 4회 이상
- 평양에서 토산품 애용을 위한 조선 물산 장려회가 발족되었다.
  50, 43회 ➡ 5회 이상
- 자작회, 토산 애용 부인회 등이 활동하였다.
  48, 46회 ➡ 3회 이상

494 ★
민립 대학 설립 운동

- 이상재 등의 주도로 모금 활동을 전개하였다.
  51, 44회 ➡ 13회 이상
- 조선 민립 대학 기성회가 조직되었다.
  23회 ➡ 1회 이상
- 일제에 의해 경성 제국 대학이 설립되면서 중단되었다.
  52, 48회 ➡ 9회 이상

495
브나로드 운동

- 농촌을 계몽하기 위한 브나로드 운동이 시작되었다.
  42, 39회 ➡ 4회 이상
- '배우자 가르치자 다 함께 브나로드' 등의 구호를 내세웠다.
  47, 46회 ➡ 10회 이상
- 동아일보(언론 기관)를 중심으로 전개되었다.
  42, 39회 ➡ 4회 이상

496
6·10 만세 운동

- 순종의 인산일을 기회로 삼아 일어났다.
  45, 42회 ➡ 12회 이상
- 국내에서 민족 유일당 운동이 전개되는 계기가 되었다.
  40, 34회 ➡ 4회 이상

497 ★★★
광주 학생 항일 운동

- 한국인 학생과 일본인 학생 간의 충돌에서 비롯되어 일어나 전국으로 확산되었다.
  47, 46회 ➡ 12회 이상
- 신간회 중앙 본부가 진상 조사단을 파견하였다.
  53, 52회 ➡ 19회 이상
- 학생이 주도한 1920년대 최대 규모의 항일 운동이었다.
  22회 ➡ 1회 이상

38회 39번
다음 취지서를 발표한 민족 운동에 대한 설명으로 옳은 것은?
[3점]

> **발기 취지서**
>
> 우리의 운명을 어떻게 개척할까? … 민중의 보편적 지식은 보통 교육으로도 가능하지만 심오한 지식과 학문은 고등 교육이 아니면 불가하며, 사회 최고의 비판을 구하며 유능한 인물을 양성하려면 최고 학부의 존재가 가장 필요하도다. … 그러므로 우리는 이에 느낀 바 있어 감히 만천하 동포에게 향하여 민립 대학의 설립을 제창하노니, 형제 자매는 와서 찬양하고 나아가며 이루라.

① 근우회를 중심으로 진행되었다.
② 중국의 5·4 운동에 영향을 주었다.
③ 이상재 등이 주도하여 모금 활동을 전개하였다.
④ 어린이날을 제정하고 잡지 어린이 등을 발간하였다.
⑤ '배우자 가르치자 다 함께 브나로드' 등의 구호를 내세웠다.
⑥ '한민족 1천만이 한 사람이 1원씩'이라는 구호를 내세웠다.
⑦ 토산품 애용, 근검저축, 금주·단연 등을 실천하자고 주장하였다.

| 답인 이유 |
단서 교육, 민립 대학의 설립
자료는 조선 민립 대학 기성회의 발기 취지서(1923)이다. ③ 1922년 제2차 조선 교육령의 공포로 대학 설립이 가능해지자, 이상재와 이승훈 등을 중심으로 민립 대학 설립 운동이 전개되었다. ⑥ 서울에서 조직된 조선 민립 대학 기성회는 '한민족 1천만이 한 사람이 1원씩'이라는 구호를 내걸고 모금 운동을 전개하였다. 그러나 일제의 방해와 자연재해 등으로 모금 운동이 저조해지면서 중단되었다. 한편, 일제는 경성 제국 대학을 설립하여 한국인들의 고등 교육에 대한 열망을 무마하려 하였다.

| 오답인 이유 |
① 근우회(1927)는 여성계의 민족 유일당 운동이 진행되면서 결성된 신간회의 자매단체이다.
② 3·1 운동은 중국에서 진행된 5·4 운동 및 인도의 반영 운동 등 세계 약소 민족의 독립운동에 영향을 주었다.
④ 천도교 소년회(1921)는 방정환의 주도로 창립되어 소년 운동을 전개하였다. '어린이날'을 정하고, 잡지 <어린이>를 발간하였다.
⑤ 1931년부터 동아일보는 브나로드 운동을 전개하여 농촌을 계몽하고자 하였다.
⑦ 물산 장려 운동은 '내 살림 내 것으로' 등의 구호를 내세우며 토산품 애용, 근검저축, 금주·단연 등의 실천을 주장하였다.

답 ③, ⑥

민족 유일당 운동과 사회적 민족 운동

*타협적인 경향
일제의 식민 지배를 인정하고 그 밑에서 정치적 실력 양성을 해야 한다고 주장

*자치론
일제와 타협하여 한국인의 자치권과 참정권을 얻자는 주장

*코민테른
각국의 사회주의 혁명을 지도하는 기구

▶ 민족 유일당 운동 6·10 만세 운동 이후 사회주의·민족주의 계열의 단결 모색

배경 국내
- 민족주의 계열의 분화 : 이광수, 최린 등 일제와 타협적인 경향*을 보이는 자치론* 확산
- 사회주의 계열의 약화 : 치안 유지법 제정1925 → 사회주의 운동 탄압

조선 민흥회　조선 물산 장려회 중심의 민족주의 세력 + 서울 청년회 중심의 사회주의 세력이 결성

정우회 선언
1926
- 사회주의 세력의 활동 방향을 밝힘
- 비타협적 민족주의 계열과의 연대 주장

1920년대 국내 민족 운동의 흐름

▶ 신간회 1927

3대 강령　민족의 정치적·경제적·사회적 각성, 기회주의 배격, 민족 대단결
└ 타협적 민족주의 세력을 의미

활동
- 이상재를 회장으로 추대
- 강연회·연설회 개최, 노동·농민·청년·여성 운동과 형평 운동 등을 지원
- 광주 학생 항일 운동에 진상 조사단 파견 → 민중 대회 계획 → 사전 발각으로 무산

해소
1931
- 일제의 탄압, 내부의 이념 대립
- 코민테른*의 노선 변화에 따른 사회주의 계열의 이탈

의의　일제 강점기 최대의 민족 운동 단체이자 민족 협동 전선 단체

*소작 쟁의
소작료 인하, 소작권 인정, 지세 공과금의 지주 납부 등을 요구 (생존권 투쟁)

*조선 노동 공제회
서울에서 조직된 전국 단위의 노동 운동 단체

*<어린이>　*<근우>

*백정에 대한 차별
일제 강점기에 백정을 호적에 등재할 때 '도한'으로 써넣거나 이름 위에 붉은 점을 찍었으며, 백정의 자녀는 학교 입학이 거부되기도 하는 등 차별을 받았음

▶ 사회적 민족 운동

1920년대　→　**1930년대**
생존권 투쟁 중심　　　비합법적·혁명적 농민·노동 조합 중심으로 전개
　　　　　　　　　　　(정치 투쟁 성격 강화)

농민 운동
- 농민 단체 결성 : 조선 농민 총동맹1927 → 소작 쟁의* 전개
- 암태도 소작 쟁의1923 : 지주 문재철의 횡포고액 소작료에 반발
　　　　　　　　　　→ 소작료 인하, 소작권 이전 반대 등 요구

노동 운동
- 노동 조합 결성 : 조선 노동 공제회*1920, 조선 노동 총동맹1927 → 노동 쟁의 전개
　꼭 1923년에 경성 고무 여자 직공 조합이 아사 동맹 결성
- 원산 총파업1929 : 라이징 선 석유 회사에서 일본인 감독의 한국인 구타 사건을 계기로
　　　　　　　　　임금 삭감 반대, 노동 조건 개선 주장　꼭 일본, 프랑스 등의 노동 단체로부터 격려 전문을 받음
- 평양 을밀대 지붕 위에서 강주룡이 임금 삭감에 저항하며 농성 전개1931

을밀대 지붕 위에 앉은 강주룡

소년 운동
- 천도교 세력(김기전·방정환 등)이 주도 → 천도교 소년회1921
- 어린이날 제정1922, 잡지 <어린이>* 발간

여성 운동
- 근우회 결성1927 : 민족주의 계열과 사회주의 계열의 여성들이 연합
- 여성 계몽과 구습 타파 주장, 신간회와 연계하여 민족 운동 전개, 잡지 <근우>* 발간
　└ 신간회 자매단체

형평 운동
- 목적 : 갑오개혁1894 이후 신분제가 폐지되었으나 백정에 대한 사회적 차별* 지속
- 전개 : 백정들이 진주에서 조선 형평사 설립1923 → 전국적인 조직으로 확산

498

정우회 선언

사회주의 세력의 활동 방향을 밝힌 정우회 선언이 발표되었다.   45, 44회 ⋯ 5회 이상

> 민족주의적 세력에 대하여는 그 부르주아 민주주의적 성질을 명백하게 인식하는 동시에 또 과정적 동맹자적 성질도 충분히 승인하여, 그것이 타락하는 형태로 출현되지 아니하는 것에 한하여는 적극적으로 제휴하여 대중의 개량적 이익을 위하여서도 종래의 소극적 태도를 버리고 분연히 싸워야 할 것이다.
>   - 정우회 선언, 27회

499 ★★★

신간회

· 민족 유일당 운동의 일환으로 (정우회 선언의 영향으로) 신간회가 창립되었다.
  46, 45회 ⋯ 14회 이상

· 중앙 본부는 광주 학생 항일 운동에 진상 조사단을 파견하여 지원하였다.
  53, 52회 ⋯ 19회 이상

500

농민 운동

· 전국적 조직인 조선 농민 총동맹이 결성되었다.
  50, 45회 ⋯ 3회 이상

· 지주 문재철의 횡포에 반발하여 암태도 소작 쟁의가 발생하였다.   52, 50회 ⋯ 8회 이상

501 ★★

노동 운동

· 전국적 조직인 조선 노동 총동맹이 결성되었다.
  50, 39회 ⋯ 5회 이상

· 라이징 선 석유 회사에서 일본인 감독의 한국인 구타 사건을 계기로 일어났다.
  51, 50회 ⋯ 4회 이상

· 노동 조건 개선을 요구하며 전개되었다.
  45, 36회 ⋯ 4회 이상

· 원산 총파업이 일어났을 때 일본·프랑스 등의 노동 단체로부터 격려 전문을 받았다.
  48, 46회 ⋯ 5회 이상

502

소년 운동

김기전·방정환 등이 주도하여 어린이날을 제정하고, 어린이 등이 잡지를 발간하였다.
  52, 51회 ⋯ 6회 이상

503

여성 운동

여성 계몽과 구습 타파를 주장하는 근우회가 창립되었다.   48, 42회 ⋯ 6회 이상

504 ★

조선 형평사

형평사 대회 포스터

· 백정에 대한 사회적 차별 철폐를 목적으로 창립되었다.   51, 48회 ⋯ 10회 이상

· 조선 형평사의 주도로 진주에서 시작된 형평 운동이 전국으로 확산되었다.   48, 42회 ⋯ 8회 이상

50회 36번

(가) 단체의 활동으로 옳은 것은?   [1점]

> [역사 다큐멘터리 기획안]
>
> ___(가)___ , 좌우가 힘을 합쳐 창립하다
>
> ■ 기획 의도
> 일제 강점기 최대 규모의 사회 단체인 ___(가)___ 에 대한 다큐멘터리를 제작하여 그 역사적 의미를 살펴본다.
>
> ■ 장면별 구성 내용
> – 정우회 선언을 작성하는 장면
> – 이상재가 회장으로 추대되는 장면
> – 전국 주요 도시에 지회가 설립되는 장면
> – 순회 강연단을 조직하고 농민 운동을 지원하는 장면

① 평양에 자기 회사를 설립하였다.
② 2·8 독립 선언서를 작성하여 발표하였다.
③ 제국신문을 발행하여 민중 계몽에 힘썼다.
④ 어린이날을 제정하고 잡지 어린이를 간행하였다.
⑤ 광주 학생 항일 운동에 진상 조사단을 파견하였다.
⑥ 숭무 학교를 설립하여 독립군을 양성하였다.
⑦ 백정에 대한 사회적 차별을 없애기 위해 활동하였다.

| 답인 이유 |

단서 일제 강점기 최대 규모의 사회 단체, 정우회 선언, 이상재

(가)는 비타협적 민족주의 세력과 사회주의 세력이 연합하기로 합의하면서 1927년에 창립된 신간회이다. ⑤ 신간회는 1929년 광주 학생 항일 운동이 일어나자 현지에 조사단을 파견하고, 진상 보고를 위한 민중 대회를 계획하였다.

| 오답인 이유 |

① 신민회는 평양에 자기 회사를 설립하고 민족 산업을 육성하기 위해 노력하였다.
② 일본의 유학생들은 조선 청년 독립단을 조직하고 2·8 독립 선언서를 작성하여 발표하였다.
③ 1898년에 간행된 제국신문은 순 한글로 제작되어 서민층과 부녀자들이 많이 읽었다.
④ 천도교 소년회는 5월 1일을 어린이날로 제정하고, 잡지 <어린이>를 발행하였다.
⑥ 멕시코 이주민들은 독립군을 양성하기 위해 숭무 학교를 설립하였다.
⑦ 백정들은 자신들에 대한 사회적 차별을 없애기 위해 1923년 경남 진주에서 조선 형평사를 조직하여 활동하였다.

답 ⑤

1920년대 국외 무장 투쟁과 의열단

▶ 독립군의 승리와 시련

봉오동 전투 1920	• 대한 독립군홍범도, 군무 도독부군최진동, 국민회군안무 등의 연합 부대 └ 평민 의병장에서 대한 독립군 사령관으로 활약 • 대한 독립군의 국내 진공 작전 → 일본군의 추격 → 독립군 연합 부대가 봉오동으로 유인, 크게 격파
청산리 대첩 1920	• 북로 군정서김좌진, 대한 독립군홍범도 등 연합 부대 • 일제의 훈춘 사건* 조작 → 만주에 대규모 일본군 파견 → 청산리 일대에서 6일 동안 벌인 10여 차례의 전투에서 승리
간도 참변 1920~1921	봉오동 전투·청산리 대첩 패배에 대한 일본군의 보복 → 간도 일대 한국인 무차별 학살, 마을 초토화
독립군의 이동	간도 참변 후 서일을 총재로 하는 대한 독립군단 조직1920 → 러시아령 자유시로 이동
자유시 참변 1921	자유시의 독립군 통합 과정에서 지휘권 다툼 발생 → 러시아 적군의 무장 해제 요구 → 독립군 희생 및 세력 약화

*훈춘 사건
일본군이 만주 진출의 명분을 만들기 위해 마적단을 매수하여 훈춘의 일본 영사관을 불태운 사건

봉오동 전투와 청산리 대첩

1920년대 독립군의 이동

▶ 독립군의 재정비

3부의 성립

• 자유시 참변에서 살아남은 독립군들이 만주로 와 전열을 재정비하고, 독립운동 단체를 통합

참의부 1923	정의부 1924	신민부 1925
대한민국 임시 정부 직속, 압록강 건너편 지역	남만주 일대	꼭 북만주 일대 김좌진이 조직

• 행정 기관자치 담당과 군사 조직독립군의 훈련과 작전 담당 모두 갖춤

미쓰야 협정* 독립군 탄압을 위해 일제가 만주 군벌과 체결1925

3부 통합 운동*
• 배경 : 미쓰야 협정으로 독립군 활동 위축, 국내 민족 유일당 운동의 영향
• 국민부남만주와 혁신 의회북만주로 통합

참의부(1923) 정의부(1924) 신민부(1925)
↓
혁신 의회(1928) 국민부(1929)
↓ ↓
한국 독립당 조선 혁명당
한국 독립군 조선 혁명군

▶ 의열단

조직
• 김원봉이 만주 지린길림에서 조직1919
• 일제 요인 암살, 식민 통치 기관 폭파 활동

사상
김원봉의 요청으로 신채호가 작성한 '조선 혁명 선언'을 활동 지침으로 삼음1923 → 민중의 직접 혁명 주장

변화
• 1920년대 후반 개별 의거의 한계를 느끼고 조직적인 항일 무장 투쟁으로 노선 전환
• 김원봉과 단원 일부가 황푸 군관 학교에 입학1926하여 군사 훈련을 받음
• 조선 혁명 간부 학교1932 : 독립군 양성을 위해 중국 국민당 정부의 지원을 받아 난징에 설립

강우규
조선 총독에게
폭탄 투척(1919)

김익상
조선 총독부에
폭탄 투척(1921)

나석주
동양 척식 주식회사와
조선 식산 은행에
폭탄 투척(1926)

김지섭
일본 왕궁에
폭탄 투척(1924)

김상옥
종로 경찰서에
폭탄 투척(1923)

박재혁
부산 경찰서에
폭탄 투척(1920)

중국 백두산 경성 부산 일본 도쿄

505 ★★
봉오동 전투

대한 독립군은 국민회군 등과 연합하여 봉오동 전투에서 일본군을 격퇴하였다.

53. 49회 ⋯➔ 13회 이상

506 ★
청산리 대첩

북로 군정서와 홍범도 부대 등이 연합하여 청산리 대첩에서 큰 승리를 거두었다.

52, 51회 ⋯➔ 12회 이상

507
독립군의 이동

대한 독립군단은 간도 참변 이후 조직을 정비하고 자유시로 이동하였다. 48, 44회 ⋯➔ 11회 이상

508
자유시 참변

독립군은 자유시 참변으로 큰 타격을 입었다.

47, 44회 ⋯➔ 6회 이상

509
3부

행정 기능과 군사 조직을 갖춘 3부(참의부·정의부·신민부)가 만주 지역에 성립되었다.

47, 22회 ⋯➔ 2회 이상

510
미쓰야 협정

일제는 독립군을 탄압하고자 중국 군벌과 미쓰야 협정을 체결하였다. 53, 52회 ⋯➔ 7회 이상

511 ★★★
의열단

- 김원봉이 만주에서 조직해 단장으로 활동하며 무장 투쟁을 전개하였다. 49, 42회 ⋯➔ 8회 이상

- 신채호는 김원봉의 요청으로 활동 지침인 조선 혁명 선언을 작성하였다. 53, 52회 ⋯➔ 30회 이상

> **조선 혁명 선언**
> 강도(强盜) 일본을 쫓아내려면 오직 혁명으로만 가능하며, 혁명이 아니고는 강도 일본을 쫓아낼 방법이 없는 바이다. … 민중은 우리 혁명의 대본영(大本營)이다. 폭력은 우리 혁명의 유일한 무기이다. …
>
> 36회

- 나석주는 동양 척식 주식회사에 폭탄을 투척하였다. 49, 48회 ⋯➔ 5회 이상

- 조선 혁명 간부 학교를 설립하여 군사 훈련에 힘썼다. 52, 50회 ⋯➔ 12회 이상

- 단원 일부가 황푸 군관 학교에 입학해 군사 훈련을 받았다. 43, 30회 ⋯➔ 3회 이상

47회 40번
(가) 단체의 활동으로 옳은 것은? [1점]

이 동상은 박재혁 의사의 1920년 의거를 기념하여 세운 것입니다. 그는 김원봉, 윤세주 등이 만주 지린성에 창설한 [(가)]에 가입한 후, 고서상으로 위장하여 부산 경찰서에 들어가 폭탄을 터뜨렸습니다.

① 국채 보상 운동을 적극 후원하였다.
② 조선 혁명 선언을 활동 지침으로 삼았다.
③ 청산리에서 일본군에 맞서 대승을 거두었다.
④ 구미 위원부를 설치하여 외교 활동을 전개하였다.
⑤ 만민 공동회를 개최하여 민권 신장을 추구하였다.
⑥ 의열 투쟁을 통해 독립을 쟁취하고자 하였다.
⑦ 김상옥, 김익상, 나석주 등이 단원으로 활동하였다.
⑧ 조선 혁명 간부 학교를 설립하여 군사 훈련에 힘썼다.

| 답인 이유 |

단서 박재혁, 김원봉, 윤세주, 만주 지린성

(가)는 1919년에 조직된 의열단이다. ② 의열단은 신채호가 작성한 '조선 혁명 선언'을 활동 지침으로 삼았다. ⑥ 의열단은 일제의 식민 통치 기관 파괴와 침략 원흉을 응징하는 의열 투쟁을 전개하였다. ⑦ 의열단원인 김상옥·김익상·나석주 등은 국내에 침투해 각각 종로 경찰서, 조선 총독부, 동양 척식 주식회사에 폭탄을 투척하였다. ⑧ 의열단은 중국 국민당 정부의 지원을 받아 조선 혁명 간부 학교를 세워 독립군을 양성하고자 하였다.

| 오답인 이유 |

① 국채 보상 기성회는 국민의 성금을 모아 일본에 진 빚을 갚자는 국채 보상 운동(1907)을 주도하였다. 국채 보상 운동은 대한매일신보 등 언론 기관의 후원 속에 전국으로 확산되었다.
③ 북로 군정서와 대한 독립군을 비롯한 독립군 부대들은 청산리에서 일본군과 맞서 싸워 큰 승리를 거두었다(1920.10).
④ 대한민국 임시 정부는 미국에 구미 위원부를 설치하고, 외교 활동을 전개하였다.
⑤ 독립 협회는 만민 공동회를 개최하여 민권 신장과 자주 국권 운동을 전개하였다.

답 ②, ⑥, ⑦, ⑧

1930년대 국외 무장 투쟁과 한인 애국단

한중 연합 작전 **왜** 만주 지역, 만주 사변과 만주국 성립으로 중국 내 항일 감정 고조

한국 독립군

지청천

- 북만주의 혁신 의회한국 독립당의 군사 조직
- 총사령관 지청천
- 중국 호로군과 연합 : 쌍성보1932·대전자령 전투1933 등에서 승리
- 일본군의 대공세로 활동 위축 → 중국 관내로 이동, 일부는 한국 광복군에 합류(지청천 중심)

한국 독립군
(총사령관 지청천)
① 쌍성보 전투(1932)
② 사도하자 전투(1933)
③ 대전자령 전투(1933)

조선 혁명군
(총사령관 양세봉)
④ 영릉가 전투(1932)
⑤ 흥경성 전투(1933)

⑥ 보천보 전투(1937)

동북 항일 연군

독립군과 중국군의 활동 지역
1931년 이전의 일본군 점령지
1932년의 일본군 점령지

1930년대 국외 무장 독립 투쟁

조선 혁명군

양세봉

- 남만주의 국민부조선 혁명당의 군사 조직
- 총사령관 양세봉
- 중국 의용군과 연합 : 영릉가1932·흥경성 전투1933에서 승리
- 양세봉 사망 이후 세력 약화

중국 관내에서의 독립운동 **왜** 만주 사변, 중일 전쟁으로 더 이상 만주에서의 무장 투쟁 전개가 어려워짐

*팔로군
중국 공산당의 주력 부대

*반소탕전
1942년 일본군이 대규모 군대를 동원해 중국 팔로군 소탕전을 벌이자, 타이항산 일대에서 일본군에 맞서 싸운 전투

한국 독립 유일당 북경 촉성회1926   안창호 등이 북경에서 조직

민족 혁명당
1935

- 중국 관내 최대 규모의 통일 전선 정당, 중국 국민당과 협력하여 조직
- 김원봉의 의열단이 주도, 중국 관내 독립운동 세력인 한국 독립당조소앙·조선 혁명당지청천·신한 독립당 등이 통합해 결성
- 의열단 계열의 당권 장악 → 조소앙·지청천 등 민족주의 계열 탈퇴 → 조선 민족 혁명당으로 개편 → 조선 민족 전선 연맹 결성1937
  └ 조선 민족 혁명당 중심으로 약화된 민족 통일 전선을 강화하기 위해 사회주의 계열 단체들이 연합하여 결성

조선 의용대
1938

창설
- 김원봉 조직, 조선 혁명 간부 학교 졸업생 중심
- 중일 전쟁 직후 '조선 민족 전선 연맹' 산하의 군사 조직으로 한커우우한에서 창설

활동
중국 국민당 정부군의 지원 → 정보 수집·선전·후방 교란 등의 업무

이동
- 일부는 적극적인 항일 투쟁을 위해 화북중국 공산당의 근거지 지역으로 이동 → 조선 의용대 화북 지대 결성1941, 중국 공산군팔로군*과 함께 항일 투쟁(호가장 전투·반소탕전* 등 참가) → 조선 의용군으로 개편1942
- 김원봉 등 잔류 세력은 충칭으로 이동 → 한국 광복군에 합류1942

의의
중국 관내에서 조직된 최초의 한인 무장 부대

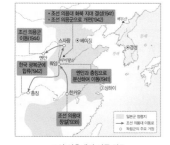

조선 의용대의 이동 경로

*상하이 사변
만주 사변(1931) 이후 중국인의 반일 감정이 고조된 가운데, 상하이에서 중국인에게 일본인이 폭행을 당해 사망하자 이를 빌미로 일제가 상하이를 침략한 사건

한인 애국단

조직
대한민국 임시 정부의 침체를 극복하기 위해 김구가 상하이에서 조직1931

이봉창
도쿄에서 일왕의 마차에 폭탄 투척1932 → 상하이 사변*1932에 영향

윤봉길
상하이 홍커우 공원에서 열린 일본군 전승 기념식장에 폭탄 투척1932 → 일제 요인 살상, 대한민국 임시 정부에 대한 중국 국민당 정부의 지원 계기 마련

이봉창

윤봉길

단어　　문장　　문제

512 *
한국 독립군

- 지청천의 지휘 아래 일본군을 격파하였다.
  31, 19회 ⋯ 2회 이상

- 중국 호로군과의 연합 작전을 통해 쌍성보·대전자령 전투에서 승리하였다.
  53, 52회 ⋯ 21회 이상

513
조선 혁명군

- 총사령 양세봉의 지휘 아래 활동하였다.
  43, 21회 ⋯ 2회 이상

- 남만주에서 중국군과의 연합 작전으로 항일 전쟁을 벌였다.
  41, 40회 ⋯ 3회 이상

- 조선 의용군과 연합하여 영릉가·흥경성 전투에서 승리하였다.
  51, 48회 ⋯ 13회 이상

---

514 ***
조선 의용대

- 중일 전쟁 발발 이후에 조직되었다.
  38, 37회 ⋯ 4회 이상

- 중국 관내(關內)에서 조직된 최초의 한인 무장 부대였다.
  52, 48회 ⋯ 14회 이상

- 김원봉이 중국 국민당과 협력하여 창설하였다.
  53, 30회 ⋯ 2회 이상

- 조선 민족 전선 연맹 산하의 군사 조직으로 결성되었다.
  39, 33회 ⋯ 2회 이상

- 중국 국민당 정부의 지원을 받아 독립군 양성을 위해 조선 혁명 간부 학교를 설립하였다.
  52, 50회 ⋯ 12회 이상

- 조선 의용대가 중국 팔로군과 함께 호가장 전투에서 일본군과 전투를 벌였다.
  52, 51회 ⋯ 3회 이상

---

515 **
한인 애국단

- 김구가 침체된 대한민국 임시 정부에 활력을 불어넣기 위하여 상하이에서 결성하였다.
  53, 51회 ⋯ 17회 이상

- 이봉창은 도쿄에서 일왕이 탄 마차를 향해 폭탄을 던졌다.
  51, 47회 ⋯ 8회 이상

- 윤봉길은 훙커우 공원에서 폭탄을 던져 일제 요인을 살상하였다.
  47, 42회 ⋯ 7회 이상

51회 44번
(가) 부대의 활동으로 옳은 것은? [3점]

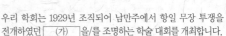

> **학술 대회 안내**
>
> 우리 학회는 1929년 조직되어 남만주에서 항일 무장 투쟁을 전개하였던 ＿＿(가)＿＿ 을/를 조명하는 학술 대회를 개최합니다.
>
> ◈ 발표 주제 ◈
> 1. 영릉가 전투의 전개 과정
> 2. 1930년대 한중 항일 연합 작전의 성과
> 3. 총사령 양세봉에 대한 남과 북의 평가
>
> ■ 일시 : 2021년 ○○년 ○○일 13:00~17:00
> ■ 장소 : □□기념관 강당
> ■ 주최 : △△ 학회

① 흥경성에서 일본군을 격퇴하였다.
② 호가장 전투에서 크게 활약하였다.
③ 대전자령 전투에서 큰 전과를 올렸다.
④ 중국 팔로군에 편제되어 항일 전선에 참여하였다.
⑤ 연합군과 함께 인도 · 미얀마 전선에서 활동하였다.
⑥ 반소탕전에서 활약하였다.
⑦ 쌍성보 전투에서 한중 연합 작전을 전개하였다.
⑧ 양세봉이 사망한 이후 점차 세력이 약화되었다.

| 답인 이유 |

단서 남만주, 영릉가 전투, 한중 항일 연합 작전, 총사령 양세봉

(가) 부대는 조선 혁명군이다. 조선 혁명군은 남만주 일대에서 양세봉을 총사령관으로 하여 항일 무장 투쟁을 전개하였다. ① 조선 혁명군은 1933년 흥경성 전투에서 중국 의용군과 연합하여 일본군을 물리쳤다. ⑧ 조선 혁명군은 양세봉이 전사한 이후 세력이 크게 약해졌지만 1930년내 중반까지 활동을 계속하였다.

| 오답인 이유 |

② 조선 의용대는 호가장 전투에서 중국 팔로군과 함께 일본군과 맞서 싸웠다.
③, ⑦ 지청천이 이끄는 북만주 지역의 한국 독립군은 쌍성보·사도하자·대전자령 전투에서 일본군과 싸워 승리를 거두었다.
④ 조선 의용대는 중국 공산당의 주력 부대인 팔로군과 연합 전선을 형성하여 일본군에 맞섰다.
⑤ 한국 광복군은 연합군의 일원으로, 영국군의 요청에 따라 인도·미얀마 전선에서 활약하였다.
⑥ 조선 의용대는 중국 팔로군을 도와 반소탕전에서 활약하였다.

답 ①, ⑧

1920~30년대 민족 문화 수호 운동

➤ 한국사 연구 왜 일제가 한국사를 왜곡하기 위해 조선 총독부 아래 '조선사 편수회'1925를 조직 → 『조선사』 간행

민족주의 사학
- 박은식 : '국혼' 강조, 『한국통사』·『한국독립운동지혈사』* 저술

> 옛 사람이 이르기를, 나라는 없어질 수 있으나 역사는 없어질 수 없다고 하였으니, 그것은 나라는 형체이고 역사는 정신이기 때문이다. 이제 한국의 형체는 허물어졌지만, 정신만이라도 오로지 남아 있을 수 없는 것인가? 이것이 통사를 저술하는 까닭이다.
> - 『한국통사』 38·24회

박은식

- 신채호 : '낭가 사상' 강조, 『독사신론』*·『조선상고사』·『조선사연구초』 저술

> 역사란 무엇이뇨? 인류 사회의 아(我)와 비아(非我)의 투쟁이 시간에서 발전하여 공간까지 확대하는 심적 활동의 상태의 기록이니, 세계사라 하면 세계 인류의 그리되어 온 상태의 기록이며, 조선사라 하면 조선 민족이 그리되어 온 상태의 기록이니라.
> - 『조선상고사』 17, ·16회

신채호

- 조선학 운동 : 정인보·안재홍 등이 민족의 얼 강조, 『여유당전서』 간행
  └ 정약용의 저술을 정리한 문집

사회 경제 사학   유물 사관 바탕, 백남운의 『조선사회경제사』 (식민 사관의 정체성론 비판)

실증주의 사학   이병도·손진태 중심으로 진단 학회 조직1934, 〈진단 학보〉 발간

> *한국통사
> 일제의 침략 과정 서술. 나라는 형체(껍데기)이고 역사는 정신(민족 혼)임을 강조
>
> *한국독립운동지혈사
> 개항 이후부터 3·1 운동까지의 독립 투쟁 과정 정리
>
> *독사신론
> 민족주의 사관의 기초 마련

➤ 국어 연구

〈한글〉

한글 맞춤법 통일안

조선어 연구회 1921	조선어 학회 1931
• 가갸날 제정 1926 • 기관지 〈한글〉 간행	• 조직 : 조선어 연구회 계승, 이윤재·최현배 등의 주도 • 활동 : 한글 맞춤법 통일안·표준어 제정, 『우리말』 큰사전 편찬 시도 • 해산 : 조선어 학회 사건* 1942 – 최현배·이극로 등 조선어 학회 인사 투옥

➤ 문학과 예술 활동

문학   **1920년대**
- 신경향파 문학 : 사회주의 운동 영향 → 식민지 현실 고발, 계급 의식 고취, 카프(KAPF) 결성 1925 – 문학의 사회적 실천 강조
- 저항 문학 : 한용운의 『님의 침묵』 1926
- 소설 : 현진건의 『고향』 – 일제 강점기 농촌의 현실 묘사

    1930년대 이후   저항 시인 : 심훈의 '그날이 오면', 윤동주의 '서시', 이육사의 '광야'·'절정'

영화   나운규의 '아리랑'* 1926 : 단성사에서 개봉, 식민 지배를 받던 민족의 고통스러운 삶 표현

연극   토월회 1923 : 민중의 각성을 요구하는 공연(신극 운동)

> *조선어 학회 사건
> 일제가 조선어 학회 인사들이 독립운동을 전개한다며 치안 유지법 위반으로 구속한 사건
>
> *영화 '아리랑'
>
> 우리나라 최초의 영화 제작사가 설립된 이후 1926년에 개봉, 나라를 잃은 민중의 울분과 설움을 표현해 민족의식을 일깨움
>
> *사찰령
> 일제가 한국 불교를 억압하고 민족 정신을 말살하기 위하여 제정한 법령

➤ 종교 단체의 활동

불교   민족 불교의 자주성을 지키고자 일제의 통제에 맞서 저항 → 사찰령* 1911 폐지 운동 전개

천도교
- 어린이·여성 운동 전개 : 〈개벽〉, 〈어린이〉, 〈신여성〉 잡지 간행
- 만세보 발행

〈개벽〉 〈어린이〉 〈신여성〉

대종교
- 단군 숭배 사상을 통한 민족의식 고양
- 만주에서 중광단항일 무장 단체 조직 → 3·1 운동 직후 북로 군정서로 개편 → 청산리 대첩 승리

천주교   만주에서 의민단 조직 → 무장 투쟁 전개

개신교   1930년대 후반 이후 신사 참배 거부 운동 전개

원불교   박중빈 창시1916, 간척 사업 추진, 새생활 운동 전개

단어	문장	문제

516
박은식

독립 투쟁 과정을 정리한 한국독립운동지혈사를 저술하였다.   50, 47회 → 9회 이상

517
신채호

조선상고사에서 역사를 '아와 비아의 투쟁'으로 정의하였다.   37, 17회 → 3회 이상

518 ***
조선학 운동

정인보·안재홍 등은 민족의 얼을 강조하고, 여유당전서를 간행하였다.   48, 46회 → 16회 이상

519 **
백남운

유물 사관을 바탕으로 식민 사학을 반박하는 조선사회경제사를 저술하였다.   50, 48회 → 11회 이상

우리 조선의 역사적 발전의 전 과정은 … 외관상의 이른바 특수성이 다른 문화 민족의 역사적 발전 법칙과 구별될 만큼 독자적인 것은 아니며, 세계사적인 일원론적 역사 법칙에 의해 다른 여러 민족과 거의 같은 궤도의 발전 과정을 거쳐왔던 것이다.
- 『조선사회경제사』, 42회

520
이병도·손진태

진단 학회를 창립하고 진단 학보를 발행하였다.   48, 42회 → 9회 이상

521
조선어 연구회

가갸날을 제정하고 잡지 한글을 발행하였다.   46, 39회 → 6회 이상

522
조선어 학회

한글 맞춤법 통일안과 표준어를 제정하고 우리말 큰사전 편찬 사업을 추진하였다.   52, 50회 → 8회 이상

523
아리랑

나운규가 제작한 영화 아리랑이 개봉되었다.   53, 51회 → 10회 이상

524 *
천도교

개벽, 신여성, 어린이 등의 잡지를 발행하여 민족 의식을 고취하였다.   46, 45회 → 11회 이상

525
대종교

항일 단체인 중광단을 조직하여 무장 투쟁을 전개하였다.   52, 48회 → 10회 이상

526
천주교

만주에서 의민단을 조직하여 독립 전쟁을 전개하였다.   46, 42회 → 6회 이상

527
원불교

박중빈을 중심으로 간척 사업을 추진하고 새 생활 운동을 펼쳤다.   52, 48회 → 8회 이상

46회 40번

(가)~(마)에 들어갈 내용으로 옳은 것은?   [2점]

〈수행 평가 보고서〉

1. 주제 : 민족 문화 수호를 위한 노력
2. 내용 : 일제의 역사 왜곡과 동화(同化) 정책에 맞서 우리의 말과 역사를 지키고자 헌신한 인물들의 활동에 대하여 조사하였다.

인물	활동
신채호	(가)
백남운	(나)
정인보	(다)
이윤재	(라)
최현배	(마)

① (가) – 잡지 한글의 간행을 주도하였다.
② (나) – 한글 맞춤법 통일안 제정에 참여하였다.
③ (다) – 민족의 얼을 강조하고 조선학 운동을 추진하였다.
④ (라) – 애국심 고취를 위해 을지문덕전을 집필하였다.
⑤ (마) – 조선사회경제사에서 식민 사학의 정체성론을 반박하였다.
⑥ (가) – 고대사 연구를 바탕으로 조선상고사를 저술하였다.
⑦ (다) – 조선사 편수회를 세우고 조선사를 편찬하였다.
⑧ (마) – 한국통사를 저술해 민족주의 사학의 기초를 닦았다.

| 답인 이유 |

③ 정인보는 한국인의 얼을 강조하며 안재홍과 함께 정약용의 저서를 모은 『여유당전서』를 간행하는 등 민족의 주체성을 유지하려는 조선학 운동을 전개하였다. ⑥ 신채호는 '낭가 사상'을 강조하면서 고대사 연구에 주력하고 『조선상고사』, 『조선사연구초』 등을 저술하였다.

| 오답인 이유 |

① 조선어 연구회는 기관지인 〈한글〉을 발행하여 한글의 연구와 보급에 힘썼다.
② 조선어 학회는 한글 맞춤법 통일안과 표준어를 제정하였다.
④ 신채호는 『을지문덕전』, 『이순신전』 등 외적의 침략에 맞서 싸운 영웅들의 전기를 펴냈다.
⑤ 백남운은 『조선사회경제사』를 저술하여 일제가 왜곡한 식민 사학의 정체성론을 반박하였다.
⑦ 일제는 조선사 편수회를 설치하고, 우리 역사를 왜곡하여 정리한 『조선사』를 편찬하였다.
⑧ 박은식은 '국혼'을 강조하고 『한국통사』, 『한국독립운동지혈사』 등을 저술하였다.

답 ③, ⑥

건국 준비 활동

*조소앙
대한민국 임시 정부 국무
원 비서장 역임(1919), 한
국 독립당 결성(1930),
삼균주의 제창, 대한민국
임시 정부 외무부장

*삼균주의
정치·경제·교육 각 분
야의 균등을 통해 개인
민족, 국가의 균등을
이루자는 새로운 국가
건설의 이념

*보통 선거
일정한 나이가 되면 제
한 없이 모든 국민에게
선거권을 부여하는 제도

대한민국 임시 정부의 건국 준비

이동
- 🔑 상하이를 떠나 충칭에 정착 1940
  - 윤봉길 의거 이후 일제의 탄압이 심해지자 근거지를 옮김

임시 정부의 이동 경로

재정비
- ┌ 대한민국 임시 정부의 여당 역할
- 한국 국민당 김구·한국 독립당 조소앙*·조선 혁명당 지청천이 각각 자기 당을 해소한 후 김구를 중심으로 한국 독립당 재창설 1940 → 대한민국 임시 정부 주도
- 정부 형태 변화

주석 중심 지도 체제 김구, 1940
▼
주석*·부주석 지도 체제 김구·김규식, 1944

- '건국 강령' 발표 1941 : 조소앙의 삼균주의*에 기초하여 민주 공화정 수립, 보통 선거* 실시 등의 내용을 담고 있음

한국 광복군
- 대한민국 임시 정부 산하의 군대로 충칭에서 창설, 총사령관 지청천
- 김원봉을 중심으로 한 조선 의용대의 일부 세력 합류 1942 → 군사력 증강
  - ┌ 한국 광복군 부사령관으로 활약
- 대일 선전 포고 1941

인도·미얀마 전선에 파견된 한국 광복군

대일 선전 성명서
오인(吾人)은 삼천만 한인(韓人)과 정부를 대표하여 삼가 중, 영, 미, 화(和), 가(加), 호(濠) 기타 제국의 대일 선전이 일본을 격패시키고 동아를 재건하는 가장 유효한 수단이 됨을 축하하여 자(玆)에 특히 다음과 같이 성명하노라.
1. 한국 전체 인민은 현재 이미 반침략 전선에 참가하였으니 한 개의 전투 단위로서 추축국에 선전한다.
2. 1910년 합병 조약 및 일체 불평등 조약의 무효를 거듭 선포하며 아울러 반침략 국가의 한국에서의 기득 권익을 존중한다. …
- 26회

- 연합군의 일원으로 인도·미얀마 전선에 파견
- 🔑 국내 진공 작전 추진 : 미국 전략 정보국(OSS)과 협력, 국내 정진군 조직 → 일본의 갑작스런 패망으로 실현하지 못함
  - 장준하는 국내 진공 작전 준비

광복 직전의 건국 준비 활동

조선 독립 동맹 1942
- 중국 화북 지역 옌안에서 김두봉을 중심으로 한 사회주의 계열이 결성함
- 조선 의용대 일부 세력 합류

조선 의용군 1942
- 조선 독립 동맹 산하의 군사 조직 - 광복 후 일부는 북한 인민군으로 편입
- 조선 의용대 화북 지대를 개편하여 김두봉을 중심으로 옌안에서 조직
- 중국 공산당의 팔로군과 함께 대일 항전을 벌여 반소탕전 등에서 활약

조선 건국 동맹 1944
- 결성 : 일제의 패망과 광복에 대비하여 국내에서 여운형·안재홍 등을 중심으로 좌·우익이 주도하여 비밀리에 조직
- 건국 강령 : 일본 제국주의 축출, 민주주의 국가 건설 등 추구
- 활동 : 각 도에 조직망 구축, 군사 위원회 설치
  → 광복 직후 조선 건국 준비 위원회로 확대

| 단어 | 문장 | 문제 |

528 ★★★
충칭 시기의 대한민국 임시 정부

- 새로운 국가 건설의 이념으로 삼균주의를 제창하여 정치·경제·교육의 균등을 강조하였다.
  45, 37회 ⋯ 3회 이상

- 삼균주의를 기초로 하는 건국 강령을 발표하였다.
  51, 48회 ⋯ 13회 이상

> **제3장 건국 2절**
> 정치와 경제와 교육의 민주적 시설로 실제상 균형을 도모하며, 전국의 토지와 대생산 기관의 국유가 완성되고, 전국 학령 아동의 전수(全數)가 고급 교육의 면비 수학(免費修學)이 완성되고, 보통 선거 제도가 구속없이 완전히 실시되어 … 극빈 계급의 물질과 정신상 생활 정도와 문화 수준이 제고 보장되는 과정을 건국의 제2기라 함. 24회

- 산하의 군대로 지청천을 총사령관으로 하는 한국 광복군이 창설되었다.
  53, 50회 ⋯ 10회 이상

- 대일 선전 성명서를 공표하였다.
  50, 26회 ⋯ 3회 이상

529 ★★
한국 광복군

- 조선 의용대 일부가 합류하면서 군사력이 증강되었다.
  25, 19회 ⋯ 2회 이상

- 김원봉이 한국 광복군 부사령관으로 활약하였다.
  45회 ⋯ 1회 이상

- 연합군의 일원(영국군의 요청)으로 인도·미얀마 전선에 파견되었다.
  51, 47회 ⋯ 8회 이상

- 미국 전략 정보국(OSS)의 지원을 받아 국내 정진군을 조직해 국내 진공 작전을 추진하였다.
  53, 52회 ⋯ 14회 이상

530
조선 독립 동맹

- 옌안에서 결성하여 대일 항전을 준비하였다.
  52 48회 ⋯ 3회 이상

531
조선 의용군

- 중국 팔로군에 편제되어 항일 전선에 참여하였다.
  51회 ⋯ 1회 이상

532 ★
조선 건국 동맹

- 국내에서는 일제의 패망과 광복에 대비하여 조선 건국 동맹이 결성되었다.
  50, 49회 ⋯ 7회 이상

50회 45번

(가) 인물의 활동으로 옳은 것은? [2점]

> 이 문서는 (가) 이/가 마련한 대한민국 임시 정부 건국 강령 초안이다. 건국 강령은 민족 운동의 방향과 광복 후 국가 건설의 지향을 담은 것으로 대한민국 임시 정부 임시 헌장의 이론적 기초가 되었다. 이 초안에는 (가) 이/가 고심하여 수정한 흔적이 그대로 남아 있어 역사적 가치가 높다.

① 대성 학교를 세우고 흥사단을 창립하였다.
② 대한 광복회를 조직하여 친일파를 처단하였다.
③ 조선 혁명 간부 학교를 세워 독립군을 양성하였다.
④ 삼균주의를 제창해 정치·경제·교육의 균등을 강조하였다.
⑤ 조선사회경제사에서 식민주의 사학의 정체성 이론을 반박하였다.
⑥ 한국 광복군 부사령관으로 활약하였다.
⑦ 일제의 패망과 광복에 대비하여 조선 건국 동맹을 결성하였다.

| 답인 이유 |

단서 대한민국 임시 정부 건국 강령

(가) 인물은 조소앙이다. ④ 조소앙은 정치·경제·교육의 균등을 추구하는 삼균주의를 이론적 틀로 삼아 대한민국 건국 강령을 작성하였다. 민주 공화정 수립, 토지와 주요 산업의 국유화, 보통 선거 실시 등의 내용을 담고 있다.

| 오답인 이유 |

① 안창호는 애국 계몽 운동의 일환으로 1908년 대성 학교를 설립하였고, 1913년에는 미국 샌프란시스코에 독립운동 단체인 흥사단을 창립하였다.
② 박상진은 1910년대 국내에서 비밀 조직으로 활동한 대한 광복회의 총사령으로 친일파를 처단하는 데 앞장섰다.
③ 김원봉은 1932년 난징에 조선 혁명 간부 학교를 설립하여 독립군을 양성하였다.
⑤ 백남운은 사회 경제 사학을 연구하고, 『조선사회경제사』를 저술하여 식민주의 사학의 정체성 이론을 반박하였다.
⑥ 김원봉은 항일 투쟁의 결집을 위해 조선 의용대의 일부를 이끌고 한국 광복군에 합류하였으며, 이후 부사령관으로 활동하였다.
⑦ 여운형과 안재홍 등은 1944년 국내에서 비밀리에 조선 건국 동맹을 결성하고 전국 10개 도에 지방 조직을 갖추었다.

답 ④

8 현대

10.0%

단원별
출제 비중

● BEST 기출 단어 16~53회, 기출 DATA 분석

1위 ***	2위 **	3위 *
좌우 합작 운동 ⋯ 15회 이상	**남북 협상** ⋯ 11회 이상	**미소 공동 위원회** ⋯ 9회 이상
농지 개혁법 ⋯ 18회 이상	**반민족 행위 처벌법** ⋯ 13회 이상	**5·10 총선거** ⋯ 11회 이상
장면 내각 ⋯ 29회 이상	**4·19 혁명** ⋯ 27회 이상	**이승만 정부** ⋯ 22회 이상
한일 국교 정상화 ⋯ 17회 이상	**유신 반대 운동** ⋯ 15회 이상	**박정희 정부** ⋯ 14회 이상
6월 민주 항쟁 ⋯ 35회 이상	**5·18 민주화 운동** ⋯ 25회 이상	**전두환 정부** ⋯ 19회 이상
김영삼 정부 시기의 경제 ⋯ 33회 이상	**박정희 정부 시기의 경제** ⋯ 31회 이상	**노무현 정부 시기의 경제** ⋯ 20회 이상
노태우 정부의 통일 노력 ⋯ 41회 이상	**박정희 정부의 통일 노력** ⋯ 31회 이상	**김대중 정부의 통일 노력** ⋯ 25회 이상

통일 정부 수립을 위한 노력

*군정
군대의 사령관이 입법권과 행정권을 행사하는 임시 행정 형태

*귀속 재산
미군정이 몰수한 일제 강점기 일본인 소유의 농지, 주택, 기업 등의 재산

*신한공사
미군정의 법령에 의하여 일제의 귀속 재산을 소유 및 관리하기 위해 설립된 회사

*여운형과 안재홍 좌측부터

중도 좌파와 중도 우파를 각각 이끌며 조선 건국 준비 위원회를 주도했으나 좌익이 건준의 주도권을 장악하자 안재홍 등 우익이 탈퇴함

*신탁 통치
국제 연합의 감시 아래 특정한 나라에 대하여 다른 나라가 대신 통치하는 방식

국제 사회의 한국 독립 약속

카이로 회담 1943. 11 　한국을 적당한 시기에 독립시키기로 결의, 국제적으로 한국의 독립을 처음 보장 ★

얄타 회담 1945. 2 　소련의 태평양 전쟁 참전 결정

포츠담 선언 1945. 7 　독일 항복 후 전후 처리 문제를 협의하기 위해 개최 → 한국 독립 약속을 재확인
└ 미국·영국·중국·소련은 일본에 무조건 항복 요구

8·15 광복 이후의 상황

한반도 분할 　38도선의 남쪽에는 미군, 북쪽에는 소련군이 주둔 → 군정* 실시(국토 분단)

미군정*
• 미국의 6-3-3 학제 도입
• 귀속 재산* 처리를 위해 신한공사 설립

조선 건국 준비 위원회 1945. 8
• 결성 : 여운형 중도 좌파·안재홍* 중도 우파 주도, 조선 건국 동맹 세력을 바탕으로 조직
• 활동 : 전국에 지부 설치, 치안대 조직, └ 질서 유지 활동 전개
　　　　조선 인민 공화국을 수립하고 각 지역에 인민 위원회 조직

모스크바 삼국 외상 회의 1945. 12 미국·영국·소련
• 한국에 임시 민주 정부 수립, 미소 공동 위원회 설치를 결정함
• 최대 5년간 4개국 미국·영국·중국·소련의 신탁 통치* 실시를 결정함
• 우익(김구·이승만)은 신탁 통치 반대 운동 전개, 좌익은 초기에 신탁 통치를 반대하다가 총체적 지지로 입장 선회
꼭 소련의 지령을 받고 국내의 공산주의 세력이 입장을 바꿈
→ 좌·우익 세력의 대립 심화

통일 정부 수립을 위한 노력

제1차 미소 공동 위원회 1946. 3
왜 임시 정부 수립 협의에 참여할 단체를 놓고 대립 → 결렬 후 무기한 휴회
• 소련은 외상 회의 결정을 지지하는 단체로 한정할 것을, 미국은 모든 단체를 참여시켜야 한다고 주장

이승만의 정읍 발언 1946. 6
이제 무기 휴회된 공위가 재개될 기색도 보이지 않으며 통일 정부를 고대하나 여의케 되지 않으니, 우리는 남방만이라도 임시 정부 혹은 위원회 같은 것을 조직하여 38 이북에서 소련이 철퇴하도록 세계 공론에 호소하여야 될 것이다. - 33·19회
└ 남한만의 단독 정부 수립 주장

좌우 합작 운동 1946~1947
• 주도 : 김규식 중도 우파·여운형 중도 좌파 등의 주도로 좌우 합작 위원회 조직 → 미군정 지원
• 활동 : 좌우 합작 7원칙 발표 1946. 10 → 토지 개혁 실시, 친일파 처리 등
• 결과 : 여운형 피살, 미군정의 지원 철회 등으로 실패

유엔의 단독 선거 결정 1948. 2
제2차 미소 공동 위원회 결렬 1947. 5 → 유엔 총회에서 인구 비례에 의한 남북 총선거 실시 결의 → 선거 감시를 위한 유엔 한국 임시 위원단 파견 → 소련의 유엔 한국 임시 위원단 입북 거부 → 유엔 소총회에서 남한만의 단독 선거 실시 결정 1948. 2

남북 협상 1948. 4
• 김구와 김규식의 방북 : 남북 협상을 통한 통일 정부 수립 노력
└ '3천만 동포에게 읍고함'이라는 글을 발표하여 통일 정부의 필요성 역설
• 평양에서 남북 지도자 회의 개최 → 전조선 정당 사회단체 지도자 협의회 성명 발표
→ 성과 없이 끝남

| 단어 | 문장 | 문제 |

533
미군정

- 미국에서 시행되고 있던 6·3·3 학제가 처음 도입되었다.   48, 18회 ⋯ 2회 이상

- 귀속 재산 처리를 위해 신한공사가 설립되었다.   53, 52회 ⋯ 2회 이상

534
조선 건국 준비 위원회

여운형, 안재홍 등 조선 건국 동맹 세력을 바탕으로 조직되었다.   48, 44회 ⋯ 6회 이상

535
모스크바 삼국 외상 회의

미국·영국·소련의 수뇌가 모스크바에 모여 한국 독립에 대해 논의하였다.   51, 43회 ⋯ 7회 이상

536 ★
미소 공동 위원회

두 차례 개최되었지만 모두 결렬되었다.   52, 51회 ⋯ 9회 이상

537
정읍 발언

남한만의 단독 정부 수립을 주장한 정읍 발언이 제기되었다.   48, 44회 ⋯ 7회 이상

538 ★★★
좌우 합작 운동

- 여운형, 김규식 등이 좌우 합작 위원회를 구성하여 좌우 합작 운동을 전개하였다.   38, 37회 ⋯ 8회 이상

- 토지 개혁 실시를 포함한 좌우 합작 7원칙을 발표하였다.   51, 49회 ⋯ 7회 이상

본 위원회는 합작 원칙에 합의하여 다음 사항을 알립니다. 첫째, 모스크바 삼국 외상 회의 결정에 의하여 좌우 합작으로 민주주의 임시 정부를 수립할 것 … 셋째, 토지 개혁에 있어 몰수, 유조건 몰수, 체감 매상 등으로 토지를 농민에게 무상으로 분여할 것 …   37회

539
유엔의 단독 선거 결정

- 유엔 소총회에서 인구 비례에 의한 남북 총선거가 의결되었다.   51, 48회 ⋯ 3회 이상

- 유엔 한국 임시 위원단이 설치되어 방한하였다.   49, 30회 ⋯ 3회 이상

540 ★★
남북 협상

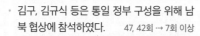

- 김구, 김규식 등은 통일 정부 구성을 위해 남북 협상에 참석하였다.   47, 42회 ⋯ 7회 이상

- 전조선 정당 사회 단체 지도자 협의회가 성명서를 발표하였다.   44, 41회 ⋯ 4회 이상

43회 46번

(가), (나) 사이의 시기에 있었던 사실로 옳은 것은?   **[2점]**

> (가) 이제 우리는 무기 휴회된 공위가 재개될 기색도 보이지 않으며 통일 정부를 고대하나 여의치 않게 되었으니, 우리는 남방만이라도 임시 정부 혹은 위원회 같은 것을 조직하여 38도선 이북에서 소련이 철퇴하도록 세계 공론에 호소하여야 될 것이다.
>
> (나) 귀국한 이래 3년이 지난 오늘까지 온갖 잡음을 물리치고 남북 통일과 독립을 이루고자 나머지 목숨을 38도선에 내놓은 김구의 얼굴에 이제 아무런 의혹의 티가 없었다. … 이윽고 김구를 태운 자동차는 38도선을 넘어 멀리 평양을 향하여 성원 속에 사라졌다.

① 좌우 합작 7원칙이 발표되었다.
② 조선 건국 준비 위원회가 결성되었다.
③ 모스크바 삼국 외상 회의가 개최되었다.
④ 반민족 행위 특별 조사 위원회가 구성되었다.
⑤ 유상 매수·유상 분배 원칙의 농지 개혁법이 제정되었다.
⑥ 유엔 한국 임시 위원단이 설치되어 방한하였다.
⑦ 조선 인민 공화국을 수립하고 전국 각지에 인민 위원회를 조직하였다.

| 답인 이유 |

단서 남방만이라도 임시 정부, 김구, 38도선을 넘어 멀리 평양

(가)는 1946년 6월, 남한만의 단독 정부 수립을 주장하며 이승만이 발표한 정읍 발언이다. (나)는 통일 정부 수립을 위해 1948년 4월에 김구와 김규식이 참가한 남북 협상에 관한 것이다. ① 좌우 합작 위원회는 1946년 10월에 좌우 합작 7원칙을 발표하였다. ⑥ 유엔 한국 임시 위원단은 1948년 1월에 방한하였다.

| 오답인 이유 |

② 1945년 8월 15일 광복 직후 여운형은 안재홍 등과 함께 조선 건국 준비 위원회를 결성하고 치안대를 조직하였다.
③ 1945년 12월 미국·소련·영국의 외상들은 모스크바에서 회의를 개최하고 한반도 문제를 논의하였다(모스크바 삼국 외상 회의).
④ 1948년 9월 반민족 행위 처벌법에 근거하여 반민족 행위 특별 조사 위원회가 구성되었다.
⑤ 1949년 제헌 국회는 유상 매수·유상 분배를 내용으로 하는 농지 개혁법을 제정하였다.
⑦ 1945년 9월 초 조선 건국 준비 위원회는 미군이 진주하였을 때 대등한 입장에서 교섭하기 위해 조선 인민 공화국의 성립을 선포하고, 각 지부를 인민 위원회로 전환하였다.

답 ①, ⑥

대한민국 정부 수립

정부 수립을 둘러싼 갈등

제주 4·3 사건
1948

좌익 세력과 일부 주민들이 남한만의 단독 선거에 반대하여 무장 봉기를 일으킴
→ 미군정의 진압으로 수많은 민간인들이 희생됨
└ 제주 4·3 사건 진상 규명 및 희생자 명예 회복에 관한 특별법 제정(2000)

여수·순천 10·19사건
1948

제주 4·3 사건을 진압하기 위해 여수·순천에 주둔한 군대에 출동 명령을 내림
→ 군대 내 좌익 세력이 봉기하여 여수·순천 지역 점령 → 이승만 정부의 진압

대한민국 정부 수립

5·10 총선거
1948. 5. 10

• 우리나라 최초의 보통 선거 ─ 여성의 선거권과 피선거권 인정
• 제헌 국회 구성 : 국회 의원(임기 2년) 선출, 농지 개혁법·반민족 행위 처벌법 제정
• 김구·김규식 등 남북 협상 세력과 좌익 세력 불참

대한 독립 촉성 농민 총연맹 [이승만 계열] 2석
대한 독립 촉성 노동 총연맹 [이승만 계열] 1석
대동 청년단 [이청천(지청천)] 계열] 12석
대한 독립 촉성 국민회 [이승만 계열] 55석
조선 민족 청년단 [이범석 계열] 6석
한국 민주당 29석
기타 10석
무소속 85석
총 의석 수 200

• 2석은 1949년에 채워짐 ─ 제주도 일부 지역에서 선거 무효 처리

제헌 국회 의석 비율

제헌 헌법 공포
1948. 7. 17

• 삼권 분립, 4년 임기의 대통령 중심제 채택 ┐
• 국회의 간접 선거로 정·부통령 선출 ┘ 대통령 중심제에 내각 책임제 요소 가미, 단원제 국회

제1조 대한민국은 민주 공화국이다.
제53조 대통령과 부통령은 국회에서 무기명 투표로써 각각 선거한다.
제55조 대통령과 부통령의 임기는 4년으로 한다. 단 재선에 의하여 1차 중임할 수 있다. - 28회

대한민국 정부 수립
1948. 8. 15

• 대통령에 이승만, 부통령에 이시영 선출 → 대한민국 정부 수립 선포
• 유엔 총회에서 대한민국을 한반도의 유일한 합법 정부로 승인 1948. 12

제헌 국회의 활동

반민족 행위 처벌법 1948. 9

• 일제 강점기의 반민족 행위친일파 처벌 및 재산 몰수
• 반민족 행위 특별 조사 위원회(반민특위) 구성
• 실패 : 이승만 정부의 소극적 태도, 친일파의 방해(국회 프락치 사건*, 반민특위 습격 등), 법안 개정으로 반민특위 활동 기간 단축
• 반민특위 해체 1949 : 친일파 청산 노력 좌절

김연수 경성 방직 주식회사 사장, 국방 헌금을 한납하였으며 국민정신 총동원 조선 연맹 이사를 역임

최린 민족 대표 33인 중 한 명이었으니 이후 변절하여 자치론 주장

반민특위로 끌려가는 친일파

농지 개혁법
1949. 6

내용	• 유상 매수·유상 분배* 원칙 ─ 북한은 무상 몰수·무상 분배 • 1가구 당 3정보* 이내로 토지 소유 제한, 그 이상의 토지는 지가 증권을 발급해 정부가 매입
성과	• 경자유전*의 원칙에 따라 식민지 지주·소작제 소멸의 계기 • 농민 중심의 토지 소유 실현 → 자작농 증가이승만 정부의 주요 지지 세력이 됨
한계	• 농지가 아닌 토지는 개혁 대상에서 제외 • 반민족 행위자의 토지 몰수는 이루어지지 않음 • 지주들이 미리 토지 처분, 유상 분배에 따른 부담으로 농민이 토지를 되팔고 다시 소작농이 되기도 함 → 농지 개혁 지연 • 지주들을 산업 자본가로 전환시키고자 함 → 6·25 전쟁으로 개혁이 중단되면서 지가 증권을 현금으로 바꾸지 못하게 되어 지주 계급의 자본가 전환 미흡

귀속 재산 처리법 1949. 12

• 일제가 남긴 재산을 처리하기 위하여 제정
• 일본인 소유의 공장과 주택 등을 민간인에게 저렴한 가격으로 불하*

*국회 프락치 사건
반민특위 소속의 국회 의원들 중 일부가 공산당과 접촉하였다는 이유로 구속된 사건

*유상 매수·유상 분배
지주가 일정한 대가를 받고 토지를 국가에 팔고, 그 토지를 국가가 농민에게 대가를 받고 분배하는 방식

*정보
3,000평의 토지

*경자유전
농사를 직접 짓는 사람이 토지를 소유해야 한다는 주장

*불하
국가 또는 공공 단체의 재산을 개인에게 팔아 넘기는 일

541
제주 4·3 사건

- 제주 4·3 사건으로 많은 주민이 희생되었다.
  50, 35회 ⋯ 2회 이상

- 제주 4·3 사건 이후 희생자들의 명예 회복을 위해 특별법이 제정되었다.
  53, 37회 ⋯ 2회 이상

542 ★
5·10 총선거

- 우리나라 최초의 보통 선거로, 38도선 이남 지역에서만 실시되었다.
  47, 45회 ⋯ 9회 이상

- 제헌 국회를 구성하기 위한 선거로, 2년 임기의 국회 의원이 선출되었다.
  46, 38회 ⋯ 2회 이상

543
제헌 헌법

- 대통령을 행정부 수반으로 규정한 헌법으로 제헌 국회에서 제정하였다.
  50, 33회 ⋯ 2회 이상

- 국회에서 간접 선거 방식으로 대통령을 선출하였다.
  34, 30회 ⋯ 3회 이상

544 ★★
반민족 행위 처벌법

- 제헌 국회에서 반민족 행위 처벌법이 제정되었다.
  35, 26회 ⋯ 5회 이상

- 친일파 청산을 위한 반민족 행위 특별 조사 위원회가 설치되었다.
  52, 49회 ⋯ 6회 이상

- 이승만 정부 때 반민특위를 이끌던 국회 의원들에게 간첩 혐의를 씌워 체포하였다.
  53, 20회 ⋯ 2회 이상

> **반민족 행위 처벌법**
> 제1조 일본 정부와 통모하여 한일 합병에 적극 협력한 자, 한국의 주권을 침해하는 조약 또는 문서에 조인한 자와 모의한 자는 사형 또는 무기 징역에 처하고 그 재산과 유산의 전부 혹은 2분의 1 이상을 몰수한다. 33회

545 ★★★
농지 개혁법

- 유상 매수·유상 분배(경자유진) 원칙의 농지 개혁법을 제정하였다.
  48, 45회 ⋯ 15회 이상

- 지주는 농지 개혁으로 지가 증권을 발급받았다.
  22회 ⋯ 1회 이상

- 지주들을 산업 자본가로 전환시키고자 하였다.
  27, 17회 ⋯ 2회 이상

546
귀속 재산 처리법

- 이승만 정부 때 일제가 남긴 재산 처리를 하여 처음으로 제정되었다.
  51, 44회 ⋯ 6회 이상

42회 45번
밑줄 그은 '국회'에 대한 설명으로 옳은 것은? [2점]

> 지난 5·10 총선을 통해 구성된 국회가 반민족 행위자를 처벌할 수 있는 법안을 통과시켰습니다. 이 법의 적용을 받는 자는 한일 합방에 협력한 자, 한국의 주권을 침해하는 데 도움을 준 자, 일본 치하 독립 운동자나 그 가족을 살상·박해한 자 등입니다. 아울러 반민족 행위를 예비 조사하기 위해 특별 조사 위원회를 설치하기로 했습니다.

① 민의원, 참의원의 양원으로 운영되었다.
② 한미 자유 무역 협정(FTA)을 비준하였다.
③ 초대 대통령에 한해 중임 제한을 철폐하였다.
④ 유상 매수·유상 분배 원칙의 농지 개혁법을 제정하였다.
⑤ 의원 정수 3분의 1이 통일 주체 국민 회의에서 선출되었다.
⑥ 귀속 재산 처리법을 제정하였다.
⑦ 2년 임기의 국회 의원으로 구성되었다.
⑧ 간접 선거 방식으로 대통령을 선출하였다.

| 답인 이유 |

단서 5·10 총선, 반민족 행위자를 처벌할 수 있는 법안, 특별 조사 위원회

밑줄 그은 '국회'는 1948년 5·10 총선거로 구성된 제헌 국회이다. ④ 제헌 국회에서는 1949년 유상 매수·유상 분배를 내용으로 하는 농지 개혁법을 제정하였다. ⑥ 이승만 정부는 미군정으로부터 넘겨받은 귀속 재산을 처리할 목적으로 귀속 재산 처리법을 제정하였다. 민간인들에게 실제 가치보다 싼 가격에 불하되어 재벌이 형성되는 배경이 되기도 하였다. ⑦ 제헌 국회의 국회 의원 임기는 2년이었다. ⑧ 제헌 국회는 나라 이름을 '대한민국'으로 정하고 제헌 헌법을 제정하여 선포하였다. 제헌 헌법은 삼권 분립과 대통령 중심제를 채택하였고, 대통령을 국회에서 선출하는 간접 선거의 요소를 담고 있다.

| 오답인 이유 |

① 4·19 혁명 이후 1960년 7·29 총선으로 구성된 국회는 민의원 233석, 참의원 58석으로 구성된 양원제 국회였다.
② 한미 자유 무역 협정(FTA)은 노무현 정부 때인 2011년에 비준안이 가결되었다.
③ 초대 대통령에 한해 중임 제한을 철폐한 사사오입 개헌은 1954년 제3대 국회에서 통과되었다.
⑤ 1972년에 공포된 유신 헌법에서는 국회 의원 정수의 3분의 1이 통일 주체 국민 회의에서 선출되었다.

답 ④, ⑥, ⑦, ⑧

6·25 전쟁, 이승만 정부와 장면 내각

*애치슨 선언
미국의 국무장관 애치
슨이 미국의 극동 방위
선에서 한반도와 대만
(타이완)을 제외한다는
내용을 발표해 6·25
전쟁에 영향을 줌

*6·25 전쟁의 전개

국군 최후 방어선

▼

국군과 유엔군
최대 북진선

▼

중국군 최대 남침선

▼

휴전선

*국가 보안법
국가의 안전을 위태롭게
하는 반국가 활동을 규
제할 목적으로 1948년
에 제정한 법률

6·25 전쟁

전개*

	한강 인도교 폭파		낙동강 유역까지 후퇴
애치슨 선언* 발표	북한의 남침 1950. 6. 25	서울 함락 1950. 6. 28	인천 상륙 작전 1950. 9. 15
9·28 서울 수복 1950. 9. 28	중국군 참전 1950. 10. 25	국군과 유엔군 압록강까지 진격	흥남 철수 작전 1950. 12
서울 재함락(1·4 후퇴) 1951. 1. 4	38도선 부근에서 전선 고착화	소련이 유엔에 정전 회담 제의	포로 송환 문제로 정전 협상 지연
이승만 정부의 반공 포로 석방	정전 협정 체결 – 판문점에서 조인 1953. 7. 27		

결과
군사 분계선휴전선 확정, 비무장 지대 설정, 한미 상호 방위 조약 체결1953. 10

이승만 정부

발췌 개헌
1952, 제1차 개헌
- 1950년 제2대 국회 의원 선거에서 정부에 비판적인 성향의 의원 대거 당선 → 국회 내 이승만 지지 세력 감소
- 자유당 창당, 임시 수도 부산 일대에 계엄령 선포 → 야당 국회 의원 연행 → 헌법 개정안 상정 → 국회 토론 없이 표결에 부쳐 통과시킴 – 6·25 전쟁 중 임시 수도 부산에서 개헌
- 내용 : 대통령 직선제, 국회 양원제 등 → 제2대 대통령 선거1952에서 이승만 당선
  └자유당의 정권 연장을 목적으로 통과된 개헌안

사사오입 개헌
1954, 제2차 개헌
- 헌법 개정안 상정 → 정족수에 1표가 부족하여 부결되었으나 자유당이 사사오입 논리를 이용해 통과시킴 → 초대 대통령의 중임 제한 철폐 – 호헌 동지회 결성 이후 개정
- 결과 : 제3대 대통령 선거1956에서 대통령에 이승만, 부통령에 장면 당선 – 민주당의 신익희 후보는 선거 도중 사망

독재 체제 강화
- 진보당 사건1958. 1 : 제3대 대통령 선거에서 무소속 조봉암의 활약 → 평화 통일론북한의 통일 방안을 주장했다는 혐의로 조봉암 처형1959 – 이후 2011년 52년만에 무죄를 선고함
  └진보당 창당
- 보안법 파동1958. 12 : 국가 보안법* 개정안을 여당인 자유당이 단독으로 통과시킴
- 경향신문 폐간1959 : 정부에 비판적이던 언론에 대한 통제

4·19 혁명 1960. 4

배경
- 2·28 민주 운동 : 자유당이 민주당 '장면' 후보의 선거 유세장에 못 가게 하자 이에 항의하며 대구의 학생들이 벌인 시위
- 3·15 부정 선거 : 제4대 대선에서 자유당 부통령 후보 '이기붕'의 당선을 위해 부정 행위 자행

전개
부정 선거 규탄 시위, 마산에서 김주열 사망 → 시위 확산, 시위 중 경찰 총격으로 많은 사상자 발생 → 대학 교수들의 시위 행진1960. 4. 25 → 이승만 하야 발표

투표 용지를 태우는 모습

3·15 마산 의거

4·18 고대 학생 의거

서울 시내 교수단 시위

이승만 하야

결과
허정 과도 정부 수립 : 내각 책임제, 양원제 국회(민의원·참의원)로 개헌제3차 개헌

장면 내각 1960~1961

수립
- 제3차 개헌에 따라 실시한 제5대 총선거에서 민주당 압승
- 내각 책임제에 따라 국회에서 윤보선이 대통령으로 선출되고, 장면을 국무총리로 하는 장면 내각 성립

활동
- 경제 제일주의에 따라 경제 개발 5개년 계획안 처음 마련, 지방 자치제 실시
  └추진되지는 못함 └전면 실시는 아님
- 제4차 개헌1960 : 부정 선거 관련자의 처벌 근거 마련

547
6·25 전쟁

- 미국의 극동 방위선을 조정한 애치슨 선언이 영향을 주었다.   51, 42회 ⟶ 2회 이상

한강 인도교 폭파   인천 상륙 작전   9·28 서울 수복

중국군 참전   1·4 후퇴   휴전 협정 조인

- 이승만 정부가 반공 포로를 석방하였다.   35, 24회 ⟶ 2회 이상
- 판문점에서 정전 협정이 조인되었다.   50, 24회 ⟶ 2회 이상
- 미국과 한미 상호 방위 조약을 체결하였다.   51, 50회 ⟶ 6회 이상

548 ★
이승만 정부

- 발췌 개헌은 임시 수도인 부산에서 계엄하에 공포되어 통과되었다.   51, 50회 ⟶ 8회 이상
- 개헌 당시의 대통령에 한해 중임 제한을 철폐하였다.   45, 42회 ⟶ 9회 이상
- 평화 통일론을 주장한 진보당의 조봉암을 제거하였다.   53, 45회 ⟶ 5회 이상

549 ★★
4·19 혁명

- 여당의 부통령 후보 당선을 위해 3·15 부정 선거를 자행하였다.   53, 47회 ⟶ 5회 이상
- 3·15 부정 선거에 항의하는 시위가 전개되었다.   45, 44회 ⟶ 7회 이상
- 대학 교수단이 대통령 퇴진을 요구하며 시위 행진을 벌였다.   50, 48회 ⟶ 6회 이상
- 국민들의 요구에 굴복하여 대통령이 하야하는 결과를 가져왔다.   35, 32회 ⟶ 2회 이상
- 장면 내각이 출범하는 계기가 되었다.   51, 45회 ⟶ 7회 이상

550 ★★★
장면 내각

[4·19 혁명 이후]

- 허정을 수반으로 하는 허정 과도 정부가 수립되었다.   53, 52회 ⟶ 10회 이상
- 대통령 중심제에서 의원 내각제(내각 책임제)로 바뀌었다.   48, 47회 ⟶ 10회 이상
- 민의원과 참의원의 양원제 국회가 출범하였다.   53, 52회 ⟶ 9회 이상

50회 49번

(가) 민주화 운동에 대한 설명으로 옳은 것은?   [2점]

이것은 대전 지역의 고등학생들이 장면 부통령 후보 유세를 기회로 삼아 시작한 3·8 민주 의거를 기리는 탑입니다. 3·8 민주 의거는 대구의 2·28 민주 운동, 마산의 3·15 의거와 더불어 [(가)] 이/가 전국적으로 확산되는 계기가 되었습니다.

① 한일 국교 정상화에 반대하여 일어났다.
② 호헌 철폐와 독재 타도 등의 구호를 내세웠다.
③ 대학 교수단이 대통령 퇴진을 요구하며 시위 행진을 벌였다.
④ 3·1 민주 구국 선언을 통해 긴급 조치 철폐 등을 요구하였다.
⑤ 5년 단임의 대통령 직선제 개헌이 이루어지는 계기가 되었다.
⑥ 대통령 중심제에서 의원 내각제로 바뀌는 계기가 되었다.
⑦ 국민들의 요구에 굴복하여 대통령이 하야하는 결과를 가져왔다.

| 답인 이유 |

단서 장면 부통령 후보 유세, 2·28 민주 운동, 3·15 의거

(가)는 1960년에 일어난 4·19 혁명이다. 자유당은 부통령에 이기붕을 당선시키기 위해 3·15 부정 선거를 자행하였다. 이에 마산에서 항의 시위가 전개되었고, 시위에 참가했던 김주열 학생의 시신이 발견되면서 시위가 거세졌다. ③ 4월 25일에는 대학 교수단이 학생의 피에 보답하라는 구호를 내세우며 시위 행진을 벌였다. ⑦ 4·19 혁명으로 국민들의 요구에 굴복한 이승만은 4월 26일에 대통령직에서 물러났다. ⑥ 4·19 혁명 이후 개헌을 통해 대통령 중심제 대신 의원 내각제와 양원제를 핵심으로 하는 개헌안이 국회를 통과하였다.

| 오답인 이유 |

① 1964년 굴욕적인 한일 국교 정상화에 반대하며 시위가 확대되었고 6월 3일에는 절정에 달하였다.
② 1987년에 전개된 6월 민주 항쟁에서는 '호헌 철폐'와 '독재 타도' 등의 구호를 외쳤다.
④ 1976년 재야 인사들은 긴급 조치 철폐와 박정희 정권 퇴진을 주장하는 3·1 민주 구국 선언을 발표하였다.
⑤ 1987년 6월 민주 항쟁의 결과 5년 단임의 대통령 직선제 개헌안이 국회를 통과하였다.

답 ③, ⑥, ⑦

*국가 재건 최고 회의
5·16 군사 정변 당시의 군사 혁명 위원회가 이름을 고친 것, 군정을 실시하는 동안 초헌법적인 최고 통치 기구의 역할을 함

*중앙정보부
1961년 국가 안전 보장을 명분으로 국가 재건 최고 회의 산하에 설치된 정보·수사 기관으로 박정희의 정권 창출과 권력 유지에 활용됨, 이후 국가 안전 기획부를 거쳐 현재 국가 정보원으로 개편됨

*브라운 각서
미국이 한국군의 현대화, 한국 기업의 베트남 진출 지원, 산업화에 필요한 기술과 차관 제공 등을 약속함

*혼·분식 장려 운동
재건 국민 운동 본부를 중심으로 쌀 소비를 줄이기 위해 시행한 정부 주도의 식생활 개선 운동

*국민 교육 헌장
교육의 기본 지표를 밝힘

*가정 의례 준칙
허례허식을 없애기 위해 제정한 법령

*긴급 조치권
대통령의 행정 명령만으로 헌법상 국민의 자유와 권리를 제약할 수 있는 초헌법적인 권한

5·16 군사 정변 1961

정권 장악	•박정희를 중심으로 일부 군인들이 정변을 일으킴 → 장면 내각 붕괴 •군사 혁명 위원회 조직 : 반공을 국시로 내건 '혁명 공약' 발표
군사 정부	•국가 재건 최고 회의*를 중심으로 군정 실시, 중앙정보부* 설치 •제5차 개헌 : 대통령 직선제·국회 단원제를 골자로 하는 헌법 개정 1962 → 대통령에 박정희 당선 1962 → 반공·경제 재건 강조

박정희 정부

왜 한일 국교 정상화 · 경제 개발 1965 자금 확보 필요	김종필·오히라 비밀 회담 추진 1962 → 6·3 시위 1964, 굴욕적인 한일 국교 정상화에 반대, 정권 퇴진 요구 → 정부의 비상 계엄령 선포 → 한일 협정 체결(식민 지배 사과와 배상 문제 미해결) 1965
베트남 파병 1964~1973	미국의 요청으로 파병 시작, 브라운 각서* 체결 1966 → 파병에 따른 특수로 경기 활성화
노동자 해외 파견	한·독 정부의 협정에 따라 서독에 광부, 간호사 파견 → 외화 획득
3선 개헌 1969, 제6차 개헌	장기 집권을 위한 대통령의 3회 연임을 허용하는 헌법 개정 → 대통령에 박정희 당선 1971 김대중의 활약으로 힘겹게 당선
사회 정책	혼·분식 장려 운동*, 국민 교육 헌장* 발표 1968, 가정 의례 준칙 제정* 1969, 장발·미니스커트 착용 단속
교육 정책	중학교 입시 제도 폐지 후 무시험 진학 제도 1969, 고교 평준화 제도 실시 1974

유신 체제와 유신 반대 투쟁

성립 1972	10월 유신 단행 → 비상 계엄 선포, 국회 해산 → 비상 국무 회의에서 헌법 개정안(유신 헌법) 의결·공고 → 국민 투표로 확정
유신 헌법 제7차 개헌	•통일 주체 국민회의에서 간접 선거로 대통령 선출(임기 6년, 중임 제한 없음), 국회 의원 정원의 1/3 선출 •대통령의 권한 : 국회 의원 1/3 추천권, 긴급 조치권* 제1호~제9호, 국회 해산권 등 → 박정희의 장기 독재 가능
인혁당 사건 인민혁명당 재건 위원회 사건 1974	인민혁명당이 국가 전복을 계획했다는 혐의로 국가 보안법 및 긴급 조치에 따라 영장 없이 관련자들을 체포해 사형·무기 징역 선고 → 이후 2007년에 무죄 판결을 받음

★ 유신 반대 운동

개헌 청원 100만 인 서명 운동 1973	장준하 등이 긴급 조치로 구속된 민주 인사와 학생들의 석방 요구
3·1 민주 구국 선언 1976	재야 인사와 야당 인사들이 긴급 조치 철폐·박정희 대통령 퇴진 등을 요구하며 발표
YH 무역 사건 1979	YH 무역의 노동자들이 회사 폐업에 항의하며 벌인 농성을 강경 진압함 → 이후 노동 운동과 민주화 운동이 결합됨
부마 민주 항쟁 1979	YH 무역 사건을 비판한 김영삼 신민당 총재가 국회 의원직에서 제명됨 → 부산과 마산에서 유신 반대 시위가 일어남
10·26 사태 1979	중앙정보부장 김재규가 박정희를 살해 → 유신 체제 붕괴

YH 무역 사건

부마 민주 항쟁

단어	문장	문제

551 ★★★
한일 국교 정상화

- 한일 협정을 체결해 국교 정상화를 추진하였다.
  41, 28회 ⟶ 5회 이상

- 굴욕적인 한일 국교 정상화(대일 외교)에 반대하는 6·3 시위가 일어났다.
  53, 50회 ⟶ 9회 이상

- 6·3 시위가 전개되고 비상 계엄령이 선포되었다.
  52, 45회 ⟶ 3회 이상

552 ★
박정희 정부

베트남 파병 모습

- 미국의 요청에 따라 베트남 파병이 시작되었다.
  50, 23회 ⟶ 3회 이상

- 한·독 정부 간의 협정에 따라 서독으로 광부와 간호사가 파견되었다.
  43, 34회 ⟶ 5회 이상

- 장기 집권을 위한 3선 개헌안이 통과되었다.
  49, 39회 ⟶ 3회 이상

> **3선 개헌**
> 제69조 ① 대통령의 임기는 4년으로 한다.
> ② 대통령이 궐위된 경우의 후임자는 전임자의 잔임 기간 중 재임한다.
> ③ 대통령의 계속 재임은 3기에 한한다. 40회

- 교육의 기본 지표로 국민 교육 헌장이 공포되었다.
  49, 39회 ⟶ 3회 이상

553
유신 헌법

- 장기 독재를 가능하게 한 유신 헌법이 공포되었다.
  39, 38회 ⟶ 3회 이상

- 통일 주체 국민회의가 조직되어 간접 선거 방식으로 대통령과 대의원이 선출되었다.
  46, 45회 ⟶ 7회 이상

- 대통령의 국회 의원 1/3 추천 조항(선출권)을 담고 있다.
  50, 47회 ⟶ 3회 이상

554 ★★
유신 반대 운동

- 긴급 조치 철폐를 요구하는 3·1 민주 구국 선언이 발표되었다.
  53, 52회 ⟶ 10회 이상

- 박정희 정부는 YH 무역 노동자들이 폐업에 항의하며 벌인 농성을 강경 진압하였다.
  47, 42회 ⟶ 3회 이상

- 부산·마산 등지에서 부마 민주 항쟁이 일어났다.
  52, 20회 ⟶ 2회 이상

44회 49번

다음 헌법 조항이 시행된 시기의 민주화 운동으로 옳은 것은?
[2점]

> 제39조 ① 대통령은 통일 주체 국민회의에서 토론 없이 무기명 투표로 선거한다.
> 제40조 ① 통일 주체 국민회의는 국회 의원 정수의 3분의 1에 해당하는 수의 국회 의원을 선거한다.
> ② 제1항의 국회 의원 후보자는 대통령이 일괄 추천하며, 후보자 전체에 대한 찬반을 투표에 부쳐 재적 대의원 과반수의 출석과 출석 대의원 과반수의 찬성으로 당선을 결정한다.
> 제47조 대통령의 임기는 6년으로 한다.
> 제59조 ① 대통령은 국회를 해산할 수 있다.

① 굴욕적 대일 외교 반대를 주장하는 6·3 시위가 일어났다.
② 긴급 조치 철폐를 요구하는 3·1 민주 구국 선언이 발표되었다.
③ 부정 선거에 항거하는 4·19 혁명이 전국 각지에서 전개되었다.
④ 4·13 호헌 조치 철폐를 요구하는 전 국민적인 저항이 벌어졌다.
⑤ 김영삼과 김대중을 공동 의장으로 한 민주화 추진 협의회가 조직되었다.
⑥ 부산·마산 등지에서 부마 민주 항쟁이 일어났다.
⑦ YH 무역 노동자들은 폐업에 항의하며 농성을 벌였다.

| 답인 이유 |

단서 통일 주체 국민회의, 대통령 임기 6년, 대통령은 국회를 해산
제시된 헌법은 1972년에 공포된 유신 헌법이다. ② 긴급 조치는 유신 체제 하에서 9차례 선포되었는데, 3·1 민주 구국 선언은 긴급 조치 철폐를 요구하였다. ⑥ 1979년 10월에는 부산과 마산에서 반독재 민주화 시위가 격렬하게 전개되었는데, 박정희 정부는 군대를 동원하여 이를 진압하였다. ⑦ 1979년 8월에 YH 무역이 부당한 폐업을 공고하자 이 회사의 노동자들은 생존권 보장을 요구하며 신민당 당사에서 시위를 전개하였다.

| 오답인 이유 |

① 1964년 굴욕적인 대일 외교에 반대하는 6·3 시위가 전개되자, 박정희 정부는 비상 계엄을 선포하고 이를 강제로 진압하였다.
③ 1960년, 3·15 부정 선거에 항의하며 4·19 혁명이 일어났다.
④ 1987년에 일어난 6월 민주 항쟁에서는 전 국민이 4·13 호헌 조치 철폐를 요구하며 저항하였다.
⑤ 1984년에 김영삼과 김대중을 공동 의장으로 하는 민주화 추진 협의회가 출범하였다. 이 협의회는 이듬해 총선에서 승리한 이후 군사 독재를 무너뜨리는 데 중요한 역할을 하였다.

답 ②, ⑥, ⑦

전두환 정부, 민주주의의 발전

전두환 정부와 5·18 민주화 운동

신군부의 등장
전두환·노태우 등 신군부 세력이 쿠데타를 일으켜 권력 장악 12·12 사태, 1979 ➜ 신군부에 저항하는 대규모 시위 발생(서울의 봄) ➜ 비상 계엄의 전국 확대

5·18 민주화 운동
1980. 5. 18
- 전남 광주에서 비상 계엄 확대에 저항하는 민주화 시위 전개 ➜ 계엄군의 무차별 시위 진압 ➜ 시민군 자발적 조직, 계엄군에 대항 ➜ 수백 명의 희생자 발생
- 5·18 민주화 운동 기록물이 유네스코 세계 기록 유산으로 등재됨

전남도청 앞 시위

*삼청 교육대
사회 정화를 명분으로 시민과 학생들을 군대식 기관에 수용하여 폭력적 교육을 실시함

전두환 정부
1980~1988
- 신군부의 집권 : 국가 보위 비상 대책 위원회(국보위) 설치 1980. 5, 언론 기본법 제정, 언론 통폐합, 삼청 교육대* 운영
- 정부 수립 : 통일 주체 국민 회의에서 제11대 대통령에 전두환 선출 1980. 8
  ➜ 7년 단임의 간선제 개헌 단행 제8차 개헌
  ➜ 대통령 선거인단이 제12대 대통령으로 전두환 선출 1981
- 강압 정책 : 민주화 운동과 노동 운동 탄압, 언론 통제 보도 지침, 정치 활동 금지 등
- 유화 정책 : 야간 통행금지 해제, 해외 여행 자유화, 프로 야구단 창단, 중·고등 학생의 머리 모양과 교복 자율화, 과외 전면 금지, 대학 졸업 정원제 시행 1980

6월 민주 항쟁 1987. 6

배경
- 전두환 정부의 강압 통치
- 민주화에 대한 열망 고조(민주화 추진 협의회 조직), 국민들의 직선제 개헌 요구
  └ 신군부에 저항하기 위한 단체, 김영삼과 김대중이 공동 의장

*호헌 조치
헌법을 지키겠다는 뜻으로, 대통령 간선제를 지키고 대통령 직선제를 거부한다는 의미

전개
치안본부 대공분실에서 박종철 고문치사 사건 발생 1987. 1 ➜ 전두환 정부의 4·13 호헌 조치* 발표 ➜ 민주화 시위 도중 최루탄에 맞아 이한열 사망 ➜ '호헌 철폐, 독재 타도' 등을 구호로 내세워 6·10 국민 대회 개최 ➜ 전국으로 시위 확산

결과
- 6·29 민주화 선언 : 당시 여당 대통령 후보 노태우가 직선제 개헌 요구를 수용하는 시국 수습 방안을 발표
- 헌법 개정 : 5년 단임의 대통령 직선제 개헌(현행 헌법*) 제9차 개헌

민주주의의 발전

*북방 외교
중국·소련·동유럽 등 공산 국가들과의 수교

노태우 정부
1988~1993
- 여소 야대 극복을 명분으로 3당 합당 1990 ➜ 민주 자유당 창당
- 서울 올림픽 대회 개최 1988, 북방 외교* 추진, 국민 연금 제도 도입

김영삼 정부
1993~1998
- 공직자 윤리법 제정, 지방 자치제 전면 실시
- '역사 바로 세우기' 운동
- 금융 실명제 실시 1993, 고위 공직자 재산 등록 실시

*호주제 폐지
가장을 중심으로 가족 구성원의 출생·혼인·사망 등을 기록하는 법률을 없앰

김대중 정부
1998~2003
- 선거를 통한 평화적 여야 정권 교체
- 국민 기초 생활 보장법 제정, 중학교 의무 교육 전면 실시
- 여성부 신설, 국가 인권 위원회 설립
- 한일 월드컵 경기 대회 개최 2002

노무현 정부
2003~2008
- 행정 수도 이전, 혁신 도시 건설 등 지역 균형 발전 정책 발표
- 호주제 폐지*

*대한민국 헌법 변천

제헌 헌법 1948	대통령 간선제
제1차 개헌 1952 발췌 개헌	대통령 직선제, 양원제
제2차 개헌 1954 사사오입 개헌	초대 대통령에 한해 중임 제한 철폐
제3차 개헌 1960	의원 내각제, 양원제
제4차 개헌 1960	3·15 부정 선거 관련자 처벌
제5차 개헌 1962	대통령 직선제, 단원제
제6차 개헌 1969	3선 개헌
제7차 개헌 1972 유신 헌법	대통령 간선제 (임기 6년, 무제한 연임)
제8차 개헌 1980	대통령 간선제 (7년 단임)
제9차 개헌 1987	대통령 직선제 (5년 단임)

555 ★★
5·18 민주화 운동

- 신군부의 비상 계엄 확대가 원인이 되었다. 53, 45회 ⟶ 5회 이상
- 신군부의 비상 계엄 확대와 무력 진압에 저항하였다. 51, 49회 ⟶ 9회 이상
- 관련 기록물이 유네스코 세계 기록유산으로 등재되었다. 53, 48회 ⟶ 11회 이상

556 ★
전두환 정부

- 선거인단에 의한 간접 선거로 7년 단임의 대통령제가 실시되었다. 50, 45회 ⟶ 7회 이상
- 6개의 프로 야구단이 정식으로 창단되었다. 49, 44회 ⟶ 6회 이상
- 중·고등학생의 머리 모양과 교복 자율화가 이루어졌다. 22, 18회 ⟶ 3회 이상
- 과외 전면 금지와 대학 졸업 정원제를 시행하였다. 50, 48회 ⟶ 3회 이상

557 ★★★
6월 민주 항쟁

최루탄을 맞고 쓰러지는 이한열

- 치안본부 대공분실에서 박종철 고문치사 사건이 발생하였다. 41, 17회 ⟶ 2회 이상
- 4·13 호헌 조치 철폐를 요구하였다. 51, 44회 ⟶ 7회 이상
- 호헌 철폐와 독재 타도 등의 구호를 내세웠다. 53, 50회 ⟶ 7회 이상

> 국가의 미래요 소망인 꽃다운 젊은이를 야만적인 고문으로 죽여 놓고 그것도 모자라서 국민을 속이려 했던 현 정권에게 국민의 분노가 무엇인지 분명히 보여 주고, 국민적 여망인 개헌을 일방적으로 파기한 4·13 폭거를 철회시키기 위한 민주 장정을 시작한다.
> └ 4·13 호헌 조치 33회

- 직선제 개헌을 약속한 6·29 민주화 선언을 이끌어냈다. 46, 30회 ⟶ 4회 이상
- 5년 단임의 대통령 직선제 개헌이 이루어졌다. 50, 49회 ⟶ 15회 이상

558
노태우 정부

- 여소 야대를 극복하기 위하여 3당 합당을 통해 민주 자유당이 창당되었다. 46, 21회 ⟶ 3회 이상
- 북방 외교를 추진하여 중국·소련·동유럽 등 공산 국가들과 수교하였다. 50, 46회 ⟶ 6회 이상

559
노무현 정부

- 양성 평등의 실현을 위해 호주제가 폐지되었다. 50, 35회 ⟶ 3회 이상

49회 49번

다음 기사에 보도된 민주화 운동의 결과로 옳은 것은? [2점]

> ## 역 사 신 문
> 제△△호 ○○○○년 ○○월 ○○일
>
> ### 민주 헌법 쟁취를 위한 국민 대회 열려
>
> 경찰이 사상 최대 규모인 5만 8천여 명의 병력을 동원하여 전국 집회장을 원천 봉쇄한다는 방침을 밝힌 가운데 서울을 비롯한 전국 20여 개 도시에서 국민 대회가 열렸다. 민주 헌법 쟁취 국민운동 본부는 "국민 합의를 배신한 4·13 호헌 조치는 무효임을 전 국민의 이름으로 선언한다."라고 발표하면서 민주 헌법 쟁취를 통한 민주 정부 수립 의지를 밝혔다.

① 국가 보위 비상 대책 위원회가 설치되었다.
② 신군부가 비상 계엄을 전국으로 확대하였다.
③ 5년 단임의 대통령 직선제 개헌이 이루어졌다.
④ 허정을 수반으로 하는 과도 정부가 수립되었다.
⑤ 조봉암이 혁신 세력을 규합하여 진보당을 창당하였다.
⑥ 공직자 윤리법이 제정되었다.
⑦ 사회 정화를 명분으로 삼청 교육대가 설치되었다.

| 답인 이유 |

단서 민주 헌법 쟁취 국민 운동 본부, 4·13 호헌 조치

기사 속 민주화 운동은 1987년에 전개된 6월 민주 항쟁이다. 전두환 정부의 강압 통치에 맞서 시민들의 대통령 직선제 개헌 요구 시위가 계속되는 가운데 박종철 고문치사 사건이 발생하였다. 정부는 이를 은폐하려 하였고, 시민들의 진상 규명 요구는 계속되었다. 하지만 정부는 4·13 호헌 조치를 통해 직선제 개헌 논의 자체를 금지하였다. ③ 시민들의 저항이 거세지자 정부는 5년 단임의 대통령 직선제를 수용한다는 6·29 민주화 선언을 발표하였다.

| 오답인 이유 |

① 1980년 5월 31일, 전두환을 비롯한 신군부는 국가 보위 비상 대책 위원회를 구성하고 정권을 장악하였다.
② 12·12 사태 이후 등장한 신군부 세력은 1980년 5월 17일에 비상 계엄을 전국으로 확대하고, 모든 정치 활동을 금지하였다.
④ 1960년 4·19 혁명 이후 허정을 수반으로 하는 과도 정부가 수립되어 내각 책임제와 양원제를 중심으로 하는 개헌을 실시하였다.
⑤ 조봉암은 1956년에 혁신 세력을 모아 진보당을 창당하였는데, 이승만 정부는 이를 탄압하고 1959년에 조봉암을 처형하였다.
⑥ 김영삼 정부 시기에 공직자 윤리법이 제정되었다.
⑦ 전두환 정부는 사회 정화를 명분으로 삼청 교육대를 설치하였다.

답 ③

경제와 사회의 발전

▶ 이승만 정부 1950년대

전후 경제
- 생필품 부족, 화폐 가치 폭락 → 물가 폭등
- 유엔 한국 재건단의 지원으로 문경 시멘트 공장 건설 1957

미국의 경제 원조
한미 원조 협정 체결 1948 : 농산물을 비롯한 소비재 산업의 원료 원조 → 삼백 산업
(제분·제당·면방직 공업) 중심의 소비재 산업 발달
└밀가루·설탕·면화┘

*경공업
섬유·신발·의류 등 비교적 가벼운 물건을 만드는 산업

*전태일
서울 청계천 앞 평화 시장에서 재단사로 일한 청년, 1970년 근로 기준법의 준수를 요구하며 자기 몸을 불살라 열악한 노동 현실을 알리고 개선하고자 함

▶ 박정희 정부 1960~70년대

제1·2차 경제 개발 5개년 계획	제3·4차 경제 개발 5개년 계획
1962~1971	1972~1981

제1·2차 경제 개발 5개년 계획
- 경공업* 중심의 소비재 산업 육성
- 사회 간접 자본 확충 : 경부 고속 도로 개통 1970
- 결과 : 소득과 수출 증가, <u>지속적인 경제 성장</u>
  └'한강의 기적'이라는 급속한 경제 성장 이룩

경부 고속 도로 개통

- 한계 : 낮은 임금, 열악한 노동 환경 → 전태일*이 근로 기준법 준수를 외치며 분신 1970 → 노동 문제에 대한 대학생과 지식인의 관심 고조

제3·4차 경제 개발 5개년 계획
- 중화학 공업* 중심으로 전환
- 제1차 석유 파동* 1973 : 건설업의 중동 진출로 경제 어려움 극복
- 제2차 석유 파동 1978 : 경제 불황 심화
- 결과 : 수출액 100억 달러 달성 1977

- 한계 : 저임금·저곡가 정책과 노동 운동 탄압, <u>농촌과 도시의 발전에 격차가 발생</u>
  └급격한 도시화에 따른 문제 발생

새마을 운동* 1970
- 농촌 근대화 표방, 근면·자조·협동을 바탕으로 추진
- 유신 체제 유지에 이용됨

*중화학 공업
철·배·자동차 등 무거운 제품이나 플라스틱·고무 제품·화학 섬유 제품을 생산하는 산업

*석유 파동
1973년과 1978년 두 차례에 걸쳐 중동의 정세 변화 속에서 석유의 생산이 감소하고 가격이 폭등한 세계적인 혼란

▶ 전두환 정부~노무현 정부 1980년대 이후

전두환 정부
- 중화학 공업의 구조 조정을 통해 1970년대 말 경제 위기 극복
- 3저 호황(저금리·저유가·저달러) → 물가 안정, 수출 증가, 무역 수지 흑자 기록
- **최저 임금법 제정** 1986 : 저임금 근로자 보호를 위해 국가가 임금의 최저액을 정함

김영삼 정부
- 우루과이 라운드 타결로 값싼 외국 농산물 수입
- **금융 실명제 시행** 1993 : 대통령의 긴급 명령으로 금융 거래의 투명성을 확보하고자 실제 거래하는 사람의 명의를 사용하도록 함
- 전국 민주 노동조합 총연맹 창립 1995
- 세계 무역 기구(WTO)가입 1995, 경제 협력 개발 기구(OECD) 1996의 29번째 회원국이 됨
- 외환 위기로 국제 통화 기금(IMF)에 지원 요청 1997

김대중 정부
- 대통령 직속 자문 기구로 노사정 위원회* 구성 ┐ 국제 통화 기금에서 지원받은 자금을
- 금 모으기 운동 전개 등 ───────────┘ 조기에 상환하여 외환 위기를 극복함

노무현 정부
- 칠레와 자유 무역 협정(FTA) 체결 2004
- 한미 자유 무역 협정(FTA) 체결
  └노무현 정부 때 체결되었지만 국회 비준 실패, 이명박 정부 때 양국 국회에서 통과되어 2012년에 발효

*세계 무역 기구(WTO)
무역 자유화를 통해 전 세계적인 경제 발전을 목적으로 하는 국제 기구로, 출범 이후 시장 개방이 가속화됨

*노사정 위원회
경제 위기 극복을 위해 노동 단체, 사용자 단체, 정치권과 정부가 대통령 직속 자문 기구로 조직

| 단어 | 문장 | 문제 |

560
이승만 정부
시기의 경제

- 원조 물자를 가공하는 삼백 산업(제분·제당·면방직)이 발달하였다. 48, 36회 ⋯ 8회 이상

- 미국의 경제 원조로 삼백 산업 중심의 소비재 산업이 발달하였다. 30, 29회 ⋯ 3회 이상

---

561 ★★
박정희 정부
시기의 경제

`제1·2차 경제 개발 5개년 계획`

- 제1차 경제 개발 5개년 계획이 추진되었다. 48, 44회 ⋯ 8회 이상

- 1970년에 경부 고속 도로가 개통되었다. 51, 48회 ⋯ 5회 이상

- 1970년에 전태일이 근로 기준법 준수를 외치며 분신하였다. 52, 46회 ⋯ 2회 이상

`제3·4차 경제 개발 5개년 계획`

- 제3차 경제 개발 5개년 계획으로 중화학 공업이 육성되었다. 43, 30회 ⋯ 3회 이상

- 제2차 석유 파동으로 경제의 불황이 심화되었다. 52, 49회 ⋯ 4회 이상

- 1977년에 연간 수출액 100억 달러를 달성하였다. 38, 24회 ⋯ 3회 이상

새마을 운동

- 농촌 근대화를 표방한 새마을 운동이 전개되었다. 43, 35회 ⋯ 6회 이상

562
전두환 정부
시기의 경제

- 저금리·저유가·저달러의 3저 호황으로 물가가 안정되고 수출이 증가하였다. 53, 52회 ⋯ 9회 이상

---

563 ★★★
김영삼 정부
시기의 경제

- 대통령의 긴급 명령으로 금융 거래의 투명성을 확보하고자 금융 실명제를 시행하였다. 53, 52회 ⋯ 19회 이상

- 경제 협력 개발 기구(OECD)에 가입하였다. 51, 50회 ⋯ 14회 이상

564
김대중 정부
시기의 경제

- 경제 위기 극복을 위해 대통령 직속 자문 기구인 노사정 위원회가 구성되었다. 53, 52회 ⋯ 5회 이상

---

565 ★
노무현 정부
시기의 경제

- 미국과 자유 무역 협정(FTA)을 체결하였다. 53, 51회 ⋯ 12회 이상

- 칠레와 자유 무역 협정(FTA)을 체결하였다. 48, 43회 ⋯ 8회 이상

27회 49번

밑줄 그은 '이 정부'에 대한 설명으로 옳은 것은? [2점]

> 경제 협력 개발 기구(OECD)는 회원국 상호 간 정책의 조정과 협력을 통해 회원국의 경제·사회 발전을 공동으로 모색하고, 나아가 세계 경제 문제에 공동으로 대처하기 위한 국제 기구이다. 우리나라는 이 정부 시기에 세계 경제 운영에 영향력을 발휘하기 위해 이 기구에 가입하였다.

① 유상 매수·유상 분배를 규정한 농지 개혁법을 실시하였다.
② 경제 제일주의에 따라 경제 개발 5개년 계획안을 처음 마련하였다.
③ 농촌 환경 개선과 소득 증대를 목표로 새마을 운동을 시작하였다.
④ 금융 거래의 투명성을 확보하고자 금융 실명제를 전격 시행하였다.
⑤ 개성 공단 건설을 통하여 남북 간 경제 교류 사업을 활성화시켰다.
⑥ 전국 민주 노동조합 총연맹이 창립되었다.
⑦ 제2차 석유 파동으로 경제의 불황이 심화되었다.
⑧ 국제 통화 기금(IMF)의 구제 금융을 받게 되었다.

| 답인 이유 |

`단서` **경제 협력 개발 기구(OECD)**

밑줄 그은 '이 정부'는 김영삼 정부이다. ④ 김영삼 정부는 금융 실명제, 부동산 실명제를 실시하는 등 여러 경제 정책을 추진하였다. ⑥ 전국 민주 노동조합 총연맹(민주 노총)은 김영삼 정부 시기인 1995년에 창립된 노동 운동 단체이다. ⑧ 1997년 말인 김영삼 정부 시기에 국제 경제 여건이 악화되고 외환 관리에 실패하면서 국제 통화 기금(IMF)의 금융 지원을 받았다.

| 오답인 이유 |

① 이승만 정부 시기인 1949년에 유상 매수·유상 분배를 규정한 농지 개혁법이 실시되었다.
② 장면 내각은 경제 제일주의를 표방하며 제1차 경제 개발 5개년 계획을 수립하고, 국토 건설 사업을 추진하였다.
③ 1970년 박정희 정부는 농촌 환경 개선과 소득 증대를 목표로 하는 새마을 운동을 추진하였다.
⑤ 개성 공단은 김대중 정부 시기에 건설에 합의하였고, 노무현 정부 시기에 완공되어 남북 간 경제 교류 사업을 활성화하는 데 기여하였다.
⑦ 박정희 정부 때인 1978년에 일어난 제2차 석유 파동으로 세계 경제가 위기를 겪는 상황에서 중화학 공업에 대한 과잉 투자로 국가 재정이 어려워졌다.

답 ④, ⑥, ⑧

남북 관계와 통일을 위한 노력

🔗 남북 대화의 출발

박정희 정부

> **왜** 미국 대통령 닉슨이 아시아에서 직접적·군사적 개입을 하지 않겠다고 선언(닉슨 독트린)한 이후 냉전 완화의 분위기가 조성되며 회담 성사에 영향을 줌

- 제1차 남북 적십자 회담₁₉₇₁ : 이산가족 문제 협의를 위해 남한이 제안, 북한이 수용해 진행
- 7·4 남북 공동 성명₁₉₇₂ : 자주·평화·민족 대단결의 통일 원칙에 합의
- 남북 조절 위원회 : 7·4 남북 공동 성명의 합의 사항 추진, 통일 방안 논의

> **7·4 남북 공동 성명**
> 쌍방은 다음과 같은 조국 통일 원칙들에 합의를 보았다.
> 첫째, 통일은 외세에 의존하거나 외세의 간섭을 받음이 없이 자주적으로 해결하여야 한다.
> 둘째, 통일은 서로 상대방을 반대하는 무력 행사에 의거하지 않고 평화적 방법으로 실현하여야 한다.
> 셋째, 사상과 이념·제도의 차이를 초월하여 우선 우리는 하나의 민족으로서 민족적 대단결을 도모하여야 한다.
> - 32회

전두환 정부

- 민족 화합 민주 통일 방안 제시₁₉₈₂ : 통일 헌법 제정, 민주적 절차와 평화적 방법으로 통일 국회·정부 구성 제안
- 남북한 이산가족 최초 고향 방문 및 예술 공연단 교환₁₉₈₅

🔗 남북 관계의 진전

노태우 정부

- 남북한 유엔 동시 가입₁₉₉₁ : 적극적인 북방 외교 추진의 결과
- 남북 기본 합의서 채택₁₉₉₁ : 남북한 정부 간에 이루어진 최초의 공식 합의서로 남북한 상호 체제 인정, 상호 불가침, 교류·협력 확대 등을 합의
- 한반도 비핵화 공동 선언 발표₁₉₉₁ : 전쟁 위험 제거, 평화 통일 기반 마련

김영삼 정부

- 민족 공동체 통일 방안 제시₁₉₉₄ : 한민족 공동체 건설을 위해 화해와 협력, 남북 연합, 통일 국가의 3단계 통일 방안 발표
- 북한 경수로* 건설 사업 착공

*경수로
원자력 발전에 사용되는 원자로 가운데 감속재로 물을 사용하는 경수형 원자로

김대중 정부

- 대북 화해 협력 정책햇볕 정책 추진 : 현대그룹 정주영 명예회장의 소 떼 방북₁₉₉₈, 금강산 해로 관광 사업 실시₁₉₉₈
- 제1차 남북 정상 회담 개최₂₀₀₀ : 6·15 남북 공동 선언 발표

> **6·15 남북 공동 선언**
> 1. 남과 북은 나라의 통일 문제를 그 주인인 우리 민족끼리 서로 힘을 합쳐 자주적으로 해결해 나가기로 하였다.
> 2. 남과 북은 나라의 통일을 위한 남측의 연합제 안과 북측의 낮은 단계의 연방제 안이 서로 공통성이 있다고 인정하고 앞으로 이 방향에서 통일을 지향시켜 나가기로 하였다. - 36회

- 경의선 철도서울~신의주 복원 공사 시작, 개성 공업 지구(개성 공단) 조성 합의,
  금강산 육로 관광 추진 → 남북 교류·협력의 활성화
  └ 노무현 정부 때 실시

노무현 정부

- 제2차 남북 정상 회담 개최₂₀₀₇ : 10·4 남북 공동 선언 발표 – 남북한의 군사적 대결 종식과 평화 체제 정착을 천명
- 개성 공단 착공 및 건설₂₀₀₃, 금강산 육로 관광 사업 시작₂₀₀₃

문재인 정부

제3차 남북 정상 회담₂₀₁₈ : 4·27 판문점 선언 채택

7·4 남북 공동 성명

남북 이산가족 고향 방문단

남북한 유엔 동시 가입

금강산 관광 시작

남북 정상 회담

566 ★★
박정희 정부의 통일 노력

- 자주·평화·민족 대단결의 통일 원칙에 합의한 7·4 남북 공동 성명을 발표하였다.
  53, 52회 ⟶ 15회 이상

- 남북 조절 위원회를 설치하여 통일 방안을 논의하였다.
  50, 48회 ⟶ 16회 이상

567
전두환 정부의 통일 노력

- 최초의 이산가족 고향 방문과 예술 공연단 교환이 이루어졌다.
  53, 52회 ⟶ 17회 이상

---

568 ★★★
노태우 정부의 통일 노력

- 1991년 남북한이 유엔에 동시 가입하였다.
  53, 50회 ⟶ 12회 이상

- 남북한 간 최초의 공식 합의서인 남북 기본 합의서를 채택하였다.
  51, 45회 ⟶ 16회 이상

- 한반도 비핵화 공동 선언에 합의하였다.
  51, 52회 ⟶ 13회 이상

---

569 ★
김대중 정부의 통일 노력

- 분단 이후 최초로 남북 정상 회담을 처음으로 성사시켰다.
  51, 35회 ⟶ 6회 이상

- 6·15 남북 공동 선언을 채택하였다.
  43, 38회 ⟶ 3회 이상

- 금강산 해로 관광 사업이 시작되었다.
  48, 45회 ⟶ 4회 이상

- 남북한 교류 협력을 위한 개성 공업 지구 조성에 합의하였다.
  53, 48회 ⟶ 8회 이상

- 경의선 철도 복원 공사를 시작하였다.
  37, 19회 ⟶ 4회 이상

570
노무현 정부의 통일 노력

- 제2차 남북 정상 회담을 개최하였다.
  44, 37회 ⟶ 5회 이상

- 10·4 남북 공동 선언을 발표하였다.
  50, 48회 ⟶ 6회 이상

- 경제 협력을 위한 개성 공단 건설을 추진하였다.
  51, 50회 ⟶ 9회 이상

51회 50번

(가) 정부의 통일 노력으로 옳은 것은? [3점]

> □□신문
>
> 제 △△ 호　　　　　　　　　　　　　　○○○○년 ○○월 ○○일
>
> **대한민국 대통령, 중국 최초 방문**
>
> 9월 27일부터 30일까지 [(가)] 대통령이 대한민국 대통령으로는 최초로 중국을 공식 방문하였다. 베이징에서 진행된 회담에서 양국 정상은 지난달 성사된 한중 수교의 의의를 높이 평가하면서 우호 협력 관계를 발전시키자고 하였다. 또한 양국 정상은 한반도의 긴장 완화가 한국 국민의 이익에 부합될 뿐 아니라 동북아시아 평화와 안정에 유익하며, 이와 같은 추세가 계속 발전해 나가야 한다는 데 합의하였다.

① 남북 기본 합의서를 채택하였다.
② 7·4 남북 공동 성명을 발표하였다.
③ 남북 정상 회담을 처음으로 성사시켰다.
④ 이산가족 고향 방문을 최초로 실현하였다.
⑤ 경제 협력을 위한 개성 공단 건설을 추진하였다.
⑥ 남북한이 유엔에 동시 가입하였다.
⑦ 한반도 비핵화 공동 선언에 합의하였다.
⑧ 남북 조절 위원회를 구성하여 통일 방안을 논의하였다.

| 답인 이유 |

단서 대한민국 대통령으로는 최초로 중국을 공식 방문

(가)는 소련, 중국 등 공산 국가와 수교(북방 외교)를 맺은 노태우 정부(1988~1993)이다. ① 1991년에 남북 사이의 화해와 불가침 및 교류 협력에 관한 합의서인 남북 기본 합의서를 채택하였다. ⑥ 1991년에 남북한은 유엔에 동시 가입하였다. ⑦ 1991년 12월에 남북한은 한반도의 비핵화를 위한 공동 선언에 합의하고 이를 발표하였다.

| 오답인 이유 |

② 1972년에 남북한은 자주·평화·민족 대단결의 통일 원칙에 합의한 7·4 남북 공동 성명을 발표하였다.
③ 김대중 정부 시기인 2000년에 분단 이후 처음으로 평양에서 남북 정상 회담이 이루어졌다.
④ 전두환 정부 시기인 1985년에 처음으로 이산가족의 고향 방문과 예술 공연단 교환이 이루어졌다.
⑤ 2000년에 있었던 6·15 남북 공동 선언 이후 김대중 정부 시기에 남북 경제 협력을 위한 개성 공단 건설이 추진되었다.
⑧ 1972년 7·4 남북 공동 성명의 발표 이후 남북 조절 위원회가 설치되어 통일을 위한 실무자 회담이 진행되었다.

답 ①, ⑥, ⑦

유네스코 세계 문화유산

종묘

- 조선 왕조의 역대 왕과 왕비의 신주를 모신 곳
- 제사를 지내는 과정인 '종묘 제례', 제사를 지낼 때 연주하는 음악인 '종묘 제례악'은 세계 무형 유산으로 등재됨

석굴암

화강암으로 만든 인공 석굴 사원으로 정교하고 과학적인 건축 기법으로 만들어짐

불국사

통일 신라의 대표적인 불교 건축물로 경주시 토함산에 위치함

해인사 장경판전

팔만대장경을 보관하기 위한 건물로 조선 시대에 만들어졌으며, 통풍, 방습, 실내 적정 온도의 유지 등이 과학적임

수원 화성

조선 정조 때 정약용이 중국에서 들여온 『기기도설』을 참고하여 거중기·녹로 등 과학 기구를 활용해 건축함

창덕궁

- 조선 태종 때 경복궁의 이궁으로 세운 건물, 임진왜란 때 불에 탄 것을 광해군 때 중건한 후 정궁으로 쓰임
- 후원은 아름다운 자연과 조화롭게 배치한 정원으로 문화제로서의 가치가 높음

경주 역사 유적 지구

신라의 수도인 경주에 위치한 유적, 대릉원 지구, 황룡사 지구, 산성 지구, 남산 지구, 월성 지구로 구성

고인돌 유적(고창·화순·강화)

수백 기의 고인돌이 집중 분포되어 있어서 한국 청동기 시대의 사회 구조, 고인돌의 변천 모습 등을 볼 수 있음

제주 화산섬과 용암 동굴

한라산, 성산 일출봉, 거문오름 용암동굴계 등 3곳이 2007년에 세계유산으로 지정됨

조선 왕릉

- 조선 왕조의 총 27대 왕과 왕비 및 추존된 왕과 왕비의 무덤
- 전체 42기 중 우리나라에 있는 40기 모두 유네스코 세계유산에 등재됨

한국의 역사 마을(하회와 양동)

전통 건축물이 자연과 조화를 이루고 있어 조선 시대의 양반 문화를 보여 줌

남한산성

- 병자호란 때 인조가 머무르며 삼전도의 굴욕을 겪었던 장소
- 조선의 20여 개 행궁 중 유일하게 종묘와 사직을 갖춤

백제 역사 유적 지구

공주 웅진성 관련 유산인 공산성과 송산리 고분군, 부여 사비성 관련 유적인 관북리 유적, 부소산성, 정림사지, 나성, 익산시의 왕궁리 유적과 미륵사지 등이 있음

산사(山寺), 한국의 산지승원

7~9세기 창건 이후 현재까지 불교의 신앙, 수도, 생활 기능을 유지하고 있는 종합 승원

한국의 서원

- 조선 시대에 성리학을 보급하고 구현한 9곳의 서원
- 영주 소수 서원, 함양 남계 서원, 경주 옥산 서원, 안동 도산 서원, 장성 필암 서원, 달성 도동 서원, 안동 병산 서원, 정읍 무성 서원, 논산 돈암 서원

유네스코 세계 기록유산

훈민정음(해례본)

훈민정음의 창제 목적과 글자를 만든 원리, 글자 쓰는 법 등을 설명한 해설서

조선왕조실록

조선 태조 ~ 철종까지 472년간의 역사적 사실을 연월일 순서에 따라 편년체로 기록함

직지심체요절

• 세계에서 가장 오래된 금속 활자본으로, 1377년 청주 흥덕사에서 인쇄함

• 현재는 하권만 프랑스 국립 도서관에 소장됨

승정원일기

왕의 비서 기관인 승정원에서 왕을 보좌하면서 날마다 쓰는 일기로, 왕의 하루 일과, 지시 내용, 각 부처에 보고한 내용 등이 실려 있음

조선왕조의궤

조선 왕실의 중요한 행사와 나라의 건축 사업 등을 그림과 글로 기록한 책

고려대장경판

• 팔만대장경이라고도 불리며, 고려 시대 몽골의 침략 당시 부처님의 힘을 빌려 몽골군을 물리치고자 제작함

• 현재 합천 해인사에 보관되어 있음

한국의 유교책판

조선 시대에 718종의 유학 서적을 간행하기 위해 유학자들이 나무판에 새긴 인쇄판

동의보감

임진왜란 중 선조의 명을 받은 허준이 우리나라와 중국의 의학책을 종합해 광해군 때 완성한 의학 서적

일성록

조선 영조 때부터 순종까지 국왕의 말과 행동을 기록한 일기로, 정조가 세손 시절부터 쓴 일기에서 유래됨

5·18 민주화 운동 기록물

1980년 5월 18일 전두환 정권의 부당한 독재에 항거하여 일어난 5·18 민주화 운동에 관한 기록물

난중일기

임진왜란 당시 이순신 장군이 전쟁 중 쓴 친필 일기로, 거북선을 이용하는 전술에 대한 기록도 있음

새마을 운동 기록물

1970 ~ 1979년에 전개된 새마을 운동에 관한 기록물로, 대통령 연설문, 정부 문서, 마을 단위의 기록물 등이 포함됨

KBS 특별 생방송 '이산가족을 찾습니다' 기록물

KBS가 1983년 6월 30일부터 11월 14일까지 생방송한 '이산가족을 찾습니다' 녹화 원본 등의 기록물

조선 왕실 어보와 어책

어보와 어책은 왕세자나 왕세손이 책봉될 때 전례의 예물로 제작된 것

조선 통신사에 관한 기록

1607 ~ 1811년까지 일본 에도 막부의 초청으로 파견된 외교 사절단인 조선 통신사와 관련된 기록물

국채 보상 운동 기록물

일본에 진 빚을 갚기 위해 1907 ~ 1910년까지 전개된 국채 보상 운동의 과정을 보여 주는 기록물

● 조선의 5대 궁궐

경복궁

- 조선 태조 때 한양으로 천도하면서 처음 지은 조선의 법궁
- 도성 내 북쪽에 있어 북궐이라 함
- 임진왜란 때 불에 탐 → 고종 때 흥선 대원군이 중건
- 일제의 조선 물산 공진회 장소로 이용됨

창덕궁

- 태종 때 경복궁 동쪽에 지은 이궐(동궐)
- 왕실 도서관인 규장각이 설치됨
- 1997년 유네스코 세계 문화 유산에 등재

창경궁

- 성종 때 창덕궁을 확장하여 지은 이궐(동궐)
- 일제에 의해 동물원과 식물원이 설치되고, 창경원으로 격하됨 → 1980년대 복원

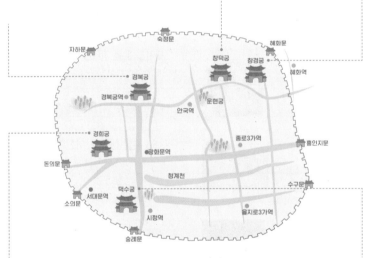

경희궁

- 광해군 때 지어져 서궐로 불림

덕수궁(경운궁)

중명전

석조전

- 선조가 거처하면서 '정릉동 행궁'이라 불림
- 인목 대비가 광해군에 의해 유폐된 장소인 '석어당'이 있음
- 고종이 아관 파천 이후 환궁한 곳
- 고종이 강제 퇴위한 후 덕수궁으로 개칭함
- 을사늑약이 체결된 '중명전'이 있음
- 제1차 미소 공동 위원회가 개최된 '석조전(궁궐 안에 남아 있는 가장 오래된 서양식 건물)'이 있음

❯ 세시 풍속과 민속놀이

설날 음력 1월 1일

새해 인사(세배), 설빔, 연날리기, 윷놀이, 차례, 성묘 등의 풍속이 있었고 새해 인사와 덕담을 했음

떡국

음식
떡국, 만두, 식혜, 수정과

오곡밥
고싸움놀이

놋다리 밟기

쥐불놀이

달집 태우기

정월 대보름 음력 1월 15일

고싸움 놀이
두 편으로 나뉘어 고(볏짚과 나무로 만든 옷고름의 둥근 부분)를 어깨에 메고 서로 부딪쳐 상대편 고를 눌러 땅에 닿게 하는 쪽이 이기는 놀이

놋다리 밟기
단장한 젊은 여자들이 공주를 뽑고 나머지 여성들이 허리를 굽혀 그 위로 공주가 걸어가게 하는 놀이, 머리에 붉은 두건을 쓴 홍건적이 고려를 침략하자 공민왕은 노국 대장 공주와 함께 안동으로 피난을 가 개울을 건너게 되었는데, 젊은 부녀자들이 나와 그 개울 위에 한 줄로 엎드려 사람 다리를 놓아 노국 대장 공주를 지나가게 한 데서 유래

달집 태우기
나무 더미를 쌓아 달집을 짓고 달이 떠오르면 불을 놓아 나쁜 것을 없애고 복을 기원하는 놀이

쥐불놀이
정월 대보름 전날 농촌에서 논밭두렁 등에 불을 놓아 태우는 풍습

차전놀이
동채라는 기구를 만들어 양 편으로 갈라져 밀어붙여 승패를 겨루는 경기로, 후삼국 말기 왕건과 견훤의 싸움에서 유래

지신밟기
집터를 지켜 준다는 지신에게 고사를 올리고 풍물을 울리며 축복을 비는 풍습

음식
부럼, 오곡밥, 귀밝이술, 묵은 나물

삼짇날 음력 3월 3일

• 강남 갔던 제비가 돌아와 새봄을 알린다는 의미로 답청절(踏靑節)이라고도 함
• 들판에 나가 꽃놀이를 하고 새 풀을 밟으며 봄을 즐기는 날
• 화전놀이 : 경치 좋은 곳에 가서 음식을 먹고 꽃을 보며 노는 꽃놀이, 진달래꽃으로 전을 지져 먹고 가무를 즐김

화전

음식
쑥떡, 화전, 진달래화채

한식날 4월 5일경, 동지에서 105일째 되는 날

• 농사가 시작되는 시기이므로 풍년을 기원하며 성묘를 함
• 조선 시대에는 4대 명절 중 하나로 중시되었음
• '손 없는 날' 또는 '귀신이 꼼짝 않는 날'로 여겨 산소에 손을 대도 탈이 없다고도 함, 이에 산소에 잔디를 새로 입히는 개사초(改莎草)를 하거나, 비석 또는 상석을 세우거나 이장을 함

단오 음력 5월 5일

• 수릿날·천중절이라고도 함
• 임금은 신하들에게 무더위를 잘 견디라는 의미로 부채(단오선)를 선물하기도 함
• 그네뛰기, 창포물에 머리감기, 씨름 등의 풍속이 있음

신윤복이 그린 단옷날의 모습

음식
창포주, 수리취떡(떡 위의 떡살무늬가 수레바퀴 모양을 하고 있는 푸른색의 쑥떡), 약초 떡, 앵두화채

세시 풍속과 민속놀이

칠석 음력 7월 7일

은하수를 사이에 두고 견우를 바라보는 직녀의 모습을 그린 고구려 고분 벽화

- 견우와 직녀가 만나는 날로 알려져 있음
- 처녀들이 직녀성을 보며 바느질 솜씨가 좋아지기를 비는 걸교, 햇볕에 옷과 책을 말리는 풍속이 있음, 서당의 학동들은 별을 보며 시를 짓거나 글공부를 잘할 것을 빌기도 함

음식
호박전, 밀전병, 밀국수

백중 음력 7월 15일

- 호미 씻는 날, 머슴날이라 불림
- 농민들의 여름철 축제로, 음식과 술을 나누어 먹으며 백중놀이를 즐김, 힘든 농사일을 앞두고 머슴들을 쉬게 함

백중놀이
- 농사일을 거의 끝낸 해방감과 풍년을 기원하는 마음이 융합된 민속놀이
- 밀양의 백중놀이는 국가 무형 문화재 제68호로 지정됨

백중놀이

추석 음력 8월 15일

송편

- 중추절 또는 가배·가위·한가위라고도 함
- 신라 유리왕 때 길쌈 시합을 한 뒤 잔치를 연 것에서 기원
- 성묘, 차례, 강강술래, 줄다리기, 씨름, 소싸움, 거북놀이, 가마싸움 등을 함

강강술래

줄다리기

강강술래
- 전라남도 해안 지방에서 추석을 전후한 밤에 놀았던 여성들의 집단 놀이, 이순신 장군이 임진왜란 당시 적에게 우리 군사가 많은 것처럼 보이게 하기 위해 부녀자에게 남자 옷을 입혀 산을 돌게 했다는 데서 유래
- 2009년 유네스코 인류 무형 문화유산으로 지정됨

음식
송편, 토란국, 닭찜

입동 음력 10월

- 24절기 중 열아홉 번째 설기로, 겨울이 시작된다는 의미
- 김장을 담그거나, 노인들을 위로하기 위해 음식을 대접함(치계미)

동지 12월 11일경

- 1년 중 밤이 가장 긴 날로, 작은 설이라고도 함
- 태양의 부활이라는 의미를 지니고 있어서 민간에서 '작은설'이라고 불렀음
- 날씨가 춥고 밤이 길어 호랑이가 교미한다고 하여 '호랑이 장가가는 날'이라고도 함

음식
팥죽(팥의 붉은 색이 귀신을 쫓아낸다고 믿어 집안 곳곳에도 뿌려 액을 막음)

그네뛰기

그네뛰기

단오 때 부녀자들이 주로 했으며, 그네를 타고 높이 올라가거나 멀리 뛰는 것으로 승부를 겨룸

씨름

- 샅바나 띠, 바지춤을 잡고 힘과 기술로 상대를 먼저 땅에 넘어뜨리는 사람이 이기는 경기
- 단오와 추석 때 주로 함
- 남북한이 공동으로 등재를 신청하여 2018년에 유네스코 무형 문화유산이 됨

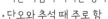
씨름

투호

- 일정한 거리에 병을 놓고 화살을 던져 승부를 가리는 민속놀이
- 두 사람 또는 편을 갈라서 하였고, 병에 화살을 많이 넣은 쪽이 이김

투호

격구

- 오랫동안 우리 민족이 해 온 운동 경기로 공채로 공을 치는 경기
- 말을 타고 하기도 하고 걷거나 뛰면서 하기도 함
- 공을 멀리 보내거나 구멍에 집어넣는 것으로 승부를 가림
- 조선 시대에는 격구를 무과 시험 과목으로 삼기도 함

주요 왕의 업적

고구려

동명왕 (기원전 37~기원전 19)	태조왕 (53~146)	고국천왕 (179~197)	미천왕 (300~331)	소수림왕 (371~384)
• 건국	• 계루부 고씨 왕위 세습 • 옥저 정복	• 왕위 부자 상속 • 5부 개편 • 진대법(을파소)	• 낙랑 축출	• 불교 공인 • 율령 반포 • 태학 설립

보장왕 (642~668)	영류왕 (618~642)	영양왕 (590~618)	장수왕 (412~491)	광개토 대왕 (391~412)
• 멸망	• 연개소문 정변 • 안시성 전투	• 살수 대첩	• 중국 남북조와 동시 교류 • 남진 정책 : 평양 천도 • 백제 수도(한성) 함락, 한강 유역 장악 • 광개토 대왕릉비 • 충주(중원) 고구려비	• '영락' 연호 사용 • 후연·거란 격파 • 신라 내 왜구 격퇴, 금관가야 공격

백제

온조왕 (기원전 18~28)	고이왕 (234~286)	근초고왕 (346~375)	침류왕 (384~385)	개로왕 (455~475)
• 건국	• 목지국 병합 • 율령 반포 • 관등·공복 제정	• 왕위 부자 계승 • 마한 통합 • 『서기』 편찬 • 고구려 공격 → 고구려 고국원왕 전사 • 요서·산둥·규슈 진출	• 불교 수용	• 고구려 장수왕의 공격 → 한성 함락, 전사

의자왕 (641~660)	무왕 (600~641)	성왕 (523~554)	무령왕 (501~523)	문주왕 (475~477)

• 신라 공격
  → 대야성 등 차지
• 멸망
	• 미륵사 창건	• 사비 천도
		• 국호 '남부여' 사용
		• 중앙 관청·지방 조직 정비
		• 한강 유역 일시 회복
		  → 관산성 전투에서 전사
			• 중국 남조의 양과 교류 (무령왕릉)
			• 22담로에 왕족 파견
				• 웅진 천도

신라

혁거세 (기원전 57~4)	내물 마립간 (356~402)	지증왕 (500~514)	법흥왕 (514~540)	진흥왕 (540~576)
• 건국	• 김씨 왕위 세습 확립 • '마립간' 칭호 사용 • 광개토 대왕의 도움으로 가야왜의 침입 격퇴	• 국호 '신라' 확정 • 왕호 '왕' 사용 • 우산국 정복 • 우경 장려 • 동시전 설치	• 율령 반포 • 불교 공인(이차돈) • 공복 제정 • 금관가야 정복 • 상대등·병부 설치	• 화랑도 개편 • 백제와 연합, 한강 유역 장악 → 관산성 전투 • 대가야 정복 • 단양 적성비, 순수비

❷ 주요 왕의 업적

경덕왕 (742~765)	신문왕 (681~692)	문무왕 (661~681)	태종 무열왕 (654~661)	선덕 여왕 (632~647)
· 녹읍 부활	· 김흠돌의 난 진압 · 관료전 지급, 녹읍 폐지 · 국학 설립 · 9주 5소경 정비 · 만파식적 설화	· 삼국 통일 완성	· 나당 연합 결성 (즉위 전) · 최초의 진골 출신 왕	· 황룡사 9층 목탑 건립

혜공왕 (765~780)	원성왕 (785~798)	신무왕 (839)	진성 여왕 (887~897)	경순왕 (927~935)
· 피살 → 신라 중대 끝	· 독서삼품과 실시	· 장보고의 난	· 원종·애노의 난 · 최치원, 개혁안 건의	· 멸망 · 고려에 귀순

발해

고왕 (=대조영, 698~719)	무왕 (719~737)	문왕 (737~793)	선왕 (818~830)	인선 (906~926)
· 건국	· '인안' 연호 사용 · 산둥 지방 공격 (장문휴)	· '대흥' 연호 사용 · 상경 천도 · 당 문물 수용(3성 6부제) · 신라도 개설	· 지방 제도 정비 · 전성기 : '해동성국'	· 멸망

고려

태조 (918~943)	광종 (949~975)	성종 (981~997)	현종 (1009~1031)	숙종 (1095~1105)

· 건국
· 흑창 설치
· 북진 정책
· 혼인 정책, 역분전 지급
· 사심관·기인 제도
· '훈요 10조'
	· '광덕', '준풍' 연호 사용
	· 노비안검법
	· 과거제 실시
	· 공복 제정
		· 최승로 '시무 28조'
		· 12목에 지방관 파견
		· 국자감 정비
		· 거란의 1차 침입 →
		  서희의 외교 담판
			· 거란의 2차 침입 →
			  양규의 활약
			· 거란의 3차 침입 →
			  강감찬의 귀주 대첩
				· 별무반 조직
				· 활구·해동통보 주조

공양왕 (1389~1392)	공민왕 (1351~1374)	고종 (1213~1259)	의종 (1146~1170)	인종 (1122~1146)
· 멸망	· 친원파 제거 · 정동행성 폐지, 정방 폐지, 관제 복구 · 쌍성총관부 공격 → 영토 수복 · 전민변정도감(신돈)	· 몽골 침입 → 강화 천도	· 무신 정변	· 이자겸의 난 · 묘청의 서경 천도 운동

조선

태조
(1392~1398)

- 과전법(건국 전)
- 조선 건국

태종
(1400~1418)

- 사병 혁파
- 호패법
- 6조 직계제

세종
(1418~1450)

- 집현전 설치 → 훈민정음 창제
- 4군 6진 개척
- 연분9등법
- 의정부 서사제

세조
(1455~1468)

- 정변으로 즉위 (계유정난)
- 집현전 폐지
- 직전법
- 6조 직계제

성종
(1469~1494)

- 홍문관 설치
- 『경국대전』 완성

광해군
(1608~1623)

- 대동법
- 중립 외교 정책
- 『동의보감』(허준)

선조
(1567~1608)

- 붕당 정치 시작
- 임진왜란

명종
(1545~1567)

- 을사사화
- 임꺽정의 난

중종
(1506~1544)

- 중종반정
- 조광조의 개혁 정치 : 현량과, 위훈 삭제, 소격서 폐지 → 기묘사화

연산군
(1494~1506)

- 무오사화
- 갑자사화

인조
(1623~1649)

- 인조반정
- 정묘·병자호란
- 영정법

효종
(1649~1659)

- 북벌 운동

현종
(1659~1674)

- 예송 논쟁

숙종
(1674~1720)

- 환국
- 안용복의 도일 활동
- 백두산 정계비

영조
(1724~1776)

- 완론 탕평(탕평파)
- 이조 전랑 권한 약화
- 서원 정리
- 균역법
- 가혹한 형벌 폐지

순종
(1907~1910)

- 국권 피탈

고종
(1863~1907)

- 흥선 대원군 집권기
- 임오군란, 갑신정변
- 갑오개혁
- 대한 제국 수립

철종
(1849~1863)

- 임술 농민 봉기

순조
(1800~1834)

- 세도 정치 시작
- 홍경래의 난

정조
(1776~1800)

- 준론 탕평
- 규장각 설치, 초계문신제
- 장용영 설치
- 화성 축조
- 통공 정책

◎ 근현대 주요 인물

박규수
1807~1877

1807	실학자 박지원의 손자로 출생
1861	청에 연행사로 파견
1862	진주 농민 봉기 수습을 위해 안핵사로 파견
1871	평안도 관찰사 재직 시 제너럴 셔먼호를 불태움

연암 최익현
1833~1906

1846	이항로 문하에서 수학
1868	흥선 대원군의 경복궁 중건 비판 상소
1876	강화도 조약을 비판하며 왜양일체론 주장
1895	을미의병 거병, 단발령에 반대하다가 투옥
1905	을사의병 거병
1906	쓰시마섬(대마도)에서 순국

김홍집
1842~1896

1880	제2차 수신사로 일본에 파견 황준헌의 『조선책략』 유포
1894	갑오·을미개혁 때 내각 책임자
1879	아관 파천 직후 군중에게 피살됨

김옥균
1851~1894

1870	박규수 문하에서 사사함
1884	일본 정부와 차관 협상 시도 갑신정변 주도(실패 후 일본으로 망명)
1894	청에서 홍종우에게 암살당함

유길준
1856~1914

1883	한성순보 발간의 실무 책임
1885	유럽의 여러 나라를 시찰하고 귀국 개화당으로 몰려 구금 조선 중립화론 주장
1895	『서유견문』 집필 갑오·을미개혁 참여
1896	아관 파천 직후 일본으로 망명

우당 이회영
1867~1932

1867	조상 대대로 높은 벼슬을 한 조선 명문가의 자손으로 태어남
1907	신민회 설립에 참여
1910	국권 피탈 후 여섯 형제 50여 명의 가족이 전 재산을 처분하고 만주로 망명
1911	경학사 조직, 신흥 강습소 설립

한힌샘 주시경
1876~1914

1896	독립신문 교보원으로 활동 국문 동식회 조직
1907	국문 연구소에서 한글 연구 체계화
1909	『국어문법』 저술
1914	『말의 소리』 저술

도마 안중근
1879~1910

1907	국채 보상 운동 관서 지부장
1909	만주 하얼빈에서 이토 히로부미 사살
1910	『동양 평화론』 저술 뤼순 감옥에서 순국

도산 안창호
1878~1938

1907	신민회 조직
1908	평양에 대성 학교 설립
1910	대한인 국민회 조직
1913	미국에서 흥사단 조직
1919	대한민국 임시 정부에 참여
1937	수양 동우회 사건으로 수감

이상설
1870~1917

1905	을사늑약 무효 상소
1906	서전서숙 설립(북간도)
1907	헤이그 만국 평화 회의에 특사로 파견
1911	권업회 조직
1914	대한 광복군 정부 정통령 역임

홍범도
1868~1943

1907 산포대를 조직하여 의병 활동 전개
1920 대한 독립군 사령관으로 봉오동 전투·
     청산리 대첩에 참가해 일본군 격파
1921 러시아 자유시의 고려 혁명 군관 학교
     에서 독립군 양성
1937 스탈린에 의해 중앙아시아로 강제 이주
1943 카자흐스탄에서 별세

백야 김좌진
1889~1930

1916 대한 광복회에 가담
     부사령관 역임
1919 대종교 입교
     무오 독립 선언서에 서명
1920 청산리 대첩을 승리로 이끔
1925 신민부 결성

백암 박은식
1859~1925

1904 대한매일신보 주필 역임
1907 신민회 가입
1909 「유교구신론」 저술
1915 『한국통사』 저술
1920 『한국독립운동지혈사』 간행
1925 임시 정부 제2대 대통령 역임

단재 신채호
1880~1936

1907 신민회 창립 위원
1908 대한매일신보에 「독사신론」 연재
1919 대한민국 임시 의정원 의원
1923 의열단의 요청으로 '조선 혁명 선언'
     집필
1931 『조선상고사』에서 역사를 아(我)와
     비아(非我)의 투쟁으로 기록함

남강 이승훈
1864~1930

1907 신민회 가입
     정주에 오산 학교 설립
     자기 회사 설립, 태극 서관 경영
1911 105인 사건으로 옥고를 치름
1919 3·1 운동 당시 민족 대표 33인 중
     기독교 측 대표로 활동

백범 김구
1876~1949

1919 대한민국 임시 정부 초대 경무국장
1931 한인 애국단 조직
1940 한국 광복군 조직,
     임시 정부 주석 역임
1945 신탁 통치 반대 운동 주도
1948 남북 협상을 위해 김규식과 방북
1949 안두희에게 암살

약산 김원봉
1898~1958

1919 의열단 조직
1926 황푸 군관 학교 졸업
1932 조선 혁명 간부 학교 설립
1935 민족 혁명당 조직
1938 조선 의용대 창설
1942 조선 의용대 일부를 이끌고 한국 광복
     군에 합류, 한국 광복군 부사령관 겸
     제1지대장 취임

조소앙
1887~1958

1917 대동 단결 선언 발표
1919 대한민국 임시 정부 국무원 비서장
1927 한국 독립당 관내 촉성회 연합회 결성
1930 한국 독립당 결성
1944 대한민국 임시 정부 외무부장

우사 김규식
1881~1950

1919 파리 강화 회의에 한국 대표로 참석
1942 대한민국 임시 정부 국무위원
1944 대한민국 임시 정부 부주석
1946 여운형과 함께 좌우 합작 위원회 설립
1948 김구와 함께 남북 협상에 참여
1950 6·25 전쟁 중 납북되어 북한에서 사망

몽양 여운형
1886~1947

1918 신한 청년당 결성
1933 조선중앙일보사 사장 취임
1944 조선 건국 동맹 결성
1945 조선 건국 준비 위원회 조직
1946 좌우 합작 위원회 조직
1947 서울 혜화동 거리에서 암살

◎ 지역사

❶ 평양

- 고구려 : 장수왕 때 국내성에서 평양으로 천도
- 고려 : 태조의 북진 정책 중심지, 묘청의 서경 천도 운동
- 일제 강점기 : 물산 장려 운동(조만식), 을밀대 지붕에서 강주룡의 고공 농성
- 대한민국 : 최초의 남북 정상 회담 개최, 6·15 남북 공동 선언 발표

❷ 개성(개경)

- 고려 : 고려의 수도, 궁궐터인 만월대가 있음, 고려 첨성대, 만적의 난 발생
- 조선 : 정몽주가 피살된 선죽교, 송상의 활동 근거지
- 대한민국 : 남북이 협력하여 만든 개성 공단

❸ 강화도

- 고려 : 몽골 침입 때 임시 수도
- 조선 : 두 차례 호란 때 왕실 피란, 병인양요(정족산성)와 신미양요(광성보) 발발, 외규장각 약탈, 강화도 조약 체결
- 유적 : 부근리 고인돌 유적

❹ 인천

- 백제 : 온조의 형 비류가 터를 잡았던 지역(미추홀)
- 조선 : 강화도 조약의 개항장, 제물포 조약
- 대한민국 : 6·25 전쟁 때의 인천 상륙 작전, 2014 아시아 경기 대회

❺ 서울

- 백제 : 백제의 수도, 석촌동 고분군
- 신라 : 진흥왕이 북한산 순수비 건립
- 조선 : 건국 후 도읍으로 삼음

❻ 충주

- 고구려 : 충주 고구려비 건립
- 고려 : 몽골의 침입 때 노비들을 중심으로 한 충주성에서의 항전
- 조선 : 임진왜란 때 신립의 탄금대 전투

❼ 공주

- 구석기 : 석장리 유적
- 백제 : 문주왕 때 천도, 송산리 고분군
- 고려 : 망이·망소이의 난(공주 명학소)
- 조선 : 동학 농민 운동 우금치 전투

❽ 안동

- 후삼국 : 후백제와 고려의 고창 전투
- 고려 : 홍건적 침입으로 공민왕 피란
- 조선 : 도산 서원·병산 서원 건립

❾ 대구

- 후삼국 : 후백제와 고려의 공산 전투
- 대한 제국 : 국채 보상 운동 시작

❿ 전주

- 후삼국 : 견훤이 완산주(전주)를 도읍으로 후백제 건국
- 조선 : 경기전(태조 이성계 어진 모심), 사고 설치(『조선왕조실록』 보관), 동학 농민군과 조선 정부의 화약 체결

⓫ 경주

- 신라 : 신라의 수도, 불국사, 황룡사, 석굴암, 첨성대 건립

⓬ 진주

- 조선 : 임진왜란 때 진주 대첩, 임술 농민 봉기의 시작
- 일제 강점기 : 조선 형평사 조직

⓭ 부산

- 조선 : 임진왜란 때 동래성 전투, 초량 왜관(일본과 무역)
- 대한민국 : 6·25 전쟁 중 임시 수도, 2002 아시아 경기 대회

⓮ 완도

- 통일 신라 : 장보고가 청해진 설치

⓯ 제주도

- 고려 : 탐라총관부 설치, 삼별초 최후의 항전(항파두성)
- 조선 : 김정희 유배(세한도), 하멜 일행의 표류
- 대한민국 : 제주 4·3 사건

✪간도

백두산 정계비 건립 1712

• 배경 : 조선과 청 사이에 국경 분쟁 발생
• 조선과 청의 대표가 백두산 일대를 답사하고 정계비를 건립함
• 서쪽은 압록강, 동쪽은 토문강으로 경계를 정함

간도 귀속 문제 발생

• 19세기 후반 토문강의 위치에 대한 해석을 둘러싸고 조선과 청 사이에 영토 분쟁 발생 (각각 조선은 토문강, 청은 두만강으로 해석함)
• 청이 간도에 거주하던 조선인에게 철수를 요구함
  → 조선이 반발하며 두 나라 사이에 분쟁 발생

간도 협약 1909

• 대한 제국의 정책 : 이범윤을 간도 관리사로 임명하여 이 지역 주민을 직접 관할하게 함 간도를 함경도 행정 구역에 포함시킴 1903
• 간도 협약 체결 : 을사늑약 이후 일제가 청으로부터 남만주 철도 부설권을 얻는 대가로 간도를 청의 영토로 인정함

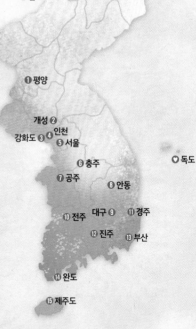

○독도

(1) 우리의 기록 : 삼국접양지도, 『삼국사기』, 『고려사』 등의 사료를 통해 독도가 우리 영토임을 증명함

신라 지증왕 때

신라 이사부가 우산국(지금의 울릉도)을 점령한 이후 우리 고유의 영토임

조선

• 『세종실록』, 「지리지」와 '팔도총도' 등에서 조선의 영토로 기록됨

> 우산과 무릉(우릉) 두 섬은 (울진)현 바로 동쪽 바다에 있다. 두 섬의 거리가 멀지 아니하여 날씨가 맑은 날이면 가히 바라볼 수 있다. 신라 시대에는 우산국이라고 칭하였다.
> ─ 『세종실록』「지리지」, 1454

• 조선 숙종 때 안용복이 무단으로 고기잡이를 하던 일본 어민을 축출, 일본으로 건너가 울릉도와 독도가 조선의 영토임을 확인받음

대한 제국

내한 제국 직령 제41호 제정·반포 1900 : 대한 제국이 울릉도를 울도군으로 승격시키고, 독도가 우리 영토임을 선포함

> <대한 제국 칙령 제41호>
> 제1조 울릉도를 울도로 개칭하여 강원도에 부속하고 도감을 군수로 개정하여 관제 중에 편입할 것
> 제2조 군청 위치는 태하동으로 정하고 구역은 울릉 전도와 죽도, 석도(독도)를 관할할 것
> ─ 대한 제국 『관보』, 제1716호

광복 후

1946년 연합국 총사령부가 제작한 한일 양국의 행정 관할 지도에 독도가 한국의 영토로 표시됨

태정관 지령 1877

일본 메이지 시대의 최고 국가 기관인 태정관에서 '울릉도와 독도는 일본 영토가 아니다'라고 지시문을 내림 → 일본의 기록이나 독도가 조선 영토임을 보여줌

(2) 일본의 입장 : 우산국은 '울릉도'만을 가리킬 뿐 '독도'는 포함하지 않는다고 주장함

러일 전쟁 중

러일 전쟁 중 일본이 시마네현 고시 후 독도를 불법적으로 일본 영토에 편입시킴 1905 → 국제법상 명백한 불법 영토 침탈 행위임

다케시마의 날 제정

2005년 3월 16일에 일본 시마네현 의회에서 지정, 1905년 2월 22일을 일본의 독도 편입을 기념하는 날로 삼음

역사 교과서 왜곡

일본은 독도를 일본 영토로 기록한 학습 지도 요령을 2008년에 승인하고, 왜곡된 역사 교과서를 발간함

역사를 이끈 주도 세력

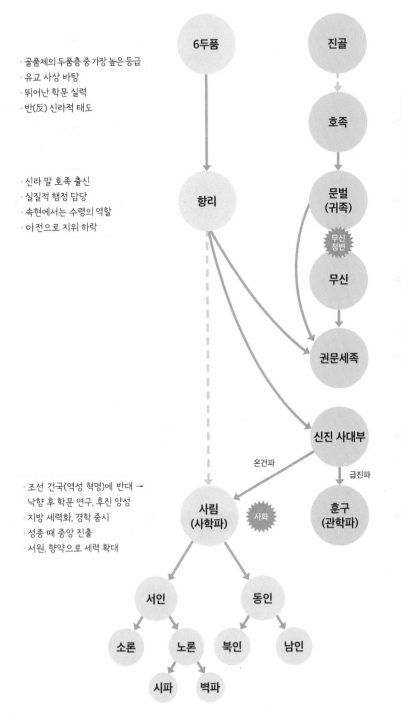

6두품
- 골품제의 두품층 중 가장 높은 등급
- 유교 사상 바탕
- 뛰어난 학문 실력
- 반(反) 신라적 태도

향리
- 신라 말 호족 출신
- 실질적 행정 담당
- 속현에서는 수령의 역할
- 아전으로 지위 하락

진골

호족
- 낙향 귀족, 군진, 초적, 상인
- 스스로 성주·장군을 자처
- 6두품+선종+풍수지리설
- 반(反) 신라 세력 → 후삼국

문벌(귀족)
- 중첩적 혼인 관계(폐쇄적)
- 공음전과 음서의 혜택
- 이자겸의 난 발생
- 묘청의 난 진압

무신 정변

무신
- 중방, 교정도감, 도방, 삼별초
- 대농장 소유

권문세족
- 친원파
- 도평의사사(도당) 장악
- 음서 출신이 대다수
- 숭불(불교계와 결탁)

신진 사대부
- 친명파
- 과거로 정계 진출
- 중소 지주
- 성리학, 억불 정책

온건파 / 급진파

사림(사학파)
- 조선 건국(역성 혁명)에 반대 → 낙향 후 학문 연구, 후진 양성
- 지방 세력화, 경학 중시
- 성종 때 중앙 진출
- 서원, 향약으로 세력 확대

사화

훈구(관학파)
- 관학(성균관), 사장 중시
- 중앙 집권(주례), 실용주의(개방)
- 대농장 소유
- 자주적

서인 → 소론, 노론

동인 → 북인, 남인

노론 → 시파, 벽파

**기출 문장
정답 가리개**

정답을 가리면
진짜 내 실력이
보입니다!

외운척하지 말아요 ☺ ✂

답이 보이는 선지 정리북

결정적 기출 문장
1200

오디오 문장 학습

단박에 답이
떠오르는
자동 암기 학습

족집게 특강

시험에 꼭 나올
선지만 콕 집은
마무리 특강

왜 기출 문장으로 마무리해야 하는가

아무리 강의를 듣고,
내용을 잘 흡수하고,
찰떡같이 외웠어도
시험 때 생각이 안 나면 무용지물입니다.

시험 당일은 평소와 달리 긴장한 상태에서
빠르게 문제를 풀어야 합니다.
문제를 본 순간,
반사적으로 답을 떠올릴 수 있어야 합니다.

따라서 시험 직전에는
우리가 시험지에서 보게 될 '표현' 그대로,
정답 선지를 학습하는 것이
가장 효과적인 마무리입니다.

1 선사

이 단원의 결정적 기출 문장 43

● 최다 출제 BEST 5   0003, 0011, 0030, 0039, 0042

☐ 0001	대표적인 도구로 **주먹도끼**, 찍개 등을 제작하였다.	구석기 시대
☐ 0002	사냥을 위해 **슴베찌르개**를 처음 제작하였다.	구석기 시대
☐ 0003	주로 **동굴**이나 **강가의 막집**에 살면서 거주하였다.	구석기 시대
☐ 0004	계급이 없는 공동체 생활을 하는 **평등 사회**였다.	구석기 시대
☐ 0005	**농경과 목축**을 시작하여 식량을 생산하였다.	신석기 시대
☐ 0006	**빗살무늬 토기**를 제작하여 식량을 저장하였다.	신석기 시대
☐ 0007	**빗살무늬 토기**가 처음으로 등장하였다.	신석기 시대
☐ 0008	처음으로 **가락바퀴**를 이용하여 실을 뽑았다.	신석기 시대
☐ 0009	**가락바퀴**와 **뼈바늘**을 이용하여 옷이나 그물을 만들었다.	신석기 시대
☐ 0010	정착 생활을 하게 되면서 **움집**이 처음 만들어졌다.	신석기 시대
☐ 0011	거푸집을 이용하여 **비파형 동검**을 제작하였다.	청동기 시대
☐ 0012	**반달 돌칼**을 사용하여 곡물을 수확하였다.	청동기 시대
☐ 0013	**미송리식 토기**를 사용하였다.	청동기 시대
☐ 0014	권력을 가진 군장이 백성을 다스리고, 제사를 주관하였다.	청동기 시대
☐ 0015	많은 인력을 동원해 지배층의 무덤으로 **고인돌**을 축조하였다.	청동기 시대
☐ 0016	대표적인 무덤으로 **고인돌, 돌널무덤**이 만들어졌다.	청동기 시대
☐ 0017	쟁기, 쇠스랑 등의 **철제 농기구**를 사용하여 농사를 지었다.	철기 시대
☐ 0018	**명도전**, 반량전, 오수전, 화천 등의 중국 화폐를 사용하였다.	철기 시대
☐ 0019	**널무덤과 독무덤**을 만들었다.	철기 시대
☐ 0020	**단군왕검**은 제사장이면서 정치적 지배자였다.	고조선
☐ 0021	연의 장수 진개의 공격을 받아 땅을 빼앗겼다.	고조선
☐ 0022	**부왕** 등 강력한 왕이 등장하여 왕위를 세습하였다.	고조선
☐ 0023	**준왕**이 부왕으로부터 왕위를 물려받았다.	고조선
☐ 0024	사회 질서를 유지하기 위해 **8조법**(범금 8조)을 만들었다.	고조선

☐ 0025 **8조법**을 통해 절도, 살인, 상해 등의 죄를 다스렸다.		고조선
☐ 0026 **위만**이 준왕을 몰아내고 왕이 되었다.		위만 조선
☐ 0027 한과 진국 사이에서 **중계 무역**을 하였다.		위만 조선
☐ 0028 왕검성에서 우거왕이 **한 무제**가 파견한 군대에 맞서 싸웠다.		고조선
☐ 0029 **한의 침략**을 받아 고조선이 멸망하였다.		고조선
☐ 0030 여러 가(마가·우가·저가·구가)들이 별도로 **사출도**를 주관하였다.		부여
☐ 0031 남의 물건을 훔친 자는 **12배**로 배상하게 하였다. 1책 12법		부여·고구려
☐ 0032 12월에 **영고**라는 제천 행사를 열었다.		부여
☐ 0033 **대가**들이 사자·조의·선인 등의 관리를 거느렸다.		고구려
☐ 0034 10월에 **동맹**이라는 제천 행사를 열었다.		고구려
☐ 0035 집집마다 부경이라는 창고가 있었다.		고구려
☐ 0036 혼인 풍속으로 **서옥제**가 있었다.		고구려
☐ 0037 혼인 풍속으로 **민며느리제**가 있었다.		옥저
☐ 0038 **단궁·과하마·반어피** 등의 특산물이 있었다.		동예
☐ 0039 부족 간의 경계를 침범하면 소, 말 등의 가축이나 노비로 변상하는 **책화**가 있었다.		동예
☐ 0040 10월에 **무천**이라는 제천 행사를 열었다.		동예
☐ 0041 **신지, 읍차**라고 불리는 지배자가 있었다.		삼한
☐ 0042 제사장인 천군과 신성 지역인 **소도**가 존재하였다.		삼한
☐ 0043 **철**이 많이 생산되어 낙랑과 왜 등에 수출하였다.		삼한

2 고대

단원별 출제 비중
16~53회 9개년 기출 분석 **16%**

★967회

이 단원의 결정적 기출 문장 192

● 최다 출제 BEST 5   0073, 0119, 0128, 0178, 0198

☐ 0044 **옥저**를 정복하고 동해안으로 진출하였다.		고구려 태조왕
☐ 0045 을파소의 건의로 빈민을 구제하기 위해 **진대법**을 실시하였다.		고구려 고국천왕
☐ 0046 관구검이 이끄는 위의 군대가 고구려를 침략하였다.		고구려 동천왕
☐ 0047 **서안평**을 공격하여 영토를 확장하였다.		고구려 미천왕

☐ 0048 **낙랑군**을 몰아내었다.	고구려 미천왕
☐ 0049 **대방군**을 축출하고 영토를 확장하였다.	고구려 미천왕
☐ 0050 **전진의 순도**를 통해 불교를 수용하였다.	고구려 소수림왕
☐ 0051 **태학**을 세우고 인재를 양성하였다.	고구려 소수림왕
☐ 0052 **율령**을 반포하여 국가 체제를 정비하였다.	고구려 소수림왕
☐ 0053 5만의 군대를 파견하여 신라에 침입한 왜를 물리쳤다.	고구려 광개토 대왕
☐ 0054 고구려가 **영락**이라는 독자적인 연호를 사용하였다.	고구려 광개토 대왕
☐ 0055 **남진 정책**을 본격화하여 한강 유역까지 세력을 넓혔다.	고구려 장수왕
☐ 0056 국내성에서 **평양**으로 수도를 옮겼다.	고구려 장수왕
☐ 0057 백제의 한성을 공격하여 개로왕을 전사시켰다.	고구려 장수왕
☐ 0058 수 양제는 대군을 보내 고구려의 요동성을 침략하였다.	수의 침입과 고구려의 격퇴
☐ 0059 **을지문덕**이 살수에서 퇴각하는 수의 군대를 물리쳤다. 살수 대첩	수의 침입과 고구려의 격퇴
☐ 0060 고구려가 당의 침입에 대비하여 **천리장성**을 쌓았다.	당의 침입과 고구려의 격퇴
☐ 0061 **연개소문**이 정변을 일으켜 권력을 장악하였다.	당의 침입과 고구려의 격퇴
☐ 0062 **안시성**의 군사와 백성들이 당 태종의 대군을 격파하였다. 안시성 싸움	당의 침입과 고구려의 격퇴
☐ 0063 평양성에서 **나당 연합군**에 항전하였다.	고구려의 멸망
☐ 0064 **안승**이 신라에 의해 보덕국왕으로 임명되었다.	고구려 부흥 운동
☐ 0065 **검모잠**이 고구려를 다시 세우고자 하였다.	고구려 부흥 운동
☐ 0066 시조 **김수로왕**의 설화가 삼국유사에 전해진다.	금관가야(전기 가야 연맹)
☐ 0067 **철**이 많이 생산되어 낙랑, 왜를 연결하는 중계 무역으로 번성하였다.	금관가야(전기 가야 연맹)
☐ 0068 가야 연맹이 **대가야**를 중심으로 재편되었다.	대가야(후기 가야 연맹)
☐ 0069 내신좌평, 위사좌평 등 6좌평의 **관제와 관등제**의 기본 골격을 마련하였다.	백제 고이왕
☐ 0070 **평양성을 공격**하여 고구려 고국원왕을 전사시켰다.	백제 근초고왕
☐ 0071 고흥으로 하여금 **서기**를 편찬하게 하였다.	백제 근초고왕
☐ 0072 **동진의 마라난타**를 통해 불교를 수용하였다.	백제 침류왕
☐ 0073 지방을 통제하기 위해 **22담로**를 설치해 왕족을 파견하였다.	백제 무령왕
☐ 0074 중국 **남조**의 영향을 받아 **무령왕릉**(벽돌무덤)을 축조하였다.	백제 무령왕
☐ 0075 **사비**로 천도하고 국호를 남부여로 고쳐 중흥을 꾀하였다.	백제 성왕

☐ 0076 신라 **진흥왕**과 연합하여 한강 하류 지역을 수복하였다.		백제 성왕
☐ 0077 중앙 관청을 **22부**로 확대하고, 지방을 **5방**으로 정비하였다.		백제 성왕
☐ 0078 **관산성 전투**에서 전사하였다.		백제 성왕
☐ 0079 익산(금마저)에 **미륵사**를 창건하였다.		백제 무왕
☐ 0080 **계백**의 결사대가 황산벌에서 김유신의 신라군에게 결사 항전하였다. 황산벌 전투		백제의 멸망
☐ 0081 **의자왕**은 윤충을 보내 신라를 공격하여 **대야성**을 함락하였다.		백제의 멸망
☐ 0082 복신과 도침 등이 주류성에서 군사를 일으켜 부여풍을 왕으로 추대하였다.		백제 부흥 운동
☐ 0083 부여풍이 백강에서 왜군과 함께 당군에 맞섰다. 백강 전투		백제 부흥 운동
☐ 0084 **흑치상지**가 임존성에서 군사를 일으켰다.		백제 부흥 운동
☐ 0085 박, 석, 김의 **3성**이 교대로 왕위를 계승하였다.		신라 초기
☐ 0086 신라 지배자의 칭호가 **거서간 → 차차웅 → 이사금**으로 바뀌었다.		신라 초기
☐ 0087 **김씨**에 의한 왕위 계승권을 확립하였다.		신라 내물왕 = 내물 마립간
☐ 0088 **마립간**이라는 왕의 칭호를 사용하였다.		신라 내물왕
☐ 0089 국호를 **신라**로 정하고 최고 지배자의 칭호를 마립간에서 왕으로 바꾸었다.		신라 지증왕
☐ 0090 **이사부**를 보내 **우산국**을 복속시켰다.		신라 지증왕
☐ 0091 **우경**이 시작되어 깊이갈이가 가능해졌다.		신라 지증왕
☐ 0092 시장을 감독하는 관청인 **동시전**이 수도 경주에 설치되었다.		신라 지증왕
☐ 0093 **병부**와 **상대등**을 설치하여 지배 체제를 정비하였다.		신라 법흥왕
☐ 0094 **율령**을 반포하여 통치 체제를 정비하였다.		신라 법흥왕
☐ 0095 **이차돈의 순교**를 계기로 불교를 공인하여 왕권을 강화하였다.		신라 법흥왕
☐ 0096 **건원**이라는 독자적인 연호를 사용하였다.		신라 법흥왕
☐ 0097 금관가야를 병합하여 영토를 확대하였다.		신라 법흥왕
☐ 0098 **화랑도**를 국가적인 조직으로 개편하였다.		신라 진흥왕
☐ 0099 거칠부가 왕명을 받들어 **국사**를 편찬하였다.		신라 진흥왕
☐ 0100 **관산성 전투**에서 성왕을 전사시켰다.		신라 진흥왕
☐ 0101 신라가 한강 유역을 차지하였다. → 북한산에 순수비를 세웠다.		신라 진흥왕
☐ 0102 신라가 함경도 지역까지 진출하였다. → 마운령, 황초령 등에 순수비를 세웠다.		신라 진흥왕
☐ 0103 대가야를 병합하여 낙동강 서쪽까지 영토를 확장하였다.		신라 진흥왕

☐ 0104	원광에게 **걸사표**를 짓게 하였다.	신라 진평왕
☐ 0105	신라의 **김춘추**가 당과 군사 동맹을 체결하였다.	나당 연합
☐ 0106	나당 연합군이 결성되어 고구려 평양성을 공격하였다.	나당 연합
☐ 0107	고구려 멸망 후 당이 안동 도호부를 요동 지역으로 옮겼다.	나당 전쟁
☐ 0108	신라는 고구려 부흥 운동군을 후원하면서 당에 맞서 싸웠다.	나당 전쟁
☐ 0109	신라군이 당의 군대에 맞서 **매소성·기벌포 전투**에서 승리하였다	신라의 삼국 통일
☐ 0110	무열왕의 직계 자손이 왕위를 세습하였다.	신라 중대(무열왕~혜공왕)
☐ 0111	귀족 세력인 상대등이 약화되고 왕권이 전제화되었다.	신라 중대(무열왕~혜공왕)
☐ 0112	**김춘추**가 진골 출신 최초로 왕위에 올랐다.	신라 무열왕
☐ 0113	나당 전쟁에서 승리하여 삼국 통일을 이룩하였다.	신라 문무왕
☐ 0114	왕의 장인인 김흠돌이 반란을 도모하였다. 김흠돌의난	신라 신문왕
☐ 0115	**김흠돌의 난**을 진압하고 진골 세력을 숙청하였다.	신라 신문왕
☐ 0116	**9주 5소경**의 지방 행정 제도를 두었다.	신라 신문왕
☐ 0117	5소경을 설치하여 수도의 편재성을 보완하려 하였다.	신라 신문왕
☐ 0118	군사 조직을 9서당(중앙군) 10정(지방군)으로 편성하였다.	신라 신문왕
☐ 0119	관리에게 **관료전**을 지급하고 **녹읍**을 폐지하였다.	신라 신문왕
☐ 0120	유학 교육의 기관으로 **국학**을 설립하였다.	신라 신문왕
☐ 0121	왕권 강화 정책의 일환으로 백성에게 **정전**을 지급하였다.	신라 성덕왕
☐ 0122	9주(지방 행정 구역)의 명칭을 중국식으로 바꾸었다.	신라 경덕왕
☐ 0123	중앙과 지방의 관리에게 지급하던 녹봉을 없애고 녹읍을 주었다.	신라 경덕왕
☐ 0124	국학을 **태학감**으로 변경하여 유교 교육을 강화하였다.	신라 경덕왕
☐ 0125	**집사부**를 비롯한 14부를 두고 행정 업무를 분담하였다.	통일 신라의 통치 체제 (중앙 행정)
☐ 0126	집사부를 설치하고 장관을 **중시**라고 하였다.	통일 신라의 통치 체제 (중앙 행정)
☐ 0127	**상수리 제도**를 실시하여 지방 세력을 견제하였다.	통일 신라의 통치 체제 (지방 행정)
☐ 0128	문무왕 때 지방관 감찰을 위하여 파견되었다.	외사정
☐ 0129	혜공왕이 귀족 세력에게 죽임을 당하였다.	신라 말 왕위 다툼
☐ 0130	지방에 대한 중앙 정부의 통제력이 약화되었다.	신라 말 지방 통제력 약화
☐ 0131	웅천주 도독 김헌창이 반란을 일으켰다. 김헌창의난	신라 말 지방 통제력 약화

☐ 0132	장보고가 청해진을 거점으로 반란을 도모하였다. 장보고의난	신라 말 지방 통제력 약화
☐ 0133	**원종**과 **애노**가 사벌주에서 봉기하였다.	신라 말 지방 통제력 약화
☐ 0134	지방에서 스스로 성주·장군이라 칭하며, 반독립적인 세력으로 성장하였다.	호족
☐ 0135	호족과 연계하여 골품제를 비판하며 새로운 정치 이념을 제시하였다.	6두품
☐ 0136	고구려 유민을 이끌고 동모산에서 나라를 세웠다.	발해 대조영
☐ 0137	**인안**이라는 독자적인 연호를 사용하였다.	발해 무왕
☐ 0138	당, 신라와 적대 관계를 유지하였다.	발해 무왕
☐ 0139	대문예로 하여금 흑수 말갈을 정벌하게 하였다.	발해 무왕
☐ 0140	장문휴로 하여금 산둥반도의 등주를 공격하게 하였다.	발해 무왕
☐ 0141	**대흥**이라는 독자적 연호를 사용하였다.	발해 문왕
☐ 0142	3성 6부의 중앙 관제를 정비하였다.	발해 문왕
☐ 0143	수도를 중경 현덕부에서 상경 용천부로 옮겨 체제를 정비하였다.	발해 문왕
☐ 0144	일본에 보낸 국서에 **고려국왕**이라는 명칭을 사용하였다. → 고구려(부여)의 후예임을 내세웠다.	발해 문왕
☐ 0145	고려국왕을 표방하고 일본과 교류하였다.	발해 문왕
☐ 0146	발해에서 신라로 이어지는 교통로인 **신라도**를 통해 신라와 교역하였다.	발해 문왕
☐ 0147	**5경 15부 62주**의 지방 행정 제도를 갖추었다.	발해 선왕
☐ 0148	요동 지방에 진출하는 등 최대 영토를 확보하였다.	발해 선왕
☐ 0149	전성기에 **해동성국**이라고도 불렸다.	발해 선왕
☐ 0150	거란의 침입에 의해 멸망하였다.	발해의 멸망
☐ 0151	정당성의 장관인 대내상이 국정을 총괄하였다.	발해의 통치 체제(중앙 행정)
☐ 0152	**중정대**를 두어 관리를 감찰하였다.	발해의 통치 체제(중앙 행정)
☐ 0153	**주자감**을 두어 유학 교육을 실시하였다.	발해의 통치 체제(중앙 행정)
☐ 0154	지방 장관으로 욕살, 처려근지 등을 두었다.	고구려의 통치 체제(지방 행정)
☐ 0155	우경이 시작되어 깊이갈이가 가능해졌다. 신라지증왕	삼국의 경제
☐ 0156	빈민을 구제하기 위한 **진대법**을 시행하였다. 고구려 고국천왕	삼국의 경제
☐ 0157	시장을 감독하는 관청인 **동시전**이 있었다. 신라지증왕	삼국의 경제
☐ 0158	**제가 회의**에서 나라의 중요한 일을 결정하였다.	고구려의 제가 회의
☐ 0159	국가 중대사를 정사암에서 논의하고, **정사암**에 모여 재상을 선출하였다.	백제의 정사암 회의

☐ 0160	만장 일치제인 **화백 회의**를 통해 국정을 운영하였다.	신라의 화백 회의
☐ 0161	엄격한 신분 제도를 마련하였다.	신라의 골품제
☐ 0162	골품에 따라 관등 승진에 제한이 있었다.	신라의 골품제
☐ 0163	집과 수레의 크기 등 일상생활까지 규제하였다.	신라의 골품제
☐ 0164	**원광**이 화랑도의 규범으로 **세속 5계**를 제시하였다.	신라의 화랑도
☐ 0165	조세 수취와 노동력 징발의 권리가 주어졌다.	녹읍
☐ 0166	호구를 남녀별·연령별로 구분하여 파악하고, 가축 및 유실수의 현황도 기재하였다.	민정 문서
☐ 0167	**청해진**을 설치하여 해상 무역을 전개하였다.	장보고
☐ 0168	당에 신라방을 형성하여 활발히 교역하였다.	통일 신라의 대외 무역
☐ 0169	**담비 가죽**과 인삼, 자기, 말, 모피 등을 수출하였다.	발해의 경제
☐ 0170	특산품으로 **솔빈부의 말**이 유명하였다.	발해의 경제
☐ 0171	당의 등주에 **발해관**이 설치되었다.	발해의 경제
☐ 0172	이문진이 유기를 간추린 **신집**을 편찬하였다.	고구려의 역사서 편찬
☐ 0173	교육 기관으로 **태학**과 **경당**을 두었다.	고구려의 교육 기관
☐ 0174	**소수림왕**이 태학을 세우고 자제를 교육시켰다.	고구려의 교육 기관
☐ 0175	**장수왕**이 **경당**을 설치하여 청소년에게 글과 활쏘기를 가르쳤다.	고구려의 교육 기관
☐ 0176	**신문왕** 때 설립된 유학 교육 기관으로, 유교 경전을 가르치기 위해 **박사**와 **조교**를 두었다.	통일 신라의 국학
☐ 0177	**국학**을 **태학감**으로 변경하여 유교 교육을 강화하였다. 신라 경덕왕	통일 신라의 국학
☐ 0178	원성왕이 인재 등용 제도로 제정하였다.	독서삼품과
☐ 0179	진성 여왕에게 **시무책 10여 조**를 올렸다.	최치원
☐ 0180	국왕에게 조언하는 내용의 **화왕계**를 저술하였다.	설총
☐ 0181	한자의 음과 훈을 치용한 **이두**를 체계직으로 정리하였다.	설총
☐ 0182	외교 문서 작성에 능하여 **청방인문표**를 집필하였다.	강수
☐ 0183	진골 귀족 출신으로 **화랑세기, 고승전** 등을 저술하였다.	김대문
☐ 0184	발해의 교육 기관으로 유교 경전을 교육하였다.	주자감
☐ 0185	고구려 강서대묘의 벽에 그려진 사신도가 이 사상의 영향을 받았다.	도교
☐ 0186	고구려 연개소문이 반대 세력을 견제하고자 장려하였다.	도교
☐ 0187	신라 말 **도선**에 의해 확산되었다.	풍수지리설

☐ 0188 **무애가**를 지어 불교 대중화에 노력하였다.		신라의 승려 원효
☐ 0189 **대승기신론소**, 금강삼매경론, 십문화쟁론을 저술하였다.		신라의 승려 원효
☐ 0190 **일심 사상**과 **화쟁 사상**을 주장하였다.		신라의 승려 원효
☐ 0191 현세에서 고난을 구제받고자 하는 **관음 신앙**을 강조하였다.		신라의 승려 의상
☐ 0192 **화엄 사상**을 바탕으로 교단을 형성하였다.		신라의 승려 의상
☐ 0193 **부석사**를 창건하고 화엄 사상을 전파하였다.		신라의 승려 의상
☐ 0194 **화엄일승법계도**를 지어 화엄 사상을 정리하였다.		신라의 승려 의상
☐ 0195 인도와 중앙아시아를 다녀와서 **왕오천축국전**을 남겼다.		신라의 승려 혜초
☐ 0196 **9산 선문** 중 하나인 실상산문이 개창되었다.		선종
☐ 0197 승려의 사리를 봉안하는 조형물로, 선종의 영향을 받아 만들어졌다.		(화순 쌍봉사 철감선사) 승탑
☐ 0198 신라 선덕 여왕 때 **자장**의 건의로 건립하였다.		황룡사 9층 목탑
☐ 0199 내부에서 **무구정광대다라니경**이 발견되었다.		불국사 3층 석탑(석가탑)
☐ 0200 석촌동에 있는 백제의 돌무지무덤과 양식이 유사하다. 장군총		고구려의 돌무지무덤
☐ 0201 돌로 널길과 널방을 만들고 흙으로 봉분을 만들었다.		고구려의 굴식 돌방무덤
☐ 0202 널방의 벽과 천장에 벽화를 그리기도 하였다.		고구려의 굴식 돌방무덤
☐ 0203 널길과 널방을 벽돌로 쌓은 벽돌무덤으로, 중국 남조의 영향을 받아 만들어졌다.		백제의 무령왕릉
☐ 0204 무덤을 지키는 석수(진묘수)와 무덤 주인(무령왕 부부)을 알 수 있는 묘지석이 출토되었다.		백제의 무령왕릉
☐ 0205 부여 능산리 절터에서 국보로 지정된 금동 대향로가 발견되었다.		부여 능산리 고분군
☐ 0206 나무로 곽을 짜고 그 위에 돌을 쌓았다.		신라의 돌무지 덧널무덤
☐ 0207 대표적인 무덤으로 황남대총이 있다.		신라의 돌무지 덧널무덤
☐ 0208 도굴이 어려워 금관, 유리잔 등 많은 껴묻거리가 출토되었다.		신라의 돌무지 덧널무덤
☐ 0209 무덤의 둘레돌에 12지 신상을 조각하였다.		김유신묘
☐ 0210 고구려 굴식 돌방무덤과 발해의 정효·정혜 공주 묘에서 볼 수 있다.		모줄임 천장 구조
☐ 0211 칠지도 명문의 해석으로 백제와 일본과의 관계를 알 수 있다.		칠지도
☐ 0212 신라 선덕 여왕 때 세워 천체를 관측하였다.		첨성대
☐ 0213 혜공왕 때 완성한 종으로 봉덕사에 안치하였다.		성덕 대왕 신종
☐ 0214 불국사 3층 석탑(석가탑) 내부에서 발견되었다.		무구정광대다라니경
☐ 0215 백제 무왕 때 익산(금마저)에 대규모 사찰을 창건하였다.		익산 미륵사

☐ 0216	귀족들의 놀이 도구인 14면체 나무 주사위가 출토되었다.	경주 동궁과 월지(안압지)
☐ 0217	혜자는 쇼토쿠 태자의 스승이 되었다.	고구려 문화의 일본 전파
☐ 0218	노리사치계는 불경과 불상을 전해 주었다.	백제 문화의 일본 전파
☐ 0219	오경박사·의박사·역박사 등을 일본에 파견하였다.	백제 문화의 일본 전파
☐ 0220	왕인은 천자문과 논어를 가르쳤다.	백제 문화의 일본 전파
☐ 0221	완산주를 도읍으로 후백제를 건국하였다.	후백제 견훤
☐ 0222	**후당**, 오월에 사신을 파견하였다.	후백제 견훤
☐ 0223	오월에 사신을 보내고 검교태보의 직을 받았다.	후백제 견훤
☐ 0224	신라의 경주(금성)를 습격하여 경애왕을 죽게 하였다.	후백제 견훤
☐ 0225	양길의 휘하에서 세력을 키웠다.	후고구려 궁예
☐ 0226	송악을 도읍으로 정하고 **후고구려**를 건국하였다.	후고구려 궁예
☐ 0227	국호를 마진에서 태봉으로 바꾸고, 송악에서 **철원**으로 천도하였다.	후고구려 궁예
☐ 0228	**광평성** 등 여러 관서를 설치하였다.	후고구려 궁예
☐ 0229	신숭겸이 **공산 전투**에서 전사하였다.	후삼국 통일 과정
☐ 0230	후백제군이 **공산 전투**에서 고려군에 대승을 거두었다.	후삼국 통일 과정
☐ 0231	왕건이 이끄는 고려군이 **고창 전투**에서 후백제군을 상대로 승리하였다.	후삼국 통일 과정
☐ 0232	후백제군이 **고창 전투**에서 고려군에게 패하였다.	후삼국 통일 과정
☐ 0233	**금산사**에 유폐된 후 고려에 귀부하였다.	견훤의 귀순
☐ 0234	**신검**이 이끄는 후백제군이 왕건의 고려군에게 패배하였다. 일리천 전투	후백제의 멸망
☐ 0235	후백제군이 **황산 전투**에서 왕건의 고려군에게 패배하였다.	후백제의 멸망

3 고려

단원별 출제 비중
16~53회 9개년 기출 분석 **16**%

★845회

이 단원의 결정적 기출 문장 191

● 최다 출제 BEST 4 0245, 0246, 0250, 0316

☐ 0236	민생 안정(빈민 구제)을 위해 **흑창**을 처음 설치하였다.	고려 태조 왕건
☐ 0237	공로와 인품에 따라 **역분전**을 차등 지급하였다.	고려 태조 왕건
☐ 0238	**기인 제도**와 **사심관 제도**를 시행하였다.	고려 태조 왕건

☐ 0239 경순왕 김부가 경주의 사심관이 되었다. 사심관 제도	고려 태조 왕건
☐ 0240 평양을 서경으로 삼아 북진 정책의 전진 기지로 삼았다.	고려 태조 왕건
☐ 0241 발해를 멸망시킨 거란을 배척하여 **만부교 사건**이 일어났다.	고려 태조 왕건
☐ 0242 **정계**와 **계백료서**를 지어 관리가 지켜야 할 규범을 제시하였다.	고려 태조 왕건
☐ 0243 **훈요 10조**에서 불교 숭상을 강조하였다.	고려 태조 왕건
☐ 0244 **광군**을 설치하여 거란의 침입에 대비하였다.	고려 정종
☐ 0245 **노비안검법**을 실시하여 왕권을 강화하였다.	고려 광종
☐ 0246 쌍기의 건의를 받아들여 인재를 등용하기 위해 **과거제**를 실시하였다.	고려 광종
☐ 0247 광덕·준풍 등의 독자적인 연호를 사용하였다.	고려 광종
☐ 0248 백관의 공복을 제정하여 복색을 4등급으로 구분하였다.	고려 광종
☐ 0249 **최승로의 시무 28조**를 받아들여 통치 체제를 정비하였다.	고려 성종
☐ 0250 전국의 주요 지역에 **12목**을 설치하고 **지방관**을 파견하였다.	고려 성종
☐ 0251 지방 세력 통제를 위해 호장, 부호장을 상층부로 하는 향리 제도를 처음 마련하였다.	고려 성종
☐ 0252 **국자감**을 설립하여 유학 교육을 실시하였다.	고려 성종
☐ 0253 2성 6부제를 토대로 중앙 정치 조직을 정비하였다.	고려의 중앙 통치 조직
☐ 0254 국정을 총괄하는 중앙 관서였다.	고려의 중앙 통치 조직 (중서문하성)
☐ 0255 6부를 통해 행정 실무를 맡아보았다.	고려의 중앙 통치 조직 (상서성)
☐ 0256 6부의 하나로 군사 관련 업무를 담당하였다.	고려의 중앙 통치 조직 (병부)
☐ 0257 내적인 법제와 격식의 문제를 다루었다.	고려의 중앙 통치 조직 (예부)
☐ 0258 문관의 인사와 공훈을 관장하였다.	고려의 중앙 통치 조직 (이부)
☐ 0259 군사 기밀과 왕명 출납을 담당하였다.	고려의 중앙 통치 조직 (중추원)
☐ 0260 간관으로서 관리의 비리를 규찰하고 관리를 탄핵하였다.	고려의 중앙 통치 조직 (어사대)
☐ 0261 화폐와 곡식의 출납과 회계를 맡았다.	고려의 중앙 통치 조직 (삼사)
☐ 0262 관리 임명에 대한 서경·간쟁·봉박을 담당하였다.	고려의 중앙 통치 조직 (대간)
☐ 0263 **어사대의 관원**과 **중서문하성의 낭사**로 구성되어, 왕의 권력 행사를 비판하였다.	고려의 중앙 통치 조직 (대간)
☐ 0264 고관들의 합좌 기구로, 국방과 군사 문제를 주로 합의하여 처리하였다.	고려의 중앙 통치 조직 (도병마사)
☐ 0265 중서문하성의 **재신**과 중추원의 **추밀**로 구성되었다.	고려의 중앙 통치 조직 (도병마사)
☐ 0266 고려 말에 도평의사사로 명칭이 바뀌었다.	고려의 중앙 통치 조직 (도병마사)

☐ 0267	재신과 추밀 등으로 구성되어 법제와 격식을 논의하였다.	고려의 중앙 통치 조직 (식목도감)
☐ 0268	고려 **현종** 때 5도 양계의 지방 제도가 확립되었다.	고려의 지방 행정 조직 (5도 양계)
☐ 0269	각 도에 **안찰사**를 파견하여 지방 행정을 감찰하였다.	고려의 지방 행정 조직
☐ 0270	특수 행정 구역으로 **향·부곡·소**가 있었다.	고려의 지방 행정 조직
☐ 0271	주현보다 수령이 파견되지 않은 **속현**이 많았다.	고려의 지방 행정 조직
☐ 0272	중앙군으로 **2군 6위**를 설치하였다.	고려의 중앙군
☐ 0273	**2군**은 응양군과 용호군으로 구성된 친위 부대였다.	고려의 중앙군
☐ 0274	**6위**는 수도 경비와 국경 방어를 담당하였다.	고려의 중앙군
☐ 0275	소속 군인에게 군인전이 지급되었다.	고려의 중앙군
☐ 0276	국경 지대인 **양계**(북계·동계)에 설치되었다.	고려의 지방군(주진군)
☐ 0277	북계와 동계에 배치되었다.	고려의 지방군(주진군)
☐ 0278	유사시에 향토 방위를 맡는 예비군이었다.	고려의 지방군(주현군)
☐ 0279	주진군·주현군은 병농일치의 부대로 군인전이 지급되지 않았다.	고려의 지방군
☐ 0280	지방 향리들이 중앙 관직으로 진출하는 통로가 되었다.	고려의 과거제
☐ 0281	제술과, 명경과, 잡과, 승과로 구성되었다.	고려의 과거제
☐ 0282	지공거와 합격자 사이에 좌주와 문생 관계가 형성되었다.	고려의 과거제
☐ 0283	조상의 음덕으로 관직에 진출하는 음서제를 실시하여 귀족 세력을 포용하였다.	고려의 음서제
☐ 0284	사위, 조카, 외손자에게 적용되기도 하였다.	고려의 음서제
☐ 0285	왕실과 중첩된 혼인 관계를 맺었다.	고려의 문벌 귀족
☐ 0286	5품 이상의 문무 관리는 **공음전**을 경제적 기반으로 삼고 음서의 혜택을 누렸다.	고려의 문벌 귀족
☐ 0287	왕실의 외척이 되어 권력을 독점하였다	이자겸
☐ 0288	금의 사대 요구를 수용하자고 주장하였다.	이자겸
☐ 0289	왕실의 외척인 이자겸이 척준경과 함께 난을 일으켰다.	이자겸의 난
☐ 0290	풍수지리설에 근거하여 서경 천도를 주장하였다.	묘청
☐ 0291	칭제 건원과 금국 정벌을 주장하였다.	묘청
☐ 0292	묘청이 서경에서 난을 일으키고, 국호를 대위로 하였다.	묘청의 서경 천도 운동
☐ 0293	김부식 일파(개경파)가 서경의 반란군을 진압하기 위해 출정하여 묘청 일파(서경파)를 토벌하였다.	묘청의 서경 천도 운동
☐ 0294	**보현원**에서 **정중부** 등이 정변을 일으켜 권력을 장악하였다.	무신 정변

☐ 0295	무신 정변 직후 **중방**을 중심으로 권력을 장악하였다.	무신 정변
☐ 0296	최씨 무신 정권 시기 국정을 총괄하는 최고 중앙 관서로 부상하였다.	교정도감
☐ 0297	**봉사 10조**를 올려 시정 개혁을 제안하였다.	최충헌
☐ 0298	**교정별감**이 되어 인사·재정 등 국정 전반을 장악하였다.	최충헌
☐ 0299	경대승이 신변 보호를 위해 처음으로 만든 사병 조직이다.	도방
☐ 0300	**정방**을 설치하여 인사권을 행사하였다.	최우
☐ 0301	최씨 무신 정권의 군사적 기반이었다.	삼별초
☐ 0302	야별초를 확대한 좌·우별초, 신의군으로 조직하여 정권 유지에 활용하였다.	삼별초
☐ 0303	무신 정권을 타도하고자 조위총이 군사를 일으켜 정중부 등의 제거를 도모하였다.	조위총의 난
☐ 0304	동북면 병마사 김보당이 난을 일으켰다.	김보당의 난
☐ 0305	**공주 명학소**에서 망이·망소이가 봉기하였다.	망이·망소이의 봉기
☐ 0306	망이의 고향인 명학소가 충순현으로 승격되었다.	망이·망소이의 봉기
☐ 0307	김사미와 효심이 가혹한 수탈에 저항하여 봉기하였다.	김사미와 효심의 봉기
☐ 0308	만적을 비롯한 노비들이 개경에서 신분 해방을 도모하였다.	만적의 봉기
☐ 0309	**서희**가 외교 담판을 벌여 강동 6주를 획득하였다.	거란의 1차 침입과 격퇴
☐ 0310	**강조**가 정변을 일으켜 김치양을 제거하고 목종을 폐위하였다.	거란의 2차 침입과 격퇴
☐ 0311	거란의 침략을 피해 왕이 나주로 피란하였다.	거란의 2차 침입과 격퇴
☐ 0312	**강동 6주**의 반환 등을 요구한 거란의 침입을 격퇴하였다.	거란의 3차 침입과 격퇴
☐ 0313	**강감찬**이 귀주에서 거란을 상대로 대승을 거두었다. 귀주 대첩	거란의 3차 침입과 격퇴
☐ 0314	거란의 침입에 대비하여 개경에 **나성**을 축조하였다.	거란의 침입과 격퇴
☐ 0315	국난을 극복하고자 **초조대장경**을 간행하였다.	거란의 침입과 격퇴
☐ 0316	윤관의 건의를 받아들여 **별무반**을 편성하고, 동북 9성을 축조하였다.	여진 정벌
☐ 0317	신기군·신보군·항마군(기병·보병·승병)으로 구성되었다.	별무반
☐ 0318	사신 저고여가 귀국길에 피살되었다.	몽골의 1차 침입
☐ 0319	강화도로 도읍을 옮겨 몽골의 침략에 대비하였다.	강화도 천도
☐ 0320	**김윤후**가 처인성 전투에서 살리타를 사살하였다.	몽골의 2차 침입
☐ 0321	부처의 힘을 빌려 외침을 막고자 **팔만대장경**(재조대장경)이 조판되었다.	몽골의 침입과 격퇴
☐ 0322	대장도감을 설치하여 **팔만대장경판**을 제작하였다.	몽골의 침입과 격퇴

☐ 0323	외적의 침입을 받아 황룡사 9층 목탑이 소실되었다.	몽골의 침입과 격퇴
☐ 0324	**배중손**이 삼별초를 이끌고 진도(용장성)와 제주도로 근거지를 옮겨 항쟁하였다.	삼별초의 항쟁
☐ 0325	삼별초가 여몽 연합군에 의해 진압되었다.	삼별초의 항쟁
☐ 0326	중서문하성과 상서성이 첨의부로 **관제**가 **격하**되었다.	원의 내정 간섭
☐ 0327	원의 요청으로 일본 원정을 위해 설치되었다.	정동행성
☐ 0328	**변발**과 **호복**이 지배층을 중심으로 유행하였다.	원의 내정 간섭
☐ 0329	여자들이 결혼을 할 때 족두리를 썼다.	원의 내정 간섭
☐ 0330	**결혼도감**을 통해 공녀가 징발되었다.	원의 내정 간섭
☐ 0331	**사림원**을 설치하여 개혁을 실시하였다. 고려 충선왕	원 간섭기의 개혁 노력
☐ 0332	학문 교류를 위해 **만권당**을 설립하였다. 고려 충선왕	원 간섭기의 개혁 노력
☐ 0333	도평의사사를 장악해 권력을 독점하였다.	원 간섭기의 권문세족
☐ 0334	원의 지원을 배경으로 성장하고, 불법으로 농장을 확대하였다.	원 간섭기의 권문세족
☐ 0335	격하된 관제를 복구하였다.	공민왕의 반원 자주 정책
☐ 0336	쌍성총관부를 공격하여 철령 이북의 땅을 수복하였다.	공민왕의 반원 자주 정책
☐ 0337	대표적 친원 세력인 기철이 숙청되었다.	공민왕의 반원 자주 정책
☐ 0338	**정동행성 이문소**를 폐지하였다.	공민왕의 반원 자주 정책
☐ 0339	신돈을 등용하고 **전민변정도감**을 두었다.	공민왕의 왕권 강화 정책
☐ 0340	**신돈**은 전민변정도감의 판사가 되어 권문세족을 견제하였다.	공민왕의 왕권 강화 정책
☐ 0341	인사 행정을 담당하던 **정방**을 폐지하였다.	공민왕의 왕권 강화 정책
☐ 0342	국학을 성균관으로 개칭하여 유교 교육을 강화하였다.	공민왕의 왕권 강화 정책
☐ 0343	성리학을 개혁 사상으로 수용해 불교의 폐단을 비판하고 사회를 개혁하려 하였다.	신진 사대부
☐ 0344	개경까지 쳐들어와 약탈을 일삼던 홍건적을 축출하였다.	홍건적의 침입과 격퇴
☐ 0345	최무선이 **화통도감** 설치를 건의하여 화약과 화포를 제작하였다.	왜구의 침입과 격퇴
☐ 0346	**최무선**(나세·심덕부) 등은 화포를 이용해 진포에서 왜구를 격퇴하였다. 진포 대첩	왜구의 침입과 격퇴
☐ 0347	**박위**를 파견하여 대마도를 정벌하였다.	왜구의 침입과 격퇴
☐ 0348	내륙까지 쳐들어와 약탈하던 왜구를 황산에서 무찔러 백성들의 지지를 얻었다. 황산대첩	신흥 무인 세력(이성계)
☐ 0349	개국 공신에게 인품과 공로를 기준으로 차등 지급하였다.	역분전
☐ 0350	지급된 토지에 대한 **수조권**을 인정하였다.	전시과, 과전법

☐ 0351 **인품과 관등**에 따라 관리에게 전지와 시지를 지급하였다.		시정 전시과
☐ 0352 처음으로 **직관, 산관** 각 품의 전시과가 제정되었다.		시정 전시과
☐ 0353 **현직 관리**에게 전지와 시지를 지급하였다.		경정 전시과
☐ 0354 전란으로 국가 재정이 악화되자 관리의 녹봉을 대신하여 **녹과전**을 지급하였다.		전시과의 붕괴
☐ 0355 소를 이용한 깊이갈이가 일반화되었다.		고려의 농업 기술
☐ 0356 밭농사에 **2년 3작**의 윤작법이 도입되었다.		고려의 농업 기술
☐ 0357 중국에서 **목화**가 들어와 재배되기 시작하였다.		문익점
☐ 0358 이암이 중국 화북 지방의 농법을 정리한 중국의 농서를 소개하였다.		농상집요
☐ 0359 **경시서**가 수도의 시전을 감독하였다.		고려의 상업 발달
☐ 0360 서적점, 다점 등의 **관영 상점**이 운영되었다.		고려의 상업 발달
☐ 0361 철전인 **건원중보**를 발행하여 화폐 유통을 추진하였다. 고려 성종		고려의 화폐
☐ 0362 우리나라 최초의 금속 화폐인 **건원중보**가 주조되었다. 고려 성종		고려의 화폐
☐ 0363 주전도감을 설치하여 **해동통보**를 발행하였다. 고려 숙종		고려의 화폐
☐ 0364 국가 주도로 **삼한통보**, 해동통보가 발행되었다. 고려 숙종		고려의 화폐
☐ 0365 고액 화폐로, 활구라고 불리는 **은병**이 제작되어 유통되었다. 고려 숙종		고려의 화폐
☐ 0366 예성강 하구의 **벽란도**가 국제 무역항으로 번성하였다.		고려의 벽란도
☐ 0367 **호장, 부호장** 등이 지방 행정의 실무를 담당하였다. 향리		고려의 중류층
☐ 0368 궁중의 실무 담당자는 **남반**이라고 불렸다.		고려의 중류층
☐ 0369 **향·소·부곡민**은 다른 지역으로 이주하는 것이 원칙적으로 금지되었다.		고려의 양민
☐ 0370 지방 관아에서 잡역에 종사하였고, 주인에게 해마다 신공을 바쳤다. 노비		고려의 천민
☐ 0371 **매향**(埋香) 활동 등 각종 불교 행사를 주관하였다.		향도
☐ 0372 흉년에 빈민 구제를 위해 봄에 곡식을 빌려주고 가을에 갚도록 하였다.		고려·조선의 의창
☐ 0373 물가 조절을 위해 상평창을 설치하였다.		고려의 상평창
☐ 0374 환자 치료와 빈민 구제를 위해 개경에 국립 의료 기관을 설치하였다.		고려의 동서 대비원
☐ 0375 기금을 모아 그 이자로 빈민을 구제하는 제위보를 운영하였다.		고려의 제위보
☐ 0376 전염병이 퍼지는 것을 막고 백성에게 약을 무료로 나눠주었다.		고려의 혜민국
☐ 0377 재해가 발생하였을 때 임시 기구인 구제도감을 설립하여 백성을 구호하였다.		고려의 구제도감
☐ 0378 아들 딸 구별 없이 태어난 순서대로 족보에 기록하였다.		고려~조선 전기의 가족 제도

☐ 0379 자녀들이 돌아가면서 부모의 제사를 지냈다.	고려~조선 전기의 가족 제도
☐ 0380 인간의 심성과 우주의 원리를 탐구하는 성리학이 최초로 소개되었다.	고려의 성리학 전래
☐ 0381 고려에 성리학을 최초로 소개하였다.	고려의 안향
☐ 0382 **만권당**에서 원의 학자들과 교유하였다. 고려 충선왕	고려의 이제현
☐ 0383 유학부(국자학·태학·사문학)와 기술학부(율학·서학·산학)를 두어 교육하였다.	고려의 국자감
☐ 0384 지공거 출신인 **최충**이 **9재 학당**(문헌공도)을 세워 유학 교육을 실시하였다.	고려의 사학 발달
☐ 0385 고려 예종 때 국자감에 **7재**라는 전문 강좌를 개설하였다.	고려의 관학 진흥책
☐ 0386 고려 예종은 **양현고**를 설치하여 장학 기금을 마련하였다.	고려의 관학 진흥책
☐ 0387 고려 예종은 청연각과 보문각을 설치하여 학문 연구를 장려하였다.	고려의 관학 진흥책
☐ 0388 고려 숙종 때 국자감에 **서적포**를 두어 출판을 담당하게 하였다.	고려의 관학 진흥책
☐ 0389 고려 인종 때 경사 6학을 중심으로 교육 제도를 정비하였다.	고려의 관학 진흥책
☐ 0390 **김부식** 등이 왕명을 받아 편찬하였다.	삼국사기
☐ 0391 **유교적 합리주의 사관**에 따라 기전체 형식으로 서술하였다.	삼국사기
☐ 0392 현존하는 우리나라 최고(最古)의 역사서이다.	삼국사기
☐ 0393 **각훈**이 왕명에 의해 명망 있는 승려들의 전기를 기록하였다.	해동고승전
☐ 0394 **이규보**가 고구려 건국 시조의 일대기를 서사시 형태로 서술하였다.	동명왕편
☐ 0395 고구려 계승 의식이 반영되었다.	동명왕편
☐ 0396 불교사를 중심으로 고대의 민간 설화 등을 수록하였다.	삼국유사
☐ 0397 **이승휴**가 고조선부터 충렬왕 때까지의 역사를 서사시로 정리하였다.	제왕운기
☐ 0398 중국과 우리나라의 역대 왕의 계보가 수록되었다.	제왕운기
☐ 0399 고조선(단군)의 건국 이야기를 우리 역사의 기원으로 수록하였다.	삼국유사, 제왕운기
☐ 0400 귀법사를 중심으로 활동하며 성상융회를 강조하였다.	고려의 승려 균여
☐ 0401 화엄 사상을 정비하고 보살의 실천행을 펼쳤다.	고려의 승려 균여
☐ 0402 **보현십원가**를 지어 불교 교리를 대중에게 전파하였다.	고려의 승려 균여
☐ 0403 **교관겸수**를 내세워 이론 연마와 실천을 함께 중시하였다.	고려의 승려 의천
☐ 0404 화엄종을 중심으로 교종을, 교종을 중심으로 선종을 통합하려 하였다.	고려의 승려 의천
☐ 0405 불교 통합을 위해 국청사를 중심으로 **해동 천태종**을 창시하였다.	고려의 승려 의천
☐ 0406 **교장도감**을 설치하여 불교 경전 주석서를 편찬하였다.	고려의 승려 의천

□ 0407	불교 경전에 대한 주석서를 모아 교장과 그 목록인 **신편제종교장총록**을 편찬하였다.	고려의 승려 의천
□ 0408	**돈오점수**를 주장하며 수행 방법으로 **정혜쌍수**를 내세웠다.	고려의 승려 지눌
□ 0409	정혜 결사를 결성하고 권수정혜결사문을 작성해 불교계를 개혁하고자 하였다	고려의 승려 지눌
□ 0410	불교 개혁을 주장하며 **수선사 결사**를 조직하였다.	고려의 승려 지눌
□ 0411	심성의 도야를 강조하며 **유불 일치설**을 주장해 유교와 불교의 조화를 도모하였다.	고려의 승려 혜심
□ 0412	자신의 행동을 참회하는 **법화 신앙**에 중점을 둔 백련 결사를 제창하였다.	고려의 승려 요세
□ 0413	**백련사 결사**를 통해 불교 정화 운동을 전개하였다.	고려의 승려 요세
□ 0414	하늘에 제사를 지내는 초제를 거행하였다.	고려의 도교
□ 0415	서경 길지설이 유행하였다.	고려의 풍수지리설
□ 0416	비보 사찰 건립의 이론적 근거가 되었다.	고려의 풍수지리설
□ 0417	거란 격퇴의 염원을 담아 간행하였다.	초조대장경
□ 0418	부처의 힘을 빌려 몽골의 침입을 물리치고자 대장도감을 설치하여 만들었다.	팔만대장경(재조대장경)
□ 0419	최씨 무신 정권의 후원으로 제작되었다.	팔만대장경(재조대장경)
□ 0420	유네스코 세계 기록 유산으로 등재되어 **해인사**에 보관되어 있다.	팔만대장경(재조대장경)
□ 0421	**청주 흥덕사**에서 현존 최고(最古)의 금속 활자본이 간행되었다.	직지심체요절
□ 0422	현재 프랑스 국립 도서관에 보관되어 있다.	직지심체요절
□ 0423	조맹부의 송설체가 새로 도입되었다.	고려의 서예
□ 0424	새로운 역법으로 **수시력**이 도입되었다. 고려 충렬왕 이후	고려의 역법
□ 0425	우리의 약재를 소개한 **향약구급방**을 편찬하였다.	향약구급방
□ 0426	**최무선**의 건의로 설치해 화약과 화포를 제작하였다. 고려 우왕	화통도감

이 단원의 결정적 기출 문장 196

● 최다 출제 BEST 5 0518, 0527, 0529, 0547, 0572

□ 0427 명의 철령위 설치에 반발하여 최영을 중심으로 요동 정벌을 추진하였다.

↓

□ 0428 우왕이 요동 정벌을 위해 이성계를 파견하였다.   위화도 회군

↓

□ 0429 이성계가 위화도에서 회군하여 최영을 제거하고 정권을 장악하였다.

☐ 0430	조준 등의 건의로 신진 관료들의 경제 기반 마련을 위해 제정되었다. 고려 공양왕	과전법
☐ 0431	고려 말 선죽교에서 이방원 세력에 의해 피살되었다.	정몽주
☐ 0432	국호를 조선으로 바꾸고, 수도를 한양으로 옮겼다.	조선 태조(이성계)
☐ 0433	한양으로 천도하면서 창건되었으며, 도성 내 북쪽에 있어 북궐이라고 하였다.	경복궁
☐ 0434	궁궐과 주요 전각의 명칭을 정하였다.	정도전
☐ 0435	**조선경국전**과 **경제문감**을 저술하여 재상 중심의 정치를 주장하였다.	정도전
☐ 0436	**불씨잡변**을 저술하여 불교를 비판하였다.	정도전
☐ 0437	명과의 갈등으로 **정도전**을 중심으로 **요동 정벌**을 **추진**하였다.	조선 초기의 대외 관계
☐ 0438	왕위 계승을 둘러싸고 두 차례의 **왕자의 난**이 발생해 정도전 등 반대파가 피살되었다.	조선 태종(이방원)
☐ 0439	의정부의 권한을 약화시키고 **6조 직계제**를 실시하였다.	조선 태종(이방원)
☐ 0440	공신과 왕족의 **사병**이 **혁파**되고 군사권을 강화하였다.	조선 태종(이방원)
☐ 0441	호구의 정확한 파악을 위해 16세 이상의 남자들에게 호패를 발급하였다. 호패법	조선 태종(이방원)
☐ 0442	백성의 억울함을 풀어주기 위해 **신문고**가 설치되었다.	조선 태종(이방원)
☐ 0443	세계 지도인 **혼일강리역대국도지도**가 제작되었다.	조선 태종(이방원)
☐ 0444	**주자소**를 설치하여 **계미자**를 주조하였다.	조선 태종(이방원)
☐ 0445	학문 연구 기관으로 **집현전**을 설치해 유교 정치의 활성화를 꾀하였다.	조선 세종
☐ 0446	이종무가 왜구의 근거지인 쓰시마섬(대마도)을 정벌하였다.	조선 세종
☐ 0447	부산포·제포·염포의 삼포를 개항하였다. 3포 개항	조선 세종
☐ 0448	일본과의 제한된 범위의 무역을 허용한 계해약조가 체결되었다.	조선 세종
☐ 0449	국경 지역에 여진을 몰아내고 4군 6진을 설치하여 북방 영토를 개척하였다.	조선 세종
☐ 0450	**김종서**가 여진을 몰아내고 6진을 개척하였다.	조선 세종
☐ 0451	독창적인 문자인 훈민정음을 창제하였다.	조선 세종
☐ 0452	강우량을 측정하기 위한 측우기가 제작되었다.	조선 세종
☐ 0453	자동 시보 장치를 갖춘 자격루를 제작하였다.	조선 세종
☐ 0454	시간을 측정하기 위해 **해시계**(앙부일구)가 만들어졌다.	조선 세종
☐ 0455	천체의 운행을 측정하는 혼천의를 제작하였다.	조선 세종
☐ 0456	식자판 조립 방법을 개발하고 개량된 금속 활자인 갑인자가 주조되었다.	조선 세종
☐ 0457	우리 풍토에 맞는 농법을 기록한 **농사직설**이 편찬되었다.	조선 세종의 편찬 사업

☐ 0458 국산 약재와 치료 방법을 정리한 **향약집성방**이 간행되었다.		조선 세종의 편찬 사업
☐ 0459 충신, 효자, 열녀의 행적을 정리한 **삼강행실도**가 편찬되었다.		조선 세종의 편찬 사업
☐ 0460 한양을 기준으로 천체 운동을 계산한 역법서인 칠정산 내편이 편찬되었다.		조선 세종의 편찬 사업
☐ 0461 수양 대군은 **계유정난**을 통해 정권을 장악하였다.		조선 세조의 왕위 찬탈
☐ 0462 성삼문 등이 상왕(단종)의 복위를 꾀하다 처형되었다. 단종 복위 운동		조선 세조의 왕위 찬탈
☐ 0463 의정부의 권한을 약화시키고 **6조 직계제**를 실시하였다.		조선 세조의 왕권 강화 정책
☐ 0464 집현전을 폐지하여 왕권을 강화하고자 하였다.		조선 세조의 왕권 강화 정책
☐ 0465 **직전법**을 실시하여 현직 관리에게만 과전을 지급하였다.		조선 세조의 왕권 강화 정책
☐ 0466 조선 성종 때 조선의 기본 법전을 완성하여 국가의 통치 규범을 마련하였다.		경국대전
☐ 0467 집현전을 계승한 **홍문관**을 설치하였다.		조선 성종
☐ 0468 **신숙주**가 일본에 다녀와서 보고 들은 내용을 저술하였다.		해동제국기
☐ 0469 성현 등이 궁중의 음악 이론 등을 집대성한 **악학궤범**을 편찬하였다.		조선 성종의 편찬 사업
☐ 0470 각 도의 지리, 풍속 등이 수록된 **동국여지승람**이 간행되었다.		조선 성종의 편찬 사업
☐ 0471 서거정이 역대 문학 작품을 선별하여 **동문선**을 편찬하였다.		조선 성종의 편찬 사업
☐ 0472 동지사, 하정사, 성절사, 천추사 등을 파견하였다.		조선-명 사절 교환
☐ 0473 정책을 심의·결정하면서 국정을 총괄하였다.		조선의 중앙 정치 조직 (의정부)
☐ 0474 영의정을 비롯한 3정승의 합의 체제로 운영되었다.		조선의 중앙 정치 조직 (의정부)
☐ 0475 6조 직계제의 실시로 권한이 약화되었다.		조선의 중앙 정치 조직 (의정부)
☐ 0476 이조는 6조 판서 중 하나로 관원의 인사 업무를 담당하였다.		조선의 중앙 정치 조직 (6조)
☐ 0477 호조는 고려의 삼사와 같은 역할을 하였다.		조선의 중앙 정치 조직 (6조)
☐ 0478 예조는 외교와 과거 시험을 관장하였다.		조선의 중앙 정치 조직 (6조)
☐ 0479 왕명 출납과 군사 기밀을 맡은 왕의 비서 기관이었다.		조선의 중앙 정치 조직 (승정원)
☐ 0480 국왕 직속의 사법 기구로, 반역죄·강상죄 등 나라의 큰 죄인을 다루는 업무를 맡았다.		조선의 중앙 정치 조직 (의금부)
☐ 0481 사간원, 홍문관과 함께 삼사로 불렸다.		조선의 중앙 정치 조직 (사헌부)
☐ 0482 대사간을 수장으로 하여 간쟁을 담당하였다.		조선의 중앙 정치 조직 (사간원)
☐ 0483 **대간**은 5품 이하 관리의 임명 과정에서 **서경권**을 행사하였다.		조선의 중앙 정치 조직 (사헌부·사간원)
☐ 0484 **대간**은 왕의 잘못된 명령을 비판하였다.		조선의 중앙 정치 조직 (사헌부·사간원)
☐ 0485 왕에게 경서와 사서를 강론하는 경연을 주관하고 왕의 자문 역할을 하였다.		조선의 중앙 정치 조직 (홍문관)

☐ 0486 **옥당**이라 불리며 경연을 주관하였다.	조선의 중앙 정치 조직 (홍문관)
☐ 0487 실록을 편찬, 보관하고 관리하는 업무를 관장하였다.	조선의 중앙 정치 조직 (춘추관)
☐ 0488 수도의 행정과 치안을 담당하였다.	조선의 중앙 정치 조직 (한성부)
☐ 0489 각 도에 파견되어 관할 고을의 수령을 감독하였다.	조선의 지방 행정 조직 (관찰사)
☐ 0490 국왕의 대리인으로 현감 또는 현령으로 불렸다.	조선의 지방 행정 조직 (수령)
☐ 0491 지방의 행정·사법·군사권을 행사하였다.	조선의 지방 행정 조직 (수령)
☐ 0492 수령의 행정 실무를 보좌하는 아전으로 격하되었다.	조선의 지방 행정 조직 (향리)
☐ 0493 토착 세력으로, 직역이 대대로 세습되었다.	조선의 지방 행정 조직 (향리)
☐ 0494 수령을 보좌하고 향리를 감찰하는 향촌 자치 기구였다.	조선의 지방 행정 조직 (유향소)
☐ 0495 **좌수**와 **별감**이라는 향임직을 두어 운영하였다.	조선의 지방 행정 조직 (유향소)
☐ 0496 **경재소**를 설치하여 유향소를 통제하였다.	조선의 지방 행정 조직 (경재소)
☐ 0497 궁궐과 도성을 수비하기 위하여 **5위**를 운영하였다.	조선의 중앙군
☐ 0498 **진관 체제**를 실시하여 국방을 강화하였다.	조선의 지방군
☐ 0499 유사시에 향토 방위를 맡는 예비군이었다.	조선의 잡색군
☐ 0500 공문서를 신속하게 전달하기 위하여 설치되었다.	조선의 역원제
☐ 0501 마패를 소지한 공무 여행자에게 역마를 제공하였다.	조선의 역원제
☐ 0502 현물로 거둔 조세를 운반하기 위한 목적이었다.	조선의 조운제
☐ 0503 군사적으로 위급한 상황을 알리기 위해 마련되었다.	조선의 봉수제
☐ 0504 문과 급제자는 홍패를 받았다.	고려·조선의 과거 제도
☐ 0505 증광시 등의 부정기 시험이 있었다.	조선의 과거 제도
☐ 0506 잡과는 해당 관청에서 시행하였다.	조선의 과거 제도
☐ 0507 입학 자격은 **생원, 진사(소과 합격자)**를 원칙으로 하였다.	조선의 성균관
☐ 0508 최고의 관립 교육 기관으로, 성현의 제사를 지냈다.	조선의 성균관
☐ 0509 중앙에서 파견된 **교수**나 **훈도**가 지도하였다.	조선의 향교
☐ 0510 전국의 부·목·군·현에 하나씩 설립되었다.	조선의 향교
☐ 0511 중등 교육 기관으로 수도에 **4부 학당**을 두었다.	조선의 4부 학당
☐ 0512 조선 성종 때 훈구 세력의 전횡을 막기 위해 등용되었다.	사림
☐ 0513 **서원**과 **향약**을 세력 기반으로 삼았다.	사림

☐ 0514 **김종직** 등이 중앙 정계에 진출하기 시작하였다. 조선 성종	사림
☐ 0515 사림과 훈구의 갈등이 원인이 되어 일어났다.	사화
☐ 0516 김일손의 사초가 발단이 되었다.	무오사화
☐ 0517 김종직의 **조의제문**이 발단이 되어 김일손 등이 화를 입었다. 조선 연산군	무오사화
☐ 0518 폐비 윤씨 사사 사건의 전말이 알려져 김굉필 등이 처형되었다. 조선 연산군	갑자사화
☐ 0519 신진 인사를 등용하기 위하여 **현량과**를 실시하였다.	조광조의 개혁 정치
☐ 0520 도교 행사를 주관하던 **소격서**가 혁파되었다.	조광조의 개혁 정치
☐ 0521 소학의 보급과 공납의 개선을 주장하였다.	조광조의 개혁 정치
☐ 0522 반정 공신의 **위훈 삭제**를 주장하였다.	조광조의 개혁 정치
☐ 0523 **위훈 삭제**에 대한 훈구 세력(남곤 등)의 반발로 조광조 일파가 축출되었다.	기묘사화
☐ 0524 도학 정치를 주장한 **조광조** 등의 신진 사류가 제거되었다.	기묘사화
☐ 0525 조선 명종 때 외척 사이의 권력 다툼으로 발생하였다.	을사사화
☐ 0526 외척 세력인 대윤과 소윤 간의 대립으로 윤임 일파가 제거되었다. 조선 명종	을사사화
☐ 0527 윤원형을 비롯한 외척 세력이 정국을 주도하였다. 조선 명종	을사사화
☐ 0528 이조 전랑 임명을 둘러싸고 사림이 동인과 서인으로 나뉘었다.	붕당의 발생
☐ 0529 척신 정치의 청산 문제로 사림이 서인과 동인으로 분당되었다.	붕당의 발생
☐ 0530 이황, 서경덕과 조식의 사상을 학문적 기반으로 삼았다.	동인
☐ 0531 이이와 성혼의 학문을 계승하였다.	서인
☐ 0532 **정여립 모반 사건**을 계기로 기축옥사가 발생하였다.	서인의 주도 → 동인의 피해
☐ 0533 정여립 모반 사건 등으로 남인과 북인으로 분열되는 결과를 가져왔다.	동인의 분화
☐ 0534 선조 때 왕세자 책봉 문제로 정치적 입지가 약화되었다. 정철의 건저의 사건	서인
☐ 0535 이언적과 이황의 제자들이 주류를 이루었다.	남인
☐ 0536 왜란 이후 서인과 남인을 누르고 정국을 주도하였다.	북인
☐ 0537 조선 정부의 통제에 반발하여 3포 왜란이 일어났다. 1510. 조선 중종	임진왜란 이전의 정세
☐ 0538 첨사 정발이 **부산진성** 전투에서 전사하였다. ↓ ☐ 0539 신립이 **탄금대**에서 배수의 진을 치고 항전하였다. ↓ ☐ 0540 일본의 침략으로 선조가 의주로 피란하였다. ↓ ☐ 0541 **곽재우**, 고경명 등이 의병장으로 활약하였다.	임진왜란의 과정

☐ 0542 **이순신**이 **한산도 대첩**에서 승리하였다.

↓

☐ 0543 **김시민**이 진주성에서 적군을 크게 물리쳤다. 진주 대첩

↓

☐ 0544 **조명 연합군**이 평양성을 탈환하였다. 평양성 전투

☐ 0545 **권율**이 행주산성에서 왜군을 크게 물리쳤다. 행주 대첩　　　　　　　　　　임진왜란의 과정

↓

☐ 0546 포수·살수·사수(삼수병)로 구성된 훈련도감이 설치되었다.

☐ 0547 휴전 회담의 결렬로 **정유재란**이 시작되었다.

↓

☐ 0548 이순신이 **명량**에서 왜의 수군을 대파하였다. 명량 해전

☐ 0549 에도 막부의 요청에 따라 파견되었다.　　　　　　　　　　　　조선 통신사

☐ 0550 19세기 초까지 파견되어 문화 교류의 역할을 하였다.　　　　　조선 통신사

☐ 0551 기유약조를 체결하여 일본과의 무역을 재개하였다. 조선 광해군　임진왜란 이후의
일본과의 관계

☐ 0552 초량(부산)에 왜관이 설치되어 제한된 범위 내에서의 무역이 허용되었다.　임진왜란 이후의
일본과의 관계

☐ 0553 포로 송환을 위하여 유정을 회답 겸 쇄환사로 파견하였다.　　　　임진왜란 이후의
일본과의 관계

☐ 0554 허준 등이 전통 한의학을 정리한 **동의보감**을 간행하였다.　　　　조선 광해군

☐ 0555 명과 후금 사이에서 **중립 외교**를 추진하였다.　　　　　　　　　조선 광해군

☐ 0556 명의 요청에 따라 **강홍립**이 이끄는 부대가 파병되었다.　　　　　조선 광해군

☐ 0557 인목 대비의 유폐와 영창 대군 사사를 명분으로 폐위되었다.　　　조선 광해군

☐ 0558 서인이 반정을 일으켜 정국을 장악하였다.　　　　　　　　　　　인조반정

☐ 0559 인조반정 이후 친명 배금 정책을 추진하였다.　　　　　　　　　　인조반정

☐ 0560 후금의 침입에 대비하여 이괄이 **평안도**에 주둔하였다.　　　　　이괄의 난

☐ 0561 공신 책봉에 불만을 품고, 이괄이 반란을 일으켜 도성을 장악하였다.　이괄의 난

☐ 0562 왕이 도성을 떠나 공산성으로 피란하였다. 조선 인조　　　　　　　이괄의 난

☐ 0563 정봉수와 이립이 용골산성에서 의병을 이끌고 항전하였다.　　　　정묘호란

☐ 0564 청이 군신 관계를 요구하며 침입하였다.　　　　　　　　　　　　병자호란

☐ 0565 인조가 **남한산성**으로 피란하여 청군에 항전하였다.　　　　　　　병자호란

☐ 0566 김상용이 강화도에서 순절하였다.　　　　　　　　　　　　　　　병자호란

☐ 0567 **소현 세자**와 **봉림대군** 등이 청에 인질로 끌려갔다.　　　　　　병자호란의 결과

☐ 0568 청의 정세 변화를 계기로 국방력을 강화하고, 청을 정벌하기 위해 추진하였다.　북벌 운동

☐ 0569 **송시열**은 **기축봉사**를 올려 명에 대한 의리를 내세웠다.　　　　북벌 운동

☐ 0570 **어영청**을 중심으로 북벌이 추진되었다.		북벌 운동
☐ 0571 청의 요청으로 나선 정벌에 조총 부대가 동원되었다.		나선 정벌
☐ 0572 변급, 신류 등을 파견하여 나선 정벌을 단행하였다.		나선 정벌
☐ 0573 청과의 교류를 통해 서양의 과학 기술이 전래되었다.		북학론
☐ 0574 전·현직 관리가 토지의 수조권을 지급받았다.		과전법
☐ 0575 지급 대상 토지를 원칙적으로 **경기** 지역에 한정하였다.		과전법
☐ 0576 관리가 사망하면 수조권이 세습되는 수신전, 휼양전을 지급하였다.		과전법
☐ 0577 **현직 관리**에게만 수조권을 지급하였다.		직전법
☐ 0578 세금을 거두어 수조권자에게 분급하였다.		관수관급제
☐ 0579 수조권자가 직접 전조를 거둘 수 없게 하였다.		관수관급제
☐ 0580 관리들의 수조권 남용이 심하여 수조권을 폐지하고 **녹봉**을 지급하였다.		직전법 폐지
☐ 0581 전제상정소를 설립하고, **토지의 비옥도**에 따라 **6등급**으로 나누어 전세를 거두었다.		전분6등법
☐ 0582 **풍흉**에 따라 전세를 **9등급**으로 차등 부과하였다.		연분9등법
☐ 0583 양인개병의 원칙에 따라 의무병으로 구성되었다.		조선의 군역
☐ 0584 군역의 요역화로 대립과 **방군수포**가 **성행**하였다.		군역의 문란
☐ 0585 한양의 종로 거리에 처음 조성되었다.		시전
☐ 0586 경시서의 관리들이 수도의 시전을 감독하였다.		시전
☐ 0587 국역의 의무로 시전을 운영하며 관청의 수요품을 조달하였다.		시전 상인
☐ 0588 특정 상품에 대한 독점 판매권(**금난전권**)을 부여받고 사상의 활동을 억압하였다.		시전 상인
☐ 0589 군주의 도를 도식으로 설명한 **성학십도**를 지었다.		이황
☐ 0590 **성학집요**를 저술하여 군주가 수양해야 할 덕목을 제시하였다.		이이
☐ 0591 **동호문답**을 저술하여 다양한 개혁 방안을 제시하였다.		이이
☐ 0592 방납의 폐단을 줄이고자 **수미법**을 주장하였다.		이이
☐ 0593 최초의 서원인 **백운동 서원**을 건립하였다.		주세붕
☐ 0594 사림의 여론 형성을 주도하였다.		서원
☐ 0595 지방의 사림 세력이 주로 설립하였다.		서원
☐ 0596 국왕이 사액 서원에 현판과 서적, 노비를 지급하였다.		서원
☐ 0597 가례집람을 저술하여 **예학**을 조선의 현실에 맞게 정리하였다.		김장생

☐ 0598 **이황**은 **예안 향약**을 시행하여 향촌 교화를 위해 노력하였다.		향약
☐ 0599 지방 사족이 주요 직임을 맡았다.		향약
☐ 0600 4대 덕목을 바탕으로 규약을 제정하였다.		향약
☐ 0601 상호 부조와 유교 윤리를 실천하며, 이이·이황 등에 의해 널리 보급되었다.		향약
☐ 0602 정도전이 조선 건국을 정당화하는 입장에서 고려의 역사를 정리하였다.		고려국사
☐ 0603 서거정이 단군 조선에서 고려까지의 역사를 연대순으로 정리하였다. 조선 성종		동국통감
☐ 0604 국왕과 신료들이 열람할 수 있었다.		승정원일기
☐ 0605 **사초, 시정기** 등을 바탕으로 **춘추관** 관원들이 참여하여 **실록청**에서 편찬되었다.		조선왕조실록
☐ 0606 태조 왕대부터의 기록이 남아 있다.		조선왕조실록
☐ 0607 임진왜란 이전에는 **4대 사고**에 보관되었다.		조선왕조실록
☐ 0608 **세계 지도**인 혼일강리역대국도지도를 만들었다. 조선 태종		혼일강리역대국도지도
☐ 0609 각 도의 지리, 풍속 등이 수록된 동국여지승람이 간행되었다. 조선 성종		동국여지승람
☐ 0610 충신, 효자, 열녀의 행적을 알리기 위하여 간행되었다. 조선 세종		삼강행실도
☐ 0611 국가의 의례를 정비한 국조오례의가 완성되었다. 조선 성종		국조오례의
☐ 0612 조선의 기본 법전을 완성하여 국가의 통치 규범을 마련하였다.		경국대전
☐ 0613 우리 풍토에 맞는 농법을 기록한 농사직설을 편찬하였다. 조선 세종		농사직설
☐ 0614 **강희맹**이 자신의 경험을 바탕으로 저술한 농서이다. 조선 성종		금양잡록
☐ 0615 기근에 대비하기 위해 구황촬요를 간행하여 보급하였다. 조선 명종		구황촬요
☐ 0616 15세기에는 궁궐과 관아, 성곽 등이 건축의 중심을 이루었다.		15세기 건축의 발달
☐ 0617 안견이 안평 대군의 꿈 이야기를 듣고 그린 그림이다.		몽유도원도
☐ 0618 청자에 백토의 분을 칠한 **분청사기**가 널리 유행하였다.		15세기 공예의 발달
☐ 0619 김시습이 금오신화를 저술하였다.		15세기 문학의 발달
☐ 0620 **정철**이 관동별곡, 사미인곡 등의 작품을 지었다.		16세기 문학의 발달
☐ 0621 신사임당, 허난설헌 등 여류 문인의 활동이 활발하였다.		16세기 문학의 발달
☐ 0622 **아악**이 체계적인 궁중 음악으로 발전하였다. 조선 세종		15세기 음악의 발달

5 조선 후기

단원별 출제 비중
16~53회 9개년 기출 분석 **20**%

이 단원의 결정적 기출 문장 160

* 최다 출제 BEST 4 0627, 0651, 0656, 0657

★1162회

☐ 0623 외적의 침입에 대응하여 처음 설치되었다. 조선 중종	비변사
☐ 0624 을묘왜변을 계기로 상설 기구가 되었다. 조선 명종	비변사
☐ 0625 임진왜란을 거치면서 국정 전반을 총괄하는 최고 기구로 자리 잡았다.	비변사
☐ 0626 세도 정치 시기에 외척 세력의 권력 기반이 되었다.	비변사
☐ 0627 군사력 강화를 위하여 삼수병(포수·사수·살수)으로 편제되었다.	훈련도감
☐ 0628 삼수병은 급료를 받는 상비군이 주축을 이루었다.	훈련도감
☐ 0629 임진왜란 중에 군사력 강화를 위해 훈련도감 설치를 건의하였다. 유성룡	훈련도감
☐ 0630 후금과의 항쟁 과정에서 총융청, 수어청, 어영청을 설치하여 도성을 방비하였다.	5군영
☐ 0631 어영청을 중심으로 북벌을 추진하였다. 조선 인조	5군영
☐ 0632 금위영을 설치하여 5군영 체제를 완성하였다.	5군영
☐ 0633 금위영은 5군영의 하나로 한성을 수비하는 역할을 맡았다.	5군영
☐ 0634 속오법에 따라 지방군을 개편하였다.	속오군
☐ 0635 인조반정으로 정권을 장악하고 친명배금 정책을 주장하였다.	서인
☐ 0636 서인이 인현 왕후의 복위를 주장하였다.	서인
☐ 0637 광해군 시기에 서인과 남인을 배제하고, 권력을 장악해 국정을 이끌었다.	북인
☐ 0638 서인을 몰아내기 위해 기사환국을 일으켜 권력을 장악하고, 희빈 장씨가 왕비로 책봉되었다.	남인
☐ 0639 서인과 남인 사이에 두 차례 걸쳐 발생한 전례 문제이다.	예송
☐ 0640 효종의 사망 이후 자의 대비의 복상 문제로 전개되었다.	1차 예송(기해예송)
☐ 0641 서인은 자의 대비의 기년복을, 남인은 3년복을 주장하여 일어났다.	1차 예송(기해예송)
☐ 0642 송시열이 주자가례에 따라 기년설을 주장하였다.	1차 예송(기해예송)
☐ 0643 남인은 효종비의 사망 이후 전개된 예송의 결과로 정국을 주도하였다.	2차 예송(갑인예송)
☐ 0644 서인이 정권을 장악하고, 남인이 몰락하였다.	경신환국
☐ 0645 허적과 윤휴 등 남인들이 대거 축출되었다.	경신환국
☐ 0646 경신환국 이후 서인이 노론과 소론으로 갈라졌다.	경신환국
☐ 0647 희빈 장씨 소생의 원자 명호(名號) 문제로 인해 발생하였다.	기사환국
☐ 0648 남인이 축출되고 노론과 소론이 정국을 주도하였다.	갑술환국
☐ 0649 환국 이후 특정 붕당이 정권을 독점하는 일당 전제화 추세가 나타났다.	환국
☐ 0650 소론은 경종(희빈 장씨의 아들)의 즉위를 적극 후원하였다.	신임사화

☐ 0651	붕당의 폐해를 경계하기 위해 성균관 입구에 건립되었다.	조선 영조(탕평비)
☐ 0652	농민들의 군역 부담을 줄여주고자 시행하였다.	조선 영조(균역법)
☐ 0653	**속대전**을 편찬하여 통치 체제를 정비하였다.	조선 영조의 편찬 사업
☐ 0654	역대 문물을 정리한 **동국문헌비고**가 편찬되었다.	조선 영조의 편찬 사업
☐ 0655	사도 세자의 죽음을 계기로 시파와 벽파의 갈등이 생겨났다.	조선 정조의 탕평책 배경
☐ 0656	문신의 재교육을 위해 시행하였다.	조선 정조(초계문신제)
☐ 0657	왕권 강화를 위해 국왕의 친위 부대로 서울과 수원에 배치되었다.	조선 정조(장용영)
☐ 0658	정조가 학술 연구 기관으로 설치하였다.	조선 정조(규장각)
☐ 0659	**유득공, 박제가** 등의 **서얼** 출신 학자들을 검서관에 기용하였다.	조선 정조(규장각)
☐ 0660	부속 관청으로 교서관을 두었다.	조선 정조(규장각)
☐ 0661	육의전을 제외한 시전 상인의 특권(금난전권)을 폐지하였다.	조선 정조(신해통공)
☐ 0662	왕조의 통치 규범을 재정비한 **대전통편**이 편찬되었다.	조선 정조의 편찬 사업
☐ 0663	대외 관계를 정리한 **동문휘고**가 간행되었다.	조선 정조의 편찬 사업
☐ 0664	이덕무 등이 훈련 교범인 **무예도보통지**를 편찬하였다.	조선 정조의 편찬 사업
☐ 0665	전세를 풍흉에 관계없이 1결당 쌀 4~6두로 납부액을 고정하였다.	영정법
☐ 0666	공납의 부담을 줄이고자 **수미법**을 주장하였다.	이이, 유성룡
☐ 0667	방납의 폐단을 바로잡기 위해 실시하였다.	대동법
☐ 0668	김육의 건의로 충청도 지역까지 확대 실시하였다.	대동법
☐ 0669	가호에 부과하던 공납을 **토지의 결** 수에 따라 내게 하였다.	대동법
☐ 0670	특산물 대신 쌀, 면포, 베, 동전 등으로 납부하게 하였다.	대동법
☐ 0671	**선혜법**이라는 이름으로 **경기도**에서 처음 실시하였다.	대동법
☐ 0672	관청에 물품을 조달하는 **공인**이 등장하는 배경이 되었다.	대동법
☐ 0673	**공인**의 등장으로 상품 화폐 경제가 발달하는 계기가 되었다.	대동법
☐ 0674	대동법 관련 업무를 담당하였다.	선혜청
☐ 0675	농민들의 군역 부담을 줄여주고자 1년에 2필씩 걷던 군포를 1필로 줄이고자 하였다.	균역법
☐ 0676	부족한 재정의 보충을 위해 선무군관에게 1년에 1필의 군포를 징수하였다.	균역법으로 인한 재정 감소 보완책
☐ 0677	지주에게 1결당 쌀 2두를 징수하는 **결작**을 거두어 재정 부족 문제에 대처하였다.	균역법으로 인한 재정 감소 보완책
☐ 0678	**어장세, 선박세, 염세** 등을 국가 재정으로 귀속하였다.	균역법으로 인한 재정 감소 보완책

☐ 0679 수리 시설의 확충으로 **이앙법**이 전국으로 확산되었다.	모내기법	
☐ 0680 벼와 보리의 이모작, **광작**이 성행하였다.	모내기법	
☐ 0681 일부 농민이 광작을 통해 부농으로 성장하였다.	모내기법	
☐ 0682 잡초를 제거하는 노동력이 절감되었다.	모내기법	
☐ 0683 **고추, 인삼, 담배, 면화(목화)** 등이 재배되었다.	상품 작물의 재배	
☐ 0684 **감자, 고구마** 등의 구황 작물을 널리 재배하였다.	외래 작물의 재배	
☐ 0685 지대의 액수를 정해서 납부하는 **도조법**이 확산되었다.	조선 후기 지대의 변화	
☐ 0686 독점적 도매 상인인 **도고**가 활동하였다.	공인, 사상	
☐ 0687 **상평통보**를 사용하여 관청에서 필요로 하는 물품을 조달하였다.	공인	
☐ 0688 **송상, 만상**이 대청 무역으로 부를 축적하였다.	조선 후기의 사상	
☐ 0689 **송상**이 전국 여러 곳에 송방을 설치하였다.	조선 후기의 사상	
☐ 0690 **경강상인**은 주로 한강을 무대로 세곡 수송과 곡물 도매업에 종사하였다.	조선 후기의 사상	
☐ 0691 **만상**이 **책문 후시**를 통해 대청 무역을 주도하였다.	조선 후기의 사상	
☐ 0692 전국적으로 **장시**가 널리 확산되어 여러 장시가 하나의 유통망으로 연계되었다.	조선 후기의 장시	
☐ 0693 장시를 돌아다니며 활동하였다.	보부상	
☐ 0694 포구에서 중개, 금융, 숙박업 등에 주력하였다.	객주·여각	
☐ 0695 개시 무역과 후시 무역이 이루어졌다.	조선 후기 청, 일본과의 무역	
☐ 0696 **책문**에서 후시가 열려 사무역이 이루어졌다.	조선 후기 청과의 무역	
☐ 0697 **왜관**에서 개시 무역과 후시 무역이 이루어졌다.	조선 후기 일본과의 무역	
☐ 0698 물주에게 자금을 받아 광산을 전문적으로 경영하였다.	덕대	
☐ 0699 허적의 주장에 따라 이 화폐가 시장에서 전국적으로 유통되었다.	상평통보	
☐ 0700 기술직 중인은 잡과를 통해 선발되었다.	조선의 중인	
☐ 0701 역관은 사신을 수행하면서 통역을 담당하였다.	조선의 중인	
☐ 0702 정조 때 유득공, 박제가 등이 **서얼 출신**으로 규장각 검서관에 임명되었다.	조선의 중인	
☐ 0703 조선 후기에 서얼이 관직 진출 제한을 없애달라는 **통청 운동**을 전개하였다.	조선의 중인	
☐ 0704 수공업자는 공장안에 등록되어 수공업 제품 생산을 담당하였다.	조선의 상민	
☐ 0705 양인이지만 천역에 종사하는 신량역천으로 분류되었다.	조선의 상민	
☐ 0706 조선 후기에 **납속, 공명첩**, 족보 위조 등을 통해 양반으로의 신분 상승을 꾀하였다.	조선의 상민	

□ 0707	노비는 매매, 증여, 상속의 대상으로 장례원(掌隷院)을 통해 국가의 관리를 받았다.	조선의 천민
□ 0708	법적으로 과거에 응시할 수 없었다.	조선의 천민
□ 0709	공노비는 소속 관청에 신공(身貢)을 바쳤다.	조선의 천민
□ 0710	노비는 종모법에 따라 신분이 결정되었다.	조선의 천민
□ 0711	백정은 고려 시대에는 화척, 양수척 등이라 불렸다.	조선의 천민
□ 0712	자녀에게 재산을 균분 상속하는 일이 많았다.	고려~조선 전기의 가족 제도
□ 0713	아들이 없는 집안에서 대를 잇기 위해 양자를 들이는 것이 일반화되었다.	조선 후기의 가족 제도
□ 0714	재산 상속에서 장자 우대의 원칙이 확산되었다.	조선 후기의 가족 제도
□ 0715	혼인 풍습에서 시집살이가 보편화되었다.	조선 후기의 가족 제도
□ 0716	사람과 사물의 본성이 같다고 주장하였다.	호락 논쟁(낙론)
□ 0717	주자학의 교조화를 비판하며 지행합일의 실천성을 강조하였다.	양명학
□ 0718	양명학을 연구하여 강화 학파를 형성하였다.	정제두
□ 0719	**반계수록**을 저술하여 신분에 따른 토지의 차등 분배를 주장하였다. 균전론	유형원
□ 0720	**성호사설**을 저술하여 자영농 육성을 위한 토지 제도 개혁론을 제시하였다.	이익
□ 0721	한전론을 통해 영업전 설정 및 매매 금지를 주장하였다.	이익
□ 0722	사회의 폐단을 여섯 가지 좀으로 규정하여 비판하였다.	이익
□ 0723	지방 행정의 개혁안을 담은 **목민심서**를 저술하였다.	정약용
□ 0724	유배 중에 **경세유표**를 저술해 국가 제도의 개혁 방향을 제시하였다.	정약용
□ 0725	**여전론**을 통해 토지의 공동 소유와 공동 경작을 주장하였다.	정약용
□ 0726	기기도설을 참고하여 **거중기**를 제작해 **수원 화성**을 건설하였다.	정약용
□ 0727	**우서**에서 사농공상의 직업적 평등과 전문화를 주장하였다.	유수원
□ 0728	**의산문답**에서 지전설과 무한 우주론을 주장해 중국 중심의 세계관을 비판하였다.	홍대용
□ 0729	천체의 운행과 위치를 측정하는 **혼천의**를 제작하였다.	홍대용
□ 0730	연행사를 따라 청에 다녀온 후 **열하일기(연행록)**를 집필하였다.	박지원
□ 0731	**열하일기**에서 수레와 선박, 화폐의 필요성을 강조하였다.	박지원
□ 0732	**양반전**을 지어 양반의 허례와 무능을 풍자하였다.	박지원
□ 0733	**북학의**를 저술하여 상공업 육성(수레와 배의 이용, 서양 과학 기술의 수용)을 주장하였다.	박제가
□ 0734	**북학의**에서 재물을 우물에 비유하여 절약보다 적절한 소비를 권장하였다.	박제가

☐ 0735	서얼 출신으로 규장각 검서관에 임명되었다.	박제가
☐ 0736	삼한 정통론을 내세운 **동사강목**을 저술하였다.	안정복
☐ 0737	**발해고**에서 남북국이라는 용어를 처음 사용하였다.	유득공
☐ 0738	**금석과안록**에서 북한산비가 진흥왕 순수비임을 처음으로 고증하였다.	김정희
☐ 0739	고대사 연구의 시야를 만주로 확대한 **동사**를 편찬하였다.	이종휘
☐ 0740	현지 답사를 바탕으로 지리서인 **택리지**를 저술하였다.	이중환
☐ 0741	택리지의 복거총론에서 거주지의 이상적인 조건을 제시하였다.	이중환
☐ 0742	**동국지리지**를 저술하여 삼한의 위치를 고증하였다.	한백겸
☐ 0743	우리나라의 역사 지리를 정리한 **아방강역고**를 저술하였다.	정약용
☐ 0744	흑산도 유배 중에 **자산어보**를 저술하였다.	정약전
☐ 0745	최초로 100리 척 축척법을 활용한 **동국지도**를 제작하였다.	정상기
☐ 0746	산줄기, 물줄기, 도로 등을 표시한 지도를 제작하였다.	대동여지도
☐ 0747	목판으로 인쇄되었으며, 10리마다 눈금이 표시되어 있다.	대동여지도
☐ 0748	한치윤이 500여 종의 자료를 참고하여 편찬하였다.	해동역사
☐ 0749	우리말을 연구하여 **훈민정음운해**를 저술하였다.	신경준
☐ 0750	우리말 음운 연구서인 언문지를 저술하였다.	유희
☐ 0751	**비변사**가 외척의 세력 기반이 되었다.	세도 정치기
☐ 0752	순조가 즉위하면서 장용영이 혁파되었다.	세도 정치기
☐ 0753	**안동 김씨** 시기에 왕권이 약화되었다.	세도 정치기
☐ 0754	세도 정권에 대한 불만이 높아 **농민 봉기**가 빈발하였다.	세도 정치기
☐ 0755	**삼정**(전정·군정·환곡)이 문란해지고 매관매직 등의 비리가 만연하였다.	삼정의 문란
☐ 0756	홍경래의 난에 몰락 농민들과 광산 노동자 등이 참여하였다.	홍경래의 난
☐ 0757	몰락 양반 **유계춘**이 백낙신의 수탈에 맞서 봉기하여 진주성을 점령하였다.	진주 농민 봉기
☐ 0758	사건의 수습을 위해 **박규수**가 안핵사로 파견되었다.	임술 농민 봉기
☐ 0759	삼정의 문란을 시정하기 위하여 **삼정이정청**이 설치되었다.	임술 농민 봉기
☐ 0760	왕조 교체를 예언하는 도참서가 유포되었다.	정감록
☐ 0761	청에 다녀온 사신들에 의하여 **서학**으로 소개되었다.	천주교
☐ 0762	제사와 신주를 모시는 문제로 정부의 탄압을 받았다.	천주교

☐ 0763	**신유박해**로 수많은 천주교도들이 처형되었다.	천주교
☐ 0764	**황사영**이 외국 군대의 출병을 요청하는 백서를 작성하였다. 황사영 백서 사건	천주교
☐ 0765	유·불·선을 바탕으로 민간 신앙의 요소까지 포함하였다.	동학
☐ 0766	마음속에 한울님을 모시는 **시천주**를 강조하였다.	동학
☐ 0767	**인내천** 사상을 내세워 하나님 앞에서의 인간 평등과 내세에서의 영생을 주장하였다.	동학
☐ 0768	동학을 창시한 **최제우**가 혹세무민의 죄로 처형되었다.	동학
☐ 0769	**동경대전**과 **용담유사**를 경전으로 삼았다.	동학
☐ 0770	세계 지도인 **곤여만국전도**가 전해졌다.	곤여만국전도
☐ 0771	청으로부터 **시헌력** 도입을 건의하였다.	김육
☐ 0772	체질에 따라 처방을 달리해야 한다는 사상 의학을 확립한 **동의수세보원**이 편찬되었다.	이제마
☐ 0773	홍역에 관한 국내외 자료를 종합하여 **마과회통**을 편찬하였다.	정약용
☐ 0774	농업 기술 혁신 방안을 제시한 **임원경제지**를 저술하였다.	서유구
☐ 0775	노래와 사설로 줄거리를 풀어 가는 **판소리**가 유행하였다.	서민 문화의 발달
☐ 0776	홍길동전, 춘향전 등의 **한글 소설**이 유행하였다.	서민 문화의 발달
☐ 0777	우리의 산천을 소재로 한 **진경 산수화**라는 화풍을 개척하였다.	겸재 정선
☐ 0778	풍속화 – '밭갈이', '대장간도', '무동', '서당도', '씨름도', '자리짜기'	김홍도
☐ 0779	풍속화 – '단오풍정', '월하정인', '미인도'	신윤복
☐ 0780	조선 후기의 대표적인 문인화인 **세한도**를 그렸다.	김정희
☐ 0781	역대 명필을 연구하여 **추사체**를 완성하였다.	김정희
☐ 0782	회회청 안료를 사용한 청화 백자가 만들어졌다.	청화 백자

6 개항기

단원별 출제 비중
16~53회 9개년 기출 분석 **14**%

★1084회

이 단원의 결정적 기출 문장 168

• **최다 출제 BEST 7** 0826, 0838, 0883, 0891, 0899, 0924, 0928

☐ 0783	의정부의 기능을 회복시키고 비변사를 혁파하였다.	흥선 대원군의 왕권 강화책
☐ 0784	**삼군부**를 부활시켜 군국 기무를 전담하게 하였다.	흥선 대원군의 왕권 강화책
☐ 0785	통치 체제를 정비하기 위하여 **대전회통**을 편찬하였다.	흥선 대원군의 왕권 강화책

☐ 0786 왕실의 권위를 세우고자 **경복궁**을 중건하였다.		흥선 대원군의 왕권 강화책
☐ 0787 경복궁의 공사 비용을 충당하기 위하여 **원납전**을 징수하였다.		흥선 대원군의 왕권 강화책
☐ 0788 재정 문제를 해결할 목적으로 **당백전**을 주조하였다.		흥선 대원군의 왕권 강화책
☐ 0789 **만동묘**를 철폐하였다.		흥선 대원군의 왕권 강화책
☐ 0790 47개소를 제외하고 서원을 **철폐**하였다.		흥선 대원군의 왕권 강화책
☐ 0791 양반에게도 군포를 징수하는 **호포제**를 추진하여 민생 안정을 도모하였다.		흥선 대원군의 민생 안정책
☐ 0792 환곡의 폐단을 시정하기 위해 **사창제**를 전국적으로 시행하였다.		흥선 대원군의 민생 안정책
☐ 0793 호조에서 정한 사창절목에 따라 **사창제**를 시행하였다.		흥선 대원군의 민생 안정책
☐ 0794 조선 정부가 천주교 선교사와 신자들을 처형하였다.		병인박해
☐ 0795 박규수와 평양 관민들은 미국의 상선 **제너럴 셔먼호**를 불태웠다.		제너럴 셔먼호 사건
☐ 0796 오페르트는 남연군 묘 도굴을 시도하였다.		남연군 묘 도굴 미수 사건
☐ 0797 프랑스군은 프랑스 선교사 처형을 구실로 강화도(양화진, 초지진)를 침략하였다.		병인양요
☐ 0798 **양헌수** 부대는 정족산성에서, **한성근** 부대는 문수산성에서 프랑스군을 격퇴하였다.		병인양요
☐ 0799 프랑스군은 외규장각 건물을 불태우고 **외규장각 도서(의궤)**를 약탈하였다.		병인양요
☐ 0800 미국은 **제너럴 셔먼호 사건**을 구실로 통상을 요구하며 강화도를 침략하였다.		신미양요
☐ 0801 로저스 제독의 미국 함대가 초지진을 점령하였다.		신미양요
☐ 0802 **어재연** 부대가 광성보에서 결사 항전하였다.		신미양요
☐ 0803 흥선 대원군은 전국에 **척화비**를 건립하였다.		척화비
☐ 0804 일본 군함 **운요호**가 영종도를 공격하였다.		운요호 사건
☐ 0805 불평등 조약인 **강화도 조약** 체결의 빌미가 되었다.		운요호 사건
☐ 0806 부산, 원산, 인천에 개항장이 설치되는 결과를 가져왔다.		강화도 조약
☐ 0807 조선이 맺은 최초의 근대적 조약이다.		강화도 조약
☐ 0808 일본 상인의 활동 범위를 개항장에서 10리 이내로 제한하였다.		조일 수호 조규 부록
☐ 0809 체결 이후 개항장에서 일본 화폐가 유통되었다.		조일 수호 조규 부록
☐ 0810 양곡의 무제한 유출, 무관세 조항을 포함하고 있다.		조일 무역 규칙
☐ 0811 일본 상품에 대한 관세 부과를 규정하였다.		조일 통상 장정
☐ 0812 외국에 대한 **최혜국 대우**를 처음으로 규정하고, **거중 조정 조항**을 포함하였다.		조미 수호 통상 조약
☐ 0813 **조선책략**의 영향으로 체결되었고, 청의 알선으로 서양 국가와 맺은 최초의 조약이다.		조미 수호 통상 조약

☐ 0814	조약 체결 이후 사절단으로 **보빙사**가 파견되었다.	조미 수호 통상 조약
☐ 0815	천주교 포교의 자유를 인정하는 계기가 되었다.	조프 수호 통상 조약
☐ 0816	개화 정책을 총괄하는 **통리기무아문**과 소속 부서로 교린사·군무사·통상사 등의 **12사**를 설치하였다.	정부의 개화 정책
☐ 0817	조선 정부는 5군영을 2영으로 축소하고, 신식 군대인 **별기군**을 창설하였다.	정부의 개화 정책
☐ 0818	강화도 조약 체결 이후 김기수 등이 일본에 파견되었다.	수신사
☐ 0819	제2차 수신사 **김홍집**은 황준헌이 쓴 **조선책략**을 들여왔다.	수신사
☐ 0820	일본의 정세를 파악하고 개화 정책에 대한 정보를 수집하기 위해 파견되었다.	조사시찰단
☐ 0821	개화 반대 여론으로 암행어사 형태로 비밀리에 파견되었다.	조사시찰단
☐ 0822	**기기국**에서 근대식 무기 제조 기술을 배우기 위하여 김윤식 등을 청에 파견하였다.	영선사
☐ 0823	전권대신 민영익 및 홍영식, 서광범 등으로 구성되었다.	보빙사
☐ 0824	이항로, 기정진 등은 **통상 반대론**을 전개하였다.	1860년대 위정척사 운동
☐ 0825	최익현이 강화도 조약 체결에 반대하며 지부복궐척화의소를 올려 **왜양일체론**을 주장하였다.	1870년대 위정척사 운동
☐ 0826	조선책략 유포에 반발하여 이만손 등의 영남 유생들은 **영남 만인소**를 올렸다.	1880년대 위정척사 운동
☐ 0827	신식 군대인 **별기군**이 창설되었으며 별기군 교관으로 일본인이 임명되었다.	임오군란
☐ 0828	구식 군인에 대한 차별 대우가 발단이 되어 일어났다.	임오군란
☐ 0829	선혜청과 일본 공사관을 공격하였다.	임오군란
☐ 0830	조선에 상륙한 위안스카이가 이끄는 청의 군대에 의해 군란이 진압되었다.	임오군란
☐ 0831	흥선 대원군이 납치되는 결과를 가져왔다.	임오군란
☐ 0832	임오군란 이후 일본 공사관에 경비병의 주둔을 인정하는 내용이 담긴 조약을 맺었다.	제물포 조약
☐ 0833	김옥균, 박영효, 민영익, 홍영식, 서광범 등이 정변을 주도하였다.	갑신정변
☐ 0834	입헌 군주제를 꿈꾸며 우정총국 개국 축하연을 기회로 정변을 일으켰다.	갑신정변
☐ 0835	문벌 폐지와 인민 평등권의 확립을 촉구하였으며, 국가 재정을 호조로 일원화하고자 하였다.	14개조 개혁 정강
☐ 0836	조선과 일본 사이에 **한성 조약**이 체결되었다.	갑신정변의 결과
☐ 0837	청일 양국의 군대가 조선에서 철수하는 계기가 되었다.	갑신정변의 결과
☐ 0838	영국군이 러시아의 남하를 견제하기 위해 거문도를 불법 점령하였다.	거문도 사건
☐ 0839	**유길준, 부들러**는 조선의 독자적인 영세 중립국 선언을 제시하였다.	중립화론
☐ 0840	조병갑의 학정에 분노한 전봉준과 농민들은 고부 관아를 습격하고 만석보를 헐었다. 고부 농민봉기 ↓	동학 농민 운동의 전개 과정
☐ 0841	보국안민, 제폭구민을 기치로 내걸었다.	

□ 0842 전봉준이 이끄는 농민군은 전주성을 점령하고, 정부와 전주 화약을 체결하였다.
↓
□ 0843 자치 조직인 집강소를 중심으로 폐정 개혁안을 실천하였다.

□ 0844 개혁 추진 기구로 교정청을 설치하였다.   동학 농민 운동의 전개 과정
↓
□ 0845 일본군을 물리치기 위해 재봉기하였다. 2차 봉기
↓
□ 0846 논산에서 남접과 북접이 연합하여 조직적으로 전개되었다.
↓
□ 0847 공주 우금치에서 관군 및 일본군에 맞서 싸웠다. 우금치 전투

□ 0848 **군국기무처**를 설치하여 근대적 개혁을 추진하였다.   제1차 갑오개혁

□ 0849 청의 연호를 폐지하고 **개국 기원**을 사용하였다.   제1차 갑오개혁

□ 0850 6조를 8아문으로 개편하고 과거제를 폐지하였다.   제1차 갑오개혁

□ 0851 공사 노비법을 혁파하고 과부의 재가를 허용하였다.   제1차 갑오개혁

□ 0852 개혁의 기본 방향을 제시한 **홍범 14조**를 반포하였다.   제2차 갑오개혁

□ 0853 지방 행정 구역을 8도에서 23부로 개편하였다.   제2차 갑오개혁

□ 0854 공사 노비법을 혁파하고 과부의 재가를 허용하였으며 연좌제를 금지하였다.   제2차 갑오개혁

□ 0855 **교육입국 조서**를 반포하고 **한성 사범 학교**를 설립하였다.   제2차 갑오개혁

□ 0856 건양이라는 **연호**를 제정하고 **태양력**을 사용하였다.   을미개혁

□ 0857 친위대와 진위대가 설치되었고 단발령이 실시되었다.   을미개혁

□ 0858 고종은 러시아 공사관으로 피신하였다.   아관 파천

□ 0859 **독립 협회**가 중심이 되어 영은문이 있던 자리에 **독립문**을 세웠다.   독립 협회

□ 0860 **서재필**은 중추원 고문으로서 자주 독립을 강조하였다.   독립 협회

□ 0861 **중추원** 관제 개편을 통한 의회 설립을 추진하였다.   독립 협회

□ 0862 **만민 공동회**를 열어 민권 신장을 추구하였다.   독립 협회

□ 0863 **관민 공동회**를 개최하여 **헌의 6조**를 결의하고 이를 정부에 건의하였다.   독립 협회

□ 0864 러시아의 **절영도 조차** 요구를 저지하였다.   독립 협회

□ 0865 **환구단**에서 황제 즉위식이 거행되었다.   대한 제국

□ 0866 **구본신참**에 입각한 개혁을 추진하였다.   대한 제국

□ 0867 양지아문을 실시하여 **지계**를 발급하였다.   대한 제국

□ 0868 지계아문을 설치하고 **지계**를 발급하였다.   대한 제국

□ 0869 군 통수권 (황제의 군사권) 장악을 위하여 황제 직속의 **원수부**를 설치하였다.   광무개혁

☐ 0870	**대한국 국제**를 반포하였다.	광무개혁
☐ 0871	**만국 우편 연합**에 가입하여 외국과 우편물을 교환하였다.	광무개혁
☐ 0872	고종이 **국외 중립**을 선언하였다.	러일 전쟁 중
☐ 0873	러일 전쟁 중에 강제로 체결되었다.	한일 의정서
☐ 0874	군사 전략상 필요한 지역을 일본에 제공할 것을 강요하였다.	한일 의정서
☐ 0875	스티븐스가 외교 고문, 재정 고문으로 메가타가 부임하였다.	제1차 한일 협약
☐ 0876	**외교권**이 **박탈**되고, 통감부가 설치되어 이토 히로부미가 통감으로 부임하였다.	을사늑약
☐ 0877	을사5적을 처단하기 위해 나철, 오기호 등이 자신회를 결성하였다.	을사늑약에 대한 저항
☐ 0878	을사늑약 체결에 반대하여 민영환, 조병세 등이 자결로써 항거하였다.	을사늑약에 대한 저항
☐ 0879	고종의 명으로 네덜란드 **헤이그**에서 열린 만국 평화 회의에 **특사**로 **파견**되었다.	을사늑약에 대한 저항
☐ 0880	**헤이그 특사 파견**을 구실로 고종이 강제로 퇴위당하였다.	헤이그 특사
☐ 0881	각 부서에 일본인 차관이 배치되었다.	한일 신협약
☐ 0882	**정미 7조약**에 의해 대한 제국 군대가 해산되었다.	한일 신협약
☐ 0883	일제의 황무지 개간권 요구를 저지하였다.	보안회
☐ 0884	고종 강제 퇴위 반대 운동을 주도하다가 통감부에 의해 해산되었다.	대한 자강회
☐ 0885	국권 회복과 **공화 정체**의 근대 국민 국가 수립을 목표로 하였다.	신민회
☐ 0886	실력 양성과 무장 투쟁을 함께 추구하였다.	신민회
☐ 0887	**자기 회사**와 계몽 서적을 출판하기 위해 **태극 서관**을 운영하였다.	신민회
☐ 0888	**태극 서관**을 설립하여 조선 광문회에서 발간한 서적을 보급하였다.	신민회
☐ 0889	독립군을 양성하기 위하여 남만주 **삼원보**에 **신흥 강습소(신흥 무관 학교)**를 설립하였다.	신민회
☐ 0890	**대성 학교**와 **오산 학교**를 설립하여 민족 교육을 실시하였다.	신민회
☐ 0891	일제가 데라우치 총독 암살 미수 사건을 계기로 조작한 **105인 사건**으로 해체되었다.	신민회
☐ 0892	기호 흥학회가 조직되었다.	애국 계몽 운동의 교육 단체
☐ 0893	서북 학회는 월보를 간행하는 등 교육 운동을 전개하였다.	애국 계몽 운동의 교육 단체
☐ 0894	**을미사변**과 단발령 시행에 반발하여 이소응, 유인석 등이 주도하여 일어났다.	을미의병
☐ 0895	유생 출신 유인석이 이끄는 의병이 충주성을 점령하였다.	을미의병
☐ 0896	고종의 해산 권고 조직에 따라 해산하였다.	을미의병
☐ 0897	외교권을 박탈한 을사늑약 체결에 항의하여 일어났다.	을사의병

☐ 0898 **최익현**이 태인에서 의병을 일으켰다.	을사의병
☐ 0899 **13도 창의군**을 결성하여 **서울 진공 작전**을 전개하였다.	정미의병
☐ 0900 해산 군인의 합류로 정미의병의 군사력이 강화되었다.	정미의병
☐ 0901 국제법상 교전 단체로 승인해 줄 것을 요구하였다.	정미의병
☐ 0902 대한 제국의 외교 고문이었던 스티븐스를 저격하였다.	장인환, 전명운
☐ 0903 **하얼빈**에서 **이토 히로부미**를 **사살**하였다.	안중근
☐ 0904 명동 성당 앞에서 국권 피탈에 앞장섰던 이완용을 습격하여 중상을 입혔다.	이재명
☐ 0905 조일 무역 규칙은 양곡의 무제한 유출 조항을 포함하고 있다.	청일 상인의 상권 침탈
☐ 0906 개항장의 객주, 여각 등 국내 중간 상인들이 타격을 받았다.	청일 상인의 상권 침탈
☐ 0907 조청 상민 수륙 무역 장정에서 외국 상인의 내지 통상권을 최초로 규정하였다.	청일 상인의 상권 침탈
☐ 0908 **용암포**를 점령하고 조차를 요구하였다.	러시아의 이권 침탈
☐ 0909 저탄소 설치를 명분으로 조차를 요구하였다.	러시아의 이권 침탈
☐ 0910 압록강, 두만강, 울릉도의 **삼림 채벌권**을 차지하였다.	러시아의 이권 침탈
☐ 0911 일본은 **경부선** 부설권을 획득하였다.	철도 부설권
☐ 0912 노량진에서 제물포를 잇는 **경인선**이 개통되었다.	철도 부설권
☐ 0913 프랑스가 경의선 철도 부설권을 획득하였다.	철도 부설권
☐ 0914 미국이 운산 금광 채굴권을 가져갔다.	광산 채굴권
☐ 0915 영국이 은산 금광 채굴권을 획득하였다.	광산 채굴권
☐ 0916 재정 고문 **메가타**의 주도로 실시되었다	화폐 정리 사업
☐ 0917 구 백동화를 제일은행권으로 교환하는 사업을 시행하였다.	화폐 정리 사업
☐ 0918 조일 통상 장정에 **방곡령**을 선포할 수 있는 조항을 명시하였다.	방곡령
☐ 0919 **함경도**와 **황해도**에 선포되었다.	방곡령
☐ 0920 시전 상인들이 **상권 수호 운동**을 전개하였다.	황국 중앙 총상회
☐ 0921 일본의 토지 침탈을 막고자 **농광 회사**가 설립되었다.	황무지 개간권 반대 운동
☐ 0922 일본에게 진 빚을 국민의 성금을 모아 갚고자 하였다.	국채 보상 운동
☐ 0923 서상돈, 김광제 등의 발의로 본격화되었다.	국채 보상 운동
☐ 0924 **대한매일신보** 등 당시 언론의 후원 속에 전국적으로 확산되었다.	국채 보상 운동
☐ 0925 통감부의 방해와 탄압으로 중단되었다.	국채 보상 운동

☐ 0926	근대적 상회사인 대동 상회, 장통 상회 등이 설립되었다.	상권 수호 운동
☐ 0927	한성 은행, 대한 천일 은행이 설립되었다.	민족 은행의 설립
☐ 0928	정부의 **박문국**에서 발행하는 순 한문 신문으로, 열흘마다 발행하는 것이 원칙이었다.	한성순보
☐ 0929	상업 광고가 처음으로 게재되었다.	한성주보
☐ 0930	우리나라 최초의 민간 신문으로 정부의 지원을 받았다.	독립신문
☐ 0931	외국인이 읽을 수 있도록 영문으로도 발행되었다.	독립신문
☐ 0932	국한문 혼용체 신문으로, 장지연의 **시일야방성대곡**이라는 논설을 실었다.	황성신문
☐ 0933	영국인 **베델**과 함께 발간하여 의병 운동을 호의적으로 보도하였다.	대한매일신보
☐ 0934	국채 보상 운동을 적극 후원하였다.	대한매일신보
☐ 0935	대한 제국 황실이 미국과 합작하고 자본을 투자하여 설립하였다.	한성 전기 회사
☐ 0936	**알렌**의 건의로 최초의 서양식 병원이 설립되었다.	광혜원
☐ 0937	**덕원** 지방의 관민이 합심하여 개항 이후 우리나라 최초의 근대적 사립 학교를 설립하였다.	원산 학사
☐ 0938	개신교 선교사들이 세운 학교로, 신학문 보급에 기여하였다.	배재 학당
☐ 0939	개신교 선교사들이 여성 교육을 위해 설립하였다.	이화 학당
☐ 0940	조선 정부가 서양식 근대 교육 기관을 설립하였다.	육영 공원
☐ 0941	미국인 헐버트, 길모어 등을 교사로 초빙해 학생들에게 영어를 가르쳤다.	육영 공원
☐ 0942	**교육입국 조서**에 근거하여 교원 양성을 위해 설립되었다.	한성 사범 학교
☐ 0943	국어의 이해 체계 확립을 위해 세워져 주시경, 지석영 등이 중심이 되어 활동하였다.	국문 연구소
☐ 0944	독사신론을 발표하여 민족을 역사 서술의 중심에 두었다.	신채호
☐ 0945	애국심 고취를 위해 **을지문덕전**을 집필하였다.	신채호
☐ 0946	안국선은 신소설인 금수회의록을 집필하였다.	금수회의록
☐ 0947	최초의 서양식 극장이 설립되어 은세계, 치악산 등의 신극을 공연하였다.	원각사
☐ 0948	**경향신문**을 발간하여 민중 계몽에 힘썼다.	천주교
☐ 0949	**만세보**를 발행하여 민중 계몽에 힘썼다.	천도교
☐ 0950	단군 숭배 사상을 전파하여 민족 의식을 고취하였다.	대종교

7 일제 강점기

단원별 출제 비중
16~53회 9개년 기출 분석 **12%**

★1001회

이 단원의 결정적 기출 문장 150

• 최다 출제 BEST 9   0985, 0991, 1001, 1024, 1039, 1058, 1062, 1073, 1079

☐ 0951	일제에 의해 궁궐 안에 조선 총독부 청사가 세워졌다.	조선 총독부
☐ 0952	강압적인 통치를 목적으로 헌병 경찰 제도를 시행하였다.	1910년대 무단 통치
☐ 0953	교사에게 제복을 입고 칼을 착용하도록 강요하였다.	1910년대 무단 통치
☐ 0954	한국인에게만 **조선 태형령**을 시행하였다.	1910년대 무단 통치
☐ 0955	**범죄 즉결례**에 의해 한국인을 처벌하였다.	1910년대 무단 통치
☐ 0956	식민지 교육 방침을 규정한 **제1차 조선 교육령**이 시행되었다. 1911년	1910년대 무단 통치
☐ 0957	보통학교 수업 연한을 4년으로 하였다.	1910년대 무단 통치
☐ 0958	근대적 토지 소유권 확립을 명분으로 실시하였다.	토지 조사 사업
☐ 0959	식민 통치의 재정 기반을 확대하고자 실시되었다.	토지 조사 사업
☐ 0960	기한 내에 토지 소유자가 토지를 직접 신고하게 하는 **토지 조사령**이 제정되었다. 1912년	토지 조사 사업
☐ 0961	농민들이 가지고 있던 관습적 경작권이 부정되었다.	토지 조사 사업
☐ 0962	민족 자본의 성장을 억제하기 위해 회사 설립 시 총독의 허가를 받도록 제정되었다. 1910년	회사령
☐ 0963	지하자원을 약탈하기 위해 제정하였다. 1915년	광업령
☐ 0964	사회주의 운동을 탄압하기 위해 제정하여 독립운동가를 탄압하였다. 1925년	치안 유지법
☐ 0965	1920년대 도 평의회, 부·면 협의회 등의 자문 기구를 설치하였다.	1920년대 문화 통치
☐ 0966	제2차 조선 교육령을 시행하였다. 1922년	1920년대 문화 통치
☐ 0967	한국인이 발행하는 신문을 검열하였다.	1920년대 문화 통치
☐ 0968	식량 수탈을 위해 실시되었으며, 추진 과정에서 수리 조합 반대 운동이 일어났다.	산미 증식 계획
☐ 0969	미곡 중심의 단작형 농업 구조가 심화되었다.	산미 증식 계획
☐ 0970	지주가 수리 시설 개선 비용을 소작농에게 전가하였다.	산미 증식 계획
☐ 0971	1920년에 회사령을 철폐하고 회사 설립을 신고제로 변경하였다.	회사령 철폐
☐ 0972	1923년에 관세를 철폐하였다.	관세 철폐
☐ 0973	일본 천황에 충성을 맹세하는 **황국 신민 서사**를 암송하게 하였다.	1930년대 이후 민족 말살 통치
☐ 0974	신사 참배와 성과 이름을 일본식으로 바꾸도록(**창씨개명**) 강요하였다.	1930년대 이후 민족 말살 통치
☐ 0975	1936년에 독립운동을 탄압하기 위해 조선 사상범 보호 관찰령을 공포하였다.	1930년대 이후 민족 말살 통치
☐ 0976	1941년에 조선 사상범 예방 구금령을 통하여 독립운동을 탄압하였다.	1930년대 이후 민족 말살 통치
☐ 0977	소학교의 명칭을 국민학교로 변경하였다.	1930년대 이후 민족 말살 통치
☐ 0978	1932년에 농민의 자력갱생을 내세운 농촌 진흥 운동을 실시하였다.	농촌 진흥 운동

☐ 0979	1938년에 **국가 총동원법**을 제정하여 인력을 강제 동원하고 물자를 수탈하였다.	1930년대 이후 전시 동원 체제
☐ 0980	전쟁 물자를 공출하기 위해 1941년에 **금속류 회수령**을 공포하였다.	1930년대 이후 전시 동원 체제
☐ 0981	태평양 전쟁 이후 군량미 조달을 위해 식량 배급 및 **미곡 공출 제도**를 실시하였다.	1930년대 이후 전시 동원 체제
☐ 0982	1943년에 **학도 지원병 제도**를 실시하였다.	1930년대 이후 전시 동원 체제
☐ 0983	1944년에 **여자 정신 근로령**이 공포되어 여성들이 군수 공장에 강제로 끌려갔다.	1930년대 이후 전시 동원 체제
☐ 0984	고종의 밀지를 받아 **임병찬**의 주도로 조직된 비밀 단체이다.	독립 의군부
☐ 0985	복벽주의를 내세우며 의병 전쟁을 준비하였다.	독립 의군부
☐ 0986	조선 총독부에 **국권 반환 요구서**를 제출하려 하였다.	독립 의군부
☐ 0987	**박상진**의 주도로 결성되어 친일파를 처단하였다.	대한 광복회
☐ 0988	공화 정체의 국민 국가 건설을 지향하였다.	대한 광복회
☐ 0989	**신민회**는 독립운동 기지인 **신흥 강습소(신흥 무관 학교)**를 세워 독립군을 양성하였다.	서간도 지역의 독립운동
☐ 0990	한인 자치 기구인 경학사를 결성하였다.	서간도 지역의 독립운동
☐ 0991	서전서숙, 명동 학교 등이 설립되어 민족 교육을 실시하였다.	북간도 지역의 독립운동
☐ 0992	**권업회**는 연해주 이주 한인들을 중심으로 조직된 한인 자치 단체이다.	연해주 지역의 독립운동
☐ 0993	권업회는 기관지인 **권업신문**을 발간해 민족 의식을 고취하였다.	연해주 지역의 독립운동
☐ 0994	**대한 광복군 정부**를 수립하여 무장 투쟁을 준비하였다.	연해주 지역의 독립운동
☐ 0995	**박용만**이 대조선 국민군단을 조직하여 무장 투쟁을 준비하고 군사 훈련을 실시하였다.	미주 지역의 독립운동
☐ 0996	멕시코에서는 **숭무 학교**를 설립하여 독립군을 양성하였다.	미주 지역의 독립운동
☐ 0997	김규식은 **신한 청년당**을 결성하고 파리 강화 회의에 참석하였다.	상하이 지역의 독립운동
☐ 0998	파리 강화 회의에 독립 청원서를 제출하였다.	상하이 지역의 독립운동
☐ 0999	미국 대통령 윌슨이 민족 자결주의를 제창하였다.	민족 자결주의
☐ 1000	신규식 등은 상하이에서 **대동 단결 선언**을 발표하였다.	국외 독립 선언
☐ 1001	만주에서 민족 지도자들은 **대한(무오) 독립 선언서**를 발표하였다.	국외 독립 선언
☐ 1002	일본에서 유학생들이 조선 청년 독립단을 조직하고 **2·8 독립 선언서**를 발표하였다.	국외 독립 선언
☐ 1003	**고종의 인산일**을 계기로 시작되어 전국적으로 전개되었다.	3·1 운동의 전개
☐ 1004	민족 대표 33인 명의의 독립 선언서가 발표되었다.	3·1 운동의 전개
☐ 1005	학생과 종교계 대표들의 주도로 만세 운동이 시작되었다.	3·1 운동의 전개
☐ 1006	일제는 3·1 운동 전개 과정에서 제암리 학살 등을 자행하였다.	제암리 학살 사건

□ 1007 일제가 이른바 문화 통치를 실시하는 배경이 되었다.	3·1 운동의 결과
□ 1008 **대한민국 임시 정부**가 수립되는 계기가 되었다.	3·1 운동의 결과
□ 1009 중국의 5·4 운동에 영향을 주었다.	3·1 운동의 결과
□ 1010 한성, 상하이, 연해주 지역의 임시 정부가 통합되었다.	대한민국 임시 정부의 통합
□ 1011 국내 비밀 행정 조직인 **연통제**를 통해 독립운동 자금을 모았다.	대한민국 임시 정부
□ 1012 **이륭양행**에 교통국을 설치하여 국내와 연락을 취하였다.	대한민국 임시 정부
□ 1013 국외 거주 동포에게 **독립(애국) 공채**를 발행하여 자금을 마련하였다.	대한민국 임시 정부
□ 1014 **구미 위원부**를 설치하여 외교 활동을 전개하였다.	대한민국 임시 정부
□ 1015 임시 사료 편찬회를 두어 **한·일 관계 사료집**을 편찬하고, **독립신문**을 발행하였다.	대한민국 임시 정부
□ 1016 파리 강화 회의에 대표단을 파견하여 외교 활동을 전개하였다.	대한민국 임시 정부
□ 1017 독립군 비행사 육성을 위해 **한인 비행 학교**를 설립하였다.	대한민국 임시 정부
□ 1018 무장 투쟁을 위해 대한민국 임시 정부 직할 부대로 육군 주만 참의부를 조직하였다.	대한민국 임시 정부
□ 1019 이승만의 위임 통치 청원이 배경이 되었다.	국민대표 회의
□ 1020 독립운동의 방략을 논의하기 위하여 개최되었다.	국민대표 회의
□ 1021 국민대표 회의에서 새로운 정부 수립을 주장하였다.	창조파(신채호 등)
□ 1022 **박은식**이 대한민국 임시 정부 대통령으로 활동하였다.	대한민국 임시 정부의 개편
□ 1023 제2차 개헌을 통하여 국무령 중심의 내각 책임제로 개편하였다.	대한민국 임시 정부의 개편
□ 1024 조만식, 이상재 등을 중심으로 **평양**에서 시작되어 전국으로 확산되었다.	물산 장려 운동
□ 1025 조만식 등의 주도로 평양에서 토산품 애용을 위한 **조선 물산 장려회**가 발족되었다.	물산 장려 운동
□ 1026 '조선 사람 조선 것'이라는 구호를 내세웠다.	물산 장려 운동
□ 1027 자작회, 토산 애용회 등의 단체가 활동하였다.	물산 장려 운동
□ 1028 이상재 등의 주도로 모금 활동을 전개하였다.	민립 대학 설립 운동
□ 1029 **조선 민립 대학 기성회**가 조직되었다.	민립 대학 설립 운동
□ 1030 일제에 의해 경성 제국 대학이 설립되면서 중단되었다.	민립 대학 설립 운동
□ 1031 농촌을 계몽하기 위해 동아일보를 중심으로 전개되었다.	브나로드 운동
□ 1032 '배우자 가르치자 다 함께 브나로드' 등의 구호를 내세웠다.	브나로드 운동
□ 1033 **순종의 인산일**을 기회로 삼아 일어났다.	6·10 만세 운동
□ 1034 국내에서 **민족 유일당 운동**이 전개되는 계기가 되었다.	6·10 만세 운동

□ 1035	한국인 학생과 일본인 학생 간의 충돌에서 비롯되어 일어나 전국으로 확산되었다.	광주 학생 항일 운동
□ 1036	학생이 주도한 1920년대 최대 규모의 항일 운동이었다.	광주 학생 항일 운동
□ 1037	사회주의 세력의 활동 방향을 밝힌 **정우회 선언**이 발표되었다.	신간회 창립의 계기
□ 1038	**민족 유일당 운동**의 일환으로 창립되었다.	신간회
□ 1039	중앙 본부는 광주 학생 항일 운동에 **진상 조사단**을 파견하여 지원하였다.	신간회
□ 1040	전국적 조직인 **조선 농민 총동맹**이 결성되었다. 1927년	1920년대 농민 운동
□ 1041	지주 문재철의 횡포에 반발하여 **암태도 소작 쟁의**가 발생하였다.	1920년대 농민 운동
□ 1042	전국적 조직인 **조선 노동 총동맹**이 결성되었다. 1927년	1920년대 노동 운동
□ 1043	라이징 선 석유 회사에서 일본인 감독의 한국인 구타 사건을 계기로 일어났다.1929년	원산 총파업
□ 1044	일본, 프랑스 등의 노동 단체로부터 격려 전문을 받았다.	원산 총파업
□ 1045	평양 을밀대 지붕에서 강주룡이 임금 삭감에 저항하여 농성을 벌였다.	1930년대 노동 운동
□ 1046	김기전, 방정환 등이 주도하여 어린이날을 제정하고, 어린이 등의 잡지를 발간하였다.	1920년대 소년 운동
□ 1047	여성 계몽과 구습 타파를 주장하는 **근우회**가 창립되었다.	1920년대 여성 운동
□ 1048	백정에 대한 사회적 차별 철폐를 목적으로 창립되었다.	조선 형평사
□ 1049	**조선 형평사**의 주도로 전개되었다.	형평 운동
□ 1050	진주에서 시작되어 전국으로 확산되었다.	형평 운동
□ 1051	**대한 독립군**은 대한 국민회군 등과 연합하여 일본군을 격퇴하였다.	봉오동 전투
□ 1052	**북로 군정서** 등의 연합 부대가 청산리 일대에서 일본군에게 승리를 거두었다.	청산리 대첩
□ 1053	대한 독립군단은 **간도참변** 이후 일본군의 공세를 피해 조직을 정비하고 **자유시**로 **이동**하였다.	독립군의 이동
□ 1054	독립군은 자유시 참변으로 큰 타격을 입었다.	자유시 참변
□ 1055	행정 기능과 군사 조직을 갖춘 3부가 만주 지역에 성립되었다.	참의부·신민부·정의부
□ 1056	일제가 독립군을 탄압하고자 중국 군벌과 체결하였다.	미쓰야 협정
□ 1057	**김원봉**이 만주 지린에서 조직하여 단장으로 활동하며, 무장 투쟁을 전개하였다.	의열단
□ 1058	김원봉의 요청으로 신채호가 활동 지침인 **조선 혁명 선언**을 작성하였다.	의열단
□ 1059	김상옥, 김익상, 나석주 등은 의열단원으로 활동하였다.	의열단
□ 1060	**나석주**는 동양 척식 주식회사에 폭탄을 투척하였다.	의열단
□ 1061	**지청천**의 지휘 아래 일본군을 격파하였다.	한국 독립군
□ 1062	중국 호로군과의 연합 작전을 통해 **쌍성보·대전자령 전투**에서 승리하였다.	한국 독립군

☐ 1063	총사령 **양세봉**의 지휘 아래 활동하였다.	조선 혁명군
☐ 1064	남만주에서 중국군과의 연합 작전으로 항일 전쟁을 벌였다.	조선 혁명군
☐ 1065	조선 의용군과 연합하여 **영릉가·흥경성 전투**에서 승리하였다.	조선 혁명군
☐ 1066	중일 전쟁 발발 이후 중국 우한에서 조직되었다.	조선 의용대
☐ 1067	**중국 관내**에서 조직된 최초의 한인 무장 부대였다.	조선 의용대
☐ 1068	**김원봉**이 중국 국민당과 협력하여 창설하였다.	조선 의용대
☐ 1069	조선 민족 전선 연맹 산하의 군사 조직으로 결성되었다.	조선 의용대
☐ 1070	단원 일부가 황푸 군관 학교에 입학해 군사 훈련을 받았다.	조선 의용대
☐ 1071	중국 국민당 정부의 지원을 받아 **조선 혁명 간부 학교**를 설립하여 군사 훈련에 힘썼다.	조선 의용대
☐ 1072	조선 의용대가 중국 팔로군과 함께 화북 지방에서 일본군과 전투를 벌였다. 호가장 전투	조선 의용대
☐ 1073	김구가 침체된 대한민국 임시 정부에 활력을 불어넣기 위해 상하이에서 결성하였다.	한인 애국단
☐ 1074	**이봉창**은 도쿄에서 일왕이 탄 마차를 향해 폭탄을 던졌다.	한인 애국단
☐ 1075	**윤봉길**은 홍커우 공원에서 폭탄을 던져 일제 요인을 살상하였다.	한인 애국단
☐ 1076	독립 투쟁 과정을 정리한 **한국독립운동지혈사**를 저술하였다.	박은식
☐ 1077	고대사 연구를 바탕으로 **조선상고사**를 저술하였다.	신채호
☐ 1078	조선상고사에서 역사를 '**아와 비아의 투쟁**'으로 정의하였다.	신채호
☐ 1079	**정인보·안재홍** 등은 민족의 얼을 강조하고, **여유당전서**를 간행하였다.	조선학 운동
☐ 1080	유물 사관을 바탕으로 식민 사학을 반박하는 **조선사회경제사**를 저술하였다.	백남운
☐ 1081	**진단 학회**를 창립하고 진단 학보를 발행하였다.	이병도, 손진태
☐ 1082	가갸날을 제정하고 기관지인 한글을 발행하였다.	조선어 연구회
☐ 1083	**한글 맞춤법 통일안**과 표준어를 제정하였으며 **우리말 큰사전** 편찬 사업을 추진하였다.	조선어 학회
☐ 1084	**조선사 편수회**를 설치하여 조선사를 편찬하였다.	일제의 한국사 왜곡
☐ 1085	**나운규**가 단성사에서 개봉된 영화를 제작하였다.	아리랑
☐ 1086	개벽, 신여성, 어린이 등의 잡지를 발행하여 민족 의식을 고취하였다.	천도교
☐ 1087	항일 단체인 **중광단**을 조직하여 무장 투쟁을 전개하였다.	대종교
☐ 1088	만주에서 **의민단**을 조직하여 독립 전쟁을 전개하였다.	천주교
☐ 1089	**박중빈**을 중심으로 간척 사업을 추진하고 새생활 운동을 추진하였다.	원불교
☐ 1090	새로운 국가 건설의 이념으로 삼균주의를 제창하여 정치·경제·교육의 균등을 강조하였다.	충칭 시기의 대한민국 임시 정부

☐ 1091	삼균주의를 기초로 하는 건국 강령을 발표하였다.	충칭 시기의 대한민국 임시 정부
☐ 1092	산하의 군대로 지청천을 총사령관으로 하는 **한국 광복군**이 창설되었다.	충칭 시기의 대한민국 임시 정부
☐ 1093	대일 선전 성명서를 공표하였다.	한국 광복군
☐ 1094	조선 의용대 일부가 합류하면서 군사력이 증강되었다.	한국 광복군
☐ 1095	김원봉이 한국 광복군 부사령관으로 활약하였다.	한국 광복군
☐ 1096	연합군의 일원으로 **인도·미얀마 전선**에 파견되었다.	한국 광복군
☐ 1097	미국 전략 정보국(OSS)의 지원을 받아 국내 정진군을 조직하여 **국내진공작전**을 추진하였다.	한국 광복군
☐ 1098	중국 옌안에서 한국인 사회주의 계열을 중심으로 대일 항전을 준비하였다.	조선 독립 동맹
☐ 1099	중국 팔로군에 편제되어 항일 전선에 참여하였다.	조선 의용군
☐ 1100	국내에서 여운형의 주도로 일제의 패망과 광복에 대비하여 결성되었다.	조선 건국 동맹

8 현대

단원별 출제 비중
16~53회 9개년 기출 분석 **8**%
★601회

이 단원의 결정적 기출 문장 100

● 최다 출제 BEST 6　1125, 1168, 1187, 1188, 1189, 1191

☐ 1101	**카이로 회담**에서 국제적으로 한국의 독립을 처음 보장하였다.	국제 사회의 독립 약속
☐ 1102	**얄타 회담**에서 소련의 대일전 참전을 결의하였다.	국제 사회의 독립 약속
☐ 1103	**포츠담 선언**은 독일 항복 후 전후 처리 문제를 협의하기 위해 개최되었다.	국제 사회의 독립 약속
☐ 1104	미국에서 시행되고 있던 **6-3-3 학제**가 처음 도입되었다.	미군정
☐ 1105	귀속 재산 처리를 위해 **신한 공사**가 설립되었다.	미군정
☐ 1106	**여운형** 등 조선 건국 동맹 세력을 바탕으로 조직되었다.	조선 건국 준비 위원회
☐ 1107	**미국·영국·소련**의 수뇌가 모스크바에 모여 한국 독립에 대해 논의하였다.	모스크바 삼국 외상 회의
☐ 1108	두 차례의 미소 공동 위원회가 개최되었지만 결렬되었다.	미소 공동 위원회
☐ 1109	이승만이 정읍에서 남한만의 단독 정부 수립을 주장하였다.	정읍 발언
☐ 1110	여운형, 김규식 등은 **좌우 합작 위원회**를 구성하여 전개하였다.	좌우 합작 운동
☐ 1111	토지 개혁 실시를 포함한 **좌우 합작 7원칙**을 발표하였다.	좌우 합작 운동
☐ 1112	유엔 소총회에서 인구 비례에 의한 남북 총선거가 의결되었다.	유엔의 남한 단독 선거 결정
☐ 1113	유엔 한국 임시 위원단이 설치되어 방한하였다.	유엔의 남한 단독 선거 결정

☐ 1114 통일 정부 구성을 위해 김구, 김규식 등이 평양에 가서 참석하였다.	남북 협상
☐ 1115 전조선 정당 사회 단체 지도자 협의회가 성명서를 발표하였다.	남북 협상
☐ 1116 제주 4·3 사건 이후 희생자들의 명예 회복을 위해 특별법이 제정되었다.	제주 4·3 사건
☐ 1117 우리나라 최초의 보통 선거로 38도선 이남 지역에서만 실시되었다.	5·10 총선거
☐ 1118 **제헌 국회**를 구성하기 위한 선거로, 2년 임기의 국회 의원을 선출하였다.	5·10 총선거
☐ 1119 대통령을 행정부 수반으로 규정한 헌법으로, **제헌 국회**에서 제정하였다.	제헌 헌법
☐ 1120 국회에서 간접 선거 방식으로 대통령을 선출하였다.	제헌 헌법
☐ 1121 반민족 행위 처벌법이 제정되었다.	제헌 국회의 활동
☐ 1122 친일파 청산을 위한 **반민족 행위 특별 조사 위원회**가 설치되었다.	반민족 행위 처벌법
☐ 1123 이승만 정권이 반민족 행위 특별 조사 위원회의 활동을 방해하였다.	친일파 청산 좌절
☐ 1124 이승만 정부는 반민특위를 이끌던 국회 의원들에게 간첩 혐의를 씌워 체포하였다.	친일파 청산 좌절
☐ 1125 **유상 매수·유상 분배**(경자유전) 원칙의 농지 개혁법이 제정되었다.	제헌 국회의 활동
☐ 1126 지주는 농지 개혁으로 지가 증권을 발급받았다.	농지 개혁법
☐ 1127 이승만 정부 때 일제가 남긴 재산 처리를 위하여 처음으로 제정되었다.	귀속 재산 처리법
☐ 1128 미국의 극동 방위선을 조정한 **애치슨 선언**의 발표가 전쟁 발발에 영향을 주었다.	6·25 전쟁
☐ 1129 이승만 정부가 반공 포로를 석방하였다.	6·25 전쟁
☐ 1130 **판문점**에서 정전 협정이 조인되었다.	6·25 전쟁
☐ 1131 전쟁 이후 미국과 **한미 상호 방위 조약**을 체결하였다.	6·25 전쟁
☐ 1132 **발췌 개헌**은 임시 수도인 부산에서 계엄 하에 공포되어 통과되었다.	이승만 정부
☐ 1133 개헌 당시의 대통령에 한해 중임 제한을 철폐하였다.	이승만 정부
☐ 1134 평화 통일론을 주장한 진보당의 **조봉암**을 제거하였다. 진보당 사건	이승만 정부
☐ 1135 여당의 부통령 후보 당선을 위한 **3·15 부정 선거**를 자행하였다.	4·19 혁명의 배경
☐ 1136 3·15 부정 선거에 항의하는 시위가 전개되었다.	4·19 혁명의 전개
☐ 1137 대통령 하야를 요구하며 대학 교수단이 시위 행진을 벌였다. 4·25 교수단 시위	4·19 혁명의 전개
☐ 1138 **장면 내각**이 출범하는 배경이 되었다.	4·19 혁명의 결과
☐ 1139 허정을 수반으로 하는 **허정 과도 정부**가 수립되었다.	4·19 혁명 이후(장면 내각)
☐ 1140 대통령 중심제에서 **의원 내각제**(내각 책임제)로 바뀌었다.	4·19 혁명 이후(장면 내각)
☐ 1141 민의원과 참의원의 **양원제** 국회가 출범하였다.	4·19 혁명 이후(장면 내각)

☐ 1142 **한일 협정**을 체결하여 국교 정상화를 추진하였다.	한일 국교 정상화
☐ 1143 굴욕적인 한일 국교 정상화에 반대하는 **6·3 시위**가 일어났다.	한일 국교 정상화
☐ 1144 6·3 시위가 전개되고 비상 계엄령이 선포되었다.	한일 국교 정상화
☐ 1145 미국의 요청에 따라 **베트남 파병**이 시작되었다	박정희 정부
☐ 1146 한·독 정부 간의 협정에 따라 **서독**으로 **광부**와 **간호사**가 파견되었다.	박정희 정부
☐ 1147 장기 집권을 위한 **3선 개헌안**이 통과되었다.	박정희 정부
☐ 1148 교육의 기본 지표로 국민 교육 헌장이 공포되었다.	박정희 정부
☐ 1149 장기 독재를 가능하게 한 유신 헌법이 공포되었다.	유신 헌법
☐ 1150 통일 주체 국민회의가 조직되어, 간접 선거 방식으로 대통령과 대의원이 선출되었다.	유신 헌법
☐ 1151 대통령의 국회 의원 1/3 추천 조항을 담고 있다.	유신 헌법
☐ 1152 긴급 조치 철폐를 요구하는 **3·1 민주 구국 선언**이 발표되었다.	유신 반대 운동
☐ 1153 박정희 정부는 **YH 무역 노동자**들이 폐업에 항의하며 벌인 농성을 강경 진압하였다.	유신 반대 운동
☐ 1154 부마 민주 항쟁은 유신 체제가 붕괴되는 계기가 되었다.	유신 반대 운동
☐ 1155 신군부의 비상 계엄 확대와 무력 진압에 저항하였다.	5·18 민주화 운동
☐ 1156 시민군을 조직하여 계엄군에 대항하였다.	5·18 민주화 운동
☐ 1157 관련 기록물이 유네스코 세계 기록유산으로 등재되었다.	5·18 민주화 운동
☐ 1158 선거인단에 의한 간접 선거로 **7년 단임의 대통령제**가 실시되었다.	전두환 정부
☐ 1159 정치인들의 활동을 규제하고, 언론 기본법이 제정되었다.	전두환 정부
☐ 1160 사회 정화를 명분으로 삼청 교육대를 설치하였다.	전두환 정부
☐ 1161 6개의 프로 야구단이 정식으로 창단되었다.	전두환 정부
☐ 1162 중·고등 학생의 머리 모양과 교복 자율화가 이루어졌다.	전두환 정부
☐ 1163 **과외 전면 금지**와 대학 졸업 정원제를 시행하였다.	전두환 정부
☐ 1164 치안본부 대공분실에서 **박종철 고문치사 사건**이 발생하였다.	6월 민주 항쟁
☐ 1165 4·13 호헌 조치 철폐를 요구하였다.	6월 민주 항쟁
☐ 1166 **호헌 철폐**와 **독재 타도** 등의 구호를 내세웠다.	6월 민주 항쟁
☐ 1167 직선제 개헌을 약속한 **6·29 민주화 선언**을 이끌어냈다.	6월 민주 항쟁의 결과
☐ 1168 5년 단임의 대통령 **직선제 개헌**이 이루어졌다.	6월 민주 항쟁의 결과
☐ 1169 여소 야대를 극복하기 위하여 3당 합당을 통해 민주 자유당이 창당되었다.	노태우 정부

☐ 1170	양성 평등의 실현을 위해 호주제가 폐지되었다.	노무현 정부
☐ 1171	원조 물자를 가공하는 **삼백 산업**(제분·제당·면방직)이 발달하였다.	이승만 정부 시기의 경제
☐ 1172	미국의 경제 원조로 삼백 산업 중심의 **소비재 산업**이 발달하였다.	이승만 정부 시기의 경제
☐ 1173	1960년대에 **제1차 경제 개발 5개년 계획**이 추진되었다.	박정희 정부 시기의 경제
☐ 1174	1970년에 **경부 고속 도로**가 개통되었다.	박정희 정부 시기의 경제
☐ 1175	1970년에 농촌 근대화를 표방한 새마을 운동이 전개되었다.	박정희 정부 시기의 경제
☐ 1176	1970년대에 제3차 경제 개발 5개년 계획으로 중화학 공업이 육성되었다.	박정희 정부 시기의 경제
☐ 1177	1978년의 제2차 석유 파동으로 경제 불황이 심화되었다.	박정희 정부 시기의 경제
☐ 1178	1977년에 연간 **수출액 100억 달러**가 달성되었다.	박정희 정부 시기의 경제
☐ 1179	1970년에 **전태일**이 근로 기준법 준수를 외치며 분신하였다. 전태일 분신 사건	박정희 정부 시기의 경제
☐ 1180	저금리·저유가·저달러의 **3저 호황**으로 물가가 안정되고 수출이 증가하였다.	전두환 정부 시기의 경제
☐ 1181	대통령의 긴급 명령으로 금융 실명제를 시행하였다.	김영삼 정부 시기의 경제
☐ 1182	금융 거래의 투명성을 확보하고자 **금융 실명제**를 시행하였다.	김영삼 정부 시기의 경제
☐ 1183	경제 협력 개발 기구(OECD)에 가입하였다.	김영삼 정부 시기의 경제
☐ 1184	경제 위기 극복을 위해 대통령 직속 자문 기구인 **노사정 위원회**가 구성되었다.	김대중 정부 시기의 경제
☐ 1185	미국과 자유 무역 협정(FTA)를 체결하였다.	노무현 정부 시기의 경제
☐ 1186	칠레와 자유 무역 협정(FTA)를 체결하였다.	노무현 정부 시기의 경제
☐ 1187	자주·평화·민족 대단결의 통일 원칙에 합의한 **7·4 남북 공동 성명**을 발표하였다.	박정희 정부의 통일 노력
☐ 1188	**남북 조절 위원회**를 설치하여 통일 방안을 논의하였다.	박정희 정부의 통일 노력
☐ 1189	**최초의 이산가족 고향 방문**과 예술 공연단 교환이 이루어졌다.	전두환 정부의 통일 노력
☐ 1190	1991년 남북한이 유엔에 **동시 가입**하였다.	노태우 정부의 통일 노력
☐ 1191	남북한 간 최초의 공식 합의서인 **남북 기본 합의서**를 채택하였다.	노태우 정부의 통일 노력
☐ 1192	**한반도 비핵화 공동 선언**에 합의하였다.	노태우 정부의 통일 노력
☐ 1193	분단 이후 최초로 **남북 정상 회담**을 처음으로 성사시켰다.	김대중 정부의 통일 노력
☐ 1194	6·15 남북 공동 선언을 채택하였다.	김대중 정부의 통일 노력
☐ 1195	금강산 **해로** 관광 사업이 시작되었다.	김대중 정부의 통일 노력
☐ 1196	남북한 교류 협력을 위한 개성 공업 지구 조성에 합의하였다.	김대중 정부의 통일 노력
☐ 1197	경의선 철도 복원 공사를 시작하였다.	김대중 정부의 통일 노력
☐ 1198	**제2차 남북 정상 회담**을 개최하였다.	노무현 정부의 통일 노력
☐ 1199	10·4 남북 공동 선언을 발표하였다.	노무현 정부의 통일 노력
☐ 1200	개성 공단 건설을 추진하였다.	노무현 정부의 통일 노력